**本书编写者**

魏道儒　任延黎　周燮藩　段　琦

汪桂平　肖　燕　卓新平

# 中国五大宗教知识读本

中国社会科学院世界宗教研究所　全国政协民族和宗教委员会　国家宗教事务局宗教研究中心　**主编**

## A Reader of the Knowledge of five religions in China

社会科学文献出版社
SOCIAL SCIENCES ACADEMIC PRESS (CHINA)

# 序

全国政协副主席、中国社会科学院院长
陈奎元

2006年8月，全国政协民族和宗教委员会主任钮茂生同志提议，请中国社科院的专家写一本介绍我国现有的五大宗教基础知识的简明读本，供各级政协委员、宗教工作干部和对宗教有兴趣的读者学习、查阅。我认为这是一个好建议，于是委托中国社科院世界宗教研究所的同志组织撰写。他们调动各研究室的专家学者、集中精力，用几个月的时间完成了初稿。经过分别征求政协民宗委和国家宗教局的意见，又做了一些修改，交由社会科学文献出版社出版。

这本《中国五大宗教知识读本》，是中国社会科学院世界宗教研究所学者的集体创作。虽然这只是一个通俗的读本，却包含着众多专家学者多年的研究成果和知识底蕴。

本书的作者们把我国现有的佛教、道教、伊斯兰教、天主教、基督新教的历史、经典、教义、宗派、人物、组织等等最基本的知识，用有限的篇幅介绍出来，力图描绘一幅客观、翔实的图景，使普通读者真切地认识揭去了神秘面纱的五大宗教的原来面目，有的内容还反映了最新的研究成果。我希望，这本书有助于大家加深对宗教的认识、有助于全面贯彻党和国家的宗教政策，促进社会主义和谐社会的建设。

二〇〇七年三月　于北京

# 目 录

前 言 ································································ 1

## 佛教基础知识

### 第一章　印度佛教与初传中国 ································ 3
一　佛教起源 ···················································· 3
二　部派佛教 ···················································· 5
三　大乘佛教 ···················································· 8
四　佛教初传中国 ·············································· 10

### 第二章　佛教的多途开拓与持续高涨 ························ 13
一　魏晋佛教的多途开拓 ····································· 13
二　南北朝佛教的持续高涨 ·································· 20

### 第三章　中国佛教宗派的建立与演变 ························ 25
一　宗派建立的社会条件和特点 ···························· 25
二　佛教八宗 ··················································· 26

## 第四章　藏传佛教与云南上座部佛教 ········· 43
一　佛教初传与藏传佛教建立 ············· 43
二　藏传佛教的复兴与发展 ··············· 46
三　藏传佛教宗派 ····················· 48
四　云南上座部佛教 ··················· 52

## 第五章　佛教融合演变与新时期 ············· 55
一　佛教新格局的确立 ················· 55
二　汉藏佛教的冲突与融合 ············· 59
三　朱元璋与明代佛教 ················· 61
四　清代佛教的演变与衰落 ············· 62
五　近现代佛教及其改革运动 ··········· 64
六　新时期的中国佛教 ················· 67

## 第六章　亚洲其他国家与欧美佛教 ··········· 72
一　亚洲其他国家的佛教 ··············· 72
二　欧美佛教 ························· 75

## 第七章　经典、教义和信仰对象 ············· 80
一　佛经翻译 ························· 80
二　佛教藏经 ························· 83
三　基本教义 ························· 85
四　佛、罗汉和菩萨崇拜 ··············· 89

## 第八章　仪轨制度 ························· 93
一　戒律 ····························· 93
二　法事节日 ························· 94

# 道教基础知识

## 第九章 道教历史与宗派 … 99
 一 道教的起源与形成 … 99
 二 魏晋南北朝道教的发展 … 108
 三 唐宋元时期道教的繁荣与创新 … 117
 四 明清道教的衰落 … 138
 五 近现代道教概况 … 142

## 第十章 道教经典与教义 … 147
 一 《道藏》与道教典籍 … 147
 二 道教的三洞四辅说 … 149
 三 扶乩与道教经书 … 150
 四 道士日常诵奉的主要经典 … 151

## 第十一章 道教教义 … 154
 一 "道"与"德"的信仰 … 154
 二 道教的创世论 … 155
 三 道教"贵己重生"的人生观 … 157
 四 重玄之道 … 159
 五 性命双修 … 162

## 第十二章 道教仪式 … 164
 一 道教斋、醮的含义 … 164
 二 戒律与清规 … 166

三　道教的符箓法术 …………………………… 168
  四　道士的称谓 ………………………………… 170
  五　道教的重要节日 …………………………… 171

## 第十三章　道教宫观与神灵信仰 …………… 174
  一　道教宫观的源起 …………………………… 174
  二　著名的道教宫观 …………………………… 175
  三　道教的神灵谱系 …………………………… 177

# 伊斯兰教基础知识

## 第十四章　历史演变 ………………………… 181
  一　伊斯兰教的兴起和传播 …………………… 181
  二　伊斯兰教在中国 …………………………… 200

## 第十五章　《古兰经》、圣训及汉文经籍 …… 211
  一　《古兰经》 ………………………………… 211
  二　圣训 ………………………………………… 218
  三　《选译详解伟嘎叶》 ……………………… 220
  四　《教典诠释》 ……………………………… 221
  五　汉文经籍 …………………………………… 222

## 第十六章　基本信仰和礼仪制度 …………… 236
  一　伊斯兰教的基本信仰 ……………………… 236
  二　伊斯兰教的五项基本功课 ………………… 237
  三　礼仪习俗和宗教节日 ……………………… 239

四　教制、清真寺及其他 ……………………… 247
**第十七章　教派、门宦及社团组织** …………… 252
　一　格底目 ……………………………………… 252
　二　门宦 ………………………………………… 252
　三　新疆的依禅派 ……………………………… 256
　四　西道堂 ……………………………………… 257
　五　赫瓦尼派 …………………………………… 258
　六　社团组织 …………………………………… 258
**第十八章　中国伊斯兰教历史人物** …………… 264
　一　宗教学者和教派领袖 ……………………… 264
　二　现代人物 …………………………………… 275

# 天主教基础知识

**第十九章　历史与传统** ………………………… 287
　一　"天主教"名称的由来 …………………… 287
　二　基督教的诞生 ……………………………… 288
　三　基督教的传播 ……………………………… 289
　四　教阶制 ……………………………………… 290
　五　主教的任命 ………………………………… 291
　六　教宗国的产生 ……………………………… 294
　七　东西教会大分裂 …………………………… 295
　八　宗教改革 …………………………………… 295

九　梵蒂冈城国 …………………………………… 296
　　十　教会法典 ……………………………………… 297
　　十一　公会议 ……………………………………… 298
　　十二　第二届梵蒂冈大公会议 …………………… 299

第二十章　信仰和神学 ………………………………… 301
　　一　圣经 …………………………………………… 301
　　二　传统 …………………………………………… 302
　　三　三位一体 ……………………………………… 303
　　四　天主 …………………………………………… 304
　　五　耶稣基督 ……………………………………… 305
　　六　圣神 …………………………………………… 306
　　七　圣母玛利亚 …………………………………… 308
　　八　原罪 …………………………………………… 309
　　九　救赎 …………………………………………… 310
　　十　天主十诫 ……………………………………… 311
　　十一　宗徒信经 …………………………………… 312
　　十二　尼西亚君士坦丁堡信经 …………………… 313
　　十三　神学 ………………………………………… 314
　　十四　教会论 ……………………………………… 315
　　十五　末世论 ……………………………………… 316

第二十一章　礼仪、圣事、瞻礼 ……………………… 318
　　一　礼仪 …………………………………………… 318
　　二　圣事 …………………………………………… 319

三 天主经 …………………………………… 320

四 讲道 ……………………………………… 321

五 祝圣 ……………………………………… 322

六 大赦 ……………………………………… 322

七 十字架 …………………………………… 323

八 圣像 ……………………………………… 325

九 瞻礼 ……………………………………… 326

## 第二十二章 中国天主教 …………………… 329

一 天主教在华传教简史 …………………… 329

二 中国礼仪之争 …………………………… 333

三 百年禁教 ………………………………… 335

四 鸦片战争后的中国天主教 ……………… 336

五 教案 ……………………………………… 338

六 义和团运动与天主教 …………………… 341

七 中国与罗马教廷的交往史 ……………… 344

八 天主教典籍的汉译 ……………………… 349

九 中国天主教神职人员的本地化 ………… 352

十 中国天主教的反帝爱国运动 …………… 353

# 基督教基础知识

## 第二十三章 基督新教的产生及其发展 …… 359

一 "基督教"的界说 ……………………… 359

二　宗教改革的历史背景 …………………… 361

　　三　宗教改革的基本内容 …………………… 364

　　四　马丁·路德的宗教改革 ………………… 365

　　五　加尔文的宗教改革 ……………………… 371

　　六　英国的宗教改革 ………………………… 377

　　七　近现代基督教 …………………………… 383

**第二十四章　中国基督教史** ………………… 404

　　一　马礼逊及早期基督教在华的传播
　　　　（1807~1860）…………………………… 404

　　二　19世纪下半叶基督教在华活动 ………… 407

　　三　中国教会的自立运动 …………………… 411

　　四　本色化运动 ……………………………… 413

　　五　五年运动和"到民间去"运动 ………… 417

　　六　抗日战争及解放战争时期的中国基督教 … 418

　　七　中华人民共和国成立后中国教会的三自运动 …… 421

**第二十五章　经典、基本教义神学** ………… 424

　　一　基督教的《圣经》及其中文版本 ……… 424

　　二　基本教义神学 …………………………… 432

**第二十六章　礼仪、节日、教制** …………… 446

　　一　礼仪 ……………………………………… 446

　　二　节日 ……………………………………… 448

　　三　教制 ……………………………………… 449

　　四　小结 ……………………………………… 450

# 前　言

宗教反映出人的精神世界和灵性追求，亦是人类社会结构和文化发展的有机构成。在人类文明漫长而灿烂的历程中，宗教的发生与发展有着重要意义和广远影响。中国作为一个历史悠久、文化丰赡的文明古国，不仅本身已展示出源远流长的宗教传统及其精神底蕴，而且与世界宗教文化有着广泛、深入的关联，在人类思想文化交流、沟通上发挥了巨大作用。这样，中国在其"自强不息"、"厚德载物"的文化精神中孕育、形成了体现其文化自知和自觉的本土宗教，亦在其"海纳百川"、"圆融和合"的文化氛围中迎入、吸收了世界其他地区的相关宗教，由此而有了丰富多彩、深厚复杂的中国宗教遗产和精神积淀。回溯这一历史传统，有助于我们认识中国宗教在这种开放、包容之境中所达成的异彩纷呈、多元共构。

在当代发展中，我们所面对的仍是一个多宗教、多民族的世界，其复杂交织之状对人类社会的当今存在和未来发展亦举足轻重、影响深远。与这一现实相对应，中国也仍为多种宗教和多个民族并存共处的国家。就宗教状况而言，我国已形成主要以佛教、道教、伊斯兰教、基督教、天主教这五大宗教作为代表性宗教的基本格局。它们与中国当代社会发展密切相关，对许多中国人的精神世界和精神生活有着潜移默化的影响。因此，关注和重视宗教，就有其独特意义；而了解和研习宗教，亦显然很有必要。

我们正处于"全球化"的时代，在以"世界眼光"来审视人类共居的"地球村"时，不能忽略其宗教的存在及其价值维度。中国的开放和改革，已使中国在当今世界发展和国际生活中处于重要地位，有其不凡使命。人类正面临着"文明冲突"还是"文化对话"的抉择，世界乃处于"混乱"还是"和谐"的张力之中。在这种形势下，宗教的存在及作用正凸显其意义，它既关涉当前社会政治问题的解决，亦影响到未来思想文化发展的走向。而且，宗教的变动不居和持久发展，也直接影响甚至制约着人类文明的变化和国际社会的变迁。

正是在上述意义上，我们应该认识到了解并掌握相关宗教知识的必要性和紧迫性。尤其在当今中国文化建设中，研习中国五大宗教的知识，亦有助于我们以一种开放性审视眼光来获取或增强我们的文化意识及其责任感，从而争取最大限度地激发社会活力、调动一切积极因素来构建我们的和谐社会。基于这一考虑，我们编写了中国五大宗教知识读本，分别对佛教、道教、伊斯兰教、基督教和天主教的历史发展、思想教义、经典文献、礼仪活动和文化特色等加以简明却较为系统的阐述和说明。其中由魏道儒负责撰写"佛教"部分，汪桂平负责撰写"道教"部分，周燮藩负责撰写"伊斯兰教"部分，段琦负责撰写"基督教"部分，任延黎负责撰写"天主教"部分；全书框架、结构、体例设计和统稿工作由卓新平负责，肖雁则负责全书的编辑工作。此外，张新鹰、金泽、霍群英等同志亦为此书的撰写而开展了组织、联络、协调等工作。通过对这五大宗教的分析、展示，我们将能对宗教作为相关社会"潜在的精神力量"和"文化象征符号"有更为清晰、透彻的认知，对其社会存在之定位及其意义和价值达到更加全面、准确的了解。而掌握这些知识也将有助于我们去理顺当今中国的宗教关系，实现宗教之内、宗教之间的和谐，并进而得以发挥宗教在促进社会和谐方面的积极作用。

# 佛 教
## 基础知识

# 第一章　印度佛教与初传中国

## 一　佛教起源

佛教和基督教、伊斯兰教并称为世界三大宗教，至今还影响着世界许多地区的广大人口。

佛教产生于公元前6世纪左右的古印度，当时以恒河流域为中心的古印度广大地区正经历着社会巨变。

通过频繁的兼并战争，众多部落逐步联合成一二十个独立小国家，武士阶层中的部分刹帝利在战争中崛起，上升为新兴的王族。伴随着生产力发展，商业、手工业兴盛，商业阶层中的部分吠舍经济实力增强。在意识形态领域，代表刹帝利和吠舍利益的"沙门（出家者）思潮"兴起，把批判的矛头指向占统治地位的婆罗门教。各种沙门教派虽然在哲学思想、政治主张等方面并不完全相同，但是他们共同反对婆罗门教奉行的"吠陀（婆罗门教的经典）天启"、"（由婆罗门祭司主持的）祭祀万能"和"婆罗门种姓至上"。作为"沙门运动"一支的佛教，就在这种社会历史背景下产生了。

根据佛教典籍的记载，佛教创始人名悉达多，姓乔达摩，出生于古印度的迦毗罗卫城（在今尼泊尔境内），大约生活在公元前566～前486年。"释迦牟尼"是后来人们对他的尊称，意思是"释迦族的贤人"。

释迦牟尼出身于刹帝利种姓，是迦毗罗卫国净饭王的太子。

他的母亲摩耶夫人去世早,他由姨母抚养长大。少年时代,他接受婆罗门教的传统教育,学习吠陀经典和"五明"。"五明"是五种学问,即"声明",音韵训诂之学;"巧明",工艺技术之学;"医方明",医药之学;"因明",逻辑推理之学;"内明",宗乘大意之学。后来他与觉饭王之女耶输陀罗结婚,生子罗睺罗。29岁时,由于看到每个人都必须遭受的生老病死等各种痛苦,他便离家外出,寻师访友,探索人生的解脱之道。

释迦牟尼出家之后,先是跟随两位数论派的先驱学习,然后开始了长达6年的苦行生活。释迦牟尼为什么要苦行呢?因为当时人们认为,摩擦湿木头是不能生火的,摩擦干木头才能取火。人的身体也是这样,必须经过苦行,清除了体液,才能悟出真理。于是,他逐渐减少饮食,后来7天才吃一顿饭。他穿鹿皮、树皮,晚上睡在鹿粪牛粪上,有时还睡在荆棘上。但是,6年之后,他身体消瘦,形同枯木,仍然没有发现什么人生的真理。他认识到苦行无助于解脱,就开始净身进食。他渡过尼连禅河,来到伽耶(今菩提伽耶),坐在毕钵罗树(后称菩提树)下,沉思冥想。经过7天7夜,他终于悟出了"四谛",就是四个真理,真正成道觉悟,因而被称为"佛陀",或简称"佛",意思是"觉悟者"。这一年他35岁。

释迦牟尼成道之后,到鹿野苑为憍陈如等五人讲说"四谛"的道理,由于从不同角度讲了三遍,佛教史上称为"三转法轮"。由于是释迦牟尼初次讲法,也称为"初转法轮"。憍陈如等五人信仰了释迦牟尼的教义,成为首批僧侣,号称"五比丘"。至此,有了成道的释迦牟尼(佛),有了他所证悟的真理(法),又有了信徒(僧),传统称为佛法僧"三宝"具足,标志着佛教真正建立。

此后45年,释迦牟尼主要在恒河流域中游一带传教。他的主要活动地区在摩揭陀、拘萨罗和跋耆三国。东面最远到过瞻波,西面到过摩偷罗。释迦牟尼为什么要活动在这些地方呢?

因为当时这一带经济文化发达，沙门运动高涨，新兴的宗教团体和哲学派别大都在这里活动。释迦牟尼在传教过程中，一直得到商人和王族的支持。他有两个最重要的说法处所，一处是舍卫城南的邸园精舍，是拘萨罗国富商须达多（给孤独长者）布施的；一处是王舍城的竹林精舍，竹林是迦兰陀长者赠送的，精舍是频毗沙罗王出资建造的。

释迦牟尼每天的生活比较有规律：黎明起床，坐禅冥想，接近中午时外出乞食，有时在午饭前访问某些沙门（出家者）。午饭后，到聚落外的静寂处坐禅。黄昏时分，或为弟子说法，或到聚落里向俗人传教，一直持续到晚上。他一年中的大部分时间是巡游布道。雨季停止旅行3个月，称为"伐沙"（坐夏）。释迦牟尼的生活方式，也就是当时僧侣生活的缩影，后来逐渐演变成为佛教僧团的一些修行生活规则。到80岁时，释迦牟尼在拘尸那迦城（今印度北方邦境内）附近的娑罗林中逝世。

从释迦牟尼创教到其最初弟子们所信奉的佛教，一般称为"早期佛教"，时间大约从公元前6世纪中叶到公元前4世纪中叶。

释迦牟尼及其弟子们最关心的是解决人生的苦难问题，而不是某些不切实际的抽象理论问题。所以，佛教的基本教义，都是围绕解决现实人生痛苦的主题而展开。这是佛教的一个重要特点。其中，四谛、五蕴、十二因缘、三法印等，是早期佛教教义的基本内容，而且在以后的佛教中也没有太大的改变。

## 二　部派佛教

随着佛教僧团的发展，由于不同地区的僧众对戒律和教义产生认识分歧，从而导致僧团内部发生分裂。佛教内部分化出互不统属的派别，是从释迦牟尼逝世约百年时开始的。分派延续的时间很长，大约从公元前4世纪到公元2世纪左右。"部派佛教"是对这些派别的总称。

关于分派的时间、次序、名称、数目和原因等内容，南北传佛教各类典籍的记载并不一致。按照北传佛教《大毗婆沙论》、《异部宗轮论》等记载，释迦牟尼逝世百年时，一位名叫大天的比丘提出贬抑阿罗汉的观点，遭到僧团内部长老比丘的反对。支持大天比丘的被称为"大众部"，反对者被称为"上座部"，史称"根本分裂"。此后数百年间，分别从这两部中又分化出一些派别，形成十八部或二十部，史称"枝末分裂"。根据《异部宗轮论》的记载，从大众部系统分出的派别有一说部、说出世部、鸡胤部、多闻部、说假部、制多山部、西山住部、北山住部。从上座部系统分出说一切有部、雪山部、犊子部、法上部、贤胄部、正量部、密林山部、化地部、法藏部、饮光部、经量部。这些部派影响范围和存在时间都有差别，到公元6世纪，最有影响的部派有上座部、正量部、说一切有部和经量部。

大众部系统和上座部系统在教理上存在不少分歧，相对而言，大众部系统的观点创新特点突出。在对佛陀的认识方面，上座部系统认为，释迦的肉体是有限的，寿命是有边际的。他异于常人之处，在于思想伟大，精神高尚，智慧深湛，发现和实践了解脱的真理。但是，他也具有一般人的烦恼，所说的话并不一定全是佛教真理。大众部系统倾向于神化释迦，认为他的肉体、寿命和威力都是无限的，断尽漏失，根绝烦恼，所说的话全部是佛教真理。在对"心性"与修道的认识方面，上座部系统认为，贪嗔痴等根本烦恼与"心"是相应的，所以不能说"心性"本净（杂染）；但是，解脱也要依心而行，所以心也有"离染"的一面。"杂染"和"离染"是"心"的二重性，修行的任务就是去掉杂染心，转成清净心。大众部系统认为，"心性"本来是清净的，只因为受到外界各种认识对象（客尘）的污染，才不洁净了。修行的任务，就是根除烦恼，使本净的心性显现出来，这也就是解脱了。在对世界万有（一切事物或现象）的看法方面，上座部系统倾向于论证万有的真实性，即倾向于说"有"。特别是其中最有影响的说一切有部，主张"三世实有，法体恒有"。大众部系统则倾向于论证万有是虚假不真实的，即偏重于说"空"。

由于佛陀说法并没有文字记录，众多弟子口耳相传的教诫难免出现差异。所以，在佛陀逝世之后，僧团曾举行佛教经典的"结集"。所谓"结集"，是指各地僧众举行集会，对口耳相传的佛经进行会诵，经过讨论协商，形成统一的经典。根据有关佛教资料记载，第一次结集是在佛陀圆寂后第一年的雨季。由佛陀的大弟子大迦叶主持，在王舍城的七叶窟举行，形成了经和律。第二次结集是在佛陀逝世一百多年之后。由耶舍召集700比丘在吠舍厘城举行，再次统一经和律。到阿育王时期（约公元前272~前232），在华氏城举行第三次结集，主要目的在于确定佛典的正确内容，以便于流传。佛教经典的流传从口诵改为文字记载，经过了很长时间。公元前1世纪下半叶，南传佛教的经典在斯里兰卡用僧伽罗文音译刻写在铜片和贝叶上。佛典的最早分类编纂是采用"九分教"（九部经）和"十二分教"（十二部经）形式，后来逐渐定型为经、律、论"三藏"的形式。

根据《善见律毗婆沙》记载，阿育王在第三次结集之后，由目犍连子帝须长老派遣，十几位上座僧人分成九路，到毗邻国家和地区传教。到阿育王后期，佛教不仅遍及印度全境，而且影响西达地中海东部沿岸国家，北到克什米尔、白沙瓦，南到斯里兰卡。佛教由此分为两条对外传播路线，以斯里兰卡为基地向东南亚传播的，后来称为"南传佛教"；以克什米尔、白沙瓦为中心，持续向大月氏、康巨、大夏、安息和我国的于阗传播的，称为"北传佛教"。从阿育王时代开始，佛教从地方性宗教向世界性宗教发展。在以后千余年的传播过程中，佛教始终坚持和平传教，没有发生过宗教战争，没有使用武力强迫他人信教。

## 三 大乘佛教

大乘佛教大约兴起于公元1世纪左右，是以逐渐在印度各地出现一大批不同种类的经典为标志。这些经典都是借佛的名义，宣扬新的思想。重要的典籍有般若类、华严类、法华类、涅槃类、唯识类、大集类等。它们自称是"大乘"，把此前的佛教贬为"小乘"。现在学术界也沿用"大乘"、"小乘"的称谓，但是并没有褒贬的意思。

大乘佛教在以后的长期发展过程中，继承了小乘佛教的许多内容，同时也具备了一些新的特点，与小乘佛教形成几点重要区别。

第一，自度与度他。小乘比较强调"自度"，也就是自我解脱；大乘更重视"度他"，也就是拯救众生。大乘号召积极参与社会生活，把拯救自己（自度）与拯救众生（度他）结合起来。同时，大乘也把修行方法和手段的灵活性（权宜方便）作为教义原则来看待，不把任何教条看作是不可改变的。所以，大乘的适应能力更强，传播渠道更多。无论它传播到哪里，都会带上那里的民族特色。

第二，一佛与多佛。小乘认为，尽管在释迦牟尼之前还有六佛，并且未来还有弥勒佛，但是释迦牟尼是唯一现存的佛，这种信仰本质上是与教主崇拜相联系的一佛信仰。大乘则崇拜多佛，认为十方世界同时存在着无数佛；并且认为，一切众生都有佛性，都有成佛的可能。不同的经典和教派，所宣扬和供奉的主佛并不一致。中国佛教也崇拜多佛，比较流行的有释迦牟尼佛、阿弥陀佛、弥勒佛、药师佛、卢舍那佛等。

第三，阿罗汉与菩萨。小乘认为，除了释迦牟尼之外，其他人修行的最高果位是罗汉,全称"阿罗汉"。达到罗汉果位,就超脱了生死轮回。罗汉的职责,就是遵照佛祖的嘱托,常住世间,推动佛法流传,护佑众生。所以,罗汉也成为信众的崇拜对象,大乘也承袭了罗汉崇拜。在中国佛教中,流行有"十六罗汉"、"十八罗汉"、"五百罗汉"等。我国南北各地许多寺院中都有罗汉堂,供奉罗汉的画像或塑像。但是,大乘修行者的主要样板不是罗汉而是菩萨。菩萨是梵文音译的略称,全称"菩提萨埵",也意译为"觉有情"、"大士"等。菩萨的修行,是以自度和度人为特点。在众多大乘经典中,所记载的菩萨也和佛一样,多得数不清。而且,相同名字的菩萨,在不同经典中有不同的记载内容。在中国佛教信仰中,菩萨崇拜非常流行。最受崇拜的菩萨有四位,即文殊、普贤、观音、地藏。四大菩萨各有分工,文殊代表大智,普贤代表大行,观音代表大悲,地藏代表大愿。

　　印度大乘佛教的发展,分为三个阶段。第一阶段,约公元1~4世纪,是大乘中观派兴起和流行的阶段,称为"初期大乘"。中观派的重要代表人物是龙树(约公元150~250)及其弟子提婆,他们主要是在解释《般若》类经典的基础上,集中阐发"假有性空"的理论。中观派的重要论书,有龙树所著的《中论》、《十二门论》、《大智度论》、提婆所著的《百论》。他们认为,世界上的万事万物本质上是虚幻不实的,认识世界要避免极端。世界万物本质上是没有生灭、常断、一异、来去的区别。他们也主张"真"(出世间、佛、涅槃等)与俗(世间、众生、生死轮回)是"不二"(平等而没有差别)的。

　　第二阶段,约公元4~6世纪,出现讲如来藏缘起和阿赖耶识缘起,集中阐发"三界唯心"、"万法唯识"思想的各类经典,形成以弥勒、无著、世亲为代表的大乘瑜伽行派,称为"中期大乘"。瑜伽行派主要发挥《解深密经》、《胜鬘经》、《楞伽经》等经典的学说,主要著作有弥勒的《瑜伽师地论》,世亲的《显扬圣教论》,《摄大乘论》,世亲的《唯识三十颂》等。世亲的弟子陈那,对因明(佛教逻辑学)有重大发展。其后著名者有无性、护法等。5世纪以后,印度的那烂陀寺(在今比哈尔邦)成为唯识学的中心。唐代玄奘曾随那烂陀寺的戒贤(护法的弟子)学习。从中观派和瑜伽行派的兴起可以看到,大乘佛教的辨证思维水平大大提高,义学更为发展,这是与小乘佛教的一个区别。

第三阶段,从公元7世纪开始,佛教义学逐渐衰落,密教兴起,称为"后期大乘"。密教是以《金刚顶经》和《大日经》为主要经典,吸收了中观、唯识思想,并且杂糅印度教和民间信仰的某些因素而形成。密教以重视坛场仪轨、真言密咒等为特点。从13世纪以后,随着伊斯兰教的进入,寺院毁坏、僧尼逃散,佛教在古印度本土几乎绝迹。传出印度本土的大乘佛教,主要是中国佛教中的汉、藏两大系统。

## 四　佛教初传中国

大约公元前2世纪左右,古印度、中亚的商人、使者和移民,沿着贯通亚洲大陆的丝绸之路到达我国今天的新疆地区,然后经过玉门关、河西走廊到达内地。他们之中有佛教信仰的人,也把佛教带到中国。

佛教传入中国内地的时间,历史上有很多不同记载和传说。根据现代学术界的研究,认为佛教是在公元前后,即在西汉末期到东汉初期传入汉地。根据《三国志·魏书·东夷传》注引《魏略》的记载,西汉哀帝元寿元年(公元前2年),大月氏使者伊存口授《浮屠经》给博士弟子景庐。根据当时大月氏人信仰佛教以及与内地的交往来看,这个记载是比较可信的。

最早接受佛教信仰的是社会上层人士和知识阶层,东汉楚王刘英是其中的代表。根据《后汉书·楚王英传》记载,汉明帝（公元58~75）的异母弟刘英，既信奉"黄老"（黄帝、老子），诵读黄老之言，又祭祀佛陀，并且按照佛教的规定持戒吃素。永平八年（公元65），明帝诏令天下犯死罪者用缣赎罪。刘英也派人贡献黄缣白纨。明帝认为他无罪，并且退回黄缣白纨，作为让他供养居士、僧人的费用。从这个故事可以知道，由于东汉初期社会上盛行"黄老"神仙方术，人们也把佛教看作是一种方术，把佛陀当作一位神仙，与黄老一起祭祀。这是佛教初入中土的社会形象。

在中国佛教史上，流传最广、影响最深远的佛教初入中国的传说，是"明帝感梦"的故事。根据《四十二章经序》记载，某个夜晚，东汉明帝梦见一位神人，身体是金色的，项部发出日光，能够飞起来，到达大殿前。第二天，明帝自述梦境，并询问群臣。有位名叫傅毅的人回答：所梦之神可能是天竺的佛。于是，明帝就派遣使者到大月氏，抄写《四十二章经》返回。西晋道士王浮伪造的《老子化胡经》中说，明帝是在永平七年（公元64）派遣使者求法，永平八年返回。从南北朝到隋唐，即便在官方的正式文件中，都把汉明帝感梦求法的故事当作历史事实征引，以此作为佛教传入中国的开端。现在洛阳城东有座古寺，名"白马寺"，传说是当初汉明帝为了安置来华的印度僧人摄摩腾、竺法兰而建的。根据现在的研究，汉明帝时，佛教已经进入内地一段时间，不是佛教传入汉地的开端。

从后汉末叶的桓、灵二帝（公元147~189）开始，有关佛教的记载逐渐明确起来。东汉末年来自西域的译经者不断增加。著名者有安世高、支娄迦谶等人。

安世高原是安息国太子，因为躲避当国王而游历西域诸国。汉桓帝（公元147~167）时来到洛阳译经。20余年间，共译出佛经34部，40卷。主要有《安般守意经》、《阴持入经》、大小《十二门经》等，首次系统介绍了小乘思想。支娄迦谶是月氏人，桓帝末年到达洛阳，灵帝时译出佛经14部，27卷。影响较大的有《道行般若经》、《般舟三昧经》等。后汉时期，也出现了中国人撰写的佛教著述，例如，《安般守意经》就有多家注解。

从早期的译经中，可以看到人们往往用老庄思想理解佛教教义。例如，有些早期经典把"涅槃"译作"无为"，把"禅定"译作"守一"，把"真如"译作"自然"，把"菩提"译作"道"，等等。

东汉时期，佛教开始自北向南在全国范围内传播，其路线是以洛阳、彭城、广陵为中心，旁及颍川、南阳、临淮、豫章、会稽，直到广州、交州等地。

# 第二章　佛教的多途开拓与持续高涨

## 一　魏晋佛教的多途开拓

### 1. 戒律传入与般若学初兴

三国（公元220~265）时期，魏地佛教接续东汉佛教发展，在三国中最为兴盛。传说魏明帝（公元227~239）曾建造大"浮屠"（佛塔）。陈思王曹植喜欢读佛经，并且创作"梵呗"（佛教的赞美歌），成为中国佛教音乐的创始者。魏地在佛经翻译方面的突出之处，是翻译出了戒律经典。

当时魏地虽然有佛教流行，但是僧众出家、斋供礼仪都没有印度的典籍依据。魏废帝嘉平二年（公元250），中天竺沙门昙柯迦罗游化洛阳，主张一切行为要遵守佛制，于是应请译出《僧祇戒心》一卷，又邀请当地梵僧举行受戒的羯磨来传戒。这是中国内地根据戒律受戒的开端，后代即以昙柯迦罗为中国律宗的始祖。正元（公元254~256）中，精通戒律的安息沙门昙谛到达洛阳，译出《昙无德（法藏部）羯磨》一卷。这个戒本是后来在中国佛教界最流行的《四分律》的部分内容。戒律的初传，适应了僧团整顿和规范内部纪律的需要。

从三国开始，般若学开始成为一门独立的佛教学问。这是佛教以纯理论形式进入中国思想界的标志。魏地的朱士行经常研究小品《般若》，并且在洛阳开讲。他在讲经过程中觉得，这部经典并不圆满，所以，他于甘露五年（公元260）西行求法，立志获得完备的《般若经》。他在于阗得到大品《般若》的梵文本，托弟子带回内地，自己逝世于当地。朱士行虽然没有越过葱岭，但被认为是中国佛教史上西行求法第一人。

吴地建业的般若学相对更发达一些，主要弘扬者是月氏人后裔支谦。他译出经典36部，48卷。重要的有属于般若系统的《大明度无极经》、《维摩诘经》等，在佛教界有重要影响。

吴地的另一位重要人物是康僧会，传说他在建业利用佛舍利显神异，劝说孙权为其建造寺院，号"建初寺"，是为江南有佛寺之始。孙皓即位后，以凶残暴虐著称。康僧会以佛教的因果报应开导他，劝其信奉佛教。因此，佛教史籍把他的传教活动作为江南佛教的开端。康僧会译有《六度集经》等。

西晋（公元265～316）佛教的主要内容，仍然是以译经为主。西晋的译经者有12人，以竺法护最有成就。

## 2. 东晋北方佛教

从东晋开始，佛教的发展呈现出南北的地域性。陷入十六国混战局面的北方，佛教在一些少数民族建立的国家中，受到最高统治者的信仰和支持，发展十分迅速。特别是在羯族建立的后赵、氐族的前秦、羌族的后秦、匈奴族的北凉等一些有影响的大国，统治集团根据不同的情况和需要，分别采取支持高僧传教、允许灵异辅政、资助译经、鼓励义学研究、建筑寺院、修造佛像等方法，促进了佛教在各民族中的普及和流行。他们不仅鼓励汉族信奉佛教，而且也不限制少数民族接受佛教。

在北方十六国中，影响最大的僧侣是佛图澄、道安和鸠摩罗什。

佛图澄（公元231～348）是西域人，主要运用神奇的方术和佛教善恶报应、慈悲、戒杀等教义从事传教。关于佛图澄的神异故事很多。例如，传说他用麻油混合胭脂涂抹在手掌上，就能从手掌上清楚地看到千里之外发生的事情，而且就如同面对面观看一样。他能够通过念诵咒语来驱使鬼神。更能吸引人的是，他善于治病，甚至能把死去两天的人医活。凭借这些神异，他获得后赵统治者石勒、石虎的信任，经常参与军政机要。

由于佛图澄知名于朝野，所以各地慕名求学的人很多。在他身边，经常聚集着数百名弟子，前后门徒累计达万人之多。他的著名弟子有数十位，如道安、竺法雅、竺法和、竺法汰、竺法朗等，推动了佛教向南北各地的传播和流行。

由于有后赵朝廷和各州郡的资助，佛图澄的弘教传法活动很成功。短短几十年间，佛图澄和他的弟子们建立佛寺达893所。这是佛教传入中国以来的佛寺最高数字。

在传教过程中，佛图澄大力倡导佛教善恶报应、慈悲、戒杀等教义，并且以此规劝嗜杀成性的后赵统治者。当石虎问什么是"佛法"时，他回答"佛法不杀"。他曾对石虎说，作为一位帝王信奉佛教，主要体现在不做暴虐的事，不杀害无辜方面。尽管帝王不能做到绝对不杀生，但是如果杀害没有罪过的人，就是把全部财产都拿出来供养佛法，也是免不了遭受祸殃的。他还告诫石虎，只有多慈悲，少贪欲，才能福祚长远。佛图澄以自己的特殊身份和后赵统治者的信任，把传播佛教与促进社会稳定、发展生产、协调少数民族与汉族的关系紧密结合起来，这在中国佛教史上是很有影响的。

道安（公元312~395）俗姓卫，常山（今河北正定）扶柳人，12岁出家，后到赵郡邺（今河北临漳西南）师从佛图澄，学习大小乘经典和戒律。石虎死后，后赵发生内乱，道安到今天的山西、河北一带山区避难。由于北方社会动荡，又遭天灾，促使他带领数百名弟子南下东晋管辖的襄阳。在河南新野时，他曾对弟子们说，在僧团不能解决衣食等生活问题的情况下，不依靠统治者的支持，佛教事业就难以进行下去，即"不依国主，则法事难立"。在中国佛教史上，这句话是流传很广的。东晋太元三年（公元378），前秦王苻坚攻占襄阳，道安被迎请长安。

道安重视佛教典籍翻译事业。在长安期间，他利用前秦的支持，组织来自印度和西域的僧人翻译佛经，使原来由民间分散进行的佛经翻译活动，带有了国家文化事业的色彩。在他主持下，译出佛经14部183卷。

道安重视佛教典籍和文献的整理，编著了《综理众经目录》。这是我国第一部佛经目录，为我国佛教目录学奠定了基础。

道安重视佛教制度建设。他根据《增一阿含经》上讲的，不管哪个种姓出身的人，一旦成为沙门，都称"释种子"的经文，倡导出家人不用俗姓，而以"释"为姓，这成为后世的定制。他参考戒律为僧团制定《僧尼规范》，对寺院修行生活的许多方面作出规定。这对后世僧团制度的建立有启示作用。

鸠摩罗什（公元344~423）祖籍印度，生于龟兹（今新疆库车），自幼出家，曾随母游历西域诸国。先学小乘，后学大乘，尤精大乘中观学说。后秦弘始三年（公元401），姚兴出兵攻灭后凉，迎请当时在后凉的罗什到长安。从此开始，罗什在后秦政府的支持下，专门从事译经。他在译经过程中培养了大批学问僧，据说弟子达五百多人，听法者在两千人以上，其中知名者很多，对南北朝佛教学派的兴起有直接作用。在他的影响下，后秦首先创立了僧尼管理机构，设置僧正、悦众、僧录等僧官。

在东晋北方，佛教普及到各民族中，成为国家用以争取民众认同和支持的重要信仰。这对于增进南北各族人民的相互了解和联系，对于形成各族人民的共同心理，起到了比儒学还重要的作用。

## 3. 六家七宗

东晋南方著名的佛教中心是庐山东林寺，由慧远主持。庐山慧远（公元334~416）俗姓贾，雁门楼烦（今山西宁武）人，早年学习儒家经典，尤其喜欢《老子》和《庄子》。因为在太行恒山听道安讲《般若经》而与其弟慧持出家。曾随道安住襄阳，后遵从道安所命到庐山，建东林寺弘法传教。慧远虽长居山林，但与北方佛教界和东晋士大夫都保持着广泛联系。他的著作现存有38篇，其中关于因果报应、佛教礼制、佛教与王权的关系、净土信仰等方面的论述，都对后世有深远影响。

东晋时期，朝野曾展开出家僧人应该不应该礼敬帝王的论战，延续时间比较长。慧远认为，佛教的在家信徒，应该和普通民众一样，孝事父母，效忠帝王。这是体现佛教有助于"王化"和"治道"的方面。然而，出家的僧尼，则应该严格按照佛教的教义修行，在礼仪上应与世俗社会有所区别。慧远倡导西方净土信仰，曾经与僧俗一百余人在阿弥陀佛像前共同立誓，发愿死后往生西方极乐世界。所以，后世把他推为净土宗的远祖。

般若学在东晋佛学界进一步发展。由于学僧对《般若经》的思想有不同的理解，出现了所谓"六家七宗"（"家"和"宗"是"学说"的意思，不是"学派"或"宗派"的意思），即有关般若学的七种学说。学僧为了迎合思想界玄学盛行的形势，借助玄学本体论的思辨方式和概念，来理解和论证般若学的思想。可以说，"六家七宗"是玄学与般若学相结合的产物。

六家七宗的代表人物及名称分别是：道安的本无宗，竺法琛、竺法汰的本无异宗，支道林的即色宗，于法开的识含宗，道壹的幻化宗，支愍度等人的心无宗，于道邃的缘会宗。上述七宗中，本无和本无异可作一家，所以称六家。其中影响较大的是本无、即色、心无三家。

本无宗认为,世间的一切事物和现象,本体是空寂的,所以称此本体为"本无"。它所讲的"空"、"性空"、"本无"或"无",属于同类概念,相当于《般若经》中讲的"法身"、"真如"。本无宗认为,"无在万化之先,空为众形之始",与道家宇宙生成论的思路是相似的。所以,本无宗特别强调"本无"的"能生万物"的方面,具有把"无"绝对化的倾向。这与王弼、何晏为代表的玄学贵无派"以无为本"的本体论主张是相应的。

即色宗认为,世界上的万事万物("色")都是由因缘和合而产生的,所以没有自性,这就是"空"。也就是说,色本身就是空。这与郭象为代表的玄学自生独化论有相似之处。

心无宗认为,所谓"诸法皆空",并不是指外在事物是空,而是讲心不执著于外在事物。这实际上是从精神修养方面理解般若"性空"理论,注重排除世俗世界的干扰。这与玄学中的崇有论思想有相似之处。

由于当时般若学的诸多论书还没有传译,佛学界对大乘中观派的思维模式和论证方法还不了解,所以受玄学的影响较深。后秦鸠摩罗什译出《中论》、《十二门论》等之后,其弟子僧肇著《肇论》,主要依据中观派的理论对般若学进行总结。《肇论》中有一篇《不真空论》,是用"不真空"来解说般若性空思想。僧肇认为,事物本身只是因缘和合产生的,没有真实的自性,这就是"不真",也就是"空"。所谓"有"就是"假有"、"不真";所谓"无"是没有"自性",是"空"。但是,这个"空"并不是空无所有,而是与假有相联系的。所以,"不真"和"空"、与"有"和"无"的关系一样,是相统一的。从这个思路出发,他对本无宗、即色宗和心无宗三家进行了评论。他认为,三家在理论上或偏于"无",或偏于"有",而对于"无"和"有"的正确看法,应该是"不真空",即把"性空"和"假有"结合起来考察,统一起来认识。

### 4. 法显与西行求法

晋宋之际，出现了或为求法取经、或为观瞻圣迹而西行印度的高潮。在数以百计的西行者中，事迹最感人、影响最深远的是法显。

法显在长安看到律藏不完备，立志到印度寻找更完备的戒律典籍。弘始元年（公元399），他从长安出发，经过中亚进入北印度。他游历了将近30个国家，首尾经历了15年，从师子国（今斯里兰卡）搭乘商船经南洋群岛返回，于义熙八年（公元412）在山东牢山登陆。法显游历了中亚、南亚和东南亚的许多地方，范围之广，是前无古人的。

法显的求法之路，可以说是九死一生。去印度先经历了陆路的凶险。"西渡流沙（从敦煌西至鄯善之间的沙漠地带）"时，"上无飞鸟，下无走兽；四顾茫茫，莫测所之。唯视日以准东西，望人骨以标行路"。海路的遭遇更是惊心动魄：或受"黑暴雨"的袭击；或因为"粮食、水浆将尽，取海咸水作食"。除了忍耐肉体折磨，还要遭受精神蹂躏。当一夜暴风雨过后，船上的诸位婆罗门竟然认为，船上有位沙门（指法显），不吉利，所以才遭遇风暴。他们商议要把法显弃置在海中的荒岛上。最后经过原来的施主舍命保护，法显才免遭厄运。

与法显结伴从长安出发西行的有4人，在张掖等地相遇结伴同行的有6人，加上法显共计11人。其中6人先后中途折返，1人随胡僧到罽宾（今克什米尔），2人病死中途，1人留住中天竺不归，完成求法壮举的只有法显一人。

法显返国后，共参与翻译了《摩诃僧祇律》、《大般泥洹经》、《杂藏经》、《杂阿毗昙心》、《僧祇比丘戒本》、《方等泥洹经》等六部典籍。他撰写的《佛国记》，首次实录了自陆路游历印度，由斯里兰卡经南洋群岛航归的伟大旅程。此书至今仍是研究当时中亚、南亚和东南亚历史、文化和宗教的最重要的著作。后世众多的西行求法者,包括玄奘、义净等人,都把法显作为榜样。

## 二 南北朝佛教的持续高涨

### 1. 梁武帝与南朝佛教

南北朝(公元420~589)时期,佛教的发展速度很快,这与历代统治阶级的扶植有重要关系。在支持佛教的方式上,南朝和北朝的统治者略有不同。南朝比较重视发展佛教义学,鼓励佛学研究;北朝比较偏重于兴办福业建造,鼓励禅行。南朝佛教基本上是平稳发展的,到梁武帝时达到鼎盛。

梁武帝萧衍(公元502~549)不仅是南朝的崇佛代表,也是整个中国历史上最有名的崇佛帝王。他幼年接受儒家教育,废齐建梁之后,在思想方面提倡儒学和佛学。他原来信奉道教,即位后下诏舍弃道教信仰,改奉佛教,并且规劝群臣信奉佛教。梁武帝大力提倡和支持佛教的措施很多,不少措施在佛教史上产生了重要影响。

第一,在宗教信仰领域把佛教放置于比儒教和道教更高的地位。梁武帝认为,儒教和道教只不过是讲世间的善,佛教却超越了世间的范围,能够使众生脱离三界的痛苦,达到最终的解脱。当然,梁武帝称佛教是"正道",并不意味着他要完全排斥、压制儒教和道教。对于儒家的纲常名教,他是一贯倡导的。他的目的,在于宣扬佛教比儒教和道教优越。

第二,广建寺院,大造佛像。梁武帝在位期间,敕建了许多规模宏大的寺院。例如,普通元年(公元520)于钟山为其亡父建造了大爱敬寺。这座寺院中有三十六院,各院都有池台环绕。从中院到寺院的大门,长达七里。寺院中建造了无数金铜佛像,还建有七层塔,常年供养了一千多名僧人。根据文献的记载,这座寺院创造了塔包岩壑的奇观。在梁武帝的带动下,王公、后妃以及门阀士族也纷纷建寺塔、造佛像。梁代有寺院2846所,僧尼82700人,都是南朝的最高数字。特别是僧尼人数方面,仅次于梁代的刘宋才有僧尼36000人。

第三,除了优待僧人、鼓励佛学研究、举行盛大的法会之外,梁武帝还亲自撰写佛教方面的著作,亲自讲经说法,参与法会。梁武帝的佛教著作有许多种,现存的约有十余种。例如,《立神明成佛义记》、《摩诃般若忏文》等。

第四,以"皇帝菩萨"自居,并且"舍身为奴",以便激发各阶层信徒对他个人和佛教的虔诚宗教感情。梁武帝曾先后四次舍身同泰寺"为奴",每次都由朝廷群臣拿出巨额钱财将他赎回。这在中国历代帝王中是绝无仅有的。他这样的做法,加剧了寺院经济的膨胀。

第五,严格佛教戒律。梁武帝在位48年,本人按照在家佛教信徒的规定修行,而且要求僧尼严格遵守戒律。他下令僧尼不仅不能饮酒,而且不能吃肉,否则将以国法、僧法惩罚。此前佛教戒律规定,僧尼在一定条件下可以吃肉。梁武帝的禁令影响很大,此后僧尼素食成为中国佛教的定制。

梁武帝是中国历史上最著名的崇佛帝王,所以,在佛教界和民间,广泛流传着关于他与佛教僧人的众多故事,其中最有名的是关于他与禅宗祖师达摩的故事。当然,这些都是后代附会的传说,并不是历史事实。

**2. 北朝的灭佛事件**

与南朝佛教的平稳发展相比较,北朝(公元420~581)佛教呈现出大起大落的态势。北朝大多数帝王支持佛教,促使佛教迅速发展。同时,佛教也与儒教和道教发生了激烈的思想斗争,僧团与国家及世俗地主阶级也发生了政治、经济利益方面的冲突。北朝出现的两次"灭佛"(国家武力镇压佛教)事件,就是这些矛盾综合作用的结果。

北魏太武帝（公元423~452）的灭佛，是中国佛教史上第一次国家镇压佛教事件。北魏太武帝原来信仰佛教，也尊敬僧人。但是，他逐渐看到佛教的大发展，与国家发生了经济方面的严重冲突。因为，僧人不负担兵役、徭役，不缴纳租调，所以必须控制僧人的数量。在这种情况下，魏太武帝继承前代的政策，重用儒者，尊崇儒家学说，以便争取汉族地主阶级的支持，巩固自己的统治。同时，他又接受司徒崔浩的劝告，改信寇谦之的天师道，奉寇谦之为"天师"，建立天师道场。他还亲自登坛受符书，改元"太平真君"。太平真君五年（公元444），太武帝下诏限制佛教，认为佛是外国的神灵，所讲的道理是荒诞的，无益于政化，并且禁止王公和百姓私养沙门。公元446年，他出兵经过长安，发现一所寺院中私藏兵器，怀疑沙门与起义军通谋，下令诛杀寺里的僧人。后来又在寺中发现酿酒器皿，财物和洞窟藏匿妇女等，于是听从崔浩的劝说，颁布取缔佛教的诏书。灭佛的措施非常残酷，不仅不分老少坑杀所有沙门，对于信仰佛教、制造泥、铜等各种佛像的人，也要屠杀。因此，经过这次灭佛运动，北魏境内的大量僧尼遭诛杀，寺院经像被焚毁。

六年后（公元452），太武帝死，文成帝即位。文成帝认为佛教讲的是正确的道理，有助于国家的治理，有益于人们仁智善性的增长，于是解除了佛教禁令。此后在历代北魏帝王的支持下，佛教在北方又获得很长一段时间的发展。

到北周武帝（公元561~578）统治时期，北方佛教势力急剧膨胀，僧尼人数达到200万，佛寺3万多所。由于僧尼享受免税赋徭役的特权，武帝要富国强兵以统一北方，就必然采用"求兵于僧众之间，取地于塔庙之下"的措施。周武帝首先消减僧尼和寺院，此后多次召集名儒、名僧、名道，讨论三教优劣。建德三年（公元574）下令禁断佛教和道教。这次灭佛与上次有几点不同。第一，北魏太武帝只取缔佛教，对道教予以保护，北周武帝则是对佛教和道教都予以禁止。北周武帝原来打算保存道教，但是道教和佛教之间的斗争很激烈，对朝政有危害，所以采取两教并废的措施。第二，虽然毁坏了一些寺院，焚烧了一些经像，但是并不屠杀僧尼，而是迫使他们还俗为民。对于有些地区的寺院，并没有拆除，而是分别赏赐给王公，作为他们的住宅。第三，设立"通道观"。从佛教和道教名人中选取120人为学士，让他们讲《老子》、《庄子》和《周易》，目的是会通三教。显然，让佛、道两教人士会通三教，在于强调儒家的重要性。

建德六年（公元577）北周灭北齐，周武帝又下令在原来北齐境内禁断佛教和道教，促使许多僧人逃往南方，境内僧尼奉佛也只能在秘密状态下进行。宣政二年（公元578）周武帝死，宣帝、静帝相继在位，朝政由外戚杨坚把持，下令允许佛教流行。到杨坚废周建隋，开始大力发展佛教。

此后，唐代的武帝、五代后周的世宗，也分别有灭佛之举。历史上把这四次国家镇压佛教事件称为"三武一宗灭佛"。这四次灭佛运动，对佛教势力消长变化的影响都比较短暂，但对佛教思想的演变影响比较深远。

**3. 佛教学派**

南北朝时期，以著书立说、聚众讲学为主要形式的佛学研究已经广泛展开，并且得到帝王和士大夫群体的广泛参与和直接支持。佛学发展的一个重要标志，就是南北各地兴起许多学派。其中影响较大的有涅槃、三论、毗昙、成实、地论、摄论、楞伽、法华等，构成了隋唐时期佛教宗派的先导。

这些学派一般在侧重弘扬一部经或论的基础上，兼习多部经典，提出新的佛教观点。涅槃学派的主要代表竺道生就是一个比较突出的例子。竺道生（公元355～434）原是竺法汰的弟子，后北上从学于鸠摩罗什。东晋末年回到南方，刘宋初年与慧严、慧观为朝野所重。竺道生精通般若中观学，又比较早地接触了法显译的六卷本《大般泥洹经》。他在贯通佛教不同派别、不同经典学说的基础上，提出许多新见解。其中，他的佛性说和顿悟说，在佛学史上很有影响。

第一，一阐提人有佛性。六卷本《大般泥洹经》一方面说，"一切众生，皆有佛性；皆有佛性，学得成佛"。也就是说，一切众生都有成佛的内在根据，都有成佛的可能性。另一方面，此经又明确讲"一阐提"（指善根断尽的人）除外。竺道生认为，"一阐提"既然属于众生，那么他们也同样具有佛性，也有成佛的可能。由于他的观点在经典中找不到直接依据，受到佛教界的批评，甚至一度被逐出僧团。据说，他曾到今天苏州的虎丘山，为一堆石头讲《涅槃经》。在讲到一阐提人有佛性时，他向群石发问："如我所说，契佛心否？"群石都点头表示同意。稍后，北凉昙无谶所译的30卷本《大涅槃经》传到南方，该经中有一阐提人也有佛性的说法。于是竺道生受到僧众的敬佩，其佛性学说也得到更多人的承认。

第二，顿悟说。竺道生认为，真理（"理"）作为整体，是不可分割的，平等无差别的，所以，证悟（"悟"）真理也就没有阶段划分，没有中间状态，只能是"顿悟"。这就是说，对"理"的掌握，要么是完全地掌握，要么是完全没有掌握，不可能是掌握了"理"的某一部分。所以，竺道生的顿悟思想是建立在"理不可分"的真理观基础上的。他的这种"顿悟"学说，对以后的华严宗、禅宗思想都产生了影响，并且间接影响了宋明理学。

# 第三章 中国佛教宗派的建立与演变

## 一 宗派建立的社会条件和特点

唐代初年，有一位名叫那提的印度僧人，游历了古印度各地和南亚、东南亚诸国之后，来到中国。观察了当时的佛教之后，那提说："脂那东国（指中国），盛传大乘，佛法崇盛，瞻洲称最。"瞻洲即南瞻部洲，也译作阎浮提，泛指当时已知的世界所有地方。那提这句话的意思是，中国大乘佛教的兴旺发达，在隋唐时期居世界第一。

隋唐时期佛教的繁荣昌盛，与历代帝王的大力扶植是分不开的。例如，隋文帝杨坚幼年时，由智仙尼养育。他即位之后，经常对人提起智仙神尼的话，认为他能够当皇帝，都是佛保佑的结果。他在位期间，大力倡导佛教。当时民间书写佛经成风，社会上流传的佛教经典要比儒家的六经多数十倍到上百倍。

隋唐时期佛教昌盛的一个重要标志，就是形成了一些独具特色的佛教宗派，其中主要有天台宗、三论宗、华严宗、唯识宗、禅宗、律宗、净土宗和密宗。这八个宗派的形成，集中体现了中国佛教的理论创造能力。

隋唐时期宽松的政治、发达的经济和繁荣的文化，为佛教宗派的萌生和成长提供了适宜的社会环境。隋唐时期产生的佛教宗派，有一些共同点：首先，各宗派的实际创始人大都得到统治阶级特别是最高统治者的直接或间接支持。第二，各宗派都创立了相对完整和独立的教理体系，其内容既有承袭印度佛教的成分，又有吸收中国儒家和道家的思想因素，更有结合两种不同民族宗教文化后的创新理论。第三，各宗派都建立了相对稳定的传法基地，一般以一处或数处大寺院为中心，具有一定的经济实力。不少这样的寺院被后代称为"祖庭"。第四，大多数宗派的祖师之间有师徒传承关系，有些宗派还逐步编制出上溯印度著名僧人，下接中土历代祖师的传法世系。

佛教各宗派的发展是很不平衡的：有些在百年之内就消亡了，有些至今还在流传。隋唐之后，各宗派的兴衰消长，构成了中国佛教的重要内容。同时，佛教一些宗派在不同时期传入朝鲜、日本、越南等周边国家，成为汉文化对外传播的重要载体，深刻影响了那里的思想和文化。

## 二 佛教八宗

### 1. 天台宗

天台宗是隋代产生的佛教宗派，也是中国佛教史上的第一个宗派。由于本派的实际创立者智𫖮（公元538~597）常住天台山，故名；又因本派崇奉《法华经》，也称"法华宗"。本派的传法世系是龙树、慧文、慧思、智𫖮、灌顶、智威、慧威、玄朗、湛然。

智𫖮字德安，俗姓陈，荆州华容（今湖北监利县西北）人。30岁时，遵照慧思的嘱咐，前往金陵弘法传教。此后30年间，智𫖮与陈隋两朝都保持较密切的关系，主要致力于讲经授徒、著书立说和建造佛刹的创宗建派活动。

智𫖮一生著述很多，其著作中仅有小部分是他亲自撰写，大部分是其弟子灌顶根据讲演记录整理而成。智𫖮的《法华文句》、《法华玄义》和《摩诃止观》，后来被称为"天台三大部"，是天台宗最重要的著作。

智𫖮一生修行和传教的主要基地，是金陵、天台和荆州三处。他平生建造寺院 36 所，亲手度僧 1.4 万余人，传弟子 32 人。由于有稳定的传法基地、数量众多的门徒，再加上陈隋两朝帝王的支持，智𫖮派在当时佛教界的影响很大。

智𫖮以"止观"来概括全部佛教的修行和理论，把它作为修行解脱的根本途径，倡导通过修习"止观"获得佛智，把握实相。所谓"止"，是心专注于一处的修行实践，大体相当于佛教一般讲的"定"；"观"是以正确的智慧体认万法，大体相当于佛教一般讲的"慧"。智𫖮提出的"三谛圆融"、"性具善恶"、"一念三千"等，是天台宗的基本教义。另外，他还提出判教理论，为天台宗的创宗建派提供经典和历史依据。

"三谛圆融"中的"三谛"，指空、假、中。他认为，修习止观要求认识主体（观照）必须处于虚寂状态（空），借助（资助）佛教所说的义理（假），去认识特殊事物的真性（实相），这种真性是"假"与"空"的统一，所以叫作"中"。这样，"中"就变成了最高的实相，变成了联系三谛的枢纽。从而调和了有与空、世间与出世间的矛盾。由于三谛是同一对象（实相）的三种表现或三个方面，它们的关系是"虽三而一，虽一而三，不相妨碍"，不能在观法上将它们割裂对立，所以称为"三谛圆融"。

"性具善恶"是天台宗的重要学说。性，是指法性、自性等；具，是具有、完全具备的意思；性具，是指先天存在，既不是自生的，也不是他生的。"性具善恶"是说从一切众生到所有的佛，都有善恶二性，而且这二性历经过去、现在和未来三世都不会改变。天台宗讲性具善恶，目的是要由恶而有善。他们认为，善恶共处于人的本性中，是相对的。如果真正认清和通达了性恶，恶也就成了善。例如，佛虽然也不能断绝性恶，但是佛真正认清和通达了性恶，所以佛永远不会受到恶的影响，不会后天"修恶"，只表现出来善。另一方面，阐提虽然不能完全断绝性善，但是没有真正认清和通达性善，所以后天表现出不"修善"，只是修恶。所以，佛与阐提的差别不在"性具善恶"方面，只在于对善和恶的是否真正了解方面。

"一念三千"，是指在人的当前一念心之中，就包含着三千大千世界。这是用来说明世间和出世间的一切法相互依赖、相互渗透，形成一个整体，不生不灭，完全存在于人的一切心念之中。现实世界和人生之所以千差万别，在于众生作业不同，使本具的三千法有显有隐，呈现的果报就有了差别。由于"一念"是妄心，那么实现从妄心到真心的转变，就要修习止观。"一念三千"就是止观修行所要"观"（体认）的境界。也是天台宗人所追求的理想精神境界。

天台宗的判教理论在佛教史上也是比较有影响的。所谓"判教"，是对全部佛教经典和学说进行归类和划分等级，以便表明判教者对所信奉教义的态度，反映他们与别派的思想差异。判教的主要目的之一，是通过解释和协调各种佛典中的不同学说，为本派的创新教理提供经典和历史的依据。判教思想发源于印度佛教，其理论和方法是在中国佛教中成熟起来。佛教各大宗派都有自己的判教理论，天台宗的判教是"五时八教"。

"五时八教"是"五时"和"化仪四教"、"化法四教"的统称，它们分别是从佛说法的时间、形式和内容诸方面对佛教经典进行划分和归类。"五时"是从时间上划分。第一，华严时，指佛刚成道后讲《华严经》。第二，鹿苑时，指佛成道12年后，在鹿野苑讲诸部《阿含经》。第三，方等时，指鹿野苑时之后8年，佛讲各种《方等经》。第四，般若时，指方等时之后22年，佛讲诸部《般若经》。第五，法华、涅槃时，指般若时之后8年，佛讲《法华经》和《涅槃经》。从现代学术研究的角度看，这种经典产生的先后次序是根据教义的需要排出来的，并不反映相关经典真实的产生时间。

"化仪四教"侧重依据佛说法的不同形式来划分。第一，顿教，指《华严经》所讲的不历修行阶次、顿至佛位的教义；第二，渐教，指从讲诸部《阿含经》到《般若经》，这些教义需要依次渐修；第三，秘密教，指各人听到的与自己理解能力相适应的教义；第四，不定教，指各人听到的与自己理解能力相应的教义，但各人有不同的理解。

"化法四教"主要按照佛说法内容来划分。第一，藏教，指小乘三藏教义；第二，通教，指诸部《般若》，因为这些经典既包含深奥的道理，又有浅显的道理，故名；第三，别教，专为菩萨讲的其他方等（大乘）经典；第四，圆教，《法华经》教义，因其圆满、圆融，故名。对于"化仪四教"和"化法四教"的关系，天台宗用"药方"和"药味"来比喻。从这个判教中，我们可以看到抬高《法华经》的倾向。

智颉之后，天台宗的传承一直未断。其中，湛然（公元711~782）以中兴天台宗为己任，倡导"无情有性"说。"无情"指没有"情识"的东西，即没有意识、感觉和思维活动的草木瓦石、山河大地等。"性"是指佛性。湛然主张没有情识的草木瓦石、山河大地等都具有佛性，都有成佛的可能。这就扩大了成佛的范围，不但是对天台宗教义的发展，也是对整个佛性学说的发展。

**2. 三论宗兴衰**

"三论"指大乘中观派的三部论书，即《中论》、《百论》和《十二门论》，三论宗以这三部"论"作为立宗的经典依据，故名。

三论宗的创始者吉藏（公元546~623），祖籍安西，俗姓安，出生金陵。所以也称"胡吉藏"。他曾住会稽嘉祥寺讲"三论"，听讲者常达千余人，后世敬称其为"嘉祥大师"。隋开皇年（公元581~600）末，吉藏受杨广之请，先后住扬州慧日寺和长安日严寺。在长安期间，他著书立说，完成了三论宗的理论体系。唐朝建立后，吉藏被征为统辖全国僧侣的十大德之一。吉藏传教50余年，弟子众多。其中高丽僧慧灌把三论宗传入日本，并成为该宗在日本的祖师。再传弟子中有元康较为知名，此后本派衰落。

吉藏一生著述共计约40余种，现存尚有26部。主要著作是《中论疏》、《十二门疏》、《三论玄义》、《大乘玄义》等。吉藏博闻强记，善于辩论，擅长围绕当时佛学界的热点问题，通过批判别派的见解阐发自己的观点。他的理论体系在论战中形成，并且通过论战表达出来，素以驳杂多端著称。他的"二谛论"和"八不中道论"，构成了该宗学说的核心内容。

三论宗认为，人的思维、语言（称为"教"、"能表"、"名"、"假名"等）是以分别有无、是非等差别为特点，并不能正确反映没有任何差别性的本体实在（称为"理"、"所表"、"体"、"境"、"实"等）。"二谛论"和"八不中道论"就是在这种不可知论的方法论指导下建立起来的。

"二谛"（两种真理）原本是佛教的传统说法，指"真谛"（也称第一义谛、胜义谛等）和"俗谛"（也称世谛、世俗谛等）。吉藏别立名目，把"二谛"分为"于谛"和"教谛"。他认为，"二谛"都属于言教，是假名，是一种方便施设，达不到对绝对真理的认识。所以，人们对二谛也不能执著，也就是教人不要把是非得失看得太重。同时，这种二谛说又有调和矛盾的作用，它承认众生的各种认识，圣贤的各种思想，也和佛的言教一样，都具有一定的真理性。因为，诸佛所说的法（教谛）也是依据众生和圣贤的认识（二于谛）讲的。

"八不中道"是三论宗依据《中论》中所讲的八不法门所建立的。《中论·观因缘品》载："不生亦不灭，不常亦不断，不一亦不异，不来亦不去。"这是大乘中观派对世界和人生的概要说明，指一切现象或事物都由因缘聚散而有生灭变化，实际上是没有生灭变化。如果认为有或生或灭等变化，就是偏执于某个极端。根据吉藏的解释，诸法的实相是远离生灭、一异、断常、来去的，离开两边就是显示了"中"，"八不中道"即论证了"中道实相"。这是用双重否定的破执方法说明本体不可知、不可思议，目的是要求在践行方面做到"心"无所得，没有执著。

### 3. 华严宗

华严宗因奉《华严经》为最高经典而得名。又因本宗以"法界缘起"为核心理论，亦称"法界宗"。该派公认的传承是"华严五祖"说，依次是杜顺、智俨、法藏、澄观、宗密。

杜顺（公元557~640）又称法顺，素有"神僧"之称，主要游化于今天的陕西关中一带，劝人诵读《华严经》，并且依照此经修习"普贤行"。所著的《华严法界观》，把止观分为五等，奉《华严经》为最高经典。智俨（公元602~668）早年从杜顺出家，入至相寺，先后跟从多位中外僧人学习。他的著述约二十余部，现存有《搜玄记》、《华严一乘十玄门》、《华严五十要问答》等。他通过系统诠释60卷《华严经》而立新说，以十玄、六相等论述法界缘起，大体完成了华严宗学说的整体框架，实现了从华严经学说到华严宗学说的过渡。

法藏（公元643~712）早年曾随智俨学习，并且数度参加译场，其中，与《华严经》新译有关的译经两次。法藏讲经，有时奉朝廷之命"承旨"而讲，有时应僧俗求学需要而讲，有时应地方官吏之请而讲，听众经常达到千人，促进了华严学在朝野的流布。在讲经过程中，他培养了一批义学弟子，知名者十余位。法藏先后得到武则天、中宗、睿宗的直接支持，晚年还曾介入宫廷内部的权利斗争。他的著述百余卷，现存与华严有关的15部。能够比较集中反映其华严思想的重要著作有《探玄记》、《华严一乘教义分齐章》、《华严旨归》、《华严经问答》等。他在智俨学说的基础上，对华严宗教理进行了系统组织。法藏的新罗弟子审祥后来住日本大安寺，弘扬华严宗教义，成为日本华严宗初祖。

华严宗的核心教义是"法界缘起",也称"无尽缘起"、"性起缘起",是对世界存在的方式和状态,对万事万物之间本来关系的说明。华严宗用以论证法界缘起的主要学说有"十玄门"、"六相圆融"、"四法界"等。

(1)"十玄门"又称"十玄缘起",是从十个方面论述法界缘起的道理。第一,"同时具足相应门",此门是从事物产生方面讲。世间千差万别的现象和事物,在产生时间上没有先后之分,这叫"同时";在数量上也没有增减变化,这叫"具足"。

第二,"因陀罗网境界门",此门是从比喻方面讲。因陀罗网是帝释天宫中一张挂满明珠的网,其上的每一颗明珠都映现一切珠子,也映现那一切珠子中所映现的一切。这个比喻说明,世间的一切现象都处于你中有我,我中有你的浑然一体状态。

第三,"秘密隐显俱成门",此门是从因缘条件方面讲。由于所处的地位不同,条件不同,在观察同一事物时,有时看到的是"隐"藏状态(假象),有时看到的是"显"露状态(真相)。但是,无论是真相还是假象,都能反映本质,这叫"秘密"。比如,有时看到半月,有时看到满月,但这些都不影响月亮的本来状态。

第四,"微细相容安立门",此门是从事物的相状方面讲。事物无论或大或小,都可以相互包容而不相妨碍。

第五,"十世隔法异成门",此门是从时间方面讲。过去、现在和未来是三世,其中又各有三世,合为九世,这是极长的时间,加上极短的时间"一念",构成"十世"。这"十世"本来是有区别的"隔",过去不等于现在,现在也不等于未来。但是,它们能够在修行者的思想中统一起来。所谓"异成",就是有差别的统一。

第六,"诸藏纯杂具德门",此门是从修行规定方面讲。完成了佛教一种法门的修行,也就获得了所有佛教法门的修行功德。这两者是不相妨碍的。

第七,"一多相容不同门",此门是从"理"或"体"方面讲的。本体(一)与作用(多),本质(一)与现象(多),是不相同的,但是,它们又不相妨碍,这是它们的相容方面。

第八,"诸法相即自在门",此门是从"事"或"用"方面讲的。作为统一整体中的某一部分,可以融摄其余的部分。例如,从修行阶位方面讲,就是"一地即摄一切地功德"。

第九,"唯心回转善成门",此门是从"心"体方面讲。世间的一切现象和事物,都是如来藏自性清净心所建立的(唯心),所以或善或恶,都是由"心"所决定(回转)。

第十,"托事显法生解门",此门是从佛智方面讲的。佛经中所讲的比喻、神话、寓言故事等,都属于"事",人们可以通过这些事来理解佛法的道理(生解)。所以,任意举一"事",都可以见"理"。

以上介绍的"十玄门",从十个方面讲法界缘起的内容,从而塑造了一个世界存在模式。从这里我们可以总结"法界缘起"的核心内容,就是:世界万有只不过是佛智慧本体("佛性"、"自性清净心"、"一心"、"法界"等)的表现或作用,它们同时产生,圆满无缺,均处于相互依存、相互等同、相互融摄、没有滞碍的和谐统一之中。这样,通过"法界缘起",华严宗就描述了世间一切现象和事物所应该具有的关系,这是一种理想的世界秩序。

(2)"六相圆融"也叫"六相缘起",是说明法界缘起的重要学说之一。"六相"是指总相和别相、同相和异相、成相和坏相。在这三对范畴中,"总、别"一对最重要。

"总相"是整体,是"一";"别相"是部分,是"多"。从两者的关系上来讲,如果没有部分(别),就没有整体(总),这叫"以别成总"。另外,如果没有整体(总),也就无所谓部分(别),因为部分只有在整体存在的前提下才成为部分,这叫

"以总成别"。因此，整体（总）和部分（别）之间存在着相互联系、相互制约和相互依存的关系。同时，华严宗又从整体与部分不可分割的关系中，得出了部分与整体相等同的结论，这叫"总别相即"。

"同、异"一对是从"总、别"中引申出来的。"同"指构成整体的各个部分具有同一性，"异"是指构成整体的各个部分彼此有差异。这是一个事物的两个方面。华严宗认为，"同、异"的关系也和"总、别"的关系一样，是"相即"的。

各个部分在作为构成整体的必要条件时，叫做"成相"；各个部分保持自己特有性质，与整体不发生关系时，叫做"坏相"。例如，椽在作为构成房子的一个部件时，为"成相"，在不作为房子的一个部件时，它就不是椽，只是一根与房子无关的木头。成相和坏相也是一个事物的两个方面，它们之间也存在着"相即"的关系。

"六相圆融"是让人们从总别、同异、成坏三个方面看待一切事物，认识到作为统一整体中的每一事物无论表面上看来有多么大的差别，本质上都处于"总别相即"、"同异相即"、"成坏相即"的圆融状态。

(3)"四法界"是由澄观首次提出，由宗密最后完善和定型。据《华严法界观门》所述，"一真法界"就是"一心"，是产生万有的本原，它又能融入万有之中，成为一切现象的共同本质。作为"心"的表现，有四种相状，即是"四法界"。第一，事法界，是现象界，其特点是事物各有分位，具有无限差别。人们的认识总是从认识带有个性的具体事物开始，但是，这属于世俗认识，华严宗不主张孤立地认识"事"。第二，理法界，是本体界，理存在于一切事物之中，成为"无尽事法"的共同本质，它是精神性的东西，而不是物质性的东西。实际上，这个"理"就是佛智、真如，是华严宗认识真正开始的阶段。第三，理事无碍法界，理遍在于事中，事无不全摄理，这叫

"理事无碍"。认识事离不开理,认识理也离不开事。这是更高一级的认识。第四,事事无碍法界,由于一切相互独立有差别的事物均含有相同的理,所以,它们之间也可以相互融通。由于事是无限的,那么这种融通关系也是无尽的。四法界的主旨是,不要孤立地以事为认识对象,而是要在理的指导下来认识,通过对理事关系的认识,最终达到对事事关系的认识。在这里,事事无碍的关系,也就是一切事物之间应该具有的理想关系。

### 4. 唯识宗

玄奘和弟子窥基是唯识宗(法相宗)的创立者,因为他们曾常住长安大慈恩寺,此宗也被称为"慈恩宗"。

玄奘(公元600~664)在唐贞观元年(公元627)赴印度求法,贞观十九年返回长安,带回大小乘经律论520夹,657部。唐太宗请其住长安弘福寺,后移住大慈恩寺。前后20年间,玄奘主要从事佛经翻译,他还把《老子》和《大乘起信论》译为梵文,传入古印度。他把19年西行求法的见闻撰成《大唐西域记》12卷。从学于玄奘的弟子有几千人,著名者有窥基、圆测、普光、法空、神泰、靖迈等。

窥基(公元632~682)俗姓尉迟,17岁出家,奉敕为玄奘弟子,学习梵文和佛教经论。25岁参加玄奘译场,任笔受。他的著作很多,有"百部疏主"之称。重要的著作有《成唯识论述记》、《瑜伽师地论略纂》、《因明入正理论疏》、《杂集论疏》等。弟子有慧沼、智通、智达等。其中智通、智达把唯识宗传入日本。

玄奘和窥基的唯识宗主要继承印度瑜伽行派的思想,并不同于禅宗、华严宗、天台宗等,有较多的创新教理。本宗所依据的经典被归纳为"六经十一论",最主要的是《解深密经》和《瑜伽师地论》。本宗的主要学说特色体现在《成唯识论》中,主要教理是"八识"说和"转识成智"说。

"八识"是根据认识主体的八种功能而划分的八类识体（属于精神现象），即眼识、耳识、鼻识、舌识、身识、意识、末那识和阿赖耶识。"八识"是用以论证"唯识无境"的思想，即世界万有都是内心（识）所变现，在心识之外没有独立的客观实在，整个世界是心的产物。"转识成智"是本宗的修行目的。通过特定的修行实践，实现思想认识的转变，有漏（相当于烦恼，能导致生死轮回）的八识就可以转变为无漏（能摆脱生死轮回的一切法）的八识，从而获得四种智慧，即"成所作智"、"妙观察智"、"平等性智"、"大圆镜智"。获得这四种智慧，也就是达到佛的解脱境界。

唯识宗作为一个宗派存在的时间很短，但是，它所倡导的思想一直在佛教中起作用。

## 5. 禅宗形成与初期发展

禅宗是中国佛教诸宗派中影响最大、流传最广的一派。由于它以禅来概括其全部教理和修行实践，故名。因为奉菩提达摩（也作磨）为中土始祖，也称"达摩宗"，又因自称"传佛心印"，称"佛心宗"或简称"心宗"。还因为自称与"教门"（华严、天台等）对立，称为"宗门"。后世公认的中土传承是初祖菩提达摩、二祖慧可、三祖僧璨、四祖道信、五祖弘忍、六祖慧能。另外还编制了"西天二十八祖"的传法系谱。

（1）从菩提达摩到弘忍。

菩提达摩是南印度人，出家之后悉心研究大乘佛教，学识渊博。中年之后，他立志来中国传教。大约刘宋（公元420～478）末年，菩提达摩渡海来到中国南方，此后又辗转渡江北上，在北魏传禅授徒。他曾在河南少林寺面壁九年，提出"理入"和"行入"的修禅方法。"理入"要求舍伪归真，解决思想认识问题。"行入"要求按佛教的某些规定修行，解决日常生活中的实践问题。他特别强调"藉教悟宗"，"教"指佛教经典,具体指四卷本的《楞伽经》;"宗"指真如实相,具体指《楞伽经》所讲的"如来藏自性清净心"。"藉教悟宗",就是把佛教经典作为手段,通过壁观修禅,达到心与超言绝相的真如相契合的境界。由于以后菩提达摩被奉为禅宗初祖,后世佛教书籍记载了许多关于他的神话故事。

菩提达摩的弟子有慧可、道育等。慧可游历于邺、卫地区,宣传"无明智慧等无异"、"观身与佛不差别"等思想。慧可的弟子有十余人。其中僧璨正值北周灭佛,乃山居十余年。于隋开皇初年南迁到舒州皖公山。僧璨的弟子道信于唐武德年间到蕲州双峰山,居住30年,聚集徒众五百余人。他并不主张禅众学习各种佛教典籍,而是以生产劳动(作务)与坐禅并重,影响迅速扩大。到其弟子弘忍(公元601~674),即以"东山法门"名闻朝野,禅宗作为宗派正式形成。

初唐时期,弘忍著名弟子法如、道安、玄赜、神秀、慧能等十余人,分别活动于全国各地,尤其在两京地区影响逐渐提高,并且开始树碑立传,各创传法系统。到唐代中期,慧能系统崛起,逐渐成为禅宗的正统。

(2) 六祖慧能和《六祖坛经》。

慧能(公元638~713)俗姓卢,祖籍范阳(今北京涿县),因其父贬官岭南而成为新州(今广东新兴县)的百姓。慧能父亲早亡,家境贫寒,以打柴卖柴维持生活。大约咸亨年间(公元670~674),慧能听说禅宗五祖弘忍在湖北黄梅传禅,就安置好老母,前往黄梅求教于弘忍。据说,弘忍曾让所有的弟子各作一首偈,有真正悟道的,就把衣(袈裟)法(禅法)传给他,即指定他为禅宗第六代祖师。当时任上座的神秀作了一首偈,"身是菩提树,心如明镜台。时时勤拂拭,勿使惹尘埃。"五祖对这首偈并不满意,认为他还没有认识自己的本性,不能获得至高无上的觉悟。慧能听了这首偈之后,知道神秀没有明心见性,于是自己也作了一首。因为他不识字,所以请人代他写出。慧能的偈是,"菩提本无树,明镜亦非台。本来无一物,何处惹尘埃?"这首偈的大意是说,人的觉悟本性并不像一棵菩提树,先天纯洁清净的心也并非如同明镜。原本就没有一种看得见摸得着的有形体的东西,又会在哪里沾染上世俗的灰尘呢?五祖认可了慧能的偈,悄悄把衣法传给他。为了防备有人伤害,五祖让他赶快离开黄梅,先到南方隐居起来,等待时机成熟以后,再出来弘教传禅。慧能以后居住韶州曹溪宝林寺,门徒日趋繁盛,被推为六祖,标榜"顿门",称为"南宗"。

在禅宗历史上,最著名的著作就是《六祖坛经》,这是慧能的言行录,由其弟子整理而成。这也是唯一被公开尊为"经"的中国僧人的著作。《六祖坛经》认为,在人的先天本性中,也就是在自我的心性中,一切具备,无欠无缺。真理、智慧、佛性,也就是佛教所认为的一切真善美,都在人的一心之中。世界万有,人生境遇,都是心性所创造的。由于人们"迷"于本心本性,才沉沦于生死苦海之中,如果"悟"了本心本性("识心见性"),就能够超脱生死轮回。所谓成佛解脱,不是一个向外追求的过程,也不是一个执著于内心的过程,而是一个在现实生活中随缘任运的过程。解脱的唯一正确道路,就是开发自我,实现自我。这就是"识心见性","自成佛道",简单概括就是"见性成佛"。

(3) 禅宗五家。

慧能的弟子神会原住南阳,晚年居住洛阳荷泽寺,与神秀一系争夺禅宗正统地位。神会递传磁州智如、益州南印等,被推为禅宗七祖。南印的同门有遂州道圆,传圭峰宗密,与华严融合。慧能的另一弟子慧忠,居住南阳白崖山,为唐玄宗等三帝所敬。此后的禅宗史上,在慧能的两位弟子怀让和行思之下,形成了禅宗两系,中唐以后的禅派都出自这两系。

怀让居湖南衡山,创南岳系,至马祖道一而兴盛。道一的弟子百丈怀海创立禅刹,订立清规,影响深远。行思居住吉州青原山，创青原系，至弟子石头希迁而大盛。希迁结庵于南岳，与道一齐名，号"湖南主"，门徒甚多。中唐以后，南岳系和青原系成为禅宗的两大系统，平分天下。与此同时，行脚参禅之风盛行，禅机大兴，禅理多有发展。而宗派血脉观念深入人心。

晚唐五代，从南岳系和青原系下分出五派。怀海门下有黄檗希运、沩山灵祐等。希运弟子义玄于河北镇州滹沱河边建临济院，创"临济宗"。灵祐居潭州沩山、其弟子慧寂居袁州大仰山，师徒共建"沩仰宗"。在青原系统，良价居高安洞山，其弟子本寂住抚州曹山，共建"曹洞宗"。文偃住韶州云门山，创"云门宗"。文益住金陵清凉寺，创"法眼宗"。禅宗五家虽然都祖述慧能禅学，但是在禅理和禅风上都有了差别，形成不同的所谓"宗旨"、"宗风"或"宗眼"。

## 6. 道宣与南山律宗

所谓"律宗"，指中国佛教中以研习和传持戒律为主的宗派。南山律宗的创立者是道宣（公元596~667）。

道宣是润州丹徒（今属江苏）人，俗姓钱，12岁入长安日严寺，30岁以前曾游学各地遍访名师，听讲《四分律》四十余遍，以继承智首的律学思想为主。自武德七年（公元624）长住终南山，与孙思邈结林下之交。他曾担任长安西明寺上座，参加玄奘译场负责润文。弟子有千余人，著名者有文纲、怀素等。

道宣著述甚多，《宋高僧传》记共有220余卷。所撰《四分律删繁补阙行事钞》3卷（今作12卷），《四分律比丘含注戒本疏》3卷，《四分律删补随机羯磨疏》2卷，被后代称为"南山律宗三大部"，是该宗的代表作。

戒律是约束僧众行为的规范，也包括出家受戒的仪轨和僧团生活、修行纪律。道宣在终南山创设戒坛，制定授戒仪式。他以《四分律》为主，综合多部律书和经典，建立了自己的律学体系。他认为，《四分律》形式上属于小乘佛教，内容上反映大乘佛教的思想。他将唯识思想运用于律学理论中，把"心法"（阿赖耶识所藏的种子）作为"戒体"（受戒作法产生的防恶功能）。佛教的一切戒条可以分为"止持"和"作持"两类，"止持"是制止作任何恶行（诸恶莫作）的一切规定，具体讲比丘有二百五十戒，比丘尼有三百四十八戒。作持是"诸善奉行"方面的规定，包括受戒、说戒、安居、悔过以及衣食坐卧等规定。

道宣之后，南山律宗的传承时断时续，并没有严整的传法系统。

## 7. 净土宗

净土宗是指信奉阿弥陀佛，追求往生西方极乐世界（净土）的佛教宗派。净土宗的传承法系直到宋代才建立，而且有不同的说法。根据《佛祖统纪》卷26《净土立教志》所述，净土祖师依次是庐山慧远、善导、承远、法照、少康、延寿、省常。所入选的各位祖师都是历代弘扬西方净土信仰的有成就者或有影响者，他们之间并没有师承关系。一般把善导（公元613~681）作为本宗的实际创立者。

净土宗的主要典籍依据是"三经一论"，即《无量寿经》、《观无量寿佛经》、《阿弥陀经》和《往生论》。本宗认为，众生只要信仰阿弥陀佛，从事念佛修行，死后就可以凭借阿弥陀佛拯救世人的愿力，往生于西方极乐世界。

所谓"念佛"实践原有三种，其一是"称名念佛"，即念诵阿弥陀佛的名号；其二是观想念佛，即冥想佛的相好功德；其三是实相念佛，即思考法身非有非空的中道实相之理。这三种念佛法门历代都有提倡者，道绰和善导以弘扬称名念佛为主。

往生净土的实践划分为正、杂两种（二行），正行是专门依据净土经典而修习，分为五种，即读诵正行，专门读诵《观无量寿佛经》、《阿弥陀经》等；观察正行，专门观想阿弥陀佛西方净土世界的庄严；礼拜正行，专门礼拜阿弥陀佛；称名正行，专念阿弥陀佛名号；赞叹供养正行，专门赞叹供养阿弥陀佛。杂行是其余的诸善万行。善导的净土实践是上述的"正行"，并且特别提倡其中的"称名正行"，即一心专念阿弥陀佛名号，念念不舍，以往生净土为期。

特别是从宋代开始，往生阿弥陀佛西方净土实际上是各宗派共有的信仰，并不是某个宗派所独有的思想内容。同时，西方净土也是中国古代社会最流行的佛教信仰之一。

### 8. 开元三大士与密宗

善无畏、金刚智和不空，是三位印度僧人。他们都是在唐开元年间来华，弘传印度密教，创立了中国密宗，被称为"开元三大士"。

善无畏（公元637～735）是中天竺人，传说是释迦牟尼季父甘露饭王的后裔。他于唐玄宗开元三年（公元716）到达长安。玄宗尊其为国师，为其设置内道场。他在长安和洛阳两地译经，并以传授胎藏界密法为主。他在洛阳译出《大毗卢遮那成佛神变加持经》（即《大日经》）7卷，僧一行亲承讲授，据此撰成《大日经疏》20卷，标志着中国密教正式传授之始。

金刚智（公元669～741）是南印度人，曾游历印度南北各地，学习密教经典。他路经师子国（今斯里兰卡），乘波斯商船取道室里佛逝国（今印度尼西亚苏门答腊），于开元七年（公元719）携弟子不空到达广州。后北上入长安，也被礼为国师，常随玄宗来往于两京。他所住之刹必建曼荼罗道场。什么是"曼荼罗"呢？这是梵文的音译词，意译作"坛场"、"轮圆具足"等。曼荼罗原指密教僧人修行秘法、举办法会的场所，也指修行秘法时所用的某些特定图画。金刚智主要弘传金刚界密法，译出多部密教经典。

不空（公元705～774）是师子国人，15岁师从金刚智，随其来中国，通晓梵汉文经论及密法。金刚智逝世后，不空遵其遗命，率弟子含光等 37 人，于开宝二年（公元 743）往师子国和天竺搜求密教经典。开宝五年（公元 746）返唐。不空传密教经历玄宗、肃宗和代宗三朝，来往于长安、洛阳、武威等地，弟子众多，尤以慧果一系影响最大。不空译经百余部，120 余卷，重要的有《金刚顶经》等。

开元三大士在唐代帝王的直接支持下，通过译经、建道场传密法、教授弟子等活动，把密教传入中国，形成了以修持密法为主的密宗。不空弟子慧果传授日本僧人空海，空海回国后创立日本真言宗。密宗在唐代盛行时间不长，会昌年之后就衰落了。

密教修行程序大体可以用"三密"来概括，即"身密"，手结印契（各种特定姿势）；"口密"，口诵真言咒语；"意密"，心中观想大日如来。密教认为，众生在本质上与大日如来平等无差别，只是由于众生在身口意三方面有谬误，才陷入生死轮回的苦海之中，不能解脱。如果修持"三密"，就会使自己身口意三业清净，与大日如来相应。通过修习"三密"，修行者的身体姿态、语言和思维获得神秘功能，便具备一种以"金刚心"和"金刚身"为特征的"无上菩提"，这就是佛本尊了。因此，"三密"被视为达到"即身成佛"（不须经过累世修行，现世生身即可成佛）的途径。

# 第四章 藏传佛教与云南上座部佛教

从佛教传播的语言方面划分,中国佛教可以分为三个系统:其一为汉传佛教,又称汉语系佛教,来源于北传佛教系统,是我国佛教的主体。其二为藏传佛教,又称藏语系佛教,也是属于北传佛教系统。其三为云南上座部佛教,又称巴利语系佛教,属于南传佛教系统。

## 一 佛教初传与藏传佛教建立

藏传佛教,指发端于青藏高原,并且主要流传于我国藏族居住地区的佛教。藏传佛教与汉传佛教关系密切,共同构成我国整体佛教的两大有机组成部分。在长期的发展过程中,藏传佛教不仅对藏族地区的政治、经济、文化等产生巨大影响,而且对周边民族地区也具有一定影响。在国内,藏传佛教遍布于西藏、青海、四川、甘肃、云南、内蒙古、新疆等地,为藏、蒙古、普米、裕固、土族、纳西等许多民族的绝大多数群众所信仰;在国外,藏传佛教也传播到不丹、锡金、尼泊尔、印度、克什米尔、蒙古人民共和国、俄罗斯以及欧美的不少国家,那里有数量不等的藏传佛教信徒或寺院。可以说,藏传佛教也是具有世界影响的中国佛教派别之一。

根据西藏佛教史籍中保存的传说，印度佛教初传西藏是在吐蕃王朝第 27 代赞普（国王）拉托脱日年赞在位时期，约当公元 4 世纪。传说当时吐蕃获得了少量的佛教经典和法器，并且把它们完整无损地保存下来。但是，在拉托脱日年赞时期，佛教在吐蕃并没有产生什么社会影响。佛教真正开始流传，是在公元 7 世纪的松赞干布（公元 617~650）时期。

松赞干布经过征服战争，以拉萨为中心，统一了青藏高原。同时，他采取了一系列开放性的措施，从四邻邦国或地区引进先进的科技和文化，其中也包括引进佛教，以建设新的藏文化。公元 7 世纪中叶，吐蕃第一次翻译了不少佛经，其中，观音显密 21 部经典专门论述观世音菩萨的功德，并且以预言或授记的形式确定佛教传入吐蕃。从此，观世音菩萨被认定为普度吐蕃有情众生的菩萨，拉萨的红山被认定为观世音菩萨的道场，并取名为布达拉，拉萨逐步演变成为一大佛教圣地。

吐蕃在引进并翻译佛经的同时，又迎请以佛像为主的佛教供品。当时从印度南部迎请了一尊被称为从旃檀陀心中自然形成的十一面观音像；随拜萨赤尊公主从尼泊尔请来 8 岁等量的不动金刚佛像；随嘉萨文成公主从唐朝请来 12 岁等量的释迦牟尼佛像。当时的吐蕃人认为，如果拥有此三尊佛像，就可以使大乘佛教在吐蕃兴隆昌盛。特别是后两尊佛像，不仅成为当时吐蕃最珍贵的佛教供养对象，而且还成为佛教开始在吐蕃正式传播的主要标志。在松赞干布时期，通过翻译佛经以及建造佛殿，为佛教正式传入吐蕃奠定了基础。

在以后的百余年间，佛教虽然时断时续地在吐蕃流传，但并没有成为有影响的宗教信仰。在这个历史阶段，以崇拜日月星辰、山川草木等一切自然物，特别是重视部落神和地方神为特征的苯波教，仍然是吐蕃社会占统治地位的宗教。松赞干布之后，佛教与苯波教的斗争激烈，反佛与兴佛的事件交替发生。藏传佛教的真正形成，一般认为是在吐蕃第 38 代赞普赤松德赞

(公元755~797）时期。

赤松德赞曾邀请印度高僧寂护和莲花生，在吐蕃举行各种规模空前的传教活动。寂护主要宣讲中观、律学等佛教教义；而莲花生发挥自己的密宗特长，调伏苯波教的诸多神灵，同时向吐蕃臣民传授佛教密法。寂护和莲花生还在吐蕃倡建了第一座正规佛教寺院桑耶寺。从印度迎请讲说一切有部和中观分别说的比丘共12人，由寂护任堪布（为出家僧尼举行剃度仪式的主持），为7名吐蕃人剃度并授比丘戒。这是藏传佛教史上产生的第一批藏族僧侣，史称"七试人"或"七觉士"，随后吐蕃本族僧侣迅速发展到300多人。

桑耶寺的顺利建成，为推动吐蕃佛教的进一步发展打开了新的局面。桑耶寺不仅成为吐蕃王朝的宗教活动中心、文化教育中心，而且又是翻译佛经的专门场所。当时赤松德赞从印度、汉地等地邀请许多佛学大师到吐蕃，与吐蕃本族的学僧一起在桑耶寺译经殿从事佛经翻译。这是自从佛教传入吐蕃以来规模最大的译经活动。桑耶寺的建成，吐蕃本族僧侣的产生，标志着佛教初胜苯波教，在吐蕃社会立足。

到了赤祖德赞（公元815~841在位）时期，吐蕃佛教进入一个发展高峰阶段。赤祖德赞主要采取了几项有利于佛教在吐蕃弘扬的措施：第一，他敕令核定旧译佛经，使译经工作趋于标准化、正规化；第二，在拉萨河中游的南岸，他专门创建了吐蕃历史上最著名的九层金顶宫殿，其顶部三层供奉赞普的本尊神像，并在顶层走廊内安排僧人讲经说法，中部三层居住被供养的僧侣，底部三层设立王臣公务处；第三，向出家僧侣提供优厚的物质生活条件以及给予政治上的特权，如法定每7户人家供养一位僧侣，僧侣便成为吐蕃社会中享有崇高地位的社会阶层；第四，在吐蕃王朝中设立宗教大臣，由钵阐布贝吉永丹担任，其地位排在其他大臣之前，可直接掌控内外军政大权；第五，制定刑法来维护佛法或僧人的特权；第六，佛教寺院在吐蕃社会中成为一个独立的社会实体,许多寺院不仅拥有属民,而且占有土地、牧场和牲畜。

根据藏文史籍记载,佛教在朗达玛赞普（公元841～846）执政期间,遭遇到有史以来最大的一次法难事件。实际上,这是由反佛大臣策划、朗达玛赞普亲自下令发动的一场声势浩大的抑佛运动。在此次灭法运动中,取消了昔日由朝廷保护广大僧众的一切法令,剥夺了寺院及僧众的所有财产和享有的一切政治特权。佛教僧侣被驱逐出寺院,被勒令还俗。当时甚至让佛教僧侣或去狩猎或当屠夫,不从命者皆杀戮。所以,大多数僧人离寺归俗,成为负担差税的普通平民。赞普还下令封闭所有寺院和佛殿,首先从大昭寺、小昭寺和桑耶寺等著名寺院开始。所有佛寺内的佛像或被埋在地下,或被抛入水中,或被捣毁。佛教经典也遭到火烧或抛入河水的厄运。朗达玛的灭法事件,对佛教教团组织来说,是一次毁灭性的打击。因此,后来史家以此为标志,将藏传佛教历史分为两个截然不同的阶段,即"前弘期"和"后弘期"。"前弘期"是指公元7世纪中叶（从松赞干布开始算起）至9世纪中叶（朗达玛灭法为止）,这段时期有二百年左右。

## 二　藏传佛教的复兴与发展

朗达玛灭法之后,民间仍有许多不穿袈裟的居士,在悄悄保护寺院、佛殿、经书和佛像等的同时,还秘密修持佛教密法。这就为藏传佛教以后的复兴打下了基础。所以,10世纪在藏族地区又开始出现大批出家僧侣,并且兴起重建寺院的热潮。首先从东部安多地区（下路）和西部阿里地区（上路）掀起复兴藏传佛教的运动,在藏传佛教史上称其为下路和上路点燃弘法之火。

早在朗达玛赞普在吐蕃灭法之际,就有6位比丘僧携带佛教律藏相继逃往东部安多（青海）藏区，这里遂成为接续藏传佛教戒律传承的重要基地。后来，喇钦贡巴饶赛在安多藏区继承律藏传承、发展佛教比丘僧的消息传到藏传佛教的发源地前藏后，很快得到当地领主的积极响应，先后派遣前后藏的十人到安多丹斗寺，在喇钦贡巴饶赛的再传弟子，持有律藏直系传承的郑益西坚赞座前受比丘戒，获得戒律传承。他们相继从安多返回西藏后，各自在前后藏建造寺院，招收徒弟，发展出家僧侣队伍。因此，喇钦贡巴饶赛及其诸位传承弟子，以及鲁梅茨诚喜饶等西藏前后藏的十名僧人和前藏桑耶地区的领主查纳益西坚赞父子等，对于藏传佛教的复兴或推动后弘期的全面开始均作出了重要贡献。

与此同时，在西藏西部的阿里地区也掀起复兴藏传佛教的运动。首先由古格王拉喇嘛益西沃在阿里地区仿照前藏的桑耶寺创建了托唐柏吉拉康，即后来的托林寺。同时，选派7名出身高贵的聪慧青年人以及14位仆从去克什米尔求学佛法。其中大多数人因气候炎热等染病去世，只有仁钦桑布和俄勒贝喜饶二人圆满完成学业，携带佛经，返回故乡，从事佛经翻译，后人称他俩为大译师和小译师。此外，拉喇嘛益西沃还邀请外籍高僧大德到阿里地区弘法，如东天竺的大班智达法护及其上首弟子妙护、德护、智护等进藏宣讲律藏，为当地藏族人嘉威喜饶授予比丘戒，由此传出上路律学传承。

后来，拉喇嘛绛曲沃遵照叔叔拉喇嘛益西沃的遗言，先后派遣藏族译师嘉尊智僧格与那措茨诚杰布携带大量黄金前往印度，迎请著名佛教大师阿底峡尊者进藏弘法，几经周折，最终如愿以偿。阿底峡尊者入藏传法，掀起藏传佛教复兴的高潮，推动了重振藏传佛教正统的进程。至此，藏传佛教后弘期在整个藏族地区全面开始。相对说来，下路复兴以继承佛教戒律传承为主要特色，上路复兴则以翻译佛经为主要特色。

阿底峡（公元982~1054）进藏后在阿里地区弘法3年，由于他佛学知识渊博、密宗证悟高深,并娴熟宗教仪轨,赢得当地佛教徒的敬仰、信任和拥戴,而且其声望很快传遍整个藏族地区,后来他被邀请到西藏中部地区传法,总共在西藏巡锡弘法达13年之久。

阿底峡在藏期间,翻译和著述了大量有关佛教显密宗方面的经论,其中《菩提道炬论》是他的代表作,也是奠定噶当派教法基础的经典论著。阿底峡尊者还倾注极大的精力为藏族地区众多的寺院、佛塔、佛像举行开光安座仪式,同时广收徒弟,为他们灌顶和传授佛教显密教法,培养了大批佛教弟子。其中有四大著名弟子:即那措茨诚杰瓦、库敦尊智雍仲、俄勒贝喜饶和仲敦巴杰威迥奈。尤其是仲敦巴杰威迥奈继承阿底峡传授的全部显密教法,并在此基础上创立了藏传佛教噶当派的教法体系,对其他藏传佛教宗派也产生了巨大影响。

## 三 藏传佛教宗派

藏传佛教的绝大多数宗派,是在1057~1293年间相继产生的。出现这种宗派史上的大发展,主要是因为这一时期藏族地区的社会相对稳定、经济相对繁荣,佛教界人才辈出、宗教学术十分活跃。在这一阶段产生的众多互不隶属的宗派,都带有自己鲜明的宗教文化特质。

### 1. 宁玛派

"宁玛"两字是藏语"rNying-ma"一词的音译,意为"古"或"旧",故宁玛派即古派或旧宗派。该宗派的教法仪轨传承源于藏传佛教"前弘期",因此,宁玛派成为藏传佛教诸多宗派中历史最为悠久的一支派别。宁玛派作为独立的宗派,是在"后弘期"中逐步形成的,由于该派僧人带红帽,也被称为"红教"。

宁玛派的内部教法仪轨派系,可以归纳到三个主要传承之上，即远传经典派、近传伏藏派和甚深净相派。该派的根本密典，是十八部"怛特罗"。宁玛派以分散发展为主，与地方实力集团的关系不太密切，到16、17世纪，才有了规模比较大的寺院。后来，在达赖五世阿旺罗桑嘉措的支持下，得到较大发展。

目前，从寺院数量上看，宁玛派仅次于格鲁派位居第二，现有753座寺院，遍及西藏、四川、青海、甘肃和云南藏区，其中四川的甘孜和阿坝地区为宁玛派的文化中心，主要以噶托寺、白玉寺和佐勤寺为代表；西藏作为宁玛派的发源地也有一定的影响，以敏珠林寺和多杰札寺为代表。

**2. 噶当派**

噶当派是藏传佛教后弘期中形成最早的宗派之一。根据藏文史书，噶当派源于阿底峡尊者，后由仲敦巴正式创立，三大师兄弟发展，后辈继承者发扬光大。噶当派这一宗派名称，是根据该宗派所奉行的主要教法仪轨而命名的，噶当两字为藏语bKav-gDams一词的音译，蕴含"佛语教授"之意。

噶当派的教法传播比较广，其他教派都深受其影响。15世纪，宗喀巴主要依据其教义创立格鲁派。但格鲁派兴起之后，将噶当派并入其中，从此噶当派作为独立的宗派便在藏族地区消失。

**3. 萨迦派**

萨迦派的创立者是昆·贡却杰布（1034~1102）。根据萨迦派史籍，昆·贡却杰布是吐蕃时期的贵族昆氏家族的后裔。昆氏家族最初是一个信奉宁玛派的家族，后来改宗为新派。"萨迦"，藏语意为白土，因为在白土地上建寺，称为"萨迦寺"。本派教主由昆·贡却杰布家族世代相承，有血统、法统两支传承。主要弘扬"道果教授"等显密教法。初期不禁娶妻，只规定生子之后不再接近女人。

13世纪，萨迦派在元王朝中央的政治、经济支持下走向鼎盛。第五祖八思巴被元世祖忽必烈封为帝师,并领西藏13万户,代表中央掌西藏政教大权。这是西藏地方僧侣贵族参政的重要标志。萨迦派在西藏第一次建立了"政教合一"的地方政权。元末明初,萨迦派的法王权势被噶举派所夺取,其实力逐渐衰微。

目前,在藏族地区还有不少萨迦派寺院及其众多信徒,现有141座寺院,其中西藏自治区境内就有94座,说明萨迦派的宗派势力及其信徒主要在今西藏自治区境内,以位于西藏日喀则萨迦县城的萨迦寺为该派祖寺或中心寺院。

### 4. 噶举派

噶举一词是藏语 bKav-brGyud 二字的音译,意为教授传承。噶举派的教法传承可上溯至印度的佛教高僧帝洛巴和那若巴两位大师。噶举派形成于藏传佛教"后弘期",是由玛尔巴译师开创,经米拉日巴瑜伽师的继承,最后落到达波拉杰大师肩上时才正式建立并成为一大名副其实的宗派。噶举派的教法有两大系统:一是直接从玛尔巴并经米拉日巴传承下来的达波噶举;二是由琼波南觉开创的香巴噶举。后来香巴噶举衰微,而达波噶举则兴盛,其内部相继产生四大支(噶玛噶举、帕主噶举、拔绒噶举、蔡巴噶举)、八小支(智贡噶举、达隆噶举、周巴噶举、雅桑噶举、绰浦噶举、秀赛噶举、耶巴噶举和玛仓噶举)等众多支系派别。

目前,噶举派拥有366座寺院,遍及藏族地区,以西藏自治区和青海玉树藏族自治州为该宗派的中心。

### 5. 觉囊派

觉囊两字是藏文 Jo Nang 一词的音译,是西藏日喀则拉孜县彭措林乡境内的某一地名,13世纪末贡邦特杰尊珠高僧在此地创建一座寺院,并取地名为寺名,后以寺名命其宗派。觉囊派在教义方面有自己独到的观点，因而在藏传佛教史上曾引起过争议。后来觉囊派中出现几位高僧，随之觉囊派在后藏地区得到很大发展，尤其是多罗那他（1575~1634）为觉囊派的发扬光大做出过特殊贡献。

目前，觉囊派在四川阿坝和青海果洛等藏区有30多座寺院，其中壤塘县境内的壤塘寺，则成为以上两大地区觉囊派寺院的母寺或祖寺，在信奉觉囊派的僧俗群众中享有崇高的威望和地位。

## 6. 格鲁派

格鲁派是藏传佛教诸多宗派中最后形成的重要宗派。格鲁派，是藏语 DgeLugsBa 一词的音译，意为善规派，这是以该宗派倡导严守戒律而赢得的桂冠。由于该派僧人带黄色僧帽，俗称"黄教"。该派创始人是宗喀巴·洛桑札巴（1357~1419）。宗喀巴是藏族历史上出现的一位名副其实的著名人物，他不仅是藏传佛教格鲁派的创立者，而且更是一位著名的佛学家、哲学家、思想家和宗教改革家。

宗喀巴针对当时藏传佛教各派僧人追逐世俗权势财富，号召力和社会信誉低落的状况，倡导宗教改革，主张僧侣严守戒律，独身不娶，脱离农事，严格寺院的组织管理制度。反对世俗贵族操纵寺院事务。倡导显宗和密宗并重兼修，强调先显后密的修行次第。

宗喀巴之后，该派势力逐步扩大。1542年，该派采用活佛转世制度。1642年，第五世达赖喇嘛为首的格鲁派在西藏取得政教权力后，该宗派逐渐成为藏族地区势力最强大、影响最深远的宗派。在清王朝的支持下，格鲁派成为西藏地区的执政教派。它的四大活佛系统，即达赖、班禅、章嘉、哲布尊丹巴，则象征着格鲁派的势力和权威。重要的寺院有拉萨的甘丹寺、色拉寺、哲蚌寺，以及日喀则的扎什伦布寺、青海的塔尔寺和甘肃的拉卜楞寺，被称为格鲁派的六大寺院。

格鲁派在藏族、蒙古族等许多少数民族集中居住地区有重要影响，而且寺院分布范围广大，遍及整个藏族地区。该派现有寺院1460座，已接近藏传佛教各宗派寺院总数的1/2。

## 四　云南上座部佛教

云南上座部佛教属于南传佛教系统，所谓"南传佛教"，指印度佛教形成大众部和上座部两大基本派系之后，向南方传播以后所建立的佛教。由于这些佛教从法系上来说属于上座部系统（并不一定是部派佛教中的根本上座部），所以也称为"南传上座部佛教"。在历史上，其主要流行地区是南亚和东南亚。按照国别以及民族来划分，南传佛教系统主要包括斯里兰卡的僧伽罗佛教、缅甸的缅族和孟族等族佛教、泰国的暹罗佛教、柬埔寨、越南的高棉族佛教、老挝的佛教。在我国，则有云南上座部佛教。由于云南上座部佛教的信徒以傣族人数最多，所以也称"傣族佛教"。

关于上座部佛教传入云南的时间，说法很多。一般认为，13～14世纪，上座部佛教从泰国传入云南的西双版纳地区，到15世纪，又陆续从缅甸传入。云南的宗教种类很多，南传上座部佛教则主要流行在西南部地区。在傣族、布朗、德昂等族的聚居区，上座部佛教逐渐成为全民族的宗教信仰，另外在阿昌、佤族等少数民族中也比较流行。

从泰国、缅甸等地传入的云南上座部佛教，在历史上形成了四个主要教派，即润派、摆奘派、朵列派和左抵派。其中，润派和摆奘派信徒多，影响大，是云南上座部佛教的主体。各派所信奉的基本教义和所遵行的主要教制等，并没有太大的区别，主要分歧是在对戒律的或宽松、或严格的理解和执行方面。

在上座部佛教的流行区域内，绝大多数男子从幼童时期开始,就要到寺院过一段僧侣生活。男子出家的时间没有限制,但最短不得少于一个雨安居(三个月)。大多数人在20岁左右便还俗,终身为僧者是极少数。

上座部佛教重视寺院建筑,长期以来形成了"村村有佛寺,家家有佛堂"的局面。在清代上座部佛教的兴盛时期,西双版纳全境共有佛寺1200多座,德宏有500多座,思茅、临沧也分别有200多座。西双版纳傣族地区的众多寺院,在历史上与领主行政组织建制相配套,大体分为四个等级。最高一级佛寺设在召片领所在地的景洪宣慰街,称"大总寺"。大总寺负责为新任官员举行宗教仪式,颁布有关佛教法规,批准僧人僧职的晋升,发布全境佛事活动的日期和规定等。第二等级佛寺是各勐的"总佛寺",分别设在各勐土司的所在地。总佛寺负责勐内的佛教事务,决定下属中心佛寺的住持人选,批准勐内僧人的晋升等。第三等级寺院是由总佛寺管辖的四所以上基层寺院组成的"布萨堂"佛寺,俗称"中心佛寺"。中心佛寺负责监督僧人的持戒情况,考核和批准沙弥晋升比丘事宜以及每月的佛事活动。第四等级寺院是"基层佛寺",即属于一个或几个村寨的村寨佛寺,负责村民日常礼佛诵经活动,以及对青少年的佛教教育。

上座部僧侣僧阶的等级以及称谓,各地区和各派别并不完全相同。其中,润派分为八级,摆奘派、朵列派分为四级。但是,最基本的僧阶有三级,即沙弥、比丘和长老。上座部没有比丘尼,但有出家女。她们只能从事一些慈善活动,不能主持佛事工作。上座部佛教有自己的经典,主要是南传巴利文经典用傣泐文、傣纳文、傣绷文和金平傣文等文字的音读转写而成。

在宗教生活、基本教义和信仰对象等方面,云南上座部佛教既较多地保留了早期佛教的内容,又吸收了傣族的民间神话传说,并且在一定程度上受到汉传佛教的某些影响,从而形成了自己的特点。

上座部佛教尊崇释迦牟尼为唯一教主，不承认其他诸佛和诸菩萨的存在，以阿罗汉为最高修行果位，这些是南传佛教系统的共有内容。但是，在德宏地区，由于受到汉传佛教的影响，也供奉大乘佛教的观音菩萨。在佛寺大殿中，还供奉着"底不拉"（云南地区原始宗教神祇）的神龛，可见上座部佛教与当地民间信仰的联系。在基本教义方面，以"四谛"、"十二因缘"等学说作为理论基础，修持"戒"、"定"、"慧"三学。在修行生活方面，大多数僧侣仍然遵守着过午不食的教规，但是可以吃糖果、喝牛奶、蜂蜜等饮料。对于年幼沙弥以及病中的僧人，不受过午不食的限制。云南上座部佛教的重要节日有泼水节、雨安居、豪干节等。

# 第五章 佛教融合演变与新时期

## 一 佛教新格局的确立

宋代（公元960～1279）帝王在总结历代佛教政策经验和教训的基础上，对如何控制佛教有了清醒认识。南宋高宗曾说：过去那些厌恶佛教的人，就想取缔佛教，消灭僧人；那些喜欢佛教的人，就盲目地崇拜佛教，信奉僧人。我觉得这两种极端的做法都是不妥当的。我对于佛教的做法，就是不要让它过于兴盛。把佛教发展规模控制在一定程度之内，防止佛教势力过度膨胀，这可以说是两宋佛教政策的一个显著特点。宋王朝奉行三教并举的政策，为思想界提供了宽松的政治环境，使三教的融合进入了崭新阶段。

在管理佛教事务方面，宋王朝注重精确统计僧尼数量。宋王朝每年对佛教人数普查统计一次，制作所谓"刺帐"，记录本年度僧尼、沙弥、童行的人数变动情况。每三年造"全帐"，记录各寺院僧尼、沙弥、童行的数量、法号、年龄、籍贯、俗姓以及出家、剃度、受戒师傅和时间等。政府对造帐、稽查和管理的各个环节都有详细规定，以便中央能够准确及时掌握僧众的变动情况。根据记载，北宋真宗天禧五年（1021），有僧397615人，尼61239人。这是宋代历史上僧尼的最高数量。由于朝野上下一致认为僧尼人数太多，经过一段时间的削减，僧尼人数长期稳定在20万左右，直到南宋时期也没有出现大的波动。

买卖度牒是宋代的一个特有现象。度牒，是朝廷颁发的证明僧尼合法身份的文字凭证，其发放开始于唐玄宗时期。官方颁发度牒的直接目的，是为了防止民众通过私自出家逃避赋税和兵役，防止罪犯入寺为僧，聚众造反，扰乱社会治安。另外，政府通过调节度牒发放时间和数量，可以掌握和控制佛教的规模。北宋神宗以后，各地方每遇修城浚濠、治河筑岸，乃至籴米赈灾、筹措军费等，就奏请祠部发放空名度牒。在这种情况下，许多出资购买度牒者，往往不是因为有佛教信仰寻求出家，而是借出家之名以隐藏财产，逃避赋税和兵役。从北宋神宗开始直到南宋灭亡，以卖度牒弥补国家财政亏空，成为王朝的经常性措施。这是宋代以前和以后都没有的。

宋代是中国佛教新格局的形成时期。隋唐时期兴起的佛教宗派发展极不平衡，主要表现是义学诸派逐渐衰落，禅宗开始成为佛教的主流。此外，天台、华严等宗出现过所谓"中兴"局面，其影响是很有限的。自北宋开始，禅宗的演变就决定着整个佛教的发展趋向。

佛学发展呈现出新的变化，即以禅学为基础，对外融合儒家和道家的思想，对内融合华严、净土、天台和唯识等各个宗派的思想。这种融合趋势历经元明清而没有改变，始终是佛学发展的主流。从理论创新的角度讲，宋代以后的佛学没有多少新意。

在唐末五代形成的禅宗五家中，沩仰宗入宋不传，法眼宗不久衰落。北宋禅宗主要有临济、云门和曹洞三宗。到南宋时，仅有临济和曹洞两宗。这种禅宗分派格局也是历经元明清没有改变。

宋代是禅宗"灯录"和各类"语录"大量出现的时代。所谓"灯录"，是按照师承传法系谱编排的，记录历代祖师言行的禅宗特有僧传。景德元年（1004），法眼宗僧人道原编就《景德传灯录》呈送朝廷，宋真宗命翰林学士杨亿等人修订成书 30 卷。这是宋代第一部灯录，也是有史以来第一部官修禅书。此后陆续编撰了《天圣广灯录》、《联灯会要》、《嘉泰普灯录》、《建中靖国续灯录》，与《景德传灯录》合称为《五灯》。普济将五灯合一，编成《五灯会元》。

"语录"是弟子辈对祖师言行的记录。宋代稍有名望的禅师都有语录流传。灯录和语录逐渐流传开来，某些重要灯录（如《景德传灯录》）和语录成为人们学习和研究的重要典籍，其影响程度甚至超过传统的佛教经典。灯录和语录中记载的一些禅师的言行范例，被称为"公案"，专门抽出来学习和研究，以作为判别是非、衡量迷悟的准则。

宋代"文字禅"、"看话禅"、"默照禅"的相继出现，标志着宋代禅学的演变历程。其中做出主要贡献的人物，有临济宗的汾阳善昭、圆悟克勤、大慧宗杲和曹洞宗的宏智正觉。

所谓"文字禅"，是指通过学习和研究禅宗经典而把握禅理的禅学形式，它以通过语言文字习禅、教禅，通过语言文字衡量迷悟和得道深浅为特征。在宋代，"颂古"（对公案进行赞誉性解释的韵文）和"评唱"（结合经教对公案和相关颂文进行考证、注解的文章），是文字禅最主要的表现形式。

汾阳善昭（公元947～1024）选择百则公案，分别以韵文阐释，撰成第一部《颂古百则》。从此之后，颂古之风盛行禅宗界，并且吸引了士大夫的参加。创作和研究颂古，成为表达是否"明心见性"的重要手段。

到北宋末年，许多禅僧不仅不能理解公案，也读不懂解释相关公案的颂古，于是圆悟克勤（1063～1135）对云门宗僧人重显的《颂古百则》进行再解释，撰成《碧岩集》，这是第一部"评唱"著作。《碧岩集》采用提示纲要、夹注、逐句详解等方式，结合佛教多种经典解释公案和相关的颂文，把禅宗融合多种佛学思想的进程向前推进了一大步。此书一出，很快成为禅林朝习暮诵的重要经典。"文字禅"的发展，反映了禅僧在"不立文字"的口号下，从事大立文字的工作。这与禅宗的初衷是相违背的。

不久，克勤的弟子宗杲（1089~1163）认为，《碧岩集》把禅僧引向重视经典学习，忽视禅修践行的道路，于是倡导"看话禅"。所谓"看话禅"，就是把公案中的语句（"话"、"话头"）作为观想参究（"看"）的对象，借以排除一切思虑。经过这样的长期训练，能够促成认识上的突变，真正体验整体的禅精神，从而确立一种视天地、彼我为一的思维模式，最终在现实生活中达到随缘任运的精神境界。因此，看话头的本质在于摆脱公案，超越文字，获得自我精神解脱。在宗杲之后，看话禅成为禅宗中最有影响力的禅法。

与宗杲倡导看话禅大体同时，曹洞宗僧人宏智正觉（1091~1157）倡导"默照禅"。这种禅法的特点，是把静坐"歇缘"（排除来自外界和内心的干扰）作为证悟的唯一途径，在禅宗中和士大夫中也产生了广泛影响。

净土信仰在宋代社会广泛普及，包括禅宗在内的各宗代表人物中都有著名的净土倡导者。尤其突出的是，阿弥陀佛净土信仰开始更广泛的盛行，并且与结社活动联系起来，信众遍及社会各阶层。宋代有影响的净土弘扬者有延寿、省常、义和等。

佛教传入中国后，与道家和儒家经历了长期的冲突和融合。从宋代开始，三教融合开始成为统治阶级、佛教僧侣和社会各阶层的共识。北宋杭州灵隐寺的禅僧契嵩，不仅和前代学僧一样，主张释不违儒，而能容儒，而且通过从理论上系统阐发儒释关系，倡导佛教与道教、儒教乃至百家共同发挥"善世利人"的作用，要求把儒家伦理特别是"孝"，置于佛教戒律之上，承认儒家在国家社会生活中的至高地位。这种适用君主专制社会的原则，几乎被以后所有正统佛教信徒所遵循。从宋代开始，三教之间的争斗退居次要，三教之间的深层融合成为主流。

## 二 汉藏佛教的冲突与融合

在元王朝（1260～1368），有两个重要社会因素直接影响汉地佛教的发展演变。其一，歧视性的民族政策。元王朝按照族别的不同和地区被征服的先后，把全国人民划分为蒙古、色目、汉人和南人四个等级，在任用官吏、法律地位以及其他权利和义务等方面，作出种种不平等的规定。由于信奉佛教的汉族等级低下，相应的，汉地佛教在元代整个佛教体系中的地位受到前所未有的冲击。由于南人处于最低等级，而作为汉地佛教主体的禅宗又主要在南方流传，被歧视就不可避免。其二，不平等的宗教政策。世祖忽必烈时期（1260～1294），元王朝逐步推出了不平等的宗教政策。主要内容有两点。

首先，确立藏传佛教（喇嘛教）的独尊地位。忽必烈时期，确定了崇奉藏传佛教的宗教政策。宣政院的建立，帝师制度的形成，是藏传佛教统制地位确定的两个重要标志。帝师主持宣政院，其他高级藏僧往往在地方任职。例如，出身于唐兀族的杨琏真佳，曾总摄江南诸路释教。幼年从帝师八思巴出家的西域僧人沙罗巴观照，历任江浙、福建等地释教总统。一些上层藏僧在内地占据不少规模较大的寺院，作为其传法的基地，赢得不少信奉者。这样，喇嘛教在朝廷和民间都产生了重要影响。在元代，汉藏两系佛教既有冲突又有融合。

其次，确立尊教抑禅的政策。蒙元王朝初期，统治者出于入主汉地的政治需要，重视利用禅宗僧人。到忽必烈时，元王朝扶植的重点从禅宗转向教门。至元二十五年（1288），忽必烈召集禅僧与教门僧人辩论。在辩论过程中，除了掌握佛教管理大权的藏僧偏袒教僧之外，忽必烈也刁难参加辩论会的禅师。他对禅僧提出一个问题："我也知道你们修的是上乘法，但是，得法的人，可以入水不溺，入火不烧，你敢不敢坐在热油锅中？"很显然，禅师只能回答"不敢"。参加这样的辩论，禅宗的失败是不可避免的。从此之后，教门排在禅门之上，元王朝采取了"尊教抑禅"的政策。

凭借武力征服汉地的蒙古贵族虽然"崇尚释氏"，所关注的主要是布钱施物、建寺造塔、写经斋僧、礼佛拜忏之类的功德福业。所以，在帝王和皇亲国戚的赏赐、捐赠以及纵容下，佛教寺院经济畸形发展，除了占有大量土地之外，还从事工业、商业、金融业。许多寺庙经营解库（当铺）、酒店、旅馆、货仓、邸店（商店）、养鱼场，开采煤矿和铁矿。有些寺院的财产之富，连藩王国戚都比不上。各地做法事的费用，更是惊人。据延祐二年（1318）统计，各寺佛事日用羊万头。

元代汉地佛教以禅宗为主流。北方禅宗有两支，其一是海云印简（1202～1257）一系临济宗。印简历事成吉思汗、窝阔台、贵由和蒙哥四朝，并且与主管汉地事务的忽必烈关系密切，曾掌管全国的佛教事务。其俗弟子刘秉忠（1216～1274）在忽必烈时负责起草朝仪、官制等典章制度。此系在元初有重要的政治地位，但在禅学方面并没有什么建树。

另一支是万松行秀（1166～1246）一系曹洞宗，著名者还有林泉从伦、华严至温和雪庭福裕等人。他们也和蒙元贵族关系密切，在管理佛教事务、沟通蒙汉民族关系，把禅宗纳入为元王朝服务的轨道方面用力甚多。此系继承宋代以来文字禅的传统，重视通过解释公案来理解、弘传佛教知识和信仰。行秀曾著《空谷集》，与《碧岩录》是同类著作，比较流行。此系后来主要在嵩山少林寺发展，是北方禅宗的主力。

南方是临济宗的天下，著名人物有高峰原妙、中峰明本、元叟行端等。在禅学上主要继承宋代宗杲以来的看话禅，并且倡导禅净教的融合。他们与元王朝的关系比较疏远，主要是在民间传教。

## 三 朱元璋与明代佛教

明太祖朱元璋（1368～1398年在位）是中国历史上唯一有出家经历的皇帝。他早年为僧并游方数年，使他十分熟悉佛教的内幕，广泛了解佛教与社会各阶层的关系，深刻认识宗教在社会上的影响、价值和地位。正因为如此，他在位时期所制定的有关整顿佛教的各项措施，严密而且针对性强，奠定了整个明王朝佛教政策的基础。

朱元璋称帝的第一年，诏令禁止白莲社、大明教和弥勒教等一切"邪教"。洪武十五年（1382）之后，对佛教的管理开始强化。洪武二十四年（1391）颁布《申明佛教榜册》，二十七年（1394）再次颁布类似榜文，系统陈述了佛教事务管理的基本内容。

洪武十五年（1382），正式设立僧司管理机构，在中央设僧录司，在府、州、县分设僧纲司、僧正司和僧会司，与行政建制相应，构成了严密的佛教管理系统；同时规定了各级僧官的名额、品阶、职权范围以及任选标准等。这些佛教管理措施，也直接影响了清代佛教。

朱元璋多次颁布诏令，把寺院分为禅、讲、教三等，僧人也相应分为三宗，"禅"，专指禅宗；"讲"，指宣讲佛教经典的僧人；"教"，指祈福弥灾、追荐亡灵等各种法事，从事法事活动的僧人，名"瑜珈僧"或"赴应僧"。把法事单列一宗，以前没有过，这是与当时民间显密法事普遍盛行有关。讲僧负有为国家"化导愚昧"的神圣职责，享有与瑜伽僧同样的接触社会的权力。相比之下，"禅者"恰恰被剥夺了这些职责和权力。因此，禅僧纷纷转向，兼作他业。在严密的控制之下，佛教在明代中期一直处于沉寂状态。

到明代后期，明王朝的有效控制减弱，佛教界出现了两股复兴浪潮。其一是佛教综合复兴浪潮,开始于明世宗嘉靖年间,到明神宗万历年间达到高潮。当时影响比较大,并且对明代以后佛教发展有影响的僧人,是被后世称为"明末四大高僧"的云栖袾宏(1535～1615)、紫柏真可(1543～1603)、憨山德清(1546～1628)和蕅益智旭(1599～1655)。他们的佛教思想特点,是继承宋代以来教禅融合的传统,既重禅学,也重义学,更重净土。有大批赋闲官僚和痛感仕途险恶的士大夫因为受到他们的影响,开始树立佛教信仰,到佛教中寻找自己的精神家园。其二是禅宗复兴的浪潮。并兴于山林的曹洞宗和临济宗,成为明后期禅宗的主体。当时的主要代表人物,属于临济宗系统的有密云圆悟(1566～1642)、汉月法藏(1573～1635)等,属于曹洞宗系统的有无明慧经(1548～1618)、博山元来(1575～1630)、永觉元贤(1578～1657)等。由于僧团成员主要来自失去土地的农民和躲避战乱的流民,解决生活来源成为僧团首要任务。在这种情况下,僧团的领袖人物多倡导自耕自食,农禅兴宗,带有浓重的山林禅宗色彩。同时,为了治理僧团,也强调禅律并行。

## 四 清代佛教的演变与衰落

清王朝(1644～1911)宗教政策的指导思想,是把维护专制皇权放在第一位,彻底清除任何宗教派别中有违于皇权至上的因素。这个政策的突出特点,是把儒释道"三教"与其他一切有秘密结社性质的民间教派严格区分开来,自觉把前者作为加强统治的思想工具,扶植多于限制;明确把后者作为颠覆政权的力量,武力镇压多于思想诱导。

在管理佛教事务方面,清王朝多继承明代的制度,同时也相继推出一些重要改革措施,对佛教的演变产生了重要影响。第一,废除试经度僧制度。清代以前的申请出家者,要通过官方组织的经典考试,合格者才能得到度牒,成为合法出家人。从清初开始,废除试经度僧制度。这对清代佛教义学的发展,对教门诸派的衰落,起到了推波助澜的作用。第二,废止度牒。满族贵族入关之前到清初,颁发度牒有一个从交费到免费的变化过程。由于当时度牒具有免税免役作用,所以比较受重视。然而在具体管理上,总是时松时紧。乾隆三十九年(1774),清政府鉴于私度僧尼泛滥,查验补发工作又难于有效进行,于是宣布完全废除度牒制度。表面上看,废止度牒是高宗迫不得已之举,实际上与雍正时采取的"摊丁入亩"赋税改革有关。由于将人丁税与田亩税合一,依据占有土地的面积统一征收赋税,具有免役作用的度牒随之失去经济价值。废除度牒,不可避免地为管理僧团带来困难。

清代寺院分为国家建造和民间建造两种,都被纳入政府的统一规划和管理之下。康熙六年(1667)礼部统计,各省属于国家的大寺院6073处,小寺院6409处;民间私家建造的大寺院8458处,小寺院58682处。清朝官方对统计僧道人数并不重视。康熙六年(1667)礼部统计,有僧尼118807人,但实际人数远多于此。到清末时,全国僧尼约有80万人。

在清代诸帝中,清世宗对佛教特别是禅宗,进行了声势浩大的清算和整顿,具体内容集中反映在他编著的《御制拣魔辨异录》和《御选语录》中。除去枝节问题之外,世宗主要强调了三点。其一,倡导禅与教的统一。禁止禅宗排斥教门诸派,突出强调学习和弘扬传统佛教经典的重要性。其二,主张禅、净、律兼修,三者不可偏废。通过鼓励净土信仰,鼓励僧人遵守戒律,限制禅宗的任性放纵。其三,禁止禅僧呵佛骂祖的言行。他认为,禅宗祖师烧佛像,与"子孙焚烧祖先牌,臣工毁弃帝王位"是一样的,出家人对佛祖的"信口讥诃,譬如家之逆子,国之逆臣,岂有不人天共嫉,天地不容者"。世宗直接干预禅宗内部事务的目的,就是要消除禅宗叛逆者的成分,把它完全纳入服从和服务于王权需要的轨道。

清代佛教的发展演变为两个阶段：从世宗到高宗（1644~1795）的150年是第一阶段，佛教沿着明末开辟的方向继续发展演变。从仁宗（1796~1820）开始，随着清王朝的内忧外患进一步加剧，佛教自身也进一步衰落，许多寺院逐渐成了流民的藏身之地，僧侣的社会形象滑落到历史的低谷。与此同时，佛教的许多法事，比如瑜伽焰口、水陆道场、慈悲水忏、梁皇忏、大悲忏、金刚忏，等等，在社会各阶层十分盛行，成为佛教存在的主要表现形式。

在佛教派系结构方面，禅宗仍然是主体。在清代活跃的派系中，有属于临济天童系的汉月法藏、费隐通容、木陈道忞、破山海明四支；同属临济磐山系的美发淳、栖山岳两支；属于曹洞的云门系和寿昌系两支。清代禅宗在禅学思想上呈现出融合其他教派和经典思想的趋势，进一步把教、净、戒、忏等一切法门纳入禅的范围。这种消除个性特征的融合，也改变着佛教的整体面貌和内在精神。

西方净土信仰开始逐渐取代禅学，成为在社会各阶层中最有影响力和号召力的佛教信仰和实践。专弘净土的宗师比以前任何时期都多，著名者有行策、省庵、彻悟、瑞安、悟开、古昆等。在教门各派义学开始进入全面衰落的同时，弘扬戒律的如馨一系兴盛起来，分出古林、宝华两支。此系在组织规模的宏大、法系传承的严整、社会影响的扩大等方面，有超越前代律宗的势头。

## 五　近现代佛教及其改革运动

近现代佛教的历史，是在中国社会大动荡、大变革和大转型的环境中，佛教从极度衰落，通过不断改革而走向复兴的历史。

自清代后期开始，本来已经衰落的佛教又不断遭到来自多方面的冲击。首先，随着西方列强的入侵，基督教传入的规模不断扩大，信教群众持续增多，对佛教固有的世界观、人生观和价值观形成挑战，使佛教在一般民众中的影响力进一步弱化。其次，太平天国运动（1851～1864）的领导人认为"皇上帝之外无神"，反对偶像崇拜，把佛教视为妖邪。太平军所到之处，毁坏寺院、驱逐僧尼、焚烧经书。太平天国运动对佛教，特别是对江南佛教的打击，其惨烈程度远远超过历史上的"三武一宗灭佛"。最后，为了达到富国强兵的目的，清王朝实施了庙产兴学的措施，也使佛教的经济力量受到进一步削弱。在这个时期，佛教的社会形象更为暗淡：迷信低俗几乎成了佛教的特点，腐败堕落几乎是僧人的共性。

正是在这种形势下，在家佛教信徒在推动佛教变革方面的作用越来越增强，其中的重要代表人物是杨文会（1837～1911）。他毕生致力于刻经、办学和研究等佛教事业，贡献卓著，被称为近代居士佛教的最著名代表。杨文会是安徽石台县人，早年就有佛教信仰。1866年，与同志十余人发起重刻方册佛经活动，1874年正式成立金陵刻经处。1878～1889年曾出使欧洲考察，结识日本学者南条文雄。回国后，他在刻印佛教经典过程中得到日本学者的图书捐赠。依托金陵刻经处，他于1908年成立佛教学校——祇洹精舍；于1910年设立佛学研究会，每月开会一次，每七日讲经一次。杨文会主持刻经处将近40年，刻印佛经3000多卷，促进了佛学研究的振兴。他创立的佛教学校，聚集和培养了一大批近代知名的佛教研究者。他发起的佛学研究会，促进了居士佛教的发展。杨文会去世后，其弟子欧阳竟无、陈樨庵、陈宜甫等相继管理金陵刻经处。新中国成立后，金陵刻经处的刻经、流通事业逐步恢复，并得到进一步的发展。从1957年开始，该处由中国佛教协会领导。

近现代佛教的主要宗派依然是禅宗，著名宗师大定（1823～

1903)、冶开(1852~1922)、法忍(1844~1905)、圣祖(1844~1905),被尊为清末"四大高僧"。在振兴禅宗方面,突出的代表人物是虚云(1840~1959)。他是湖南湘乡人,19岁在福州鼓山涌泉寺出家。他以振兴禅宗为己任,一人接续禅宗五派的法系,并且命门人分别承继临济、曹洞、沩仰、云门、法眼等五宗。这是中国佛教史上前所未有的事情。他积极参与各种社会活动,辛亥革命后,曾参与成立佛教总会。1946年,为追荐抗战阵亡将士主持水陆法会。他数十年间言传身教,培养了一大批修行、弘法和管理等各类僧才,当代许多名僧出其门下。1952年,他被推举为中国佛教协会首席发起人,次年中国佛教协会成立,任名誉会长。另外,弘扬净土信仰的印光(1861~1940),唯识学者欧阳竟无(1870~1940),天台学者谛闲(1858~1932),华严学者月霞(1858~1917),弘扬律学的弘一(1880~1942)等,都在振兴佛教方面发挥了重要作用,具有一定的影响力。

20世纪初期,当无数优秀中华儿女怀抱拯救民族、振兴华夏的豪情壮志,为改变被蹂躏、受欺压和贫穷落后的命运而前赴后继,浴血奋战的时候,在中国思想界崇尚民主和科学已经成为主导潮流的形势下,佛教为了适应社会的变化,开始了僧俗信众共同参与的人间佛教改革运动。许多著名僧人,如敬安(1852~1912)、太虚、谛闲、虚云、弘一、月霞、印顺等,都投身到这场佛教改革中来,其中的著名代表人物是太虚。

太虚(1890~1947)是浙江海宁人,16岁出家。1908年,通过阅读康有为、梁启超、章太炎、邹容等人的著作,同时又受到托尔斯泰、克鲁泡特金等人思想的影响,立志革新佛教。1913年,他效法三民主义,在追悼敬安的法会上公开提出了"教理革命、教制革命、教产革命"的口号。1928年4月,太虚发表《对于中国佛教革命僧的训词》,正式提出了"人生佛教"一词。太虚以"人生佛教"(也称"人间佛教")作为实现全面佛教改革的旗帜，其思想内容非常丰富，涉及佛教建设的各个方面。总的说来，他是以倡导佛教思想（教理）、僧团组织（教制）和寺院经济（教产）的"三大革命"为核心。太虚是在力求把握佛教时代主题中酝酿其思想，在深度开发佛教精神实质的基础上提炼其核心内容，在结合社会的发展中充实和完善其理论。太虚的改革佛教思想，强调佛教应该适应社会的变化，强调"以人为本"，"重视现实的人生"，重点反对把佛教巫术化、迷信化和鬼化、神化的倾向。他结合当时佛教界的实际情况，有针对性地提出振兴佛教的具体方案。他创造性地继承佛教优良传统，推进佛教实现自身多元化的健康发展。

发端于20世纪初的"人间佛教"运动，是佛教从古代社会向近代社会转型的产物，是佛教适应社会发展而进行的理论探索和实践探索，是一场有僧俗信众广泛参与的佛教改革运动，远远超出了派系界限和地区划分。20世纪前半期众多人间佛教运动领导者的理论和实践，对当代佛教依然有重要影响。

## 六　新时期的中国佛教

中华人民共和国成立之后，中国佛教进入了一个新的历史时期。新时期的中国佛教走过曲折的道路，经历过痛苦的磨难。自1978年以来，中国佛教处于良好的政治、经济、思想和文化环境中，面临着重要的发展机遇。特别是最近20多年来，中国佛教在许多方面获得了快速发展。在新的世纪里，中国佛教肩负着适应社会主义社会发展的需要，对内为构建和谐社会作贡献、对外为建设和谐世界发挥作用的历史使命。

1953年5月30日，中国佛教协会成立大会暨中国佛教协会第一次全国代表大会在北京广济寺召开，有120位来自汉、藏、蒙、傣、满、苗、撒里维吾尔等7个民族的法师、活佛、喇嘛和居士等参加了会议。随着中国各民族佛教信徒的组织"中国佛教协会"的诞生,"庄严国土,利乐有情",逐步成为佛教界的共识。但是,1957年以后,佛教和其他宗教一样,受到了这样和那样的不公正待遇。尤其是1965年"文化大革命"开始之后,寺院被关闭,经像遭破坏,僧尼挨批斗,佛教受到严重冲击。从1966年开始,中国佛教协会的工作基本停顿。1976年10月之后,佛教活动逐渐恢复,中国佛教协会也重新开展工作。

自20世纪80年代以来,中国的政治、经济、科学技术和文化事业都得到了快速发展,综合国力不断增强,人民生活水平也不断提高,国家呈现出政通人和、欣欣向荣的盛世景象。正是在这种时代背景下,中央和地方的各级政府开始全面地贯彻宗教信仰自由政策,依法保护佛教界的各种合法权益,坚持信仰上相互尊重、政治上团结合作的原则。在各级政府相关部门对佛教事务进行依法管理和监督的同时,佛教界也自觉在遵守国家的法律、法规和方针政策的过程中展开活动。

从20世纪80年代以来,佛教在僧尼人数、组织规模和寺院经济等方面的发展速度令人注目。佛教的出家僧尼大约有30万人左右,其中,藏传佛教的僧众有十几万,南传上座部的僧众有万余人。佛教的各级各类团体也很多,主要有中央一级的中国佛教协会、各省市自治区以及众多县一级的佛教协会。各级佛教团体都在法律允许的范围内开展各种形式的工作。佛教团体既具有维护佛教界的合法权益的责任,也有引导佛教与社会主义社会相适应的作用和功能。在佛教的讲经弘法、信众教育、慈善救济、文化建设、学术研究、对外友好交流等方面,这些佛教团体发挥着至关重要的核心作用。

根据20世纪90年代末的统计,佛教寺院共有13000多座,其中,藏传佛教的寺院有3000多座,上座部的寺院有1600多座。在这些以寺院为中心的佛教合法活动场所,都有数量不等的出家僧众从事宗教修持和弘法工作,使寺庙成为联系信徒、弘扬佛法的基地,而不仅仅是观光游览的胜地。各处寺庙有数量不等的地产和房产,也从事商业、餐饮、旅游等方面的经营活动。有些佛教圣地、祖庭和特别著名的寺院,是实力相当雄厚的经济实体。一些重要的佛教寺院,还开展文物保护、环境保护、慈善救济和对外友好交流的活动。这些合法、公开的佛教活动场所,在整个社会生活中产生了十分重要的影响。

在佛教组织规模和寺院经济发展的同时,中国佛教的自身建设不断增强,1993年10月,中国佛教协会召开第六届全国代表大会,赵朴初会长在《中国佛教协会四十年》的报告中,提出今后各级佛教协会应当把工作的重点转移到加强佛教自身建设和提高僧俗四众的素质上来,以推进中国佛教的健康发展。佛教的自身建设,包括信仰建设、道风建设、人才建设、教制建设和组织建设。几十年来,中国佛教在这些方面都有大的进展。

中国佛教非常重视文化建设,特别是近十几年来,佛教文化建设成为教内外共同参与的事业。佛教界的学术研究机构,包括各级佛教协会及其下属的佛教研究所、佛学院,各大寺院的佛学研究所以及居士佛学组织等。佛教界学者出版的著作、论文集数量不断增加,涉及的范围也越来越广泛,研究成果涉及经典文献、宗派历史、义理哲学、文学艺术、法事仪轨等各个方面。同时,研究方法也呈现多元化发展的势头。在学术研究工作普遍开展的同时,佛教界也扩大了与国外佛教界的学术交流,频繁举办各种形式和规模的学术讨论会。为了适应学术交流和信息传播的需要,一些佛教团体和著名寺院还开设了网站。佛教界公开发行的期刊和杂志,现在已经有数十种之多,其中有中央和地方佛教协会创办的,也有著名寺院创办的。这些研究著作的出版和期刊杂志的发行,无疑丰富了当代佛教文化的内容,并且产生了比较大的社会影响。在佛教文化的建设事业中,有来自各级科研机构、大专院校的学者大力支持和踊跃参与。教内外学者发掘和整理佛教典籍,深入研究佛教文化,对于继承佛教的优秀传统文化，剔除糟粕，推动佛教适应当代社会的转型，具有重要的价值和意义。

重视教育是中国佛教的一个传统。各级佛学院的成立，教学质量的提高，是佛教教育发展的一个重要标志。现在除了中国佛教协会下属的中国佛学院之外，各地佛教协会或大寺院创办的佛学院大约有数十所，规模不等。其中，成立于1956年9月的中国佛学院规格最高，教学质量最好，为佛教界培养了大批人才。现在，中国佛学院不仅培养本科生，而且培养硕士研究生。调动教内外的积极因素，运用一切资源，培养出一大批讲经弘法人才、学术研究人才、寺院管理人才、国际交流人才、佛教教育人才，是现任一届中国佛教协会的工作重点之一。

自中国佛教协会成立以来，慈善公益事业被作为一项重要的工作。改革开放以来，全国各地佛协和规模较大的寺院等一些有条件的地方，还成立了专门的慈善功德会，推进慈善公益事业的有序展开和规范化运作。尤其是20世纪80年代以来，中国佛教从事的社会慈善公益活动规模、范围和影响都不断扩大。1993年初，重庆佛教协会资助失学儿童，为希望工程捐出200多万元，使2万多名中小学生重返课堂，修建了15所希望小学。近20年来，上海佛教界用于赈灾、扶贫的捐款在2000万元以上。广东省佛教界1993～2002年，用于慈善公益事业的资金达到1.18亿元。在2003年中国防治非典型性肺炎疫情过程中，佛教界共捐款500多万元。2005年1月1日，由中国佛教协会组织，两岸佛教界向发生在印度洋海域地震海啸中遭受巨大灾难的印尼、斯里兰卡、印度、泰国等8个国家的灾民现场捐款993万元。近几年来，无锡灵山祥符禅寺先后在赈灾、扶老、助残、助学、支持文化艺术、环境保护等方面投入2300万元。2005年11月，祥符禅寺被民政部授予"中华慈善奖"。佛教的慈善事业，展示了中国佛教慈悲济世的精神和风貌，也是佛教与社会主义社会相适应的重要体现。

中国佛教作为对外友好交流的纽带，与许多国家有着悠久的交往历史。新中国成立后，中国佛教与世界各国和各地区的友好交往不断发展。中国佛教界恢复、发展了同韩国、日本、越南、蒙古、泰国、缅甸、尼泊尔等许多亚洲国家的传统友好关系。特别是加强了与韩国、日本佛教界的密切关系。例如，连续七届的中日韩三国佛教友好交流会议，连续十届的中日佛教学术会议等，是这种"黄金纽带"的重要体现。自20世纪80年代以来，对外交流不断扩大，在原有的基础上，开始逐步建立和加强了与欧洲、美洲、澳洲等几十个国家和地区的佛教组织和信众的友好联系。中国佛教界也通过参加众多的国际宗教和平组织与宗教和平会议，为维护世界和平作出了贡献。

2006年4月13~16日，中国佛教协会和中国宗教文化交流协会在浙江省杭州市和舟山市联合举行了首届"世界佛教论坛"，有来自34个国家和地区的1000多位佛教高僧、专家学者和政府官员参加。本次盛大的佛教论坛旨在为一切热爱世界、关爱众生、护持佛教、慈悲为怀的有识有为之士，搭建一个平等、多元、开放的高层次对话交流、合作的平台。本次会议充分讨论了"佛教的团结合作"、"佛教的社会责任"和"佛教的和平使命"等三个议题。首届世界佛教论坛还发表了《普陀山宣言》，提出了新六和愿景："愿培植善心，发乎善行，则人心和善。愿亲情稳固，爱心充满，则家庭和乐。愿真诚沟通，平等互助，则人际和顺。愿各得其所，相安互敬，则社会和睦。愿彼此欣赏，尊重包容，则文明和谐。愿将心比心，化怨为友，则世界和平。"本次世界佛教论坛的顺利举办和圆满成功，体现出中国佛教不但为自己的国家和人民作出了重要贡献，而且为世界和平事业作出了重要贡献；标志着中国佛教的国际交往跨上了一个新台阶，进入了一个新的发展阶段。

# 第六章　亚洲其他国家与欧美佛教

## 一　亚洲其他国家的佛教

在我国的近邻国家中，朝鲜、韩国、日本等国的佛教，以及越南佛教的主要部分，都是直接从中国传入的。

朝鲜半岛自古与中国在经济、政治和文化上有着密切联系。大约公元4世纪，也就是朝鲜的三国时代，佛教从中国开始传入朝鲜半岛，到新罗、高丽王朝时达到兴盛。佛教在朝鲜半岛的流行过程中，逐渐形成带有本土民族特色的宗派，对朝鲜古代的历史和文化发生了深远影响。

公元372年，前秦王苻坚派遣使者和僧顺道向高句丽送去佛像、佛经；公元374年，前秦僧阿道到高句丽传教。高句丽王为顺道和尚建肖门寺，为阿道和尚建伊弗兰寺。人们一般将此事件作为传入朝鲜半岛的开端。公元384年，百济国迎接来自东晋的印度僧摩罗难陀，第二年在汉山州创建佛教寺院，度僧十人。其后，佛教分别从高句丽和百济两国传入新罗国。

7世纪中叶，新罗在唐王朝的军事支持下，先后灭掉百济和高句丽，于公元675年建立了朝鲜历史上的第一个统一王朝。全国经济、文化迅速发展，佛教也普及到全社会。当时到唐朝求法的僧人很多，许多人在佛教史上占有重要地位。求法僧学成回国，几乎把隋唐时期各宗派的教理都介绍到朝鲜。

在此后的漫长历史过程中，佛教与朝鲜半岛的社会、文化相结合，逐步形成具有朝鲜本土文化特色的众多佛教派别，主要有华严宗、法相宗、天台宗和以禅门九山为中心的禅宗。14世纪末，高丽王朝取代新罗王朝，佛教在原有基础上不断发展。

近代，朝鲜受到西方列强与日本的入侵，佛教也有了转变，特别受到日本佛教的影响比较显著。第二次世界大战结束后，朝鲜分裂成南北两个国家。韩国的佛教相当盛行，朝鲜的佛教处于沉寂状态。

6世纪中叶，佛教自中国经朝鲜半岛传入日本。从唐代到宋代，不断有日本僧人来华求法，也有中国僧人赴日传教，把中国佛教以各种形式传到日本。佛教与日本本土的文化、宗教相结合，逐渐形成不同于中国佛教的日本佛教。

日本佛教的发展、演进历程，大略划分为七个时期：飞鸟时代（公元546~645），这是佛教在日本的初传时期，深受中国佛教的影响。奈良时代（公元645~781），这个时期由国家举办佛教文化事业，兴建了著名的东大寺和国分寺。日本佛教史上的"奈良六宗"建立，这六个宗派所依据的基本经典，与中国的三论、法相、华严、律宗、成实俱舍诸宗相同。平安时代（公元782~1192），中国的天台宗和密宗持续传入日本，日本的天台宗和真言宗成为这个时期最盛行的佛教派别。鎌仓时代（1192~1333）和室町时代（1333~1600），随着佛教在日本本土的进一步发展和中国佛教的持续输入，新的宗派，如净土宗、净土真宗、日莲宗、临济宗、曹洞宗等相继成立。江户时代（1600~1868），这个时期佛教在宗派和教义理论方面都没有什么新的发展，儒学和神道从对佛教的依附中逐渐分离出来。明治维新之后（1868~？），神道教完全脱离佛教而独立，并且开始对佛教采取限制和打击，不少地方出现"废佛毁释"运动。到第二次世界大战结束后，神道教的独尊地位被取消，传统佛教不断兴盛。

佛教传入日本后形成几大派系和许多宗派，主要有奈良佛教系的律宗、真言律宗、法相宗、华严宗、不动宗、天台系的天台宗、天台寺门宗、妙见宗、修验宗、和宗、天太真盛宗、念法真教、孝道教团、鞍马弘教、真言系的高野山真言宗、真言宗智山派、真言宗丰山派、真言宗醍醐派、中山身语正宗、解脱会、真如苑、辩天宗、净土系的净土宗、真宗、禅宗、日莲宗等许多宗派。现在的日本佛教，已经是完全民族化的宗教，与中国佛教的差别是非常大的。在千余年的历史上，日本佛教产生过深刻的社会影响。到目前为止，佛教仍然是日本民众的主要宗教。

越南佛教的成分比较复杂，既有从中国中原地区传入的佛教，也有从中国云南和柬埔寨以及从印度直接传入的佛教。其中，在不同历史时期从中国传入的佛教占主流地位。现在，越南除了传统的大乘佛教之外，还有南传上座部佛教，主要在高棉族中流行。

根据佛教文献记载的传说，公元前3世纪，佛教从印度向南传入斯里兰卡，再由斯里兰卡东传缅甸、泰国、柬埔寨、老挝、印度尼西亚和马来西亚。这些国家流传的佛教属于南传上座部，由于其经典都是巴利语文本，故近代又称其为巴利语系佛教。

斯里兰卡是一个传统佛教国家，该国佛教对南传上座部佛教系统的各国影响很大。传说公元前247年，印度阿育王派遣以其子摩（口西）陀为首的传教团到斯里兰卡传教，当时的国王率臣僚皈依佛教，佛教迅速成为统治阶级支持的国教，并且深入到一般民众的生活中。直到公元前1世纪，斯里兰卡佛教一直是分别说系上座部。从公元前1世纪开始，佛教发生分裂。坚持传统的教派称"大寺派"，接受大乘佛教教义的称"无畏山寺派"。到公元4世纪，从无畏山寺派中分出属于大乘的"祇多林寺派"。这是古代斯里兰卡佛教三大派。公元8世纪，大乘密教传入并一度兴盛。16世纪初，葡萄牙人入侵，强迫民众改信天主教，佛教受到沉重打击。17世纪末，荷兰人入侵，推行基督教信仰，佛教几乎被消灭。19世纪末，斯里兰卡民族主义者掀起佛教复兴运动。1948年斯里兰卡独立后，政府把复兴佛教作为抵制殖民文化的手段，佛教在全国范围内复兴和发展。斯里兰卡现在的佛教信徒人数大约1000多万人，占全国总人口的70%，僧侣约2万多人。现在的斯里兰卡佛教都属于上座部（大寺派）法统。

缅甸、泰国、柬埔寨、老挝、印度尼西亚等东南亚国家的佛教，都直接或间接受到斯里兰卡古代佛教的影响。大约从10世纪开始，上座部佛教受到东南亚许多国家封建领主的推崇和提倡，加强同斯里兰卡的联系，互派僧侣留学，并创立本民族文字，编译巴利文三藏典籍。特别是僧王制度的确立，使佛教成为国教。18世纪以来，泰文、缅文、高棉文、老挝文的巴利文三藏音译编纂工作逐渐完备，使那些地区的上座部佛教以本民族语言文字为主，更有利于传播。到现在为止，老挝、柬埔寨、泰国、缅甸、印度尼西亚等国的佛教，仍然是以南传上座部为主。另外，在不丹、锡金和尼泊尔等国家，从我国西藏传入的藏传佛教也有一定的宗教影响力。

## 二　欧美佛教

欧洲人对佛教的了解，根据传说可以追溯到公元前4世纪希腊亚历山大大帝东征时期，也可以追溯到公元前3世纪印度阿育王派遣佛教使团至希腊属地传教时期。但是，这些都没有比较可靠的证据。13世纪蒙古人打通亚欧交通，马可波罗向欧洲世界第一次比较详细地介绍了中国佛教。17～18世纪，欧洲一些著名哲学家如斯宾诺莎、康德、黑格尔等人的著作里，对佛教有只言片语论述。当时，欧洲对东方宗教中的佛教了解不多，佛教在欧美社会当然也就没有什么影响可谈。

作为信仰的佛教在欧洲流行，产生于欧洲对东方宗教文化的研究之后，产生于学者对各种语言佛教文献的研究之后。大约从19世纪开始，欧洲不少国家相继建立专门研究亚洲文化的机构，对包括佛教文献在内的资料进行解读性的研究。1788年，英国皇家亚洲学会成立后，殖民当局鼓励对印度巴利语和梵语进行研究。1823年，匈牙利人乔玛开始在拉达克地区学习藏文和研究藏文佛教文献，相继推出了《藏文语法》和《藏英词典》，便利了藏传佛教研究工作的进行。1875年，蔡特斯完成一部《巴英辞典》；1882年，戴维兹成立"巴利圣典协会"，将巴利三藏翻译成英文并作了注释，为西方人认识和研究佛教起到铺垫作用；20世纪初，斯坦因将敦煌千佛洞里的大量珍贵文献带到英国，引起西方学界对西域佛教的兴趣。

在德国最初弘扬佛法的是奥登堡，他著有《佛陀生涯·教义·教团》一书，曾被翻译为14种文字。与奥登堡同时代的不少学者从事研究巴利文经典、梵文经典、汉文和藏文经典。早期德国的佛学研究着重翻译、校勘巴利文经典，后来研究范围扩大到大乘佛教和藏传佛教。

1826年，法国人布诺夫与德国拉森合著的《论巴利语文》在西方引起巴利文研究的热潮。其后，在巴黎建立"法亚协会"，开设以梵、汉、藏文版本对照翻译，主要有《唯识三十颂释》、《庄严经论》、《俱舍论》、《妙法莲华经》等，为佛教教义与哲学研究开辟新天地。特别是列维等人长期研究汉藏和梵文佛典，为欧洲现代佛学的研究奠定了基础。

20世纪初，在英国产生了西方佛教徒，作为信仰的佛教开始在民间的流传。贝纳特比丘（阿难陀弥勒）于1898年去斯里兰卡、缅甸学法，并在缅成立了国际佛教会；1906年杰克逊、埃仑等人在伦敦创建了英国佛教协会，后改名为"大不列颠和爱尔兰佛教会"，出版《佛教评论》。1928年，中国太虚大师至英国弘扬佛法。第二次世界大战结束后，欧洲佛教开始有所发展。在原有的大小乘佛教外，还引入了藏传佛教的很多派别。如空仁波且建立的桑耶林西藏中心、土登益希和索巴仁波且主持的曼殊室利研究所等。从20世纪下半叶开始，日本佛教持续传入英国，以禅宗、净土真宗及真言宗为主。近些年来，中国台湾佛光山在英国建立几个传法道场。

随着英国佛教的发展，佛教徒人数也不断增长，1970年，佛教信徒约3万人，1975年增至8万多人，1980年又增至12万人以上，其中藏传佛教信徒约占50%，南传上座部佛教徒约占25%，大乘禅宗佛教徒约占25%。

从1913年开始，在德国各地相继建立了德国佛教传道会、佛教联合会、佛教精舍、佛殿、禅堂、柏林佛教会、汉堡佛教会、德国佛教会、圣弥勒寺、圣弥勒教会等组织，并出版了《佛教徒》、《佛教新报》、《佛陀世界镜报》、《乘》等佛教刊物。根据《世界佛教徒联谊会刊》的报告，当时仅联邦德国境内就约有佛教徒5万~7万人。

1929年，在法国龙伯尔建立了第一个佛教友谊会，这是在中国太虚法师的推动下建立的法国最早的佛教组织，后来称为巴黎佛教会，从1939年开始出版《佛教思想》月刊。"二战"后，大批越南佛教徒定居法国，在巴黎建立了越南佛教徒联盟。近年来，藏传佛教各派在法国也建立了许多传教中心。据《基督教百科全书》统计，1980年法国有佛教徒近3万人，其中约有半数是亚洲裔佛教徒。

在欧洲，除了英、德、法三国之外，其他诸如匈牙利、意大利、瑞士、瑞典、荷兰、挪威、奥地利、捷克斯洛伐克等国家，也有许多佛教研究机构和佛教传播中心或道场。根据《世界基督教百科全书》1982年的统计，欧洲有佛教徒21万余人。

美国佛教的出现，有两个重要原因。其一，是受到欧洲佛教研究的影响。从19世纪末叶开始，美国学术界就开始注重对佛教的研究，先后推出了不少有关佛学研究的成果。其二，是大量有佛教信仰的亚洲移民进入美国。佛教在美国的发展，主要得力于东方各国僧俗知识分子的努力。向美国传播佛教的信徒，起初是华人，其后是日本、越南等亚洲侨民。西方人主要是对禅学感兴趣，美国佛教信仰组织的主体，始终是亚洲移民及其后裔。

大约在19世纪50年代，中国佛教传入美国，当时只有很少的人知道有关禅宗、天台宗的基本知识。20世纪20年代，太虚等中国僧人到美国传法。在这个时期，一些有佛教信仰的商人、学者也组织起来，在西海岸的加州、东海岸的纽约等地倡导居士佛教。华人的佛事活动，逐渐被美国社会所了解。当代向美国传播中国佛教的主要力量，是我国台湾地区的一些僧人。比如星云、圣严、宣化、显明、净海、浩霖等法师，陆续前往美国建寺弘法。其中，宣化在万佛城创办法界大学，星云在洛杉矶创建西来寺，圣严在纽约建立修禅中心。美国的佛教事业在他们的努力下不断拓展。

中国的藏传佛教是从20世纪60年代起流行于美国，宁玛、噶举、萨迦等派别都有流传。西藏僧人在美国建立了寺院、慈善机构和学术机构，所传有教法和禅法。现在，佛蒙特州、科罗拉多州、加州以及纽约市，都有显密二学的修习中心。

日本佛教也是在19世纪传入美国，这与日本向夏威夷群岛移民有关系。日本佛教从夏威夷群岛逐渐扩展到美国西海岸一些地区，其中以净土真宗西本愿寺派势力最大。1893年，在芝加哥召开世界宗教会议，日僧宗演出席。宗演回国后，委托铃木大拙用英语向西方介绍佛教，特别是禅宗，从而引起美国学术界对佛教研究的重视。此后，日莲宗、真言宗、临济宗和曹洞宗等不同派别的许多寺院相继建立。在洛杉矶、芝加哥、纽约等地，都建有佛寺，成为发展教徒的中心。随着许多禅修中心的数量不断增加和规模的不断扩大，佛教在白人社会中也开始传播。

除了中国和日本佛教之外，韩国、越南的佛教也在美国有一些影响。这些佛教都是发源于中国的汉语佛教系统。另外，斯里兰卡、泰国、缅甸、老挝等南传佛教国家，也在美国建立了大小不等的寺院，有的也向西方人传授禅定之学。

在美国的佛教团体或组织主要有美国佛教会、北美日莲佛教会、美国佛教联合会、泰西佛教团、美国第一禅堂、华盛顿上座部佛教中心、普世佛教徒联谊会、夏威夷华侨佛教总会、旧金山纽约华侨佛教会、曹洞宗北美教友会、高野山美国别院、净土宗美国别院、罗彻斯特禅宗中心、藏传佛教宁玛派禅定中心、噶举派禅定中心、萨迦派研究中心、中美佛教总会等40多个。美国佛教徒大约有30万～40万人。

佛教也从美国向美洲其他国家传播，比如北面的加拿大，南面的巴西、阿根廷等国。尤其是在"二战"之后，佛教在这些国家的发展速度明显加快。从1992年起，中国台湾的佛光山在巴西、哥斯达黎加、巴拉圭、阿根廷等国设立传教道场，推动了佛教在中、南美洲的传播。

# 第七章 经典、教义和信仰对象

## 一 佛经翻译

从东汉末年开始,中国的佛经翻译工作就开始了。佛经汉译事业的规模之大,延续时间之长,参与人数之多,超出宗教范围的影响之广泛,在世界宗教史和文化史上都堪称奇迹。

从东汉末年到西晋,翻译佛经活动主要在民间自发进行。经典翻译由外籍学僧主持,中土人士起协助作用。汉末的著名译经僧有安世高、支娄迦谶,三国时期有康僧会、昙柯迦罗、昙谛、支谦等人。西晋最著名的译家是竺法护,祖籍大月氏,世居敦煌。早年随师游西域诸国,学通36种语言,并广求佛典带回内地。他译经时间长,前后约47年(公元266~313),几乎与西晋王朝共始终;所译经典品类多(包括般若、华严、法华、大集、涅槃、戒律等多类经典),数量大(约167部366卷),几乎囊括当时西域地区流行的所有重要典籍;他译经活动范围广,从敦煌、酒泉经长安到洛阳,足迹遍及当时北方佛教的兴盛地和政治文化中心。

从东晋开始,许多重要的翻译家都得到政府的支持和帮助。后秦鸠摩罗什是这个时期佛经翻译的代表人物,对中国佛教的发展贡献显著。他在长安共译出大小乘佛经35部,294卷。著名的有《摩诃般若经》、《维摩诘经》、《大智度论》、《中论》、《百论》、《十二门论》等。他翻译的经典表述清楚,语言流畅,很快流传开来。他翻译出的许多经典，成为以后许多学派和宗派创立时的所宗典籍。

在中国佛经翻译史上，南北朝是产生译人和译籍最多的时期。根据《开元录》记载，从南朝宋永福元年（公元420）到陈后主祯明三年（公元589），经南北8个朝代169年，共有译者67人，译籍750部，1750卷。佛教典籍品类的翻译范围，比任何时期都要广泛。这个时期著名的译经僧人有佛陀跋陀罗、菩提流支、真谛等。

佛陀跋陀罗是北天竺人，曾游学罽宾，应秦僧智严的邀请来到长安，弘传禅法。他因为显示神异，与鸠摩罗什门下僧众发生冲突，只好离开长安，到南方投庐山慧远，从事佛经翻译。后来他曾常住建康道场寺。他共译出佛典13部，125卷。其中几部译籍对佛学的发展很有影响。首先是《大方广佛华严经》60卷。此经的原本是由支法领从于阗取回，佛陀跋陀罗在百余人参与下将其译出，开创了全面研究《华严经》的新阶段。此经日后成为华严宗建立宗派最重要的经典依据。其次是《达摩多罗禅经》2卷，是应庐山慧远的要求而翻译的。本经所传的达摩多罗一系禅法对中国禅学的影响很深远，唐代宗密曾经把传入中国的禅宗第一代祖师定为达摩多罗。再次是《大般泥洹经》10卷。这部经典的翻译，标志着开辟了不同于般若学的佛学研究新方向。

菩提流支是北印度人，魏永平初年（公元508）到洛阳，开始译经。他共译出经典30部，101卷。菩提流支所翻译的典籍偏重于大乘瑜伽行一系的著作。对以后的佛学发展有影响。其中，《十地经论》为以后地论师的重要弘扬经典，《无量寿经论》是以后西方净土信仰者重点传扬的论书。另外，重要的经典还有《金刚般若波罗蜜经》、《入楞伽经》、《金刚般若经论》等。

真谛（公元499～569）是印度人，先后在南海（今广州）、建康（今南京）和苏、浙、赣、闽等地翻译佛经，共译出大小乘经论64部，278卷。他重点译介的是瑜伽行派无著、世亲、陈那等人的论著。其中流行较广的有《摄大乘论》、《大乘唯识论》、《佛性论》、《金光明经》等。

隋唐时期，佛经翻译完全成为国家的一项重要文化建设事业，有朝廷出面组建译场，提供费用，配备人员。译场有完备的组织，严格的制度和预定的程序，这一切都是为了保证经典翻译的质量。因此，从隋唐开始，我国的佛经翻译事业达到了鼎盛阶段。在唐代众多佛经翻译家中，以玄奘、义净最著名。

玄奘兼通梵汉，把古代佛经翻译水平提升到新的高度。他先后译出大小乘经论75部，1335卷。其中，属于般若中观类的经典有6部615卷，最重要的是《大般若经》600卷；属于瑜伽唯识类经典有21部201卷，重要的有《解深密经》、《瑜伽师地论》、《显扬圣教论》等，是唯识宗的主要经典依据。在所翻译的小乘经论中，以说一切有部的论书最多，有14部，445卷，重要的有《阿毗达摩发智论》、《大毗婆沙论》、《俱舍论》等。唐太宗为他的翻译经典写了《大唐三藏圣教序》。历史上把玄奘之前的佛经翻译称为"旧译"，从玄奘开始的译经称为"新译"。

义净（公元635~713）于唐高宗咸亨二年（公元671）从今广州乘船去印度，在印度次大陆各地以及南海各地求法25年，游学30余国，至武周长寿三年（公元694）返回广州，证圣元年（公元695）到达洛阳。义净带回梵文佛教经律论近400部。他先后得到武则天、中宗、睿宗的支持，先后在洛阳福先寺、长安西明寺、大荐福寺翻译佛经。共译经68部，289卷。所译经典除般若中观和唯识类之外，多是小乘说一切有部的戒律书。

宋代翻译佛经集中在北宋前中期，北宋诸帝对译经的重视程度，并不比唐代帝王逊色。据元庆吉祥《至元法宝勘同总录》统计，宋代共译大小乘经律论及西方圣贤集传285部，741卷。宋代翻译佛经的种类和数量都不少，但是，由于新译经典多是密教经典，流通不广，影响不大。这个事实表明，外来佛教已经不能成为左右中国佛教发展方向的主要因素。宋代以后，只有少量的佛教经典翻译。

在中国译经历史上，后秦的鸠摩罗什、南陈的真谛、唐代的玄奘和义净，被称为"四大译经家"。

## 二 佛教藏经

所谓"藏经"，是"大藏经"的简称，指佛教典籍汇编而成的总集。在有世界影响的各大宗教中，佛教以典籍浩瀚著称。在漫长的历史过程中，中国佛教经典的流传经历了两个时期。其一是写本时期，所流传的佛教经典是手写的，汇集起来的经典总集也是手写本。这个时期从佛教传入开始，直到北宋初年刊刻《开宝藏》。以《开宝藏》的流通为标志，佛教典籍的流通进入了刻印本时期。

刻印佛经起源于何时何地尚不清楚，现存最早的印刷佛经，是唐朝咸通九年（公元868）四月十五日王玠为其双亲做功德而敬造普施，带有愿文的《金刚般若经》。这是斯坦因在敦煌古籍中发现的。从有关资料的记载和实物发现来看，宋代以前，只有刻板印刷的单本经书和佛教僧人的注疏著作，还没有大规模刻印佛教经典总集性质的大藏经。雕刻和印刷大藏经，是始于宋代的佛教文化事业。大规模刻印藏经，使佛教典籍的流传更为便利和快捷，并影响到少数民族地区及周边国家。

宋代由政府主持的大藏经雕刻始于宋太祖时，其印刷由印经院负责。到北宋末年，民间刻印取代了官方刻印。由朝廷资助并派人主持刻印的藏经称"官版"，由地方官吏、富豪或寺院主持刻印的藏经习称"私版"。宋代三百余年间，官私刻印的大藏经有五种版本。

第一，《开宝藏》，由宋太祖提议开刻的官版藏经，是我国

第一部木刻本大藏经。开宝四年（公元971），宋太祖派遣内官张从信到益州（成都）雕造大藏经，至太平兴国八年（公元983）完工，历时12年。由于刻成于益州，也称"蜀版"。《开宝藏》所收入的典籍依据《开元录》，计有5000余卷，刻版保存于汴京太平兴国寺内的印经院，并在那里刊印，印刷好之后颁发给各大寺院。随着新经陆续译出，不断补刻加入，另外还增刻了东土撰述和《贞元录》入藏经典，并予以校勘，最后达到6620余卷。《开宝藏》的印本为以后所有官私刻藏的准绳，并曾印赠高丽、契丹，从而引起仿刻。

第二，《崇宁万寿藏》。为满足远离京城的地方寺院的需要，福州东禅等觉院住持冲真等人于元丰初年（1080）募刻，到崇宁二年（1103）基本完工。经奏请政府允许，得"崇宁万寿大藏"的名称。其后还增刻了一些《贞元录》的经典和入藏著述，至政和二年（1112）结束，共计5800余卷。南宋乾道、淳熙年间（1165～1189）又补刻了十余函。

第三，《毗卢藏》。在东禅版刻成的当年，福州人蔡俊臣等组织了刻经会，支持福州开元寺僧本悟等募刻大藏经。从政和二年到绍兴二十一年（1112～1151），历时40年竣工。此藏依照东禅版刻成，南宋孝宗隆兴初（1165）又增刻两函。

第四，《思溪圆觉藏》。湖州归安思溪圆觉院僧人怀深等募刻，湖州致仕的密州观察使王永从家族资助，主要依据东禅版内容刻成，约5687卷。刻版先保存于圆觉院，淳祐年间移藏思溪资福禅寺。

第五，《碛砂藏》。此藏因受思溪版的影响而发起，由平江碛砂延圣院僧人法思等募刻。此藏从绍兴初年始刻，以后时断时续，到至元九年（1349）完成。端平元年（1234）曾仿思溪版编定本藏目录，后来屡有改动，并增补元代刻印的经典，共计6362卷。

刻印大藏经是宋太祖在佛教文化事业上的一个创举。《开宝藏》的问世，标志着印刷大藏经开始取代手写大藏经。佛经从手写传抄发展到刻板印刷流通，是佛教史上有着多方面影响的大事。我国刻印藏经规模之浩大，影响之久远，在古代世界印刷史上是绝无仅有的事情，其意义已经远远超出了宗教的意义。宋代零星刊刻的佛教经典不胜枚举，而历时悠久的五种大藏经的刊刻，对佛教经典的普及和流通，对雕刻、造纸、印刷等手工艺的发展，对加强与周边地区和民族的思想文化沟通交流，都具有重要的推动意义。

宋代以后的元明清各王朝，都有《大藏经》的刊刻和印刷。以《开宝藏》为标志的佛教经典印刷时代开始之后，手写佛经作为功德善举依然在社会各阶层流行。但是，作为提供学习、研究之用的流通中的佛教经典，则以印刷本为主。刻印佛教典籍，特别是禅宗语录，在宋代及其以后，都蔚然成风。

## 三　基本教义

佛教在不同历史时期和不同地区的流传过程中，其教义思想都发生了很大的变化。这里简要介绍的四谛、五蕴、十二因缘、三法印、因果报应和生死轮回，是在早期佛教时期就基本定型，并且为以后绝大多数佛教派别所承认和接受的基本教义。

### 1. 四谛

"四谛"是佛教各派共同承认的基本教义，形成于释迦牟尼创教时期，并且不断被充实完善。"谛"有"实在"、"真理"的含义，是印度哲学通用的概念。"四谛"也称"四圣谛"，意思是"四条真理"，即苦谛、集谛、灭谛和道谛。四谛概括了佛教对人生和现实世界的认识和价值判断，列举了苦的表现形式，分析了产生苦的原因，指出了消除苦的方法和途径，描述了达到解脱的境界。

"苦谛"是列举苦的种类或表现形式，最常讲的是四苦和八苦。四苦是指生、老、病、死；八苦是在四苦之外再加上怨憎会、爱离别、求不得、五盛阴。在八苦中，前四种苦是讲人生的自然过程的苦；第五至第七种苦是讲在处理各种社会关系中主观愿望得不到满足的苦。第八种苦是讲人的存在本身就是苦。

"集谛"探索"苦"产生的根源。认为人生之苦都是由贪欲、嗔恚、愚痴引起。特别是人们的种种渴求和欲望，人们的愚昧无知，直接引起生死轮回之苦。

"灭谛"描述消除苦难之后的境界，即涅槃的妙乐境界。这是超脱生死轮回，达到解脱的最高境界。

"道谛"指出消除痛苦、达到解脱的八种正确方法和途径，一般称为"八正道"：正见（正确的见解）、正思（正确的思考）、正语（正确的语言）、正业（正确的行为）、正命（正确的谋生方式）、正精进（正确而不懈怠的修行）、正念（正确的忆念）、正定（正确的禅定）。

### 2. 五蕴

"五蕴"也译作"五阴"，"蕴"有"积聚"或"和合"的意思。五蕴有狭义和广义之分，从狭义方面讲，是指组成人的五种要素，就是现实的人的代称；从广义方面说，指构成世界的一切物质现象和精神现象。其中，"色蕴"指一切有形态、有质碍的事物，大体相当于今天讲的物质现象。"受蕴"指由感官接触外物所产生的感受或情感。"想蕴"指表象、观念。"行蕴"指意志一类的心理作用。"识蕴"指总的意识活动，如区别与认识事物等。既然人和世界都是由这五种要素聚合产生，五蕴学说就完全否定了永恒不变的主宰者的存在，否定了灵魂的存在。

### 3. 十二因缘

"十二因缘",也称"十二缘生",是对人生整个过程的说明。

佛教认为,一切事物或现象的产生、变化和消亡,都要依据一定的条件(因缘)。这是佛教缘起理论的基本观点。用缘起理论观察整个人生的生死轮回过程,就构成十二个有因果关系的环节,即"十二因缘"。它的基本内容是:由"无明"(泛指一切不符合佛教教理的错误观念)产生"行"(由行为产生的影响作用),由"行"产生"识"(指认识和识别作用,早期佛教倾向于把"识"看作是精神实体,称为"识神")。由"识"产生"名色"(组成人的精神要素和物质要素)。由"名色"产生"六处"(六种感觉器官和认识机能——眼、耳、鼻、舌、身、意)。由"六处"产生"触"(六种感觉器官接触外界产生的感觉和知觉)。由"触"产生"受"(苦、乐、不苦不乐等感受)。由"受"产生"爱"(对外界事物的渴求和贪爱)。由"爱"产生"取"(对外界事物的追求)。由"取"产生"有"(人所得到的相应果报和生存环境)。由"有"产生"生"(轮回中的再生)。由"生"产生"老死"。按照这样的顺序观察,叫做"顺观",可以得出"苦谛"的结论;反之,从果推因,即从"老死"推到"无明",叫做"逆观",可以得出"集谛"的结论。不同的佛典对十二因缘有多种解释,目的在于说明人生苦难的原因以及从生死轮回中解脱出来的途径。

### 4. 三法印

"三法印"指衡量是否真正佛教教义的三项标准。即"诸行无常",指世界上的万事万物都是变化的,没有什么东西是永恒不变的;"诸法无我",一切事物或现象都是因缘和合而形成,没有独立的实体和主宰者;"寂静涅槃",超脱生死轮回的涅槃境界是永恒清净、没有烦恼的。如果符合这三条标准，就是真正的佛教思想。

### 5. 因果报应和生死轮回

"因果"是佛教用以说明世界、人生一切关系的学说，并且构成其各种学说的理论基础。"因果报应"也称"业报"，指人的一切思想、言论和行为（身口意三业）都必然产生相应的后果（果报）。"因"在未得"果"之前不会自行消失，反之，没有一定的业因也不会凭空产生果报。任何人或神，包括佛在内，都不能消除因果报应的作用，众生在业报面前人人平等。

因果报应所讲的因和果，各分为善和恶两类，善因得善果，恶因得恶果，这是不会发生逆转的。所谓善和恶的标准，由佛教的道德规范来衡量。比如，信守戒律是善行，违背戒律则为恶行。因果报应起作用的范围比较广泛，可以决定一个人的贫富贵贱、相貌美丑等。所以，因果报应也可视为佛教用以解释社会和人生种种差别的理论。从报应起作用的时间上讲，佛教有"三世因果"说，即现世的境况由前世的行为决定，现世的行为又决定后世的命运。佛教认为，众生在未解脱成佛之前，都处于生死循环之中，人在此处的死，意味着同时在别处的生，但生于何处，则由业报决定。佛教为此提出"五道轮回"、"六道轮回"、"三界轮回"等说法。有善行者可以转生到好的去处，比如人世、天堂等；而有恶行者则要转生到坏的去处，比如饿鬼、畜生等，此谓"生死轮回"。

佛教的因果报应和生死轮回的学说长期在社会上流传，深入民间。它与中国原有的信仰有两点重要区别：其一，儒家传统把人的命运归于外在的"天命"，所谓"死生有命，富贵在天"（《论语·颜渊》）。佛教则把人的富贵寿夭推因于个人的行为。其二，中国传统讲的"积善之家，必有余庆；积不善之家，必有余殃"（《易传·文言》），系指祖先的行为可以影响后代子孙。佛教的因果报应只涉及本人，并不株连后代，殃及他人。因此，佛教的因果报应和生死轮回强调个人对自己的一切负责，改变自己的命运只能靠自己，无法依靠任何外力。

## 四　佛、罗汉和菩萨崇拜

### 1. 多佛崇拜

从佛教创立到大乘佛教兴起的五六百年间，释迦牟尼始终被认为是唯一现存的佛。这种信仰本质上是与教主崇拜相联系的一佛信仰。大乘佛教兴起之初，在崇拜对象上的一个显著变化，就是建立了多佛同时并存的新的信仰体系。大乘佛教认为，三世十方世界同时存在着无数佛；并且认为，一切众生都有佛性，都可以成佛。不同的经典和教派，所宣扬和供奉的主佛并不一致。中国佛教也崇拜多佛，比较流行的有阿弥陀佛、弥勒佛、药师佛等。

阿弥陀佛，也称"无量寿佛"、"无量光佛"等，他是西方极乐世界的教主，据《无量寿经》等载，很久以前，有位名叫法藏（即后来阿弥陀佛）的比丘，发下拯救众生的48大愿，经过历劫修行，于西方建成净土，号"阿弥陀"。西方净土世界与现实世界（秽土）相对立，那里没有任何痛苦，只有"妙乐"。众生只要念诵阿弥陀佛的名号，死后就可以往生到净土世界，获得最终的解脱。

"弥勒佛"是未来佛。根据《弥勒上生经》、《弥勒下生经》等载，弥勒菩萨曾是释迦佛的弟子，释迦佛曾预言他将于大约57.6亿万年后，在华林园龙华树下成佛，说法救度众生。中国的弥勒信仰从南北朝时期就开始流传。现在寺院中袒胸露腹、箕踞而坐、笑口大开的弥勒佛形象，本自五代契此和尚。传说契此常背一布袋，见人就乞物，装入袋中，人称"布袋和尚"。

契此在圆寂时口诵偈言："弥勒真弥勒，化身千百亿。时时示世人，世人自不识。"后来人们就把他作为弥勒佛的化身。

药师佛全称"药师琉璃光如来"，又称"大医王佛"、"医王善逝"等。他是东方净琉璃世界的教主。根据相关经典记载，药师佛在本行菩萨道时，曾经发过十二大誓愿，要满足众生的一切愿望和祈求，拯救一切众生脱离生死轮回达到解脱。据说，凡是没有如愿往生西方极乐世界的众生，如果听闻药师琉璃光如来的名号，都在临终时得到八菩萨指示道路，顺利往生东方净琉璃世界。

在佛教多部经典中，有三位佛相搭配的描述，如"三佛身"、"三世佛"等。

"三佛身"在经典中有不同说法，比较通行的是指"法身佛"、"报身佛"和"应身佛"。法身是指佛法所成的佛身，这是佛法人格化之后产生的崇拜对象。法身的特点是无形无象，永恒存在。由于法身没有能为人们的感官所把握的形象，所以，人们不能直接接触佛的法身。报身佛是指经过修行实践，成就正果而获得的佛果之身，其形象是相好庄严的，有不同于常人的外部特征。应身佛是指为救度众生而根据需要随机应化的佛身，在不同的场合，针对不同的众生需要，应身佛有不同的形象。

"三世佛"，是过去、现在、未来"三世"佛的合称，或三个世界佛的合称。其一，"竖三世佛"，指过去、现在和未来的佛。过去佛有多种说法，寺院塑像中过去佛一般是燃灯佛，现在佛是释迦牟尼佛，未来佛是弥勒佛。其二，"横三世佛"，指三个世界的佛。东方净琉璃世界的药师佛，娑婆世界的释迦牟尼佛，西方极乐世界的阿弥陀佛。

## 2. 罗汉崇拜

在小乘佛教中，佛只有释迦牟尼，其他人修行的最高果位是罗汉,全称"阿罗汉"。达到罗汉果位,就超脱了生死轮回。罗汉的职责,就是遵照佛祖的嘱托,常住世间,推动佛法流传,护佑众生。所以,罗汉也成为信众的崇拜对象,大乘也承袭了罗汉崇拜。在中国佛教中,流行有"十六罗汉"、"十八罗汉"、"五百罗汉"等。我国南北各地许多寺院中都有罗汉堂,供奉罗汉的画像或塑像。

关于"十六罗汉",最初见于玄奘所译的《大阿罗汉难提密多罗所说法住记》,记述了十六罗汉的名字和住地。"十八罗汉"是在十六罗汉之外又加上庆友和宾头卢,也有加上迦叶和军屠钵叹两位尊者。元代以后,十八罗汉就基本取代了十六罗汉,成为寺院中塑像的流行式样。

关于"五百罗汉"的来源,说法很多。一般指参加第一次佛经结集的五百比丘,以大迦叶和阿难为上首。除了其中的佛十大弟子外,其余的罗汉都没有名字。但是,在中国流传的五百罗汉都有名号。这是宋代及其以后逐渐在民间增补完成的。

### 3. 菩萨崇拜

大乘佛教兴起之后,修行者的样板不是罗汉而是菩萨。菩萨是梵文音译的略称,全称"菩提萨埵",也意译为"觉有情"、"大士"等。菩萨的修行,是以自度和度人为特点。在众多大乘经典中,所记载的菩萨也和佛一样,多得数不清。而且,相同名字的菩萨,在不同经典中记载也颇有差异。在我国佛教信仰中,菩萨崇拜是非常流行的,主要崇拜的菩萨有四位,即文殊、普贤、观音、地藏。四大菩萨各有分工,文殊代表大智、普贤代表大行、观音代表大悲、地藏代表大愿。

四大菩萨也逐渐与四大名山联系起来。其中,山西的五台山是文殊显灵说法的道场,四川的峨眉山是普贤的说法道场,安徽的九华山是地藏成道、说法的道场,浙江的普陀山是观音的道场。四大名山原本都是风景秀丽之地,成为佛教名山和菩萨道场之后,不仅是游客观光的旅游胜地,也逐渐成为信徒朝拜的宗教圣地。

佛崇拜是与菩萨崇拜密切结合的,这一点也表现在寺庙的造像组合中,常见的有"西方三圣"、"华严三圣"等。其中,西方三圣是教主阿弥陀佛,左胁侍观音菩萨,右胁侍大势至菩萨。华严三圣是卢舍那佛,左边的文殊菩萨,右边的普贤菩萨。

# 第八章 仪轨制度

## 一 戒 律

在佛教术语中,"戒"和"律"还有一些差别。一般情况下,"戒律"合称,不作区别,指信徒应该遵守的各种规定和行为规范。制定戒律的目的,在于协调僧众关系,维护僧团秩序。戒律学是佛学中一个相对独立的部分,被称为"三学"(戒定慧)之一。

相传释迦牟尼在世时,根据形势的需要,随机制定戒条,以规范僧尼。以后随着戒条的增加,逐渐形成专门的戒律书。在部派佛教时期,不同派别的律书并不完全相同。从三国时期开始,戒律逐渐传入中国。到唐代,相继翻译出的主要戒律典籍有《十诵律》、《四分律》、《摩诃僧祇律》、《五分律》等。唐代以后,《四分律》逐渐成为唯一流行的戒律典籍。

具体的戒条分很多种,对不同的人,有不同的规定。经常提到的主要有"五戒"、"八戒"、"沙弥戒"、"具足戒"等。

"五戒"是佛教最基本的戒条,是树立佛教信仰和从事修行的开端。一般在家信徒发愿修持五戒是与三皈(皈依"佛"、"法"、"僧")联系在一起的。五戒具体是不杀生(包括不杀害一切生物),不偷盗,不邪淫,不妄语,不饮酒。

"八戒"又称"八关斋戒",是在五戒的基础上加不饰香花鬘,不使用香油涂身,不观赏歌舞倡伎;不卧坐高广大床;不食非时食（在特定日子里正午之后不再进食）。

"沙弥戒"是出家后不到 20 岁的人应该遵守的戒条，有十戒，是在八戒基础上形成的。包括不杀生、不偷盗、不邪淫、不妄语、不饮酒、不著花鬘、不香油涂身、不观赏歌舞倡伎；不坐卧高广大床；不非时食、不捉持金银宝物。

出家男性和女性在 20 岁以上可以分别接受比丘戒、比丘尼戒，统称"具足戒"，意思是"具备充足的戒条"，也称"大戒"。具足戒的戒条数目众多，规定得很细致。比丘戒和比丘尼戒的戒条数目不一样，根据《四分律》的规定，比丘有 250 戒，比丘尼有 348 戒。凡是受过戒的僧尼，如果私自违反戒条，称为"破戒"，要受到相应的惩罚。

## 二 法事节日

佛教的法事活动很多，基本来自各类佛典记载。有些法事逐渐成为民俗的一部分，成为僧俗都参与的佛教节日。其中，佛诞节、成道节、盂兰盆节等，是社会影响较大的佛教节日。

佛诞节又称佛诞会，佛生会，浴佛会等，是为纪念释迦牟尼诞生而举办的法会。在佛诞节，主要举行浴佛、行像、献花、演戏等活动。

传说摩耶夫人于蓝毗尼园从右胁生下悉达多太子（即后来的佛陀）时，有两位龙王在空中喷洒清净水，一温一凉，沐浴太子身体，另有八部天龙在空中燃香散花，歌舞欢庆。佛诞节的活动，就是根据这样的故事而来。

关于佛陀诞生的日期，在我国历史上有变化。后汉至南北朝前期，一般认为在四月八日，自凉代经隋唐至辽代，多在二月八日，北宋时北方改在腊月初八，南方改在四月初八。自元代以后，统一为四月初八。

"行像"活动发源于古印度，也成为我国佛诞节的一项重要活动内容。所谓"行像",是用车辆载着以香水浸洗的佛像,名德僧众念诵佛号护卫,沿街巡行,让人们观礼膜拜,供献鲜花。根据佛教的说法,通过这样的形式,可以起到教化的作用,是弘扬佛教的一种方式。在佛诞节这天,往往是大街小巷张灯结彩,散花焚香,并且有百戏竞技。

"成道节"也称为"成道会",是纪念释迦牟尼在菩提树下悟道成佛的法会。根据佛经记载,释迦牟尼出家后曾苦行六年,一无所获,认识到苦行无助于解脱,便决定放弃苦行,另觅解脱的正道。于是,他来到尼连禅河沐浴。因为身体极度虚弱,洗浴之后拉着树枝才勉强爬到河岸上。这时,有一位牧牛女给他供献乳糜。他吃过之后,体力恢复,来到一棵毕波罗树(菩提树)下,静坐冥想。经过七天七夜,他终于彻悟了真理,获得了最终的觉悟,成为"佛"。后世把这一天称为"佛成道日",或者"成佛日"。

关于佛成道的具体日期,说法很多,有二月初八、三月初八、三月十五、十二月初八(即腊月八日)等。中国佛教传统上以十二月八日为佛成道节,俗称"腊八节"。在这一天,寺院和民间都要煮腊八粥供佛,象征牧牛女以乳糜供养释迦牟尼。腊八粥,是用五谷杂粮加上枣、杏仁、核桃仁、栗子、花生等煮成的粥。有些地方,人们赋予吃腊八粥新的意义,认为有庆贺五谷丰登、驱除鬼邪的作用。直到今天,我国许多地区仍然保留着吃腊八粥的习俗。

"盂兰盆节",又称"盂兰盆会"、"盂兰盆斋"、"鬼节"、"中元节"等。该节是在每年农历七月十五日,举行的活动以超度父母和历代祖先亡灵为目的,是佛教徒举行的重要法事活动。

盂兰盆是梵文音译词,意思是"救倒悬",比喻拯救处于倒悬之中(遭受极度痛苦)者。根据《盂兰盆经》记载,佛的大弟子目连获得六神通,看到死去的父母转生为饿鬼,不得饮食,饿得皮包骨头。目连悲哀,以钵盛饭送其母。但其母接过钵饭,未及入口，饭食即化为灰炭。目连悲痛至极，求佛救度。佛告诉他："比丘、比丘尼、国王、太子、王子、大臣、宰官、三公百官、万民庶人"，于七月十五日这一天，都要"以百味饮食安盂兰盆中，施十方自恣僧"，这样就可以使现世父母福乐百年，使死去的七世父母远离饿鬼之苦，得生天界，"福乐无极"。盂兰盆节就是根据这个故事而来。

相传中国的盂兰盆会创始于梁武帝。大同四年（公元538），梁武帝到同泰寺设盂兰盆斋。在帝王的倡导下，加上目连救母的故事在民间广泛传播，举办盂兰盆会也盛行起来。在唐代，朝廷每年向国立大寺院送盆献供，有种种杂物。民间施主也纷纷效仿。各大寺院在这一天要精心装饰，准备花蜡、花瓶、果树等，于佛殿前铺设供养。

到了宋代，盂兰盆会依然盛行，但从供养佛、僧为主，转变为以盆施鬼，突出了救度亡灵的目的。盂兰盆节由此逐渐成为人们祭祀祖先、超度亡灵的民间节日。过节期间，寺院僧人要为施主举办追荐祖先亡灵的盂兰盆会，街头也有商贩出售冥器，包括鞋靴、帽子、衣服等仿制的生活必需品。同时，还演出目连救母的杂剧。《目连》戏以后种类繁多，流行于全国各地。

# 道教

## 基础知识

# 第九章 道教历史与宗派

## 一 道教的起源与形成

### 1. 道教与道家

中华文明源远流长，光辉灿烂。在历史悠久的中国传统思想文化中，始终存在着两条主要的脉络。以孔孟思想为核心的儒家学说，是中国文化的正统；而以老庄思想为代表的道家学说，以及在其基础上产生的道教，则是中国文化的另一主干。儒道互补，再加上外来的佛教，构成近两千年来中国传统文化中三教鼎立的基本格局。道家与道教作为三教之一，曾对中国古代社会政治制度、学术思想、宗教信仰、文学艺术、医药科技等各方面发生过重要的影响。

近代中国学者多数认为：道家与道教是两个既相联系又有区别的概念。习惯上有时也称道家为道教，或把道教称为道家、黄老。但严格说来，二者不完全是一回事。"道家"一词，始见于西汉司马谈的《论六家要旨》，是指先秦诸子百家中以老庄思想为代表的学派，或者指战国秦汉之际盛行的黄老之学。它们在思想理论上都以"道"作为最高范畴，主张尊道贵德，效法自然，以清静无为法则治国修身。因此被称作道家。至于"道教"，则是在汉代黄老道家理论基础上，吸收古代神仙家的方术和民间巫术鬼神信仰而形成的一种宗教实体。顾名思义，"道教"的意思即"道"的教化或说教，或者说就是信奉"道"，企图通过精神形体的修炼而"成仙得道"的宗教。作为一种宗教实体，道教不仅有其独特的经典教义、神仙信仰和仪式活动，而且还有其宗派传承、教团组织、科戒制度、宗教活动场所。这样的宗教社团，与早期道家学派显然有所不同。

道家与道教虽不能完全等同，但二者之间确有密切的关系。早期道家哲学关于道生万物、气化宇宙、天人合一的宇宙论；关于阴阳对立统一、相互转化的辨证思维；关于自然无为、清虚素朴的治国修身法则；以及其斋心静观、体道合真的神秘主义认识论，都对道教的教理教义和修持法术有着极为深远的影响。概而言之，道家的哲学理念、神仙家的养生方术、古代民间的巫术和鬼神崇拜活动，是为道教所吸收而构造其宗教神学、修炼方术和宗教仪式的三个主要来源。此外，儒家的神道设教思想和忠孝伦理；佛教的轮回报应观念、明心见性之说；墨家的均平思想和刻苦精神，以及阴阳家的占验数术等等，也都为道教所吸收融摄。

**2. 早期道教的主要来源**

东汉末年，太平道和五斗米道等道教教团组织的产生，标志着道教的正式形成。从先秦道家发展为汉代道教，经历了数百年之久，这是道教的前史。在道教产生的漫长历史过程中，道家学说、巫鬼信仰、神仙方术等共同形成了早期道教的主要来源。

（1）先秦老庄哲学和两汉黄老学。

道家学派是道教的前身，产生于春秋战国时代，是当时"诸子百家"中的一个重要学派。春秋末年的老子，被公认为道家学说的创始人。其著作称为《道德经》，或称《老子》。

《老子》书中最早提出：宇宙间的天地万物，都来源于一个神秘玄妙的母体——"道"。老子所说的"道"，具有自然无为，无形无名，既看不见摸不着，又不可言说的特性；它是天地开辟之前宇宙浑沌混一的原初形态，又是超越一切有形事物的最高自然法则。大道无形无名，却孕含着一切有形事物生成发展的玄机。老子说："道生一，一生二，二生三，三生万物。万物负阴而抱阳，冲气以为和。"就是说：从空虚无形的道首先生出浑沌的元气，元气分为阴阳二气，阴阳二气交感冲和而化生天地万物。这就是道家关于宇宙生成演化的基本理论。与道相对的另一概念是"德"。德的意思是得道，即认识和体验道，按照道的自然法则修身治国。在老子的思想中还包含着辩证法的因素。他看到美丑、善恶、祸福、有无、难易、高下等对立现象的相互依存关系，并且认识到事物发展变化过程中物极必反，对立双方相互转化的道理。事物的变化运动，循环往复，最终仍然复归于静止不变的道。

老子主张圣人治国修身，皆应效法天道自然，遏制贪欲，贵柔守雌，清静无为。反对儒墨两家倡导礼义，尚贤有为的政治伦理学说。他的政治理想是回到古代小国寡民，风俗纯朴，人民自足常乐，与世无争的社会状态。

继老子之后，战国中期的庄子发展了道家的学说。他的学说继承了老子以道为万物本源的宇宙论，以及对立面相互依存、相互转化的辩证法思想。并且引申发挥，从而得出万物齐同，物我为一的"齐物论"思想。他认为事物彼此之间的差别，人们关于是非善恶的争论，皆因观察事物的立场和评判标准不同而致，并非客观事物本身性质有什么不同。如果站在"道"的高度来观察，则万物相通为一，是非难分，彼此无别；大小多少、远近高低、美丑贵贱、生死成毁，这些都无所谓不同。既然万物都相通为一，所以人们就不必分辨彼此，争论是非。庄子希望人的认识能够达到混同物我，泯灭是非，彻底忘掉一切矛盾和差别的境界，这即是"坐忘"。

老子与庄子的学说，都反映了某些知识分子在动乱变革时代悲凉痛苦的心情。老庄所提出的顺任自然，与世无争，无为而治的修身治国思想，虽然难免消极保守的局限性，但是其中所包含的深刻智慧，也吸引了后世许多善良的人们。

两汉时期，黄老学说兴盛。所谓黄老道家，是假托黄帝、老子名义，在继承早期道家思想理论基础上，吸收诸子百家学说之长而形成的新道家学派。

汉初黄老道家继承了老子以道为万物本源的宇宙论，但又吸收了阴阳家的思想，以阴阳气化理论解释道生天地万物的过程。但是黄老道家学说的重点，是讲如何运用天道自然的思想来治理国家，主张无为而治。黄老道家的治国理论，适应了汉朝初年民生凋敝，需要使人民休养生息的现实，因而得到汉初统治者的大力提倡。史载汉文帝、景帝以黄老之术治国，使国家富足，人民安定，史书称之为"文景之治"。

但是，汉武帝亲政后，采纳董仲舒"罢黜百家，独尊儒术"的建议，以儒学作为治国的指导思想。在汉初盛行近70年的黄老之学，从此失去了作为官方政治学说的地位。

虽然黄老学政治学说不再时兴，而以个人养生为宗旨的学说却继续发展。由于汉武帝迷信神仙方士，汉代社会追求长生成仙风气盛行，更促使黄老养生学与神仙方术结合起来。到了东汉，黄老学已演变为偏重个人养生成仙的学说。大约东汉时成书的《老子河上公章句》，就偏重以清静养生思想来注解《老子》。东汉统治者中，有不少人喜好黄老养生术。甚至有人以黄帝、老子作为崇拜的偶像，祷祠求福。大约在此时出现的《老子变化经》，宣称老子行乎古昔，变化其神，自三皇五帝、夏商周楚以至秦汉时代，老子多次变化名号，降生人世，为帝王之师。这样就把老子本人完全神化，变成了生化天地万物，并且经常降世传教的最高神灵。

由于统治者的提倡，黄老学在东汉再次兴盛起来。但这时的黄老学，已与西汉初年大异其趣。黄老学与神仙方术和宗教信仰结合，逐渐被神秘化、宗教化，终于在东汉后期孕育出中国的民族宗教——道教。道教继承和改造了道家的理论，以"道"为最高信仰，以奉道守戒，修仙得道为修持目标。老子作为道的化身，被道教徒奉为教祖。因此，道教与道家学派，在思想渊源上确有密切的关系。不同的是，道教作为一种宗教，不仅有一套系统的教义理论，而且还有其特殊的宗教活动仪式，教派组织，科仪制度和宫观建筑。

（2）神仙信仰与方术。

道教教义的另一主要来源，是"神仙家"的信仰和方术。神仙家也是春秋战国时期的诸子百家之一，最初由燕齐沿海地区的某些方术之士创立。这些燕齐方士宣称：渤海上有蓬莱、方丈、瀛洲三座神山，山上禽兽皆为白色，以黄金白银为宫阙，有诸仙人及不死之药。凡人未至三神山时，远望之如云；将要临近时，三神山反居水下，或被风吹引而去，终莫能至。这里所谓的"三神山"，其实只是渤海中常见的海市蜃楼景象。方士们却借此鼓吹去海上寻仙采药，以求长生不死，于是神仙之说自此兴盛起来。

在南方的楚国，也有关于神仙的传说。《庄子》书中有许多关于"神人"、"至人"、"真人"的动人描述。如《逍遥游篇》称："藐姑射之山，有神人居焉，肌肤若冰雪，绰约若处子，不食五谷，吸风餐露，乘云气，御飞龙，而游乎四海之外。"庄子不仅描绘了神仙、真人自由遨游的形象，而且还记载了彭祖等古代真人修炼成仙的方术。此外，在《山海经》这部古代著名的神话书中，也提到不死国、不死山、不死树和不死药。据说西方有昆仑山，山上有神人西王母，其状如人，虎齿豹尾。后来昆仑山遂成为神仙家经常提到的仙境，与东方海上的三神山齐名。

总之，关于神仙的传说在春秋战国时代已流行于东方沿海及南方广大地区。神仙家的基本信仰是相信世上有长生不死、自由变化的神仙存在，幻想通过寻仙服药或锻炼保养身体等方术修炼而达到长生不死、飞升成仙的目的。秦汉以来，神仙方术由于秦始皇、汉武帝等最高统治者的提倡，在社会上大为流行，并与黄老道家思想合流。当东汉道教形成后，全面继承了神仙家的思想及其成仙方术，并不断加以补充发展。于是追求长生不死、修仙得道便成为道教的根本信仰和最高目标，这也是道教与追求死后幸福的佛教、基督教相区别的明显特征，所以道教也常被称为"仙道"。

（3）鬼神崇拜与巫术信仰。

中国古代盛行自然崇拜和鬼神崇拜，它们都是道教滋生的温床。早在殷商时期，原始的自然崇拜已发展为信仰上帝和天命，初步建立了以上帝为中心的天神系统；原始的鬼魂崇拜已发展为以血缘为基础，与宗法关系相结合的祖先崇拜；梦兆迷信也发展到求神意以定吉凶的占卜巫术。这在当时是社会普遍的信仰。到周代，鬼神崇拜更为系统，形成了天神、地祇、人鬼三个系统，如属于天神的有上帝、日、月、星、斗、风、云、雷、电诸神，属于地祇的有社稷、山川、五岳、四渎之神，属于人鬼的主要是祖先神和圣贤。这些神灵多为后来的道教所吸收，变成道教的尊神。

祭拜神灵还有专门的宗教职业者称为巫祝，他们专门负责宗教祭祀活动，掌管神人之间的交通，探知神意，为人祈福消灾。所谓巫能以歌舞降神，祝能以言辞悦神，他们是古代宗教祭祀时不可缺少的人物，而且殷人尚鬼重巫，以巫咸巫贤为相，巫的社会地位很高。春秋以降，巫风依旧，尤以荆楚为甚。秦汉以来，巫的社会地位下降，但是社会上仍然流行着巫鬼信仰。汉代开国之初，就重视祠祭诸神，并设置有很多巫祝官，据《史记·封禅书》载，汉初长安就设置有"祠祝官、女巫。其梁巫祠天地、天社、天水、房中、堂上之属。晋巫祠五帝、东君、云中、司命、巫社、巫族人、先炊之属。……"

汉代各地还有大批巫觋以巫术活动谋生，他们在民间为人降神祈福祛灾，贵族祭祀也要请女巫歌舞作法。巫鬼道信仰天帝，供奉"黄越之神"，认为黄神是天帝的使者，又是巫鬼道的神师。巴蜀等少数民族地区，正是巫鬼道最流行的地方，当地民众有信奉巫鬼的习俗，巫觋以祭祀和巫术装神弄鬼，四处布道，称天帝使者黄神为神师，收聚财物，发展巫鬼道徒。早期道教五斗米道兴起于巴蜀地区，就是在改造民间巫鬼道的基础上发展起来的。

### 3. 太平经与太平道

道教的正式形成，在东汉顺帝以后。是当时社会上流行的黄老之学与神仙方术、鬼神迷信相结合的产物。东汉道教组织最初兴起于民间，主要有东方的太平道和西南地区的五斗米道两大教团。

在东汉桓帝、灵帝时期，社会上流行一部神书名《太平青领书》。其内容主要讲奉天地，顺五行，澄清大乱，使天下太平的政治理想；亦有兴国广嗣，养生成仙之术，而多巫觋杂语，是一部反映汉代巫师术士思想的著作。

上面所说的这部神书，就是早期道教奉持的重要经典《太平经》。它的内容非常庞杂，但主要是讲怎样"去乱世，致太平"。书中假托神人降世，提出许多改良政治，挽救社会危机的主张。例如统治者应该先以仁义道德治国，不得已时再施用刑罚；皇帝要重用贤良，疏远奸险小人，制定政策时应听取老百姓的意见；反对官府横征暴敛、富人聚积财富，主张人人自食其力，有了钱财应该救穷周急等等。这些主张既有为统治者出谋划策的内容，也反映了农民阶级的某些愿望和要求。作为一部宗教神秘著作，《太平经》书中还有许多关于养生成仙，使皇帝多有子嗣的方术，以及用符咒治病的巫术。

东汉末年，由于外戚、宦官垄断朝政，压制清议，豪强地主兼并土地,农民流离失所,加之灾疫流行,社会危机十分严重。这时巨鹿人张角便利用《太平经》传播道教,组织民众反抗汉朝的统治。汉灵帝熹平、光和年间(公元172～184),张角自称"大贤良师",奉侍黄老道,畜养弟子。他以符水咒说之术为人疗病,病者颇愈,百姓因而信之。张角分遣弟子八人出使四方,以"善道"教化天下,十余年间,信徒多至数十万。张角依军事形式组织教徒,设置三十六"方"(即地方教团),大方万余人,小方六七千,各立渠帅统领其事。

张角建立的教团被称作"太平道"。太平道主要利用民间流行的巫术治病方法传教。信徒向神灵跪拜叩头,忏悔罪过,然后饮用符水(在纸上画符,焚烧后把纸灰投入清水),念诵咒语,以消灾除病。太平道还信奉"中黄太乙"为最高神,以实现"黄天太平"为纲领。张角宣称:"苍天已死,黄天当立,岁在甲子,天下大吉。"意思是汉朝政权(苍天)就要灭亡,代替汉朝的新政权(黄天)即将建立,到甲子年天下就会太平。这是号召太平道教徒起义,推翻汉朝统治的战斗口号。

汉灵帝中平元年(甲子年,公元184),张角驰令三十六方部帅,同时发动起义。起义者皆头戴黄巾以为标志,故史称"黄巾起义"。黄巾军在各地燔烧官府,攻占州郡,声势浩大。官军望风披靡,长吏多逃亡。旬月之间,天下响应,京师震动。东汉王朝立即派军前往镇压。经过十多个月激战,张角病死,张宝、张梁阵亡,其余各地的黄巾部帅也或斩或俘,起义军遭到残酷镇压。太平道的教团组织,后来也渐渐散亡了。

黄巾起义是利用道教组织发动的第一次大规模农民起义,也是标志道教开始登上历史舞台的一件大事。这次起义虽因统治者重兵围剿而失败,但东汉王朝也随即陷入四分五裂。

### 4. 张天师与汉末五斗米道

五斗米道是东汉时在西南巴蜀汉中地区(今四川及陕西南

部）形成的另一个民间道教组织，其创始人为沛国（今江苏沛县）人张陵。张陵字辅汉，沛国人，学道于鹤鸣山，著道书24篇，精思炼志。传说顺帝汉安元年（公元142），有天神太上大道君（即老子）降临蜀郡，传授张陵"天师"称号及"正一盟威之道"。陵受之，能治病，于是百姓翕然奉侍之以为师，弟子多至数万户。张陵乃设立"祭酒"统领民户，有如官长。他还规定诸弟子须轮流交纳米绢、器物、纸笔、薪柴等物。张陵自称天师，其子张衡称嗣天师，衡子张鲁称系天师。故三张祖孙创立的这个教团，后世又称之为天师道。

到了汉灵帝熹平、光和年间，当张角在东方传播太平道时，五斗米道在巴蜀地区也广泛传播开来。到了汉末，张鲁成为割据巴、汉的地方军阀，建立了政教合一的地方政权。张鲁不设官吏，而以五斗米道的"祭酒"治民。史书称：鲁自号"师君"，以鬼道教民，其初来学者名"鬼卒"，后号为祭酒。祭酒各领部众，统众多者称为"治头大祭酒"。张鲁的道法，大抵与其祖父张陵和米巫张修相同。教民诚信，不欺诈，有病者但令首悔罪过而已。又下令众祭酒各于道路旁建起"义舍"，内置米肉供给行人。食者量腹取足，吃得过多则"鬼能病之"。对犯法者先赦免三次，然后才用刑。有小过者，罚修路百步抵罪。据说当地各族民众都乐于服从张鲁政权的统治，"民夷信向之"。

相传张陵或张鲁为了教化道民，撰写了《老子想尔注》一书。这本书以道教的教义改造《老子》思想。书中对老子所说的"道"加以神化，变成能发号施令的神灵。道的化身即老子，称作"太上老君"。劝导民众应奉道守戒，施惠散财，竞行忠孝，修善积德。又教人修习长生术，积精服气，保养精神，如此便可获得仙寿天福。所以书中说："奉道诫，积善成功，积精成神，神成仙寿。"这些思想都是道家原来没有的宗教信条。

张鲁政权在汉末军阀混战的间隙中维持了近30年。到了公元215年，曹操率大军征讨汉中，张鲁率家属及部下投降。张鲁降曹后，汉中地区不久被刘备攻占，当地民众多数随曹军北撤，迁居关陇、洛阳、邺城等地。这样，五斗米道的大本营便从西南转移到北方，成为魏晋时期道教的主要流派。

## 二　魏晋南北朝道教的发展

### 1. 魏晋神仙道教

自从汉末黄巾失败，张鲁投降曹操之后，魏晋时期，由于统治者对民间道教活动的限制，五斗米道的发展暂时停滞。但是社会上一些神仙方士的活动，仍然十分活跃，并且逐渐形成一些新的神仙道派。

魏武帝曹操，是靠镇压黄巾起家的军阀。他对利用道教聚众造反的事，不能不有所警惕。但是曹操也像秦皇、汉武一样迷信仙术。据载，曹操曾将大批神仙方士招集到魏国，一方面防止他们在民间惑众作乱，另一方面也向他们学习仙术。这些人中有能够行辟谷方术的郗俭，有擅长气功方术的甘始，有名医华佗，还有以行房中术而著称的左慈、东郭延年、封君达等人。

左慈，字元放，庐江（今属安徽）人。少有神道，曹操闻而召之。据说他到魏国时，人们竞相随之学习房中术，甚至连宦官严峻也前去问受。传说左慈能够瞬间将万里之外的物品取之而还，变化莫测。有一天，曹操与百官外出郊游，左慈携酒一升，肉一斤，手自斟酌，百官莫不醉饱。曹操感到奇怪，派人去附近的酒店察看，各家店铺的酒肉都没了。曹操心中不喜，欲捕杀左慈。据说左慈隐入墙中，霍然不知所在。后来左慈逃到东吴，以道术传授弟子葛玄。然后入霍山炼丹，据称成仙而去。

吴大帝孙权也迷信神仙方术，他优待方士，介象、葛玄等人都受其宠信。

葛玄，字孝先，丹阳句容（今江苏南京）人，出身于东吴士族家庭。早年师事左慈，受《九丹金液仙经》。常服术辟谷，能经年不饿。擅长治病，能使鬼魅现形，或杀或遣。又能坐薪柴烈火上而衣冠不灼，或酒醉潜入深水中卧，酒醒乃出，身不濡湿。又能分形变化，善使符书。孙权闻而召见，欲加以荣位，以客礼待之。传说有一人随风飘海，忽遇神岛，见神人授其书信一函，题曰"寄葛仙公"，令其归吴后送达葛玄。由是举代翕然，皆称葛玄为仙公。东吴赤乌七年（公元244），葛玄去世，人们传说他已升仙，在天上被授予"太极左仙公"之职。

葛玄弟子郑隐，字思远，亦擅长神仙方术。从葛玄受《正一法文》、《三皇内文》、《五岳真形图》、《灵宝五符经》，以及《太清金液神丹经》等道书。郑隐在世80余年，西晋末因避乱隐入霍山，莫知所终。他招收弟子多人，其中有葛玄的从孙葛洪。

葛洪，字稚川，号抱朴子，江苏句容人。生于西晋太康三年（公元283）。幼读儒家经书，后舍儒从道，跟随郑隐学习仙术。后来到了广州，又从岳父南海太守鲍靓学道。晚年于罗浮山修道炼丹，至晋哀帝兴宁元年（公元363）去世。葛洪是晋代道教著名学者。他在西晋末东晋初撰写的《抱朴子内篇》一书，全面总结了自战国秦汉以来的神仙信仰，从理论上系统地论证世界上确有神仙存在，有志者可以勤学苦练而修成神仙。他还记述了晋代以前流行的各种神仙方术，包括守一、行气、辟谷、导引、房中、医药、炼丹等等，尤其对炼丹术的贡献最为卓越。葛洪曾亲自烧炼金丹，研读古代传下的丹经，在其书中记录了许多炼丹的药物配方和操作方法。《抱朴子内篇》不仅是一部道教史名著，也是研究我国古代化学和医药卫生学的宝贵资料。

从汉魏之际的左慈，经葛玄、郑隐至晋代葛洪，道教的神仙方术经过几代方士的发展，渐趋成熟。这主要表现在两个方面：其一是神仙信仰开始形成了一套比较系统的理论和方术，有了明确的指导修道成仙的思想和具体操作方法。其二是某些神仙方士通过经典和方术秘诀的传承，开始结成团体，在道教中形成了不同于太平道或五斗米道的神仙道教组织。葛玄、郑隐、葛洪这一派，被后人称之为葛氏道或金丹派，他们对后来道教的继续发展有重要影响。

### 2. 道教新经典的造作与传播

魏晋南北朝时期，长期的分裂战乱，社会的动荡不安，为宗教的传播和发展提供了适宜的条件。在此期间，道教在上层士族社会得以广泛的传播，而大量的门阀士族涌入道教后，他们对旧天师道进行了改造，使道教的经典教义、修持方法、科仪戒规和组织形式都更趋完备，逐渐从早期的民间道教演变为成熟的士族宫观道教。

道教新经典的造作和传播，是东晋南北朝道教变革的开端。东晋以前的道书，据葛洪《抱朴子·遐览篇》记载，约有261种，但这些道书后来大多已亡佚了。现存的道书，多数是东晋中期以后新造的。其中对后世道教发展影响最大的，主要有《三皇经》、《灵宝经》和《上清经》等三组经书，即道教所谓的"三洞真经"。这三组道经的制造与传播，都与江东世家大族，特别是与丹阳郡句容县的奉道世家葛氏、许氏家族有关。

《三皇经》是以《三皇文》、《五岳真形图》为主的一组道经。该经约在魏晋时问世，由帛和、左慈、葛玄、郑隐、葛洪等师徒相传，《三皇经》的传授与葛洪家族关系密切。《三皇文》和《五岳真形图》都是魏晋间方士召神劾鬼，治病消灾，辟除虎狼蛟龙侵害，或为人堪舆下葬、卜问休咎的符箓图书。《三皇文》在唐代曾遭官方禁止，但其部分内容尚存于其他道书中。

《灵宝经》也是晋代葛洪家族造作传播的一组道经。据有关神话记载，《灵宝五符经》在东晋之前即已问世。到了东晋末年，葛洪的族孙葛巢甫遂引申附会，造出了更多标名"灵宝"的道教经书，并且编造了葛氏家族世代传授经书的谱系。据近代学者考证，除《五符经》之外，大多数《灵宝经》实际上是由葛巢甫编造的，有些经文甚至晚至南朝才问世。《灵宝经》出世后，很快便广为流传，并且出现许多伪经。南朝刘宋著名道士陆修静搜集经书，编撰《灵宝经目》，辨别真伪，刊正谬误，并且增修传习经文的科仪轨范。于是灵宝之教，大行于世。陆修静整理的《灵宝经》大约有50余卷，现多数存在《道藏》中。

《灵宝经》的道法因问世年代的早晚而有所不同。较早的经文有《灵宝五符经》《灵宝赤书五篇真文》等书。《五符经》有三卷，其内容属于魏晋方士养生修仙之术，包括存思服气术，服食草木药方，佩服符箓以求消灾辟邪，尸解成仙之术等。在《灵宝经》中还有一些出世较晚的经文，如《灵宝度人经》、《灵宝智慧上品大诫》、《灵宝真一劝诫法轮妙经》、《灵宝三元品戒经》、《太极左仙公请问经》等等。这些经文多受佛教经典和戒律的影响，宣讲三世轮回，善恶报应思想。劝人修功德，造福田，奉道守戒，检束身口心三业，洗心净行，以求来世富贵福寿，或升仙成真。这样，就使道教的教义发生较大变化，从重视个人修炼仙术和符箓巫术，转向积累功德和劝善度人等宗教活动。从而形成道教中灵宝一派。

《上清经》是东晋后期出现的另一组重要道经。据载，东晋兴宁二年（公元364），杨羲托称魏夫人及众仙真下降，传授《上清真经》，告知修道密诀。由杨羲先用隶书写出，然后传给许谧及其子许翙，二许父子另行抄写，依照修行。到了东晋末年，杨羲、二许均已先后去世。许翙之子许黄民为躲避战乱，携带经文至浙江剡县。从此《上清经》开始在社会上广为传播，江东许多道士都曾参与传抄经典。在抄写中又多有伪造增益，使经书增至一百多卷。这些经书后来由南朝道士陆修静、陶弘景等人搜集整理，现在大多还保存在《道藏》中。

《上清经》是继葛洪《抱朴子内篇》之后道教神仙方术的又一次汇辑，在该经中，诸如金丹服食、导引行气、佩符投简、遁甲隐景、踏罡步斗、高奔日月、餐吸云霞、歌颂礼赞、召神伏魔、禁制虎豹水怪等道术应有尽有，而尤其重视的是思神守一、诵经念咒之术。在上清道士看来，天地之间，人体之内，到处都有神灵居住的宫室殿阁、琼楼玉宇。修道者若能知晓诸神的名号、形象、服色、居处、职司等，并在心中思神存真，就能感应外神降临，入镇体内，甚至可以招引仙官前来接引，成仙证真。

总之，东晋问世的《三皇》、《灵宝》、《上清》等经典，在南朝经陆修静、陶弘景等人的搜集整理，形成洞神、洞玄、洞真三部经典，对后世道教影响甚大。南北朝隋唐时期，三洞真经代表成熟的宫观道教最高的教义理论和修炼方术。

### 3. 南北朝的高道及其道派

进入南北朝后，士族道教徒对早期道教的改造达到高潮，涌现出一些杰出的道教代表人物和新的道派组织。南北朝著名道士和道派主要有以下几个。

（1）寇谦之和北魏新天师道。

五斗米道自汉末张鲁降曹后，迁移北方。不久张鲁去世，教团的发展暂时停滞。其内部发生分化，一些祭酒道官独自传授教职，招收弟子，滥收钱物。西晋时，巴蜀地区的五斗米道恢复活动。到了东晋，五斗米道又在江南复兴，许多门阀贵族都信奉五斗米道。当时在江浙一带，还有钱塘士族杜子恭创立的一个五斗米道教团，信徒多达10万户，其中也有不少世家大族。杜子恭死后，其门徒孙泰继续传播道教。

东晋末年，孙泰因卷入统治集团的内争，被执政者司马元显诛杀。其侄孙恩逃入海岛（今浙江舟山群岛），聚合徒众，利用五斗米道发动大规模的叛乱。其后孙恩因兵败投海自杀。

由于早期五斗米道主要传播于民间，常被农民起义利用。这种情况不符合统治阶级的利益，容易招致官方的限制和镇压，不利于道教的发展。因此孙恩叛乱失败后，南北朝时期一些出身上层士族的道教徒便出来改造五斗米道，欲图使道教变成能为统治阶级服务的官方宗教。寇谦之便是南北朝道教改革的重要代表人物。

寇谦之（公元365～448），字辅真，冯翊万年（今陕西临潼北）人。出身世家大族。少好仙道，修张鲁之术，服食饵药，在华山、嵩山修道，精专不懈。北魏神瑞二年（公元415），寇自称在嵩山忽遇太上老君降临，授给他天师之位，并赐给他《云中音诵新科之诫》20卷。这是寇谦之假托神意来改造三张旧五斗米道的教义，革除交纳租米钱税的制度和淫秽的男女合气方术，而代之以儒家礼教制度和神仙道教的服药内炼方术。这种新道法更符合统治阶级的利益。

北魏泰常八年（公元423），寇谦之又假托老君玄孙李谱文降临，授给他《录图真经》60卷，让他"辅佐北方泰平真君"。次年，寇谦之从嵩山前往北魏首都平城（今山西大同），献上《录图真经》，又通过司徒崔浩的推荐，得到北魏太武帝赏识。太武帝亲自去天师道坛接受道教符箓，成为道教正式信徒。此后北魏历代君主即位后，都要去道坛受符箓，成为惯例。寇谦之被太武帝尊为国师，每有军国大事，常向他询问"天意"。他所创的新天师道，在北魏兴盛了一百多年。直至公元548年，才被北齐文襄王罢废。从寇开始，道教获得了最高统治者的正式承认，成为官方宗教。

(2) 陆修静与灵宝派。

陆修静（公元406~477），吴兴东迁人（今浙江吴兴）。他出身于江南著名士族吴郡陆氏，代为著姓。自幼喜好道术，后入山修道，遍历名山，广搜道书，声名远播。宋明帝即位后，思弘道教，为建崇虚馆以礼之。陆修静在崇虚馆住了约10年之久，在此期间，他整理道教经典，总括三洞，撰《三洞经书目录》献上；又广制道教斋醮仪式，以为后世典范，并为明帝建三元露斋。通过这些活动，不仅建立了完善的经典教义与科戒仪式，而且扩大了道教在社会上，特别是统治阶级中的影响。史载他"大敞法门，深弘典奥，朝野注意，道俗归心。道教之兴，于斯为盛也"。

陆修静作为南朝道教的一代宗师，对当时及后世道教的发展影响甚大。道教的许多派别，都奉他为祖师之一。他撰述《道门科略》，考述三张旧制，整顿改革天师道组织，创立了南天师道；他搜得杨、许等人的上清真经手迹，为上清派的第七代宗师；他考订灵宝经真伪，撰写灵宝斋仪，使灵宝之教大行于世，是灵宝派的大师。总之，陆修静对道教各派的发展都作出了杰出的贡献，他是总括三洞，并将民间道教发展为以奉持三洞经戒为特征的官方新道教的大师。但是，在道教各派中，陆修静与灵宝派关系更为密切，他一生的大部分精力都用在发扬灵宝经上，他考证鉴别灵宝经的真伪，编制灵宝经目，他敷衍阐释灵宝经文，撰写了大量的斋醮仪范著作。由于陆修静的贡献，极大地推进了灵宝派的发展。陆修静对灵宝派的最主要贡献是在斋醮仪轨方面，他依据灵宝派旧有的斋法，再融合进上清、三皇以及天师道的一些斋法仪式，建立了九等斋十二法的斋醮体系。所谓九等斋十二法，就是指上清斋二法、灵宝斋九法、涂炭斋一法共十二种斋法形式，陆修静将这十二种斋法融成一个系统，从而建立了完整的斋醮体系。九等斋十二法的建立，道教的斋醮仪式基本形成完整的体系，对后世影响甚大。陆修静所撰斋法以灵宝斋法为核心，所以灵宝斋成为后世斋法的主流，后世道教各派所行斋法都以灵宝为宗，甚至有"非灵宝不可以度人"之说。

（3）陶弘景与上清派。

《上清经》的问世与传播，在道教中形成一个新的派别，即上清派。该派信奉元始天王（后改称元始天尊）、太上大道君等神灵，以魏夫人或杨羲为开派祖师，主要传习《上清大洞真经》、《黄庭经》等经典。上清派虽由杨、许首创，但教派的奠基光大者，却是南朝齐梁时著名道士陶弘景。陶弘景（公元456~536），字通明，丹阳秣陵（今南京）人。出身江南士族家庭，居住茅山修道40余年，自号为"华阳隐居"。由于他学识渊博，著述甚多，齐梁两朝公卿士大夫皆尊敬他，纷纷从之学道。梁武帝萧衍早年曾与陶有过交游，后来萧衍禅代南齐称帝，陶又帮助萧衍选定"梁"字为国号。因此梁武帝即位后对陶恩礼优待，书问不绝。多次派人赠送黄金、朱砂等物，供陶炼丹使用，又在茅山为之建立道馆和太清玄坛。

陶弘景是南朝道教著名学者，上清派宗师。他整理弘扬上清经法，编写了《真诰》、《登真隐诀》、《养性延命录》等著作。这些著作详细记述了东晋以来《上清经》出世和传播的经过，上清派的各种修炼养生方术秘诀，是有关上清派历史和思想教义的重要文献。他又撰写《真灵位业图》一书，将道教信奉的众多神灵排定座次，编成图谱，使道教的信仰体系更加完备。陶弘景在茅山数十年中，率领弟子修造道馆，开辟山林，招聚徒众，据称其弟子多达3000余人。由于他的苦心经营，使茅山成为道教上清派的中心。自陶弘景之后，上清派广泛传播于江南，后来又传至北方各地，但始终以茅山为其中心，所以上清派亦称为茅山宗。隋唐时期，上清派为道教第一大宗派。

(4) 楼观道。

楼观道是以今陕西周至县终南山下的楼观台为中心，传播于关陇地区的一个道派。传说终南山北麓的古楼观台，原是西周大夫尹喜的故宅，因尹喜在此结草为楼，观星望气，故称楼观。据说老子西游过函谷关时，曾在此讲说《道德经》五千言。后来周秦汉魏历代皆有道士来此修道成仙，楼观遂成为"天下道林张本之地"。

上述仅为道教传说，实际上楼观道大约渊源于魏晋之际。当时关中京兆有一道士梁堪（公元247～318），17岁时来到楼观，师事郑法师学道。西晋惠帝永兴二年（公元305），梁堪假称太上老君派遣太和真人尹轨（尹喜之弟）下降楼观，传授他炼气隐形之法、水石还丹术，还传授他符箓经文和《楼观先师传》一卷。其后梁堪便隐居终南修道，得道飞升而去。梁堪弟子王嘉，是十六国时著名隐士。王嘉弟子孙彻、孙彻弟子马俭，也曾受到后秦国主姚苌礼遇。

到了北魏初，楼观道团开始兴盛起来。魏太武帝好道教，派人赠送香烛给楼观道士尹通，助其建斋行道。尹通与弟子牛文侯等40余人敷扬道化，使朝野钦奉，四方高人胜士前来请谒不绝。魏孝文帝时，道士王道义来至楼观，师事牛文侯。他在楼观大兴土木，使道坛屋宇焕然一新。又捐钱令门人购集经书万卷收藏观中。至此，楼观道经长期发展，形成了较大的道团。北魏末年及西魏北周时期，楼观道以终南为中心，在包括京城长安及华山在内的关陇地区广为传播。这时有许多楼观道师，如陈宝炽、李顺兴、韦节、王延等人受到北朝统治者崇奉，被召至京城诵经讲道，建斋祈神。北周武帝宇文邕喜好道教，曾召请韦节、严达、王延等道士上殿咨问，为他们建立道观，赏给钱物，资助他们整理编修道教经书，弘扬教义。隋文帝杨坚也信奉道教，下诏修造楼观屋宇，度道士百二十员。又于京师置玄都观，以王延为观主，并请王延传授道戒，时公卿大夫翕然钦附。至仁寿四年（公元604），王延解化于观中，隋炀帝赐物百段、钱二十万，设三千人斋会，送还西岳。

由于统治者的崇奉，楼观道在北朝后期成为北方新兴的大道派。该派奉老君和关令尹喜为祖师，传习《道德》、《西升》、《妙真》等北方天师道经典，同时又传习南方的《上清》、《灵宝》、《三皇》等经文。其教义和方术具有融合南北、杂采诸家的特点。无论是思神诵经、炼丹服药、符咒巫术或斋醮祈请等方术，楼观道皆兼而行之。至于其组织制度，受南朝新道派影响，是典型的宫观式道教。

## 三 唐宋元时期道教的繁荣与创新

### 1. 唐宋诸帝的崇道与道教繁荣

唐宋是中国封建社会的兴盛时代，经济发达，文化开放，宗教也进入了全面发展的繁盛时期。唐宋时期的历代帝王，大都崇信道教，有的甚至达到狂热迷信的程度。在帝王的尊崇和政府的扶植下，唐宋时期的道教达到全面繁荣。

唐初，道教被列为三教之首位。道士的社会地位在唐代显著提高，人数不断增长，宫观遍布全国。道教的经典图书也日益增多，并由官方组织编成《道藏》，颁行全国。

道教的这些发展，都是与当时统治阶级的大力支持和提倡分不开的。唐朝统治者为何对道教的发展特别重视和扶持呢？因为道教的斋醮法事可以为统治者祈福禳灾，祷告天下太平；道教的炼丹和养生方术，可以满足帝王贵族追求长生不死的愿望；道家清静寡欲，与世无争的思想，可以为某些官场失意的官僚文人提供精神安慰和寄托。但是除了上述原因外，唐朝统治者，特别是皇室对道教的尊崇和扶持，还有其特殊的政治需要，即利用道教为李氏皇族的统治制造合法根据。隋唐之际，魏晋以来盛行的门阀士族统治已趋衰落，但其社会地位和影响还很大。唐朝皇族原本出身于北朝鲜卑军户，并非名门望族。当李渊、李世民父子在隋末起兵争夺天下之时，为了抬高其门第，争取上层贵族的支持，便利用道教祖师老子姓李的巧合，尊奉老子为唐王室的祖先，宣称自己是神仙后裔，借此制造"君权神授"的舆论。这时有一些道教上层人物，为了争取新统治者对道教的支持，也在各处制造"老君显灵"，降授"符命"的宗教神话和谶语，以迎合李唐王室的政治需要。

唐玄宗李隆基在位年间（公元713~755），是唐朝最繁荣强盛的时代。由于他的大力扶持，唐代道教的发展在此期间也达到了高潮。

唐明皇是一位狂热迷信神仙道教的帝王。他继承唐朝开国后尊祖崇道的传统，对皇室祖先太上老君尊崇备至。开元年间，诏令两京及天下诸州各置玄元皇帝庙一所，每年设醮祭祀。先后册封太上老君尊号为"圣祖大道玄元皇帝"、"大圣祖高上大道金阙玄元天皇大帝"等。对老子的尊崇，达到了无以复加的程度。唐明皇不仅尊崇太上老君，而且对其他道教祖师真人也给予殊荣。天宝七年，下诏褒奖张天师、杨羲、许谧、陶弘景等人。又令天下道教宫观名山置天坛祠宇，每处度道士五人，并取近山百姓三十户蠲免租税差役，永供洒扫。诸郡有自古得道升仙者之处，每处度道士二人或三人，永修香火。对茅山紫阳观、太平观、崇玄观等道观，更蠲免百姓二百户或一百户租税差役，长充修葺洒扫。唐玄宗还特别优待礼遇在世道教宗师，多次召见高级道士，请问道法，拜官赐物，为之敕建宫观。其中对上清派宗师司马承祯、吴筠、李含光等人尤为厚待。道士的社会地位大为提高。许多公主嫔妃纷纷入道为女冠，接受道教称号。还有不少王公大臣纷纷舍宅为道观，对玄宗崇道活动推波助澜。

唐玄宗还大力提倡与道教有关的各项文化事业。他即位之初便命令太清宫主史崇玄及昭文馆、崇文馆诸学士修撰《一切道经音义》150卷。开元年间又发使搜访道教经书，纂修成《道藏》。玄宗特别重视道书中的《老子道德经》和《庄子》、《列子》、《文子》、《庚桑子》等书。开元年间，亲自注解《道德经》，颁示公卿士庶及道士僧侣，诏令天下士庶皆家藏老子书，两京及各州道观都将御注《道德经》刻成碑文。

道教在安史之乱中遭受到沉重打击，经典被焚，宫观名山被侵占。虽然玄宗以后的唐朝皇帝，仍继续尊祖崇道，迷信仙术。但是中晚唐时代的道教，再也无法恢复到开元、天宝年间的盛况了。

唐朝自开国至灭亡，历代帝王始终崇道尊祖，为道教的发展兴盛提供了可靠的政治保证和经济条件，有唐一代所造宫观约1900余所，度道士15000余人。

在中国历史上，北宋是继唐朝之后道教的兴盛时期。宋朝开国之初，太祖，太宗皇帝即注意扶植道教，礼遇隐逸道士，搜访道教经书，敕建宫观，使遭受唐末五代战乱破坏的道教有所恢复。北宋统治者对道教的扶持，与唐朝一样，也是为了利用道教神化其统治，制造所谓"天神授命"的神话。传说宋朝开国之初，在陕西终南山就有天神降临道士张守真家，自称是玉帝之辅佐，奉上帝之命护卫宋朝。宋太宗于太平兴国元年（公元976）召张守真入朝，令他在琼林苑设周天大醮，并遣使至终南山建上清太平宫，奉祀天神。

到了宋真宗即位之后，经济渐趋繁荣，边患暂时缓和，宋朝统治者对道教的崇奉也随之进入高潮。制造了多次"天书下降"的崇道闹剧。制造了一位道教祖宗"圣祖赵玄朗"，上圣祖尊号曰"圣祖上灵高道九天司命保生天尊上帝"，圣母之号曰"元天大圣后"。为了奉祀玉皇大帝和赵氏圣祖，宋真宗不惜耗费财力，大兴土木。大中祥符年间，修建了大量的宫观楼阁，真宗还将天书及圣祖降世的日子都定为节日。正月三日为天庆节,四月一日为天祯节,六月六日为天贶节,七月一日为先天节,十月二十四日为降圣节。节日期间官员放假,两京及诸路州府军监皆建道场设醮,断屠宰,听士民宴乐,京师张灯一夕,百官去道教宫观上香等等,糜费甚巨。

宋徽宗也狂热崇奉道教,他效法唐明皇和宋真宗,也编造所谓"天神托梦"故事。他宠信神霄派道士林灵素,林灵素为他编造政治神话,说宋徽宗是上帝长子即长生大帝君转世,并受封为"教主道君皇帝"以治理人间。他还大兴土木,将天下各州府所建天宁万寿观也都改为神霄玉清万寿宫,供奉长生大帝君和青华帝君神位。又命各处道教洞天福地皆修造宫观,塑圣像,因此而糜费甚巨。

宋徽宗还多次下诏在全国搜访有道异人,令各路监司选送道士至京师道录院学习道教科仪。规定道士可入州县学校教养,学习道教经书,考试合格者可入京师辟雍深造,准许参加科举考试。除京师有道录院外,宣和三年又令各州镇亦设道录、副道录、女道录、道正等官员。他还比照政府官吏品级,设道官二十六等,道职八等。规定地方监司郡县官与道观知观道士以客礼相见,天下道士免阶墀迎接府衙。极力提高道士社会地位。

### 2. 隋唐时期的主要道派

隋唐道教继承南北朝道教改革成果,以名山宫观为传播中心,重视经书符箓传授、斋醮仪式活动及修持炼丹养生方术,是典型的教会式宫观道教。隋唐道观遍及全国名山大邑,以茅山和终南山最显要,道教的主要流派有上清派、楼观道和天师道等。

上清派是隋唐影响最大的道派。该派在陶弘景之后,相继出现了王远知、潘师正、司马承祯、吴筠、李含光、薛季昌等学识广博的宗师。他们受到皇室的尊崇,常召请问道,赐给钱财衣物，在茅山等地为其敕建宫观。从而使上清派名声远播，广传于王公贵族、官僚士大夫和普通民众之中，徒众遍及全国，道馆仙坛遍布各大名山。这些宗师还著书立说，弘扬上清教义教理和修持法诀。其中最著名的学者当数潘师正的弟子司马承祯和吴筠二人。司马承祯（公元647~735），字紫微，号天台白云子，河南温县人。上清派第十二代宗师。他的著作主要有《天隐子》、《坐忘论》、《服气精义论》等。将隋唐道教的重玄哲学思想与上清派存神服气的养生仙术结合，阐明兼修心神和形气的修持方法。吴筠（公元？~778），字贞节，号宗玄先生，是李白的朋友。他的主要著作有《玄纲论》、《形神可固论》、《神仙可学论》等。以道家元气生成论思想论述心性修养与炼形成仙的关系，提出"形神双修"，神仙可学的思想，对道教哲学从重玄学向内丹学的转变，有承前启后之功。

　　唐代上清派的本山仍在茅山，但在司马承祯之后，他的两个弟子李含光和薛季昌各自传授，在晚唐五代形成两个上清支派。李含光—韦景昭—黄洞元—孙智清—吴法通这一支，相继为茅山宗师。而薛季昌—田虚应—冯惟良—应夷节—叶藏质—左元泽，这一支派的道师多居住天台、衡岳、仙都、青城山等地，号称天台宗。应夷节的弟子杜光庭，是唐末五代著名道教学者，晚年居四川青城山，著述多达300余卷。大多为斋醮科仪著作，是南朝陆修静之后整理研究道教斋醮仪式贡献最多的宗师。叶藏质和左元泽的弟子闾丘方远，也是唐末五代著名道教学者，居浙江钱塘，有《灵宝大纲钞》、《太平经钞》等书传世。他的弟子聂师道，兼承茅山宗师吴法通。至此，天台、茅山二宗的传承复归于一。总之，无论从宗门传承或学术贡献来看，上清派都是隋唐最兴盛的道派。

　　除上清派之外，关中楼观道也是隋唐重要道派。唐高宗时楼观宗师尹文操（公元622~688），出任京师昊天观主，兼知宗圣观（即楼观）事。他曾奉敕编撰《玄元皇帝圣记》十卷，宣扬老子历代降世显灵的神话。高宗终日观览，不离御案。安史之乱和唐末五代战乱后，楼观道都衰而复兴，传承不绝。直至金元之际，楼观因战祸而遭焚毁。后由全真道宗师尹志平等人修复，遂归并于全真道。

天师道以江西龙虎山张天师世家为正宗，在隋唐时不甚显赫，但有一些支派在各地活动。如四川忠州平都山、夔州云安等地有天师翟乾佑一派活动，传习《灵宝素灵真符》、《上清镇元策灵书》等，为人治病禳灾，召神伏魔。翟乾佑（公元715~836）本名法言，以道术著称，唐玄宗天宝年间曾应诏入京，代宗时复至长安，因法术灵验，赐号通灵大师。其弟子有舒虚寂，舒传向道荣，向传任可居，皆活动于巴蜀。任可居卒于唐昭宗大顺年间（公元890~891），其后传承不明。镇元派属天师道支派，徒众称"太玄部正一弟子"，世代传习《镇元策灵书》。唐末道士杜光庭访问平都山仙都观，得《灵宝素灵真符》而归。

在江西南昌一带，隋唐时有孝道一派兴起。该派尊奉东晋时术士许逊为祖师，以劝诫弟子奉行忠孝，诵习《慈善孝子报恩成道经》为特色，又擅长炼丹法术及符箓禳灾术，有融合天师道和上清派之特色。唐高宗时，著名道士胡惠超（公元？~703）来西山隐居，扩建宫观，以符术济世。胡慧超撰有《神仙内传》、《晋洪州西山十二真君传》，记述许真君等西山仙真故事。至唐宪宗时，有自称许真君后裔的道团活动于西山，撰有《孝道吴许二真君传》，其子孙递代相承，香火兴盛，四乡百姓常聚会于游帷观，设黄箓大斋，邀请道流升坛进表，祈福禳灾。孝道派在宋元时发展为净明派。

### 3. 宋元内丹道的兴起

唐末五代，道教外丹术趋于衰落，内丹术起而代之。当时的隐逸道士纷纷吸收早期道教内炼形神、外服丹药之术，并融合易学和佛教禅宗的修持理论，形成了具有较深哲理的内丹修炼功法。钟离权、吕洞宾二人，都以传习内丹术著称于世，被后来的宋元内丹家奉为祖师。唐末五代兴起的道教内丹炼养术，在宋元两代愈益兴盛，形成诸多派系。其内丹学说大多宗承钟离权、吕洞宾为祖师，故称"钟吕金丹派"。北宋后期，内丹学已渐趋成熟。到了南宋与金元对峙时期，终于形成了以内丹修炼为宗旨的两大道派，即流传于南宋境内的金丹派南宗，以及兴起于金元之际的北方全真道派。

金丹派南宗，又称紫阳派，其创始人为北宋著名道教学者张伯端。张伯端（公元984~1082），字平叔，号紫阳真人，浙江天台人。据说宋神宗熙宁二年（1069），他在成都遇见"异人"，授以金丹药物火候之诀，遂改名张用成，著《悟真篇》阐述内丹功法。其后又研习佛经禅学，撰写《禅宗诗偈》，附于《悟真篇》之后。传说他晚年皈依佛门，回归故乡，元丰二年去世。

张伯端的《悟真篇》是道教内丹学名著，被誉为"千古丹经之祖"。该书以诗词歌颂形式，阐述内丹宗旨及炼功方法，倡言性命双修，道禅融合。其书分正编与附录两部分。正编讲述"养命固形之术"，即内丹"命功"修炼方法。旨在以人体内精气神三宝为药物，经修炼后合成金丹。附录部分吸取佛教禅宗义理，讲述"达本明性之道"，即内丹修性功法。旨在通过心性修养，达到返归虚无，证道成真。其修炼程序为先修命功，后修性功。

张伯端的内丹学说对后世影响很大。在其身后形成了专主内丹修炼的金丹派南宗。据《混元仙派图》等道书记述，张氏门下有刘奉真、石泰、马自然、石淳一等四大弟子。石泰（1022~1158）撰有《还源篇》，传法于薛道光；薛道光（1078~1191）撰有《还丹复命篇》，传法于陈楠；陈楠（？~1213），号泥丸，撰有《翠虚篇》等书，其门下弟子以白玉蟾最为著名。白玉蟾著述颇多，现存《海琼白真人语录》、《海琼先生文集》等。白玉蟾门下徒众甚多，较著名者有彭耜、留元长、詹继瑞、陈守默、洪知常、方碧虚、王金蟾、林自然、桃源子等人。这些人又各有门徒，活跃于宋末元初，他们留下许多内丹著作。其内丹法大抵秉承张伯端性命双修之说，但更重视心性修炼，近于佛教禅宗和北方全真道。

张伯端至白玉蟾一派为南宗嫡系，主张独自清修，故称清修派。另外在南宋还有主张男女双修的内丹派系，也自称出于张伯端门下。双修派始于南宋初道士刘永年，刘永年传授无名子翁葆光。翁氏撰《悟真篇注》等书，以阴阳双修说解释《悟真篇》丹法。与翁同时的陈达灵，亦主双修。

宋代内丹学派甚多，除张伯端南宗派系之外，影响较大的还有同出钟、吕门下的陈抟派。陈抟的丹法吸收儒家《易》学，以太极图指导炼丹。其功法从"冥心太无"入手，待心静而动，再依次炼精化气、炼气化神、炼神化虚，复归于无极。这种丹法可谓先性后命，与张伯端从命功入手有所不同。陈抟弟子张无梦的丹法与其师大略相同。宋代内丹学派还有许多，难以逐一列举。总的看来，各家内丹法大多主张性命双修，强调以先天元气为药物，以元神真意为内炼主宰。其性命修炼综合早期道教炼养方术，又吸收儒家《易》学和佛教禅宗思想。因此道教内丹学的成熟，推动了唐宋间三教合流思潮的发展。

### 4. 宋元旧符箓派的发展

宋元时期道教改革之风遍及江南河北，不仅北方有太一、大道、全真等新道派涌现，南方也出现了金丹派南宗及神霄、清微、净明等新符箓道派。与此同时，汉魏六朝时已形成的正一派（天师道）、上清派、灵宝派等三大旧符箓道派，在教义上也有许多革新和变化。

正一派创始于汉末祖天师张陵，在道教诸派中历史最为久远。相传张陵第四代孙张盛在西晋时从中原迁居江西贵溪县龙虎山传教，其后子孙世代在此传道，形成天师道龙虎宗系，该山成为天师道的中心。到了宋元时期，正一道因统治者的扶持而日渐兴盛起来。宋真宗大中祥符八年（1015），召第24代天师张正随入京，赐号"贞静先生"。此后历代正一天师均得到宋室所封"先生"称号。宋徽宗宠信第30代天师张继先，数次召见问道，赐号"虚靖先生"，赏给金铸老君及汉天师像，并将龙虎山上清观改升为"上清正一宫"，赐银扩建，拨步口田五万为庙产。南宋理宗嘉熙三年（1239），诏命第35代天师张可大提举江南"三山符箓"，兼管御前诸宫观教门公事。正一派从此取得统领道教符箓诸派的地位。南宋灭亡后，元世祖忽必烈于至元十三年（1276）召见第36代天师张宗演，赐以玉芙蓉冠，组金无缝服，命他主领江南诸路道教，赐给银印。次年又封张为真人，命于长春宫主持周天大醮。此后元朝历代天师嗣位，皆沿例赐封为真人，袭掌三山符箓及江南诸路道教，有权荐举任免江南各地的道录与宫观提点，奏请新建宫观名额及度牒。第38代天师张与材因劾治潮患有功，被元成宗封为"正一教主"，武宗即位后又授金紫光禄大夫，封留国公，赐给金印，秩视一品。第39代天师张嗣成被封为"翊元崇德正一教主"，并授集贤院知事，掌管天下道教事务。元朝宠遇张天师后裔，是想利用正一道在民间的影响笼络人心，缓和民族矛盾，通过正一天师控制江南道教。

宋元两朝正一天师虽累受朝廷封赐，尊荣至极，但他们多以符箓斋醮为能事，无著作留下，对教义的发展贡献不大。唯有第30代天师张继先博学能文，撰有《明真破妄章颂》等诗文，阐扬正一宗旨。正一道法原本以符箓咒术为主，不讲内丹心性修炼。张继先顺应时代潮流，学修内丹。他认为心性为万法之宗，九窍之主，生死之本，善恶之源。只有内炼心性，保养精气元神，才能超越生死，脱离苦海。他还学习当时新符箓道派的神霄雷法，以内丹修炼与符箓法术相结合，主张以自我内炼，真性不迷为本，以施用符箓咒诀为末。

茅山上清派在宋元两代仍受统治者重视。第23代宗师朱自英应宋真宗召请，为国求嗣有功，被尊为国师，并敕建茅山乾元、天圣二观。又为明肃太后传授"大洞毕法"，赐号"观妙先生"。第25代宗师刘混康，应召为哲宗皇后孟氏治病，因而赐先生号，敕命江宁府改建其茅山旧居为元符观。宋徽宗即位后，对刘混康更为尊崇，敕令扩建元符观为"元符万宁宫"，并赏赐九老仙都玉印、玉器宝剑及御书画等。死后追赠为"葆真观妙冲和先生"。南宋时，上清第35代宗师任元阜，曾应宋宁宗诏命修大醮治水患，赐先生号。到了元代，上清第43代宗师许道杞因祈雨有验，蒙元世祖召见，赐以宝冠法服。第44代宗师王道孟，也因祈雨驱蝗事迹，被元室赐予真人号。第45代宗师刘大彬，编撰《茅山志》33卷，搜集茅山上清派文史资料甚为丰富。

宋元上清派道士也受时代思潮影响，采撷新说以丰富上清派传统道法。上清道法原以存神守一、诵经念咒为主，不言内丹。南宋上清法师萧应叟，却承袭蜀人张天罡、彭梦蓬一派的内丹功法。萧所撰《元始无量度人上品经内义》，以内丹学说解释《度人经》。认为内炼之要在守摄眼耳鼻口意诸窍，不随逐物欲，使先天一灵不泄于外，五气保固于五脏，精气神混一成丹。如此则内能长春不老，与天齐休，外能发布真气，化土石为宝，起枯骨成人，乃至救万病、辟邪妖、动风雷、挟万物、拔幽魂，此即所谓《度人经》之"上品大乘法"要义。可见其道法亦以内炼成丹为本，以发布真气治病辟邪等符咒法术为用，与宋元新符箓派雷法相似。

灵宝派在隋唐五代沉寂无闻，传承法嗣不明。直至北宋时，才在江西清江县阁皂山出现传授灵宝经箓的派系，称作阁皂宗。宋哲宗绍圣四年（1097），敕命以龙虎山、茅山、阁皂山为江南三大符箓派。元代阁皂山万寿崇真宫第 46 代嗣教宗师杨伯，被朝廷加封为"太玄崇德翊教真人"。除阁皂山宗门之外，灵宝派在宋元间还分化出一支流东华派。该派远追徐来勒、葛玄、郑隐、葛洪、陆修静等人为本门宗师，实际创始于北宋末年。创始人宁全真（1101~1181），原名宁立本，字道立，开封府人。据说有个叫田灵虚（法名思真）的道士在庐山遇见陆修静，得授三洞经教。田又将道法传授给宁全真，宁全真"自是修持不息，能通真达灵，飞神谒帝，名振京师"。后遇靖康之变，宁奉生母渡江南下，以斋醮祈祷之术行化于江南。绍兴十六年（1146），宋高宗召他设醮祈晴，又请入宫祈禳金兵南侵之患，赐号"洞微高士"，继而迁升"赞化先生"，常主持朝廷醮祭法事。江浙士庶慕其道而归之者如市，从其学道者甚多。

宁全真开创的东华派在南宋传承不绝，著名的道士有王契真、赵德真、宋存真、张洞真、孔敬真、卢堪真、薛颐真、林灵真等人。林灵真为宋末元初人（1239~1302），原名伟夫，字君昭，其家世居温州平阳。随薛颐真学道多年，有所深造。"乃绍开东华之教，蔚为一代真师"。他被第 38 代天师张与材擢为温州路玄学讲师，继升温州道录，敕授"灵宝通玄弘教法师教门高士"。其弟子甚多，龙虎山道士董处谦、玄教大宗师吴全节等皆从其受教。董处谦继林灵真为东华掌教，其后又传第 39 代天师张嗣成。大概在元代后期，东华派已归入龙虎山正一道门下。

灵宝东华派的经典，主要有王契真、林灵真二人根据宁全真所传道法编成的两部大书，即《上清灵宝大法》66 卷、《灵宝领教济度金书》320 卷。从书中可看出东华派斋醮祭炼法术亦受时代思潮影响，吸取内丹和雷法。《济度金书》宣称：摄召鬼神和亡魂，必须用"元始之真光"；"以运神为主，至于歌章吟偈，乃科仪耳"。所谓元始真光，即内丹家所说"元神"或"心中一点灵光"。书中又强调炼度亡魂阴鬼超升，须以法师自己内炼全阳为本，若未能全我之阳，便不能补彼之阴而全其形神。可见其法术取自内丹功法，而略加上清、灵宝派存思旧术，大抵以内炼成丹为外用符箓之本。

总而言之，正一、上清、灵宝三派的教义方术，在宋元时期都有所革新，以内丹修炼与符咒法术相结合，是改革的主要趋向。元代后期，南方新旧符箓各派相互交融，已难分泾渭。

## 5. 宋元新生的符箓道派

晚唐北宋以来风行的内丹炼养术，影响于符箓道教，孕育产生了一些新符箓道派。这些新道派除前述灵宝东华派外，还有天心、神霄、清微、净明等派。

天心派以传习"天心正法"而得名，在各派中出现较早。据说天心正法传自汉末正一天师张陵，但天心派实际当创始于北宋初。相传宋太宗淳化五年（公元994），江西临川县掾饶洞天，掘地得"天心秘式一部，名曰正法"。饶虽获秘文，但未识行用之法，复遇神人指点，师从五代著名道士谭紫霄，授得其道，成为"天心初祖"。饶氏传法于弟子朱仲素、朱传游道首、游传邹贵、邹传符天信、符传邓有功。邓有功根据师传编成《上清天心正法》、《上清骨髓灵文鬼律》等书。南宋初，朝散侍郎路时中修行天心正法，驱邪有功，俗称路真官。他于绍兴年间重编天心正法，撰成《无上三天玉堂大法》传世。后有湖北道士雷时中，自称于庚午年（1270）三月三日，蒙路真官下降道坛，授以"混元六天如意道法"，让他大兴吾教。此后四方闻其道行卓异，及其门者日众，弟子数千人，分东南、西蜀二派。元代以后，天心派传承不明。

天心派的道法最初与正一、上清派相近，尤其近似唐代北帝派。其法奉上天北极大帝为主神，宣称上清北极天枢院主掌灵文鬼律，批断鬼神罪犯，辅正驱邪。该派主要施用符箓、法印及存神念咒之术，召请上清天枢院神吏兵将，伏魔驱邪，治病禳灾。其所传符印颇多，主要有北帝正法三符（天罡大圣符、黑煞符、三光符）及两枚神印（北极天枢院印、都天大法主印），另有各种咒诀、誓文、榜式等等。传至南宋初时，天心派也吸取新说，强调内丹与符咒术结合，以内修为本而以法术为末。例如路时中《无上三天玉堂大法》宣称：炼度亡魂须先自己内功成就，作法时"使内炁以合外炁，外神以符内神，则一瞬之间报应如响矣"。

神霄派以传习神霄雷法而得名，假托其道法出自元始天王之子神霄玉清真王。实际该派创始人应为北宋末江西南丰道士王文卿（1093～1153）。王自称于宣和年间在扬子江遇火师汪真君，授以飞神谒帝之道。又在野泽中遇老妪，得书数卷，其书言致雷电役鬼神之说。王文卿以其法术济人，名闻江湖间。后被宋徽宗召见，拜为金门羽客，凝神殿侍宸，赐号"冲虚通妙先生"。据说王文卿能预知天数，善祷雨降妖。曾数次劝谏宋徽宗修政练兵，但不为采纳，乃拂袖还乡。温州道士林灵噩，原出灵宝东华派，后稍识神霄五雷法，被荐于朝。他迎合宋徽宗之意，宣称徽宗是神霄玉清真王降世。徽宗大喜，拜他为金门羽客，改名灵素。又令京师及天下诸州修建神霄玉清万寿宫，祭祀神霄真王。神霄雷法因徽宗的推崇而盛行。当时著名道士如张继先、刘混康、徐守信、萨守坚、万宗师等，皆得神霄雷法之传。

北宋灭亡后，神霄法在南宋继续流传，支派歧出。据载王文卿退居乡里后弟子甚多，得其真传者依次有新城高子羽、临江徐次举、金溪聂天锡、临川谭悟真等等。又有西河人萨守坚所传的道派称"西河派"或"天山派"，属神霄支派。神霄雷法还影响宋元间其他道派。例如金丹派南宗的白玉蟾撰有雷法著作多种。

神霄派的雷法以融合内丹与符箓为特色，强调以自我元神本性为作法施符之本。他们吸取内丹家天人感应理论。认为道士施行雷法时所召摄的雷神将帅，实即自身中三宝（精气神）及五行（五脏之气）所化。金木水火土五雷，无非阴阳五行之气相激剥而生，而五气皆由先天祖气生化主宰。五气在人身为五脏之气，由真心元神主宰。作法者若能内炼成丹，以自心元神主宰自在，随意升降身中阴阳五行之气，使之交感激荡，便能感通身外天地间主掌阴阳五气的雷神将帅，从而达到兴云致雨或止雨放晴、驱邪伏魔、禳灾治病等目的。因此登坛作法的关键，在于运用意念调动自身精气神祇与外神相感相应，而不在施符念咒祈求外神。总之，内炼心神，外用符咒，以内修为本，用符咒为末，这种内丹外符相结合的道法，即为神霄雷法之要诀。

清微派以传习"清微雷法"而得名，假托其道法出自清微天元始天尊。该派道书宣称唐末广西道士祖舒创立清微宗派，但是这一传说不太可靠。清微派的显盛，实际始于南宋。据《清微仙谱》等书记载：南宋时清微祖师朱洞元、李少微、南毕道三代，皆隐居青城山。南毕道（1196～?）为四川眉山人，宋理宗时曾任广西宪司，以清微雷法授其幕僚黄某之子黄舜申。黄舜申（1224～?），号雷渊，福建丹山（今建宁）人。出身闽中世家，少年随父至广西，遇南毕道得授雷法，成为清微派第十代祖师。以擅雷法闻名京师。宋理宗召见，赐号"雷渊真人"。元世祖至元丙戌（1286），应诏赴阙，未几乞还乡里，隐于紫霞湖沧洲之上。元室赐号为"雷渊广福普化真人"。黄舜申是清微派道法之集大成者，门徒颇多，江西南昌人熊道辉得其真传，阐教四方。熊传安城赵汝砺、赵传安福曾贵宽、曾传浚仪赵宜真。赵宜真为元明间人，兼传净明、全真派道法。

熊道辉一派以黄舜申家乡福建为传播中心。另有一支则传于湖北武当山，始于武当道士张道贵、叶云莱、刘洞阳。张道贵系元初人，师从武当全真派道士汪贞常，后来又与叶、刘二人同往朝拜黄舜申，得清微法还山。张道贵传法于张守清。其门下黄明佑、彭通微、单道安等，皆传习清微雷法。张道贵、张守清一系，应属清微与全真合流的武当清微派。

清微派的道法书现存主要有《清微斋法》、《清微元降大法》、《清微神烈秘法》等。清微道法在理论上与神霄派大同小异，也主张以内炼为本，符咒斋仪为末，强调以"本性灵光"为作法之本。认为自心中"一点灵光"通天彻地，妙用无穷，而符咒斋仪不过是外在虚文形势而已。所谓"一点灵光"，即元神真性，须在日常炼功打坐中发明保养，功力纯熟，临坛作法时才能有用。清微派有本门内丹法，分为炼精成气、炼气成神、炼神合道三段功。据说内丹功成，能了一心而通万法，天地五雷皆备我心中，以静定真心（即一点灵光）为主宰，随意升降交合自身阴阳，便可发为外界风雷雨旸。

净明道主要流传于江西南昌地区，托称其道法出自东晋道士许逊。许逊的信仰由来已久，隋唐时期在南昌西山游帷观盛行的孝道派，即奉许逊为祖师。游帷观在宋徽宗时赐额"玉隆万寿宫"。宋元净明道派即以此处为传播中心。

南宋初，在金兵压境，家国不宁的气氛中，有周真公、何真公等人在西山祈祷许逊。据说许真君等六位真人于宋室南渡之年（1127）降神于渝水，"出示灵宝净明秘法，化民以忠孝廉慎之教"。后二年，许真君又降临游帷故地（即西山玉隆万寿宫），降授飞仙度人经，净明忠孝大法。于是周真公等人在玉隆万寿宫建立翼真坛，传度弟子五百余人，形成一个新道派。周真公净明道主要传行一种新符箓"净明秘法"，假托其法出自"太阳真君孝道明王"。净明秘法与神霄、清微等新符箓派的道法相似，也重视内丹与心性修炼，调养心性，使之纤尘不染，无幽不烛，是谓净明。以清静无染的真心本性作为施符念咒、存神感灵之根本，又特重忠孝廉慎等伦理教化。因此，净明法有儒道结合的特点。

周真公一派传行不久，便不再见于记载。到了元初，在南昌西山又出了一位隐居儒士刘玉（1257~1308）。他自称于至元十九年（1282）遇见净明法师胡慧超，预告净明大教将兴，五陵之内当出八百弟子，以刘玉为师。元贞二年（1296）他又自称许真君亲降其家，授以中黄大道、八极真诠和《灵宝坛记》。于是刘玉乃"开阐大教，诱诲后学"，以神授旨义教化乡人，并为人祈祷禳解，一时从学者颇多，遂形成新的净明道派。

刘玉开创的新净明道，以许逊为第一代祖师，自己为第二代，不承认与南宋周真公净明道有传承关系。但从其学说渊源看，实为周真公旧净明道的发展。刘玉临终前以教事传付弟子黄元吉。黄元吉掌教后，在西山建玉真、隐真、洞真三坛传度弟子。并于至治三年（1323）游历京师，宣扬净明教旨，兼行祈禳之事，公卿士大夫多礼问之，莫不叹异。继黄元吉掌教的第三代净明宗师徐慧（1291~1350），在京师与士大夫交游，朝廷赐号"净明配道格神昭效法师"。他编辑净明道诸位祖师传记、神降法语及刘玉、黄元吉语录，著成《净明忠孝全书》六卷。徐慧之后，净明道传承法嗣不明。相传元末明初道士赵宜真为净明第四代嗣师，但赵宜真主要传承清微、全真派道法，与徐慧并无师承关系。大概西山净明派后来归入全真道，但当地朝拜许真君习俗，仍一直保持。

净明道教义以融摄儒道为特色，自称其教名为"净明忠孝道"。所谓净明，是指先天无极大道及自我清静本心。净明家认为大道清虚无为，人心本来清净光明，与道相通。但因世人生来多渐染熏习，纵忿恣欲，背却本性，使心地不净不明，以致曲昧道理，便不得为人之道。对治世人心病，恢复本性净明的办法，唯有惩忿窒欲，正心诚意，收摄心念，使之不为物欲所动。净明道提倡忠孝，以"忠孝廉慎宽裕容忍"八字作为许真君降授的"垂世八宝"。尤其对忠孝神化到无以复加的程度，宣称"忠孝大道之本也"；"孝至于天，日月为之明；孝至于地，万物为之生；孝至于民，人道为之成"。又说忠孝为人性中固有的良知良能，"人人具此天理，非分外事也"。刘玉还强调提倡忠孝，扶植纲常不只是一句空话，而且必须"真践实履"。这种态度使当时许多儒家大臣也不得不佩服称叹，认为有益于世道人心。

净明道虽极力附合儒学，但毕竟属于符箓道派，因此较儒家多了些驱邪禳灾的本领，不过其符箓道法也强调先正其内，后治其外，要行法者着眼于惩忿窒欲的内功，以净明之心为画符念咒之本，而对法术仪式则尽量简化。这一特点与神霄、清微等道派大体相似。

### 6. 金元时期北方的新兴道派

道教在唐代和北宋因最高统治者的支持而兴盛显贵，充当了统治者"神道设教"的工具。北宋灭亡后，中国北方长期处于异族政权统治之下，战乱频繁，民族矛盾空前尖锐。饱受离乱之苦的汉族地主知识分子及普通民众，都需要有新的宗教作为抚慰心灵创伤和安身立命的精神支柱。因此在金元时期，道教内部发生重大变革，先后出现了太一道、真大道、全真道等新兴道派思想。

太一道创立于金熙宗天眷年间（1138~1140）。创立者为卫州（今河南汲县）人萧抱珍（？~1166）。当时金朝占据华北未久，北方各地抗金义军蜂起，社会动乱，人心不宁。中原汉族民众渴望有神灵佑助他们驱除金人，摆脱国破家亡的苦难。萧抱珍看准时机，在黄河北岸的卫州树起太一教的旗号，以收拾人心，吸引群众。

由于文献记载较少，太一道的教理教义已难详知。大概该教奉祀太一神，因传习"太一三元法箓"而得名。太一神是位居上天中央紫宫，统御五帝的最高神灵。太一信仰早在秦汉时已有。北宋定都开封后，在京城内外建了三座奉祀太一神的宫庙。道教也尊奉太一神。汉末太平道奉祀"中黄太一"为主神。东晋南朝上清派的道书中宣称人首有太一帝君，统御身中诸神，修道者若闭目存思神名，并佩符念咒，可以治病禳灾。萧抱珍大概利用这种信仰和法术，以传授太一三元符箓为人治病驱邪、祈祷消灾的方法传播道教。

萧抱珍创立的太一教传播很快，影响及于山东、河北等地。皇统八年（1148），金熙宗遣使召萧抱珍进京，为皇后驱鬼治病有验，大受赏识，敕赐萧抱珍所居卫州太一庵堂名为"太一万寿观"。金世宗大定六年（1166），萧抱珍在卫州去世。弟子韩道熙（1156~?）嗣掌教事，按教门规矩改姓萧。至大定二十六年（1186），萧道熙以教事传付王志冲，飘然而去，不知所终。他在位期间，太一教徒发展到数万人。三祖萧志冲（1151~1216）继位后，太一教徒众继续发展，第岁所传达数千人。四祖萧辅道（1191~1252）、五祖萧居寿（?~1280）掌教时，受到元朝统治者的大力支持。元世祖忽必烈常命萧居寿为皇室设醮，赐号"太一演化贞常真人"。六祖萧全佑、七祖萧天佑，皆得元朝所赐真人号。但自七祖之后，太一教掌教宗师的名字便不再见于史传。该教或许已并入正一道派。

大道教的创立略晚于太一教。创始人刘德仁（1122~1180），号无忧子，河北沧州人。自幼读书而通大义，后出家游历，在淄州（今淄博）颜城瓮口谷南建堂宇而居。据说金熙宗皇统二年（1142），有天早晨刘德仁睡醒初起，忽见一老叟须眉皓白，乘青牛犊车路过其家门，以《道德经》要言授之。他根据白发老叟传授的《道德经》要言，制定了九条训诫：一视物犹己，勿萌戕害凶嗔之心；二忠君孝亲，无绮语恶声；三除邪淫，守清静；四远势力，安贫贱，力耕而食，量入而用；五毋事博弈，毋习盗窃；六毋饮酒茹素，衣食取足；七虚心弱志，和光同尘；八毋事强梁，谦尊而光；九知足不辱，知止不殆。

这九条训诫大多取自老子之说，颇能适应社会民众，尤其是农民小生产者的愿望，有利于在战乱后恢复生产和社会安定。据说刘德仁门下的大道教徒往往自庐而居，凿而饮，耕而食，蚕而衣，不妄取于人，不苟侈于己。这种勤俭自足的朴实教风，较之奢侈腐化的北宋道教，可谓面目一新。在修行方面，大道教崇尚无为，既不重炼养仙术，亦不用符箓咒术，不奉祀众多鬼神，唯以一瓣香恳礼天地。据说刘德仁为人治病，不用针药和符箓，但仰面朝天默祷，而病人无不痊愈。这种清通简要的修持方法，在道教诸派中独具一格。

刘德仁的教义吸引了不少信徒，远近人民愿为其弟子者很多。大道教的迅速传播很快引起金国朝廷注意。大定七年（1167），金世宗召刘德仁入居中都天长观，赐号"东岳先生"，以示褒奖。在朝廷保护下，大道教得以稳定发展。到刘德仁晚年，"传其道者几遍国中"。

大道教第二代祖师陈师正、三祖张信真、四祖毛希琮、五祖郦希成、六祖孙德福、七祖李德和相继掌教，教门势力继续发展。真大道第八祖岳德文（1235~1299）掌教时期，得到元室大力扶植，教门兴盛。至元二十一年（1284），元世祖赐岳德文"崇玄广化真人"称号，命他掌教于京师，统辖诸路真大道教，赐给玺书。元贞元年（1295），朝廷又加封真大道历代祖师，赏赐丰厚。这时真大道荣耀至极，教团亦随之大为扩张。"西出关陇至于蜀，东望齐鲁至于海滨，南极江淮之表，奉其教诫者皆攻苦力作，严祀香火，朔望晨夕望拜，礼其师之为真人者，如神明然"。岳德文去世后，九祖张清志嗣掌教事，但张清志之后大道教传承不明。大概元末该教已趋衰微，并入全真教或其他道派。

在金朝初年出现的北方三大新兴道派中，全真道创立最晚，但其教制教义比太一道、真大道更为完备，因此对后世道教发展的影响也最大。

全真道创始人王喆（1112～1170），字知明，号重阳子，陕西咸阳大魏村人。他只做过小吏，因感怀才不遇，辞官归家，佯装疯狂。时值金朝倡修文治，对民间太一教、大道教予以承认。王重阳经过内心痛苦的追求，乃慨然皈依道教。正隆四年（1159），他自称在甘河镇酒肆中遇二位仙人，授以金丹真诀，遂弃家入终南山南时村修炼，在山中凿穴而居，号其居处为"活死人墓"。后来又结庐刘蒋村，修行传道。大定七年（1167），王放火焚烧茅庵，东出潼关，沿途乞化，前往山东。先后在宁海、文登、福山、登州、莱州等地建立了五个教会。随王重阳受教的弟子甚多，其中最著名的有七位：马钰，号丹阳子；谭处端，号长真子；刘处玄，号长生子；丘处机，号长春子；王处一，号玉阳子；郝大通，号广宁子；孙不二（马钰之妻），号清静散人。这七大弟子即所谓的"全真七子"，是全真道早期的重要骨干。

王重阳及其弟子们开创的全真道，是北宋以后最重要的道派之一。其教义教制较天师道、上清派等旧道教有不少创新。首先，全真道受晚唐北宋以来"三教合一"思潮影响，在教义及修持方面极力标榜"三教圆融"。其次，全真道在修持方面反对道教传统的外丹烧炼和符箓驱鬼之术，而师法晚唐北宋以来流行的内丹方术，主张性命双修，特别强调以"识心见性"为修仙正途。

全真道在宣扬修真成仙的同时，还要求其信徒必须有克己忍辱，清修自苦精神。全真道祖师王重阳及七大弟子，大体都能保持这种自甘勤苦，安贫守贱的全真精神，以"异迹惊人，畸行感人"。全真道早期的庵观也多尚简朴，道士力耕而食。其丛林庵观制度多仿禅宗丛林之制，对不守清规的弟子有严厉的处罚条例，从跪香、逐出师门，直至处死。这种禁欲苦行精神和严执戒规的教风，是对唐宋以来官方道教结交权贵，奢侈腐化之风的革新。

全真教自祖师王重阳死后,其弟子马钰、谭处端、刘处玄等相继嗣教,教门有所发展。至丘处机嗣教以后,因金元统治者的支持,使全真教迅速发展到全盛时期。

丘处机声望日隆,宋、金、元三方皆争相结纳。兴定三年(1219)冬,蒙古成吉思汗自西域乃蛮国派遣近臣刘仲禄、札八儿持诏召请。丘处机测度形势,慨然应命,乃于次年春率尹志平等十八弟子启程西行。历时三年多,旅途万余里,终于到达印度大雪山之阳(今阿富汗境内)。成吉思汗在行宫接见丘处机,设庐赐食,礼遇至隆,请问治国之方,长生久视之道。丘大略以"敬天爱民为本";"清心寡欲为要"作为回答。成吉思汗大悦,称之为"仙翁",命左右录其所言。次年二月,诏许东归,赐以礼物,诏令免除全真道赋税差役,发给丘处机金虎牌、玺书,命他掌管天下道教,又派甲士千人护送。1224年,丘还居燕京天长观(今北京市白云观)。在京住持期间,丘建立八个教会,开坛说戒,大收门徒。在都名儒官绅无不争相结纳,或以诗贺之,或争献钱币,葺修宫观。丘之门徒李志柔、刘志源、宋德方、綦志远等亦四出修建宫观,刊刻《道藏》。全真道于是达到极盛,"教门四辟,百倍往昔"。1227年,丘处机病逝于燕京。在他身后,尹志平、李志常、张志敬等人继续掌教,教门仍然兴盛。元朝消灭南宋之后,全真道又乘势渡江南传,踪迹很快遍及江浙闽鄂。

全真道自王重阳七大弟子相继去世后,其门徒各立门户,繁衍出七个支派。即马钰门下的遇仙派、丘处机的龙门派、谭处端的南无派、刘处玄的随山派、王处一的嵛山派、郝大通的华山派、孙不二的清静派。七派之中以丘处机的龙门派势力最盛。除此七派之外,南宋时在江南传播的张伯端南宗派系,其道法与全真道颇多相似之处。当元朝统一,全真道南传后,南宗徒裔纷纷归于全真门下,著名道士有李道纯、李月溪、牧常晁、李玉、赵友钦等人。赵友钦的弟子陈致虚(1290~?),为元代著名道士，撰写《金丹大要》一书，综合南北两派内丹功法，并倡言两派合并。以王重阳所创门派为全真北宗，张伯端派系为南宗。南北宗共尊东华帝君、钟离权、吕洞宾、刘海蟾、王重阳为全真道五祖师，其下各立"七真"。南宗七真为张伯端、石泰、薛道光、陈楠、白玉蟾、刘永年、彭耜，北宗七真即王重阳七大弟子。经过一番认祖归宗，南北两派合并，全真道的势力更强大了。

## 四　明清道教的衰落

### 1. 明清正一道的衰落

明清两朝，正一道的地位居道教各派之首。明朝开国后，明太祖封正一道第 42 代天师张正常为正一嗣教真人，赐银印，秩视二品。洪武五年，又敕令张氏永掌天下道教事。张正常以擅长符水治病闻名，死于洪武十年（1377）。其子张宇初嗣位，袭封正一嗣教大真人，领道教事。此后明朝历代天师皆沿例袭封大真人，掌管天下道教。

张宇初博学能文，撰有《道门十规》。该书吸收全真道性命双修及严守清规戒律之宗旨，提出道士应遵守的十条戒规，推广于道教各派，意图整顿道教。他还撰有诗文集《岘泉集》，对道教思想宗旨及修持方法多所发挥，堪称宋元以来最有学识的正一天师。永乐四年（1406），张宇初奉旨编修道书，其弟张宇清继任其事，至英宗正统十年（1445）编成《正统道藏》。后来明神宗又命第 50 代天师张国祥主持编修《万历续道藏》。这部明代《道藏》共收入各类道书 1470 余种，5485 卷，是迄今唯一保存完好的道教经书全集。

明代正一道受朝廷尊崇，其上层道士因贵盛而腐化。例如 43 代天师张宇初虽有才华，但在建文帝时"坐不法夺印诰"。

第46代天师张元吉横行乡里，夺良家子女，逼取人财物。家置狱，前后杀40余人，有司奏其罪状，免死发配肃州军。正一天师的不法劣迹，招致儒臣抨击。

清朝贵族兴起于关外，入关后重视利用儒学治国，对道教虽仍予以保护，但远不及明朝那样尊崇。清初顺治、康熙、雍正三朝，为笼络汉人，对道教还略有重视和利用，依明朝旧例封赠正一真人。顺治八年（1651），第52代天师张应京入朝觐见，敕授正一嗣教大真人，掌天下道教事，给一品印。顺治十二年，第53代天师张洪任入觐，袭封大真人，并敕免本户及龙虎山上清宫各色徭役。第54代天师张继宗、第55代天师张锡麟都依朝旧例袭封大真人。

自乾隆时代起，因统治者推崇儒家理学，佛道二教地位大为贬降。乾隆五年（1740），敕礼部定议，正一真人今后不许加入朝臣班行。乾隆十一年，正一真人降为正五品秩。乾隆三十一年，第57代天师张存义入觐，因祈雨有功，复晋正三品，授通议大夫，其品秩仍低于前朝。此后历代天师，皆沿乾隆朝例，授以通议大夫。清代正一天师多庸碌无学，且多劣迹。据《清朝野史大观》说：清朝末年，"张氏子孙乃犹有僭用极品仪制，舆从焄奕，声气招摇，游历江浙闽粤诸省，沿途以符箓博金钱，并勒索地方有司供张馈赠"。可见其腐化奢侈之状。正一道由贵盛而趋于衰落。

**2. 明清全真道的兴衰**

明代全真道政治地位下降，教团发展亦受限制，其势力远不及元代。在全真道各派中，丘处机开创的龙门派势力较大，但该派在明代也相当沉寂。龙门律宗的传人陈通微、周玄朴、张静定、赵真嵩几代宗师，皆隐居修炼，不显于时。明世宗时，有龙门派四代弟子孙玄清（1517~1569），得崂山李显陀、铁查山通源子及斗篷张真人之传，颇有道术。嘉靖三十七年至京师白云观坐钵修炼，祈雨有验，诏赐"紫阳真人"号。孙玄清门下形成"金山派"，亦称崂山派，属龙门支派。除龙门派外，明代其他全真支派更为零落。

清朝初年，由于清兵入关建立大清帝国，民族矛盾又趋尖锐，剃发易服之辱，折磨着汉族士人的心灵。全真龙门派宗师王常月应运而出，传戒弘教，使明代沉寂已久的全真道出现了中兴景象。

王常月（1522~1680），号昆阳子，山西潞安人。少年出家云游，参访明师，得龙门派第六代律师赵真嵩之传，成为第七代龙门律师。满族入关之初，王从隐居的嵩山北上京师，挂单于白云观，被道众推举为方丈。他顺应时势，以公开传戒度人，整顿教规作为振兴宗门的主要手段。他的传戒活动得到清廷许可。顺治十三年（1656），王奉旨主讲于白云观，登坛说戒，度弟子千余人，南北道流纷纷来京受戒。康熙二年（1669），王常月率弟子詹守椿、邵守善等南下，在南京、杭州、湖州、武当山等地立坛说戒，南人皈依受戒者甚多，龙门教团于是大盛。王氏在江南所收弟子，多为儒士出身的明朝遗民，其中不乏抗清失败后隐藏民间的忠义之士。王常月卒于康熙十九年（1680），其著作有《碧苑坛经》二卷，又名《龙门心法》，是弟子整理他在南京碧苑登坛说戒的语录而成。

王常月的《龙门心法》，以精严戒行为本，强调持守戒律，遵守教规。而龙门派强调持戒修心的实质，是以封建伦理纲常约束教徒身心，以达到扶助王法世教的目的。王常月还针对元明以来全真道重炼气修命，轻视明心见性的弊病，重新强调修行以明心见性为先。他尤其反对追求肉体长生，认为色身是假，而心性为真。这正是全真祖师王重阳、丘处机的基本思想。

王常月的教法恢复了全真道初期的教风，在清初影响较大，龙门派因此显出振兴气象。王氏弟子在东南江浙诸省开坛传戒，形成不少龙门支派。例如黄虚堂开创苏州浒墅关太微律院支派；

金筑老人盛青涯开创余杭金筑坪天柱观支派；吕云隐开坛于苏州冠山，其弟子有吕全阳、鲍三阳等，门庭颇盛；陶靖庵开创湖州金盖山纯阳宫云巢支派，门下有陶石庵、徐紫垣、徐隆严等相继嗣传。除王常月门下诸派外，龙门律宗还有沈常敬（1523～1653）开创的派系。沈与王同为龙门七代宗师，隐居江苏茅山，门下有孙守一、黄守圆等高徒。孙守一弟子周太郎开杭州栖霞金鼓洞支派，四方从学者达千余人。孙氏另一门人范太清住持天台山崇道观，为东南龙门派一大道场。周太郎再传弟子沈一炳、闵一得，均为清代道教内丹著名学者。闵一得住持金盖山纯阳宫，撰《金盖心灯》八卷，记述东南龙门派历史。又编辑《古书隐楼藏书》，收明清道书28种，多为内丹著作。

除东南地区外，清初至乾嘉年间，全国各地都出现了龙门派的踪迹。在东北有辽阳道士郭守贞，明末赴马鞍山师从龙门七代道士李常明，返辽后隐居本溪铁刹山八宝云光洞修道30余年。康熙初住持盛京（沈阳）太清宫传戒，受戒者先后达数百人。在西北有龙门派第十一代道士刘一明，隐居甘肃金县栖云山修炼多年，往来于兰州，陇上士庶多与之交往。刘精通内丹易学，著作有《道书十二种》，流传颇广。江西有龙门派八代道士徐守诚，隐居南昌西山修炼，门下有谭太智、张太玄、熊太岸等。在广东有龙门派第十一代道士曾一贯，康熙年间入罗浮山任冲虚古观住持，其徒柯阳桂门下有弟子百余人。在四川有龙门第十代道士陈清觉，康熙初从武当山来到青城山，后住持成都二仙庵，开创龙门碧台丹洞宗。在云南鸡足山，还有被称作"龙门西竺心宗"的道派。该派创始人鸡足道者，本为月支国人，自称元末从印度来滇，精通西竺斗法，常诵佛教密咒。顺治十六年（1659），鸡足道者赴北京皈依王常月门下，受龙门戒法，改名黄守中，成为龙门派八代弟子。后还归鸡足山，创"龙门西竺心宗"。该派门徒多为行迹诡异，身怀绝技的江湖奇人。

清初龙门派复兴后，及至清末民初，全真道势力仍相当强大，宫观庵院遍布全国，田产收入亦相当雄厚。但其精神实质却逐渐退化，实践真功真行的道士减少，靠香火营生者增多。全真道逐渐失去了吸引民众的魅力。

## 五 近现代道教概况

### 1. 近现代大陆道教概况

经过清末以来中国社会的变革和西方文化东渐的影响，道教在近现代进入了相对衰落的时期。但在民间仍有很大的影响。据康熙六年的统计，清初全国道士有21286人，约当僧尼总数的1/5。自乾隆年间废除僧道度牒制以后，道士数量增长很快。而且随着清朝疆域开拓，汉族向边疆地区迁移，一些原来很少有道教的地区，如东北、新疆、内蒙、台湾等地，也陆续建起道教宫观，有道士住持。到了近代，据1926年北京白云观道士编写的《诸真宗派总薄》记载，截止于辛亥革命前的清末宣统年间（1909~1911），有传承谱系的道教分派共有86个。其中有正一、上清、灵宝、清微、净明等符箓道派，也有混元、吕祖、重阳、龙门、三丰等全真系道派。另据1957年中国道教协会的老道长回忆，民国时期（1949年前）著名的道教宫观丛林和子孙庙，大约有1万多座；常住宫观的全真、正一两派职业道士约5万人；普通的道院道坛和散居道士为数更多，无法统计。这些宫观道院都有数量不等的宗教活动收入，如香火费、信徒功德捐献、道士为民众做醮仪的收入等。较大的宫观丛林还有许多土地和房产，收取地租和房租。也有不少宫观道院土地较少，道士自耕自食，与普通农户无异。

中华人民共和国成立后，道教成为政府正式承认的五大宗教之一，享有宪法保障的宗教信仰自由。1957年4月，在北京召开的第一届中国道教代表会议，成立了中国道教协会，选举岳崇岱为会长，陈撄宁为秘书长，会址设在北京白云观。1961年在北京召开的第二届全国道教代表会议，陈撄宁当选为中国道教协会会长。会后成立了中国道协研究室，负责搜集整理和研究道教史料，出版《道协会刊》，开办中国大陆各宫观道教徒进修班。"文革"浩劫期间，道教受到严重冲击，正常的宗教活动停止，宫观道院被占用，道士还俗回家。1978年中共十一届三中全会后，拨乱反正，落实宗教信仰自由政策，中国道教协会恢复活动。在政府关心和道教界努力下，全国各地道教重要名山宫观得到修复，发还庙产，宗教活动恢复正常。1980年召开的第三届中国道教代表会议，选举黎遇航为中国道协会长。在后来召开的历次全国道教代表会议上，傅元天、闵智亭、任法融相继当选为会长。此外，全国各省市县级道教协会也纷纷成立，并开展活动。据估计，目前全国各地重要道教宫观有一千多座，住观道士约两万人。散居在家道士和信徒更多，数字难以统计。道观的经济收入主要来自香火费、海内外信徒捐助、旅游收入等。

自国家实施改革开放政策以来，中国道教协会及各地方道协组织，继承和发扬道教优良传统，代表全国道教界合法权益，维护宫观名山，抚养年老信徒，积极捐助受灾民众和希望教育工程。并且在协助政府贯彻落实宗教政策，联络海内外爱国道教人士，促进祖国统一，维护世界和平等方面，做了大量工作。道教协会还特别重视文化研究和人才培养工作。《道协会刊》在1987年改名《中国道教》后，至2006年已发行90期，登载全国道教活动信息、研究道教历史、科仪和修持方术的文章。上海、西安等地道协也出版了自己的刊物。道协研究室出版了许多有关道教文化的研究著作，并与学术界合作，先后编辑出版了《道教手册》、《道教文化丛书》、《道教大辞典》、《道教神仙画册》、《中华道藏》等书刊。在80年代开办道教知识进修班的基础上，1990年5月在北京白云观创立了中国道教学院，其教学目的是："培养爱国爱教的、具有较高道教知识和修养，并有志为道教事业服务的青年道教徒"。学院设进修班和专修班，学制两年，讲授宗教、政治、文化等课程。除北京外，上海、四川、陕西等地方道协也开办了各种形式的道教进修班、培训班，培养了大批宫观管理和宗教活动的人才。

1989年，中断了数十年的全真派传戒活动恢复了，第一次传戒活动在北京白云观举行，王理仙道长为白云观方丈及戒坛律师，受戒道徒75人。1995年，中断多年的正一派授箓活动在江西龙虎山恢复。同年在四川青城山举行全真派第二次开坛传戒，傅元天为方丈和戒坛大律师，受戒道士546人。

**2. 近现代港台道教概况**

香港自1840年以来，经中国同胞的辛勤开发，已成为经济、文化高度开放发达的大都市。这里被称作"世界各宗教的缩影"，各种宗教势力都涉足港岛，建立教会组织。但是占香港人口多数的华人，在思想文化和生活风俗方面，仍然深受孔教、佛教和道教等中国传统宗教的影响。

据香港学者研究，早在南宋末年，在香港新界已有供奉妈祖的北堂天后庙。明清时期，一些道教宫观散落在香港各地，如屯门青云观、大屿山普云仙院、长洲北帝庙、湾仔北帝庙等。这些庙宇至今仍保留下来，碑刻钟鼎记录着岁月沧桑。1911年辛亥革命后，许多清朝遗民流落到香港，其中有些人原是广东罗浮山道教正一派的信徒。他们头挽道髻，身穿道袍，诵习道经，建造宫观道院，使道教在香港的影响大增。最初，正一道支派先天道的势力最强，相继于1913年建芝兰堂、1916年创九龙道德会龙庆堂、1924年兴建福庆堂、1926年建立紫霞院。进入30年代后，全真道龙门派逐渐崛起。1930年建造蓬瀛仙馆，1932年开创玉壶仙洞，1949年创青松观，1952年创万德至善社等。60年代后，全真道另一支纯阳派兴起，先后于1964年造六合玄宫，1978年创纯阳仙洞，1980年开创庆云古洞等。除上述三大派系外，香港还有许多小道派。全港道观现有120多座，道士女冠近千人，信徒约30万。较大的道观有圆玄学院、青松观、蓬瀛仙馆、云泉仙馆、黄大仙祠等。

香港道教比大陆更具世俗化和开放的特点。各宫观道院都主张儒佛道三教合一，奉三圣（释迦、老子、孔子）为神明。三教的经文、造像在道院广为传布，观世音信仰也很普遍。有些道派除奉三圣和观音外，还尊奉吕洞宾、黄大仙、妈祖、关帝等神灵；三清、列仙等众神亦受礼拜。这种兼收并蓄的开放性格，使香港道教易于在民众中传播。香港道教还有重视兴办教育、医疗和慈善福利事业的特点。

台湾是祖国宝岛，自古与大陆有着密切联系，两岸思想文化一脉相通。明清时期，随着东南沿海地区汉族人口大批迁台，原在大陆受民众膜拜的妈祖、关帝、三奶夫人等俗神信仰也传入台湾，香火更加兴旺。如果以有道士来台作为道教传入的标志，那么最早入台传教的，应为明万历十五年（1590）福建漳州的闾山三奶派道士。该道派以崇奉临水夫人（俗称三奶夫人）为其特色，属于符箓道派。清乾隆五年（1740）及道光三年（1823），正一道所属的茅山派、清微派也先后传入台湾。另外以崇奉玄天上帝为特征的武当道派，大约在明末清初随郑成功收复台湾而传入宝岛，其宫观庙宇遍布全台。至于妈祖崇拜，在台湾更为普遍，几乎无人不顶礼膜拜。

1905年以后日本占据中国台湾时期，为强化其殖民统治，对中国人民传统的道教和民间信仰予以限制。1945年台湾光复之后，特别是1945年国民党当局迁台之后，随着台湾经济文化的发展，道教也日益兴盛。1949年，龙虎山第63代天师张恩溥到达台湾，次年创立台湾省道教协会，并开设"嗣汉天师府驻台办公处"，传授正一箓牒。1967年，张恩溥、姜伯彰等人发起成立"中华民国道教会",总会设在台北,下辖台湾省、台北市、高雄市三个分会,以及台中、嘉义、台南等21个支会。张恩溥任首届秘书长。1969年张恩溥去世,其侄张源先摄理第64代天师。至20世纪90年代初,在台湾"内政部"已登记的13种合法宗教,近2万多所寺庙中,道教宫观庙堂多达7000余所,道士2万多人,信徒200多万。难于统计归类的民间信仰者尚未计算在内。台湾著名的道教宫观有台北指南宫、北港朝天宫、新港奉天宫、台南大天后宫、天坛首庙、高雄道德院、三凤宫等。由于经济实力雄厚,宫观修建规模宏大,其建筑风格则接近福建的庙宇。

台湾道教世俗化的特点显著。道教宫庙中所奉神灵,除传统的吕祖、妈祖外,大多供奉民间俗神,观音、关帝崇拜极为普遍。佛道经书、画像随处可见。台湾道教界也善于兴办幼稚园、学校、医院、出版社等社会机构。道教界出版的年刊、月刊有20多种。台北指南宫的中国道教学院,则为近年兴办规模较大的教会学校。

# 第十章　道教经典与教义

## 一　《道藏》与道教典籍

　　道教在其形成和发展的漫长历史中，积累了大量的经典文书。道教的典籍汇编起来称为《道藏》。"道藏"之名始于唐代，它是汇集收藏所有道教经典及有关书籍的大丛书，从编纂至今已有1300多年的历史了。

　　道教的形成在东汉后期，但其渊源可追溯到更早的道家思想和神仙方术，因此道教典籍的出现也可追溯至创立之前。东汉以前与道教有关的著作有数百种，但这些古籍现在多已失传，留下来的少数经典，如《老子》、《庄子》、《淮南子》、《墨子》、《孙子兵法》、《黄帝内经》等书，后来都被当作道教的典籍，收入《道藏》之中。

　　东汉时期道教孕育形成，出现了一些早期道教经书。包括《太平经》、《老子河上公章句》、《老子想尔注》、《周易参同契》等。魏晋时期，道教经书典籍逐渐增多。晋代道教学者葛洪，将其师郑隐收藏的道书著录于《抱朴子·遐览篇》中，以便传示后人。这是现存最早专门著录道书的目录。

　　东晋南北朝时期，道教内部出现大规模的造经活动。《上清经》、《灵宝经》、《三皇经》、《正一法文》等大批重要经典相继问世。一些著名的道士开始搜集整理道书，如南朝刘宋时陆修静广集道书，考订源流，校刊真伪，编撰《三洞经书目录》，著录道教经书及药方、符图 1228 卷。到了唐玄宗开元年间，政府下诏搜访天下道经，汇编成《开元道藏》，共收入道书 3744 卷，这是道书最早的结集成藏。北宋真宗时，道士张君房又受命主持编修了《大宋天宫宝藏》，共有 4565 卷，分装成 466 函。仁宗天圣年间，张君房摘录《天宫宝藏》之精要，编成《云笈七签》120 卷，进呈御览。此书被称作"小道藏"，是研究道教的重要资料。

宋徽宗即位后，又下诏访求道教经书，编成《万寿道藏》，凡 5481 卷，分装为 540 函。金朝在章宗时分遣道士搜访遗经，编成《大金玄都宝藏》，凡 602 函，6455 卷。但这部《道藏》的刻板不久就因天长观失火而焚毁。

元初全真道士宋德方又倡导刊刻了《玄都宝藏》，已增加到 7800 余卷。遗憾的是，上述唐宋金元时期的《道藏》，现在均已亡佚。

今天我们见到的《道藏》，是由明朝第 43 代天师张宇初及其弟张宇清奉诏主持编修的。至明英宗正统九年（1444），全藏编成副刊，名曰《正统道藏》。神宗万历三十五年（1607），又敕令第 50 代天师张国祥等编成《续道藏》。这部明代《道藏》共收入道书 1476 种，5485 卷，分装为 512 函，依《千字文》顺序标定函目。《正统道藏》刊成后，在明清两代曾多次印刷，颁赐各地道教宫观。清光绪庚子年（1900）八国联军侵入北京，《道藏》经版悉遭焚毁。各地宫观所藏的《道藏》印本，也因战乱灾祸而存者甚少。北京白云观原藏有明代印制的《道藏》一部，是迄今能够见到的唯一保存完好的明《道藏》。

《正统道藏》在清末已为世所罕见。民国初，总统徐世昌组织影印《道藏》，以白云观所藏明《道藏》为底本，由上海涵芬楼书馆印制 350 部，完成于 1923～1926 年间。涵芬楼影印本将明《道藏》大字梵夹本改为线装册页本，凡 1120 册。近年来大陆和台湾又出现一些新的《正统道藏》影印本,都是据涵芬楼本影印的。

## 二　道教的三洞四辅说

自南北朝以来,道教典籍通常以"三洞四辅十二类"的方法分类。就是说将全部道书划分为"三洞四辅"七大部类;其中"三洞"各部又细分为十二小类。因此道教典籍又被称作"三洞真经"或"七部经书""三十六部经"。三洞四辅十二类的名目如下:三洞:洞真部、洞玄部、洞神部;四辅:太玄部、太平部、太清部、正一部;十二类:本文类、神符类、玉诀类、灵图类、谱录类、戒律类、威仪类、方法类、众术类、记传类、赞颂类、章表类。

上述分类体例,是在南北朝时期道士们编撰道书目录的过程中逐步形成的。"三洞四辅"所著录的经书,是当时已问世的七组重要道经。道教学者对这些经书的源出及其相互关系,从神学上加以解释,形成了道教特有的经学体系。据《道教义枢》卷二的解释:三洞经书是道教的主经,洞真部为《上清经》,乃玉清境洞真教主天宝君所出;洞玄部为《灵宝经》,是上清境洞玄教主灵宝君所出;洞神部为《三皇经》,是太清境洞神教主神宝君所出。三洞之外又有四部辅助经典,《太清经》辅洞神部,是炼丹服食类经书;《太平经》辅洞玄部,即于吉所传的《太平经》;《太玄经》辅洞真部,是指《道德经》及其注解;《正一法文》则指汉魏六朝天师道的经戒法箓,据说兼辅三洞真经。

三洞四辅不仅是道书的分类方法,而且有区分道经品级和排列道士阶级次序的含义。按道教的规定,修持不同经戒的道士,各有不同的称号。由于各家经法的传授修行侧重不同,并且各种经典有品级高低之分,因此道士修持不同经法而得道的位业也有区别。例如修持洞神经法仅能成仙人，修持灵宝经法可以成真人，修持上清经者则可成圣人。由此可知，三洞四辅分类体例，与道教的神学教义和修持理论有密切的关系。它在道教历史上影响深远，隋唐以后历代整理道书，编修《道藏》，均沿用这一分类体例。

## 三　扶乩与道教经书

在数千种道教经文典籍中，传说是神仙真人口授的篇目比比皆是。这些经卷果真是神灵下传吗？不，实际上它们都是道教法师们假托神的名义而造作的。其目的是为了表示道经的古朴，宣扬神灵所作以提高经文的地位，与其他宗教经文抗衡。有的经文中加入预言谶语，影射时事，是为了达到某种政治宣传的目的。

道教法师依托真人造作道经的手法也是不完全相同的，有的直接托称某某真人授，有的宣称发现于深山石穴或地下土瓮，有的是通过乩人传写成文。乩，就是扶乩，也作"扶箕"，又叫做"扶鸾"。其占具主要有"乩架"，即丁字形的木架。还有乩笔，即缚在乩架直端的木锥。下面摆放供乩笔写字的沙盘，称作"乩盘"。没有细沙，可用灰土代替。乩笔插在一个肖箕上。有的地区是用一个竹圈，或铁圈，圈上固定一支笔。

扶乩时先请两名"鸾生"扶乩架之横木两端，使乩笔稍悬于乩盘之上，然后焚香、念咒，念某某神灵附降在身。神至，则乩笔自动在沙盘上划出文字，神去，乩笔也停止划动。所写文字，由旁边的人记录下来，这就是神灵的指示，整理成文字后，就成了有灵验的经典了。扶乩来源于古代占卜问神术，人们有了疑难，就通过龟卜、蓍筮向神祈祷，请求神灵指示，预测吉凶，再根据神的指示去办事。西汉以后，产生了大量的谶纬书。道教法师们承袭其技，扶乩降笔，依托神灵造作的道书，在魏晋时期开始大量涌现。如道教上清派真经的出世，《真诰·翼真检》曰："伏寻《上清真经》出世之源，始于晋哀帝兴宁二年太岁甲子，紫虚元君上真司命南岳魏夫人下降，授弟子琅琊王司徒公府舍人杨某，使作隶字写出。"托言由南岳魏夫人魏华存女祭酒降授，实际上是杨羲扶乩而成。

魏晋南北朝之际，是道教大发展的时期，道教教义理论化，斋醮仪式逐渐形成定制，宫观的建立，产生道教住观制度，同时，道教经文大量涌现。据我们研究，大部分《上清经》、《灵宝经》、《三皇文》造作都在这一时代。如《登真隐诀》、《上清三真旨要玉诀》、《上清明堂元真经诀》、《上清高上玉晨凤台曲素上经》、《九真中经》、《九真中经八道秘言》、《洞真上清青要紫书金根经》、《道迹灵仙记》等。宋、元、明、清以来，占卜扶乩迷信更加厉害，伪托古人之作，在现存道经中占有相当一部分。元人俞琰《席上腐谈》说："托古人之名为之者，如《阴真君还丹歌》、《三茅君大道歌》、《葛仙翁流珠歌》、《许旌阳醉思仙歌》。"其他如《大洞玉经》、《太上无极总真大洞仙经》、《太上玄灵北斗本命延生经》、《天童护命经》，以及《吕祖前八品经》、《吕祖后八品经》、《吕祖醒心经》集，都是依托之作。

## 四　道士日常诵奉的主要经典

宫观道士每天要进行规范性的日常功课的修炼，日常功课分早坛功课和晚坛功课，主要内容即诵经念咒。所用经书，一般是黄绫封面的刻印经褶本，道士人手一册，平时念熟，早晚坛时入殿堂或念或唱，由高功或经师领头，有时则有唱有和，念时敲打铃铛木鱼等法器，以合音节。道士日常诵奉的早坛功课经，主要有《太上老君说常清静经》、《高上玉皇心印妙经》、《太上灵宝天尊说禳灾度厄真经》。晚坛功课经，主要有《元始天尊说升天得道真经》、《太上洞玄灵宝救苦妙经》、《太上道君说解冤拔罪妙经》。经文一般都很短，多是四言韵文，便于诵唱。经文前有咒，如《净心神咒》说："太上台理，应变无停，驱邪缚魅，保命护身，智慧明净，心神安宁，三魂永久，魄无丧倾。"其余有《净口神咒》、《净身神咒》、《安土地咒》、《净天地神咒》、《祝香咒》、《金光神咒》、《开经偈》及《上元天官宝诰》等多种诰文。

日常功课是宫观道士的日常必修课，按清规，居观道士每日必须上殿诵念早晚坛功课经。作为功课经的经诰，多出于南北朝及唐宋时期，大都有历代高道所作解注，且多已收入《道藏》。这些经，或以清静为宗，或以精气神之内修内炼为本，是很凝练的道教教理教义。

《太上老君说常清静经》简称《常清静经》，撰人不详，约成书于唐代。经文很短，不足400字。内称"人能常清静，天地悉皆归。夫人神好清而心扰之，心好静而欲牵之；常能遣其欲而心自静，澄其心而神自清"。大旨以清静为本，劝人澄心遣欲，空无常寂，乃至寂无所寂，则体合于道。其说出自隋唐道教重玄哲学。此经对后世道教影响甚大，唐末杜光庭、南宋白玉蟾、金元全真道士侯善渊、李道纯、王道渊等人皆为之作注。全真道规定此经为道士日常诵奉的功课经之一。

《高上玉皇心印妙经》简称《心印经》，撰人不详，约出于唐宋间。此经为四言韵文，全篇仅50句，论述内丹修炼之心法。以精气神为上药三品，宣称"人各有精，精合其神，神合其气，气合其真，不得其真，皆是强名"。宋元以来，此经广为流行，全真道将其列入内修五经，近世道教规定此经为早坛功课经之一。

《太上灵宝天尊说禳灾度厄真经》，撰人不详。经文仅二百余字，托太上灵宝天尊说，谓世间善男信女若有灾厄，只须念诵此经，向玉皇天尊大道圣真忏悔，即可禳灾度厄，所求如愿。

《元始天尊说升天得道真经》，撰人不详，约出于唐宋间。经文仅二百余字，谓世人若能屏去众缘，永除染著，外想不入，内想不出，使五脏清凉，六腑调泰，然后引太和真气注润身田，安寂六根，净照八识，如此可得道成真，自然升度。

《太上洞玄灵宝救苦妙经》，亦称《太上救苦经》，撰人不详，约出于唐宋间。经中赞颂太上救苦天尊救拔众生脱离迷途，超出三界。谓众生"归命太上尊，能消一切罪"；念诵此经不息，可致"天堂享大福，地狱无苦声"。

# 第十一章 道教教义

## 一 "道"与"德"的信仰

道教的最高信仰为"道",认为"道"是宇宙的本原与主宰者,它无所不包,无所不在,无时不存,是宇宙一切的开始与万事万物的演化者。有了"道"才生成宇宙,宇宙生成元气,元气演化而构成天地、阴阳、四时、五行,由此而化生万物。《常清静经》说:"大道无形,生育天地;大道无情,运行日月;大道无名,长养万物。吾不知其名,强名曰道。"就是说,道是在天地开辟以前就存在的超时空的宇宙本原。

道是没有生灭永恒存在的绝对本体。道有体有相,作为道体,它是形而上的宇宙之本原,呈现"无"和"有"两种状态的统一。首先是"无",即宇宙创生前的虚空状态,称为"天地之始",具有质朴性和绝对性。其次是"有",即宇宙创生时含有一片生机的状态,称为"万物之母",具有潜在性和无限性。作为道用,它是形而下的法则秩序,即宇宙万物普遍存在的客观规律,称为"常道"。道化生出时间和空间,物质和精神,运动与静止,具体存在于自然界、人类社会和人体之中,它贯穿古今,囊括万有。道超越时空,又应迹在一切时空中。

"道"又可化身为有意志的人格神。《老子想尔注》将道又称为一,"一散形为气,聚形为太上老君"。南北朝以来,三清尊神演变成道教的最高神系,三清尊神又是道的化身。道教徒从崇拜人格化的神,而理解道、贴近道、追求道。道教徒认为一旦得道,获得三清所传的种种符箓及行持方术,即可度人济世。人得道而成仙,仙因道以济人,这就是道教的核心内容。

与"道"并提的是"德"。所谓"德言得者,谓得于道果","道之在我之谓德"。就是说,道在人、物中都有体现,即所谓德。德既人人所有,也可以说道原本人人具足,问题只在于能否悟道。这种体道之德,就是重玄家所说的道性。道教认为,一切有形的万物,都包含有"道"的本性,都符合"道"的规律,因而,都能够得道。但是得道有多有少,悟道有浅有深。一旦通过修行达到了形神俱妙、体道合真的境界,也就进入了神仙境界。

## 二 道教的创世论

汉魏六朝的道教神学,继承和改造了道家的宇宙论。他们将《老子》书中所说的"道",改造为有人格意志的至上神,称作"大道"或"太上道君",并且宣称老子就是大道的化身。进而将史书记述的老子生平故事,以及某些历史传说糅合为一,编造出上起宇宙初始,下及秦汉以后,太上大道君开天辟地,化形降世,辅助帝王,传经授戒,教化生民的系列故事。这套神化老子之道的故事,是道教的"创世记"。它的用意是说:天地万物的化生,人类社会的王朝更替,道教经书教义和方术的传衍变化,都可用一个纵贯古今,超越时空的神秘本源,即太上道君的演化和不断地降世来解释。

对老子的神化有一个逐渐发展的过程。东汉黄老学者已开始编造老子神话。

汉顺帝时,张陵客居蜀郡,学道于鹤鸣山中,假托太上道君降临,授他"天师"称号及"正一盟威之道"。用符咒巫术为人治病,创立五斗米道。相传张陵或其孙张鲁为便于教化信徒,撰写《老子想尔注》。该书对老子所说的"道"加以神化,认为道即是一,"一散形为气,聚形为太上老君"。劝导民众应奉守道诫,施惠散财,竞行忠孝,修善积德,积精服气,保养精神。宣称按道的意志行事,可以致国太平,获得天福仙寿。

这是天师道关于宇宙万物及社会人伦生成发展的典型说教。它以汉代元气生成论思想为本,将《老子》书中所谓的"道"人格化,作为化生元气及天地万物的至上神,并且还编造了大道在五帝三王以来代代降世为帝王之师,垂世立教的神话。这种宗教创世神学是六朝天师道经典中反复论述的主题。例如《三天内解经》、《太上老君开天经》、《天尊老君名号历劫经》、《老君太上虚无自然本起经》等,都有一套太初宇宙混沌,玄元始三气化生天地万物的说法,而对老子降世传教的故事则编造得更为神奇。

如果说天师道派主要是通过神化老子而形成其神学的话,那么六朝以来江南葛玄、葛洪一系的神仙道教,则另创了元始天王开天辟地,创世传教的神话。葛洪《枕中书》说:昔二仪未分,天地日月未具,状如鸡子,混沌玄黄,已有盘古真人,自号元始天王。经历四劫,天形如巨盖,上无所系,下无所根,天地之外,辽属无端,玄玄太空,无响无声。复经四劫,二仪始分,相去三万六千里。元始天王在天中心之上,名曰玉京山,山中宫殿并金玉饰之,常仰吸天气,俯饮地泉。复经二劫,忽生太元玉女,在石涧积水之中,出而表言,人形具足,天姿绝妙,常游厚地之间,仰吸天元,号曰太元圣母。元始君下游见之,乃与通气结精,招还上宫。元始君经一劫,乃一施太元母,生天皇十三头,封为扶桑大帝东王公,号曰元阳父。又生九光玄女,号曰太真西王母,是西汉夫人。天皇生地皇十一头,地皇生人皇九头,各治三万六千岁。圣真出见,受道《三皇天文》,能召请天上大圣及地下神灵。

在这篇神话故事中,葛洪综合秦汉以来流行的宇宙生成论思想、三皇五帝古史传说、天文学浑天说,以及南方少数民族中流传的盘古王开天辟地故事，塑造了与天师道所奉"太上大道君"不同的道教尊神元始天王。讲述了元始天王开辟天地，三皇五帝治世及道书《三皇文》传世的神话。这在道教神学的演变过程中有着重要的影响。在东晋南朝新出的《上清》、《灵宝》系道经中，太上大道君名号仍然经常出现，但其至上神的地位却逐渐被"元始天尊"所取代，元始天尊成为传教说经的最高尊神。

隋唐时代，道教已形成了以元始天尊为首的信仰体系，并且以元始天尊开劫度人，传教说经的神话来解释道教经书教义体系的建立过程。这种宗教神学较之天师道宣扬的老君降世传教说略有不同，但实质上都属于神创论的世界观。

## 三 道教"贵己重生"的人生观

道家与道教的人生观，以重视个体生命（贵己重生）的价值观为本，探讨如何使个人精神快乐和生命永恒的问题。"贵己重生"思想源于先秦杨朱学派。杨朱派的思想纲领是"全性保真，不以物累形"。他们认为：人所追求的首先是个人自身的生存，一切客观事物的意义仅仅在于其是否有利于保全自身生命的存在。如果拿外在的"物"或"天下"与自身相比，论其轻重，则自身的生命为重，而身外之物和天下为轻。因此保全自身生命，使之不受名利物欲的牵累和损害，这是首要的行为准则。显而易见，这种"贵己为我"、"轻物重生"的思想是个人主义的人生价值观。这种个人主义人生观虽有自私狭隘和消极保守的局限性，但与损人利己的极端个人主义是不同的。

杨朱派的学说对庄子有重要影响。庄子悲叹在现实社会中个人生存的无保障和精神不自由，因此吸收了杨朱派贵己重生的思想，强调要珍视个体生命的存在，不要"以身殉物"。只有放弃对名利物欲的追逐，才能避免为物所累。但是与早期杨朱派不同，庄子所要保全的不只是人的肉体生命，更重要的是保全人的精神自由。庄子认识到：人生的自由快乐和生命的永恒，在现实中都难以实现。所以对自由和永生的愿望，最终只能落实为对某种理想人格的追求，在精神上超越自我而达到"逍遥"境界。因此庄子主张忘我、无待。他对生死有极为透彻的认识。认为天地万物的生死变化，都是气的聚散和自然现象。因此不必为生命的短暂而忧伤，为死亡的必然而悲哀。

杨朱派与庄周派的人生观，对后人都有重要影响。魏晋之际，天下分裂动乱，礼教沦丧，生灵涂炭，士族文人痛感人生悲凉，功名利禄不可久恃。因而道家思想复兴，形成魏晋玄学思潮。神仙道教在士族中也有不少信徒，养生避世，服食仙药成为当时贵族社会的风气。庄子主张顺任自然，追求精神自由和超越的人生观，对魏晋玄学家影响极大。

魏晋士族文人对人生的态度是多样的。同样禀承道家宿命天定，自然无为的思想，著名道教学者葛洪却得出完全不同的结论。葛洪对现实人生的短暂悲苦也深有感触，然而他没有因此厌弃人生，故作旷达超脱或自暴自弃，反而更加坚韧的追索着生命的意义。在他看来，人生最可宝贵的是生命，"生之于我，利莫大焉。论其贵贱，虽爵为帝王，不足以此法比焉；论其轻重，虽富有天下，不足以此术易焉"。正因为生命可贵，所以上自帝王，下至百姓，莫不欲长生不死。这种愿望合乎天意，本于人情。从爱惜生命的立场出发，葛洪尖锐地批评了庄子和某些魏晋玄学家不信长生，在生死问题上无所作为的观点。在《抱朴子·内篇》书中，葛洪反复论证神仙可学，长生可求。认为人之性命不完全取决于天命，人类有可能凭借自己的力量和智慧来改变生死命运。只要勤学苦修神仙方术，就能将命运掌握在自己手中，夺天地之造化，制天命而永生。《黄白》篇说："天下悠悠皆可长生也，患于犹豫故不成耳。……《龟甲文》曰：我命在我不在天，还丹成金亿万年。古人岂欺我哉！"这是呼唤人类战胜自然命运的赞歌。

道家所谓的"天道自然",含义复杂,至少可以有两种不同的解释。其一是将自然看作纯粹客观的天地万物演化过程,人类只能随顺自然变化而无所作为;其二是在自然的演化过程中,人类可以主动地适应自然变化,掌握其变化法则,参与物化。以葛洪为代表的神仙道教徒,纠正了对道家自然观的片面理解。他们从爱惜生命的立场出发,坚信"我命在我不在天",长生可为,方术有效,主张为追求长生而积极探索自然和生命的秘密。葛洪所追求的长生成仙固然是虚幻的,人类的技术条件至今还远不能克服生老病死的自然法则,将生命延至永恒。但是葛洪反对消极顺应自然,敢于向世俗认定的常理挑战,并认真总结和研究秦汉以来神仙家的养生长寿方术。这种积极进取的精神,不正是真正的科学家所应具备的品质么?在中国历史上,葛洪及后来的许多道教学者之所以能在医药养生、化学和工艺技术等方面取得许多重要的成就,正是与他们对人生执著眷恋,对生命奥秘的不断探索分不开的。

## 四 重玄之道

南北朝隋唐时代,道教哲学和修持理论有重大发展。当时的道教哲学思想,被称作"重玄学"。重玄学说的主要特点,是融合佛道二教思想,对道体有无、形神关系、性命修炼等问题进行探讨,旨在指导信徒修仙证道,安定身心,解脱生死烦恼,悟入重玄境界。归纳起来,重玄学主要讨论了以下三个问题。

**1. 有无双遣的道体论**

对"道"的认识和解释,是道家哲学的首要论题。《老子》一书首先提出:道既是常有,又是常无;有与无"同出而异名,同谓之玄。玄之又玄,众妙之门"。魏晋玄学家对老子之道有不同的解释。贵无派的王弼认为道体是"无",天下万物是

"有"，无与有的关系是本与末的关系。治国修身都应以无为本，崇本息末。崇有派的裴𬱖则认为老子所说的道，虽"以无为辞，而旨在全有"。无只是假名而非真无，作为万物本体的道，是比万物更真实存在的"全有"。郭象的"独化论"综合贵无、崇有二说，认为无不在有之外，就在有之中。

南北朝隋唐的道教学者在解释《老子》时，认为无论肯定道体是有是无，都是执著偏见，应该有无双遣，"既不滞有，亦不滞无"，而持非有非无的"中道观"；进而执中无中，将遣除偏执的念头也除去，这才是老子所说"玄之又玄"的本意。玄之又玄就是重玄。

重玄学者借用佛教般若学对"真如实相"的论证方法，宣称道体非有非无，亦有亦无，有无不定；道无所不在，而所在非道；道为万物之妙本，而万物实无本可本；道与物不一不异，而一而异；"道不离物，物不离道。道外无物，物外无道。用即道物，体即物道"。这些话听起来就像绕口令，其实质是以既不肯定也不否定的辩证逻辑，来说明道体超言绝象的本性。唯有遣除分别有无、色空的主观想法，方可悟得道体，达到自我与道相通的境界。

**2. 众生有道性论**

重玄学者受佛教讨论"佛性"的影响，也探讨了"道性"问题。所谓"道性"，指一切众生禀赋于道，与道同一的真心本性。重玄家认为：道既非无有，亦非无无，而是有与无对立统一的"妙有真无"。这个真无妙有即是道性。从道体虚寂清静的本质来看，道性是无；从道能应感万物的功能来看，道性是有。道体无形而有用，非物而能应物；道遍在一切，故一切众生皆含道性；道性与众生之性非一非异，是一亦是二。正因为道与众生既相同又有不同，所以众生应该修道，并且能够修道而得道。

隋唐重玄学还吸取佛教心性说，提出道性就是众生清静空寂的真心本性。众生的心性得自道体，本来清静澄明，具足一切功德智慧，但为后天尘缘迷惑染蔽，以致心动神驰，与道隔断。若能方便修行，断诸烦恼，清除污垢，恢复本心，则能复归于道。

### 3. 观行坐忘的修道方法

所谓重玄之道，不仅指非有非无的道体和众生本具的清静道性，更是指导道教徒悟道修心的方法。重玄学者吸取大乘佛教的"观行"方法，作为破除执著妄念，契入重玄的门径。所谓观行，又称内观或定观，是指用非无非有的观点来观察分析身心境物，澄心定念，以期悟得真道。隋唐时出现许多指导内观修行的经典。例如《太上老君说常清静经》，分析世人身心不能常保清静的原因，是受情欲扰乱牵累，能澄心遣欲则心神自然清静。澄心遣欲的要诀是"有无双遣"，使自心既不滞于有，又不滞于无；既不执著于境物，又能与物常应常静，此之谓常清静。能达到如此境界者，方可悟入真道。

王玄览《玄珠录》对观心定心的论述更近于佛教。他认为："心生则法灭"，修心者应该常以无心为心，使心无生无灭。其修心要诀为："莫令心不住，莫令住无心，于中无抑制，任之取自在，是则为正行"。他还指出：求心喻如剥芭蕉，剥至无皮无心处，便是大一（真心）。司马承祯的《坐忘论》则吸取庄子所说"斋心坐忘"为悟道登真方法。其坐忘修心的要诀在收心摄念，使心念不起，"内不觉其一身，外不知乎宇宙，与道冥一，万虑俱遣"。具体修行程序分为敬信、断缘、收心、简事、真观、泰定、得道等七个阶段。在最后阶段，修道者可达到形神虚融，与道合一，超越生死变灭的境界。

从以上简述可以知道：隋唐重玄学是融合佛道思想，兼具道体论、心性论和修心悟道方法的宗教哲学体系。这一学说的出现，使道家老庄哲学的内容更加丰富，并且为后来道教内丹心性修炼提供了理论依据。

## 五 性命双修

道家与道教哲学的根本宗旨是"全性保真",即保全个人生命和自然本性,追求生命的永恒和人性的解放。从尊重自然生命的价值观念出发,结合神仙信仰和养生方法,形成了神仙道教和内丹道派的生命哲学和修炼方术;结合佛教般若学及道家的存神养性论,则形成了道教的心性哲学及识心见性的修持方法。

道教生命哲学从对生命现象的探索中,发现精气是生命的源泉,人体小宇宙与天地大宇宙皆以元精元气的阴阳交感为生成本原,都依赖元气的周流运行而存在。从宇宙生生不息的事实中,道教徒树立起长生可为的信念。认为人通过道术修炼,模拟自然界阴阳消长的周期运行规律,达到"生道合一",即可获得永恒的生命。具体修炼方法大致可分为内修和外炼两大类。外炼即烧丹服药,以丹药固养形魄;内修方法则有导引行气,房中固精,以及存思身中魂神等方术,最终发展为内丹修命工夫。

道教心性哲学讨论心性本体对生命实体的超越和复归问题。性即道性,亦称自然真性。它是人心中本来固有,未曾被世俗尘垢所污染的纯朴本性,是与天道同一的"本我"或"真我"。这个本我正是道家与道教所要追求的理想境界。它超越了生命实体的贪念欲望,不受任何外在物利的诱惑和困扰,自由自在,圆满自足。庄子以这种精神超越逍遥的境界为人生理想,并以神秘的心斋、坐忘作为达到这一理想境界的手段。后来道教重玄学派和全真派吸收佛教思想来发挥庄子学说,提出体道悟玄,识心见性的修道方法,也是以复归本我的精神人格而非肉体不死的神仙作为人生的最终归宿。

从魏晋南北朝至隋唐,神仙道教和重玄学派为追求生命永恒和心性复归的目标,对修仙的理论和方术做了许多探讨和实践。但也出现了不同的偏向。神仙道教的宗旨是通过精气神的锻炼，使自身与道体合一，达到长生不死。神仙道教徒执著神仙实有，追求肉体长生，将生命价值的实现寄托于炼形成仙的目标。殚精竭虑，孜孜以求，自我身心难免受到羁绊。

南北朝隋唐流行的道教重玄哲学，吸取佛教心性论，探讨了道性与人性的关系问题。在讨论中形成了道性即众生未受染蔽的真心本性，故修道即是修心的思想。确定以体道悟玄，复归清静无染的自然本性为最高修持目标。唐代道士吴筠批评了某些道教学者在修炼中只求心性超越，而不肯炼形成仙的主张，提出"形神双修，以有契无"。标明道教重新回到追求长生的立场。因为从道教本身的立场来看，如果只言修性而不讲炼形长生，那就与主张"见性成佛"的佛教没什么区别了。因此道教哲学不能一味地破有说空。

自吴筠之后，主张形神双修的思想在晚唐五代渐成潮流。这时兴起的钟吕内丹派方术，都主张以心性修炼与形气修炼结合。他们改造神仙道教的外丹和炼形术，以自身为鼎器，精气为药物，以阳神控驭精气在自身中依阴阳法则循环运行，凝练成丹，即是内丹。宣称内炼成功，精气神在丹田中凝成不坏的"阳神"，可从顶门自由出入，飞升天界，超出生死。

到了宋元时期，"性命双修"成为道教内丹派修炼的基本法则。北宋道士张伯端认为，儒释道三教宗旨同归于"性命"二字。但是佛教以空寂为宗，主张顿悟圆通，直超彼岸，其教法"详言性而略言命"，未免偏颇。早期神仙道教以炼丹养生为务，欲图长生不死，飞升成仙，但其方术"详言命而略言性"，亦不足取。儒家经书中虽有"穷理尽性以至于命"之说，但其学说宗旨，在序正人伦，施行仁义教化，对性命修炼则言之未详。因此唯有内丹派提倡性命双修，形神俱妙，才是唯一得到三教真传的"最上乘法"。但是张伯端的性命双修是先修命而后修性。其丹法先炼精化炁、炼炁化神而结成金丹，谓之命功；最后炼神还虚，称作性功。与张伯端相对的内丹派北宗（即全真道），则主张先修性，后修命。

# 第十二章 道教仪式

## 一 道教斋、醮的含义

斋醮是道教特有的一个名词，是道教祭祀仪式的总称。其具体名称与种类都非常多，如有金箓斋、黄箓斋、明真斋等二十七种斋法，三皇醮、五岳醮、罗天醮等四十二等醮仪。宋代以后，斋醮习惯地联用，来指称道教的仪式活动。但在历史上，斋和醮的含义是大不相同的。

斋，原意为禁戒、洁净。《说文解字》释曰："斋，戒洁也。"指的是古人举行祭祀活动之前，必须沐浴更衣，戒慎行为，不饮酒食肉，不行房事，使身心洁净，表示对神灵的虔敬，从而达到祭祀目的。古人祭祀鬼神必先斋，故《礼记·典礼上》说："斋戒以告鬼神"。因此，斋就是祭祀前的一种戒洁身心的行为。道教继承了先秦斋为戒洁之说，并总结规范出一套系统化的斋法仪式。《太上太真科》释曰："斋者，齐也，洁也，净也。"《云笈七签》卷三十七《斋戒》说："斋者，齐也，齐整三业。外则不染尘垢，内则五藏清虚，降真致神，与道合真。"因此，道教所谓的斋也是一种与神明勾通之前的斋洁身心的行为。道教设斋降神，有其宗教之功能，或为祷祠祈福，或为忏悔谢罪，或为消灾救病等等，不同的祈祷事相就有不同的斋法形式，因而道教的斋法种类众多。斋的意义也不限于斋洁身心，而是发展为一套程式化、规范化的道教仪式系统，成为道教的宗教形式或外部特征。

在道教早期，五斗米道就有旨教斋、涂炭斋等简单古朴的斋法形式。随着道教的发展和不同道派的出现，道教的斋法也日渐繁多。南北朝时期，陆修静整理编撰斋法，建立了九等斋十二法的斋醮体系，使斋法的主要类型都已具备，而且斋法的主要程式结构都奠定了基本范型，对后世影响深远。唐宋时期，又经过科教大师张万福、杜光庭等人的补充、整理，道教斋法更加完善，其仪式结构基本定型。宋代斋法仍有发展，蒋叔舆、宁全真、王契真、金允中等著名高道都曾整理斋仪，编著了卷帙浩大的斋法仪范书籍。但宋代斋法已渐衰，而与之并行的醮法兴盛。此后，斋法与醮仪逐渐合流，斋醮联称，泛指道教的宗教仪式。

醮，据东汉许慎《说文》释，原意有二：一指古代士人加冠和婚娶时的仪礼，二指祭祀。其祭祀之义来源于民间礼俗，这种礼俗起源于南方的楚和吴。道教继承了醮祭的民间旧俗，并形成自己的醮法仪式。《正一威仪经》称："醮者，祈天地神灵之享也，亦有多种。"南北朝时，醮祭开始流行，如法琳《辨正论》卷二说："从汉末张陵以鬼道行化，遂有道士祭醮。爰及梁陈，盛行于世。"据载，陶弘景曾撰有《众醮仪》十卷，从天地山川、星辰岳渎，及安宅谢墓，呼招魂神，均有醮法。醮祭的仪式也逐渐规范化，据《隋书·经籍志》载："夜中，于星辰之下，陈设酒脯面饵币物，历祀天皇太一，祀五星列宿，为书如上章之仪以奏之，名之为醮。"就是说，在星辰下陈设酒果等物以祭神，是道教醮祭的基本法式。但道教之醮与一般的祭祀，在供品上有差别，所谓"牲牷血食谓之祭，蔬果精珍谓之醮。醮者，祭之别名也"。

醮与斋一样都是道教仪式的大类，但二者在早期有不同的含义与用法。斋以洁净禁戒为主，醮以祭神为义。但二者也并非完全不相干，斋法中临近尾声，须设醮散坛，醮法之先，亦必斋戒。唐末杜光庭整理道教科仪，在黄箓斋法后加入谢恩醮的仪节，使得先斋后醮的仪式程序，立为成仪，成为后世道法的准式。此后的科仪文书，都是自告斋始事，至醮谢散坛。建斋设醮，成为道教常行的科仪。

唐五代以前，斋法居主流地位，醮与之并存，或作为斋仪中的一个环节出现。宋代，醮法兴盛，有压倒斋法之势，宋蒋叔舆称："今世醮法遍区宇，而斋法几于影灭迹绝。"但是醮法多仿效斋法，在仪式程序上与斋法也逐渐相近以至混同。由于斋法与醮仪逐渐混同，斋与醮的区分也不再严格，斋醮时常联用，泛指道教的祭祀仪式。宋蒋叔舆《无上黄箓大斋立成仪》卷八有"修斋醮三百六十分位"之语，《灵宝玉鉴》卷一也有"灵宝斋醮"之说。明代官修的道书《大明玄教立成斋醮仪范》，在道教科仪书籍中，正式将斋醮并称，作为道教仪式的总称。斋、醮合用，难分彼此，以至时人都很难将它们区别。明张萱《疑耀》说，"斋与醮，义异而事同，羽衣家鲜能辨之"。至此，斋醮合二为一，成为道教祭祀仪式的特有名称。

## 二 戒律与清规

所谓戒，是约束道士言行以防非止恶的规诫。张万福称："戒者，防非止恶，进善登仙，众行之门，以之为键。"《道教义枢》卷二释曰："戒律者，如六情十恶之例是也。戒者，解也，界也，止也，能解众恶之缚，能分善恶之界，又能防止诸恶也。律者，率也，直也，慄也，率计罪愆，直而不枉，使惧栗也。"因此，戒和律有一定的区别。戒重在界定是非，防止众恶，律是戒的延伸，作为对触犯戒规者的惩罚条例，使之畏惧。后世往往将戒律统而言之。

早期道教两派太平道和五斗米道，都有自己的教规，称作

"诫"或"道诫"。如《太平经》有"不孝不可久生诫"、"贪财色灾及胞中诫"等,《老子想尔注》要人"奉道诫,积善成功,积精成神,神成仙寿"。这些道诫都是神人的诰谕,教导信徒有所为,有所不为。魏晋南北朝时期,上清、灵宝、新天师道等道派模仿佛教戒律,制定五戒、八戒、十戒等等戒条,作为入道者所要遵守的盟约条文。随着道派的增加及戒律种类的不断增益,至南朝陆修静总括三洞之后,"戒律"就成为十二部之一。以后的道教各派,都不断制订出大量的戒律条文,对道士的行为进行规范。所以道教戒文名目繁多,《洞玄灵宝玄门大义》"释戒律第六"说:"戒之为义,又有详略。详者,太清道本无量法门百二十九条,老君及三元品戒百八十条,观音大戒三百条,太一六十戒之例是也。略者,道人三戒,录生五戒,祭酒八戒,想尔九戒,智慧上品十戒,明真科二十四戒之例是也。"

全真道兴起较晚,其戒律中吸取了以前各道派戒律,受佛教影响也较大。全真道有三坛大戒,按修行的顺序依次为:初真戒、中极戒、天仙戒。初真戒是最基本的戒,主要内容有五:"一者不得杀生,二者不得荤酒,三者不得口是心非,四者不得偷生,五者不得邪淫。"全真道士在受过初真戒后,积功累行,方得再受中极戒,中极戒有三百条。受完中极戒后,积功累行,才能接受全真道最高的戒律即天仙大戒。

道教戒律是道士必需遵守的行为法规。不同的道教宫观还制定有一些宫观内部的规约条文,称为清规或庙规,所谓"国有国法,庙有庙规",庙规是对宫观道士在集体生活中的行为规范,也是宫观对道士施行约束、赏罚的依据。

宫观清规一般都由各宫观自己所立,并且随时代的变化而变化,差异较大。清规一般以张贴文告的形式公布于众,据元道士陆道和编《全真清规》,全真教早期便张贴文榜以公布清规戒律,其中载有《教主重阳帝君责罚榜》,列责罚条规十项,就是一个比较简略的宫观清规。目前发现最早完整的宫观清规榜，是清道光二十三年（1843）陕西张良庙《三乘集要·律堂清规榜》，全榜凡三十六条，依所犯轻重，轻则责罚，重则斥逐。清咸丰六年北京白云观所立清规有二十三条，轻则跪香，如有"开静贪睡不起者，跪香；早晚功课不随班者，跪香……"等条。重则杖出甚至火化示众，如第二十三条称："违犯国法，奸盗邪淫，坏教败宗，顶清规，火化示众。"这样的规条反映了封建时代全真丛林清规的严格，随着封建制度的解体，宫观清规中也不再出现道观自行处死道士的条例，而改为送交官府查办。

## 三 道教的符箓法术

符，不是道教特有的东西，早在西汉以前就出现了符，有符节、符信，以及竹使符、铜使符、虎符等。当时只把这些符作为君臣之间、人与人之间表示征信的器物。

随着两汉天人感应说、谶纬学说的兴盛，符由象征信物的作用演变为具有预测事变的神秘色彩，这时符象征上天的意志，是天命神令的指示，与原始的符信含义，完全不同了。

符文的驱邪治病说实际上是在五斗米道创始人张道陵时期才产生出来。传说张道陵曾往阳山治妖，有毒龙于深水池中兴风作怪，张道陵书符一幅，投入水中，龙妖即逃去。从此，张天师门下就大力宣传画符治病，驱邪伏魔。符文有镇鬼去殃、保护家室的作用。不但对存活于世的人有此作用，就是埋葬死人时，也经常要书画镇墓符。在当时自然科学、医疗卫生落后的社会中，认为人生病，是因妖魔作怪或自己过错。因此忏悔谢过，驱妖伏魔就能痊愈。所以，很容易就接受了张天师画符治病说。魏晋南北朝以来，符文被道教各派采用，符的意义更增添了神秘的宗教色彩。

法师画符用的是毛笔、墨锭、清水、朱砂、五色土纸，或绢、木、竹简、陶瓷、门、窗、墙壁等，作为道符的载体。符文书写多以大、小篆、虫书、云篆、象形画等结合使用。符图的使用，通常外用法为：佩戴、沈水、埋地、贴挂、点涂、洗拭、雕刻等。内用法则为烧灰服用、吞服等。

符文是一种画在纸上的象形会意的文字图形。就其物质结构看，毫无医疗作用。道士宣传它的治病功能，只是道教门内把它看作是从上天那里得到的调遣鬼神权力的兵符或护身符，是驱鬼辟邪、祈禳赐福的发令书。道教的符箓图文是多种宗教意义的集合体，道士们从这种奇妙莫测的文字中寻找精神寄托，在幻想中体现对自然、对社会的征服心理。它作为人与神、人与宗教世界主宰力量沟通的媒介，这是宗教超灵感应的体现，是人类希求借助他力来战胜现实社会中邪恶、灾害的精神力量的象征。

箓，通常记录有诸天官曹名属佐吏的法牒，牒中必有相关的符图咒语，所以又通称法箓。道士们认为箓文是上天灵气衍化而成，布于笔墨，才成了龙篆章文。箓文是道士个人修身立业，迁升道职的证书，没有为他人防灾除疾的作用。据此，"箓"类似官方文书，以证明道士的身份与成就，依其修行功力境界的不同，由低级到法师高真，授予不同的箓牒文书，文书中亦按等级绘有多少不同的神像、星宿、诸天曹神官兵吏的名称、数额和职能。符箓中还常配有相关的符咒、戒令。修道层次越高，听召天神越多，法力越灵验。因此，道箓便成为道教教法中重要组成部分。

符箓咒术创自东汉，魏晋时期得到发展。道徒入道，首先要拜师传授经文法箓，不同道派，不同等级的道士所受经箓不同，如：上清道派受上清大洞经箓，天师道派受正一法箓，灵宝派受灵宝经箓。因此，道箓又成了道士门派，迁升道职的文凭证据。至唐代，已形成了完整的符箓道派传承经戒法箓的制度和方法，为了增加箓文的神秘性、宗教灵验，法师们把箓文说成是太上神真的灵文、九天众神的法言。因此，箓文的绘制采用象征云霞烟雾的篆体，排列众多天仙神祇名号，道士做法事时，主要依靠驱使箓文中的功吏官属，所以，要背熟箓文内容，成为做法事的凭借。

## 四　道士的称谓

　　道士的称谓，有些是习惯性和礼仪性的，如称道长、大师等；有些则是职司性和身份性的，如方丈、监院、三洞法师等。按照道教的传统，称谓可分为两大类。一类是神前上表奏章疏、祈请祷告时的自称，这一类与所受经书戒箓及所在道阶有关，按照道教的教规，受相当的经书戒箓及相应的道阶后，可以在神前称"臣"，所以这一类自称，近似于世俗臣僚向皇帝上奏疏时的题署，内容包括爵箓官职，道士上章则要写明道阶法号等。另一类则是日常礼仪性和习惯性的，包括道上的互称、世人对道士的称呼等。《洞玄灵宝三洞奉道科戒营始》说："道民、贤者、信士、善男子、善女人、行者，皆是道士女冠美前人之称，非是词状控告之限。即法师、大德、尊师、上人，是外属男子美出家之称，亦非启奏表请之且。又如贫道是出家之谦词，弟子是在俗之卑称，复非三宝前所用，此又异三洞弟子法师之称。"其中，所谓"词状控告"、"启奏表请"、"三宝前所用"，都是指神前奏章时规范化、格式化的自称，此为一类。其他出于礼仪性和习惯性的为一类。

　　神前奏章时的自称，实际上就是道教的教阶。礼仪性和习惯性的道教称谓，有些也是从教阶制度中变化出来的。变而为礼仪，就成为道教的某种标志。再相因而成习惯，说明这种标志得到了教内外的承认。

　　站在道教自己的立场上看，各种称谓都有特定的涵义。道教制立称谓名目,实蕴涵了某种宗教追求。例如:道士。《太上太真科经》云:"凡开辟之初,圣真仙人皆宣道气,立法相传,同宗太上,俱称学士。以道为事,故曰道事。道事有功,故号道士。道士者,以道为事。"又如:先生。《敷斋威仪经》说:"学士若能弃世累,有远游山水之志,宗极法轮,常坐高座读经,教化愚贤,开度一切学人也。若复清真至德,能通玄妙义者,随行弟子同学,为称某先生。其人钧深致远,才学玄洞,志在大乘,当称玄静先生,或游玄先生,或远游先生,或宣道先生,或畅玄先生。略言其比,不可胜载。须世有其人。学者称夫先生,道士也。"从以上数例可以看出,道教的称谓已经形成某种教规制度或礼仪习惯,道士的称谓有许多,如天师、正一真人、大德、女德、女冠等,其中许多对于研究道教史都有名物训诂方面的参考价值,但现在都废弃了。

现在教外人称道士,一般通称为"道长",不分男道士和女道士。叙述性的称谓,则男道士为"乾道",女道士为"坤道"。教内年龄相若者,一般互称"师兄"、"道友",不分男女或派别。对年长道士,有些地方性的习惯,如西北地区多称"某爷",而西南则多称作"某大师"。宫观内一些道士的称谓与职司有关,如方丈、监院、住持,后二者在习惯上又称作"当家"。近年各种道教协会组织多所成立,与职司相关的称谓,又有"会长"等。

## 五 道教的重要节日

道教节日与道教的神真信仰和宗教生活密切相关,在不同的节日,一般要举办相应的斋醮法事,不但道士集会,而且影响到民俗活动,有大量的朝观香客,风俗相沿,形成"庙会"。

因为与民俗活动早有关系,又吸收中国传统节气时令,所以道教的节日很频繁。春秋二分、冬夏两至,即道教的八节斋。

所谓"祀祠同俗",是因为道教本即产生于中国的世俗社会,民间文化及习俗,是道教的一个重要来源。

曾在教内外流行的主要道教节日,大约有如下列。

(1) 三会、三元。三会日和三元日,据说都是五斗米道的节日。但从见存资料看,三元日似乎是从三会日演变出来的。自隋唐以降,三元成为道教的重要节日,如《要修科仪戒钞》卷八引《玄都大献经》说:"正月十五日,天官校戒,上元斋日;七月十五日,地官校戒,中元斋日;十月十五日,水官校戒,下元斋日。此三日能斋,三官勒名善簿。"上元节即民俗之"元宵节",又衍传为天师张道陵的诞辰。七月十五是道教的中元节、佛教的盂兰盆节,民俗则称作"鬼节",保留了古代五腊祭鬼神的遗风。

(2) 戊日。戊日是道教的重要忌日,道教称作"戊不朝真"。其法是以干支纪日,逢六戊日,即戊子、戊寅、戊辰、戊午、戊申、戊戌,关闭殿堂,不上香,不诵经,殿堂门上悬挂戊字牌。此六戊为"明戊"。另有所谓"暗戊",如四月的寅日、八月的申日等,精熟此道者亦为忌日。

(3) 祖师诞辰。道教是多神教,既有各宗派共同崇拜的三清四御尊神,也有宗派各自崇拜的祖师神。前者反映出道教的基本信仰及教义,后者则多与地方性的民俗活动有关,演绎为影响不等的道教节日。其中许多都是相因成俗的,若详加案考,则往往有不合史实者。不过,道教节日终归是习惯的宗教活动和民俗活动日,我们即依道教习惯,简列其祖师诞辰如下。

正月三日,全真七子之孙不二、郝大通诞辰。

正月九日,玉皇上帝诞辰。

正月十五日,天师张道陵诞辰。

正月十九日,全真七子之丘长春诞辰,即燕九节。

二月初一,全真七子之刘长生诞辰。

二月三日,文昌帝君诞辰。

二月十一日，太上老君诞辰。
三月初三，真武大帝诞辰。
三月十八日，全真七子之王处一诞辰。
三月二十八日，东岳大帝诞辰。
四月十四日，吕祖纯阳诞辰。
四月十四日，钟离权诞辰。
四月十八日，紫微大帝诞辰。
五月初一，南极长生大帝诞辰。
五月十三日，关圣帝君诞辰。
五月三十日，全真七子之马丹阳诞辰。
夏至日，灵宝天尊诞辰。
六月二十三日，火祖诞辰。
六月二十四日，雷祖诞辰。
六月二十五日，二茅茅固诞辰。
七月十二日，全真七子之谭处端诞辰。
八月一日至二十七日，北斗星下降之期。
九月一日至九日，南斗星下降之期，即九皇会。
九月初九日，王重阳诞辰。
十月初三，大茅茅盈诞辰。
冬至日，元始天尊圣诞。
十二月初二，三茅茅衷诞辰。
十二月二十三，灶神升天日。

# 第十三章　道教宫观与神灵信仰

## 一　道教宫观的源起

中国现行五大宗教，在宗教活动场所的称谓上，以道教最为复杂，诸如祠、庙、府、洞、道院等等，最常见的，是某某宫或某某观。

称作宫观，有一个历史过程，《道书援神契》说："古者王侯之居，皆曰宫，城门之两旁高楼，谓之观。殿堂分东西阶，连以门庑，宗庙亦然。今天尊殿与大成殿，同古之制也。"自秦以后，宫为帝王皇宫、行宫之专称。观是皇城城门两侧的建筑物，登高可以望远，取义而名为观。又或称作阙。观的本义如此，用来指称道教庙宇，则起源于汉，相沿于北朝，通行于唐代。

道教中有个传说，出《楼观先师传》，称周康王时大夫尹喜，曾于其居结草为楼，用以观星望气，物色真人，因起名为楼观。老子出关西行，尹喜延请至楼观，于是为说《道德经》等。推此为道教之始，道庙称观由此创例。楼观大概就是最早的道教宫观。

由于道派源流不同，所处地域也不同，五斗米道的活动场所不称作观，而称为治、靖室，作为其流系的南朝天师道，又多取名为馆。

南方道教由道馆变而称道观，与北方道教相同，是入唐后日渐通行的，且多为朝廷敕建并赐额。如唐高祖武德三年改楼观为宗圣观，唐太宗为王远知在茅山造观一所，等等。

道观升格而为宫，是从唐玄宗时开始的。玄宗开元二十九年，制两京及天下诸州各置玄元皇帝庙，天宝元年改两京玄元庙为太上玄元皇帝宫，次年，复改西京玄元庙为太清宫，东京为太微宫，天下诸郡则为紫极宫。宫中供奉圣祖大道玄元皇帝。至宋徽宗时，听信道士林灵素言，自称太霄神君，诏改天下天宁万寿观为神霄玉清万寿宫，供奉长生大帝君、青华帝君像。自此以降，道教庙宇称作宫观，成为普遍的现象。

## 二 著名的道教宫观

道教宫观，全国各地都有，特别是名山都邑，都有建筑规模宏伟的宫观。现择其中部分著名的宫观，略作介绍。

白云观。其前身是唐玄宗时建造的玄元皇帝庙。后改为"天长观"。天长观屡毁屡建，最终沿革为今日坐落北京城西南隅的白云观。白云观至今仍珍藏有唐刻玉石老子像。天长观在金世宗大定十四年（1174）曾完成一次大规模扩建，准额"十方大天长观"，成为当时北方最大的丛林制道观，并由单独供奉老子发展为奉祀三清、玉皇等。后改名太极宫。元太祖二十二年（1224），全真龙门派祖师丘处机住持太极宫，元太祖谕旨改名长春宫。丘处机死后，其弟子埋其遗蜕于处顺堂。明永乐年间以处顺堂为中心进行扩建，明正统八年改称白云观。白云观遂为全真龙门派祖庭。

白云观现存建筑系清康熙四十五年（1706）重修，有彩绘牌楼、山门、灵官殿、玉皇堂、老律堂（七真殿）、丘祖殿和三清四御殿，东西两院另有吕祖殿、元君殿、元辰殿等。中华人民共和国成立后曾对白云观进行多次整修。1957年中国道教协会成立，会址设在白云观。白云观也是北京市的一处名胜，每年春节期间及丘处机诞辰，观中都要举行庙会和醮事，参访者熙来攘往。

楼观。在陕西周至县终南山中，是道教最古老的宫观。传说周代关令尹喜在此结草为楼，老子西行时，尹喜迎之执弟子礼，老子在此讲授《道德五千言》。这里有说经台、炼丹炉、系牛柏、栖真亭、宗圣宫等道教圣迹。楼观是全国道教重点宫观之一。

玄妙观。在苏州市内。始建于晋武帝咸宁年间（公元276），名真庆道院。后屡毁屡建，元代始改名玄妙观。观中藏有唐吴道子画老君像碑刻。玄妙观是道教正一派的主要道观。

青羊宫。在四川成都市。相传创于周，初名青羊肆。唐僖宗时改名青羊宫。现存建筑为清康熙时重建，主要圣迹有铜羊、降生台、说法台、紫金台、八卦亭等。青羊宫现为全国重点道观之一。

三元宫。在广州越秀公园一侧，是我国南部香火最旺的道观。相传东晋时葛洪之妻鲍姑曾在此结庐修道行医，称越岗院道场。现存主要建筑为明清时重修。康熙年间，三元宫成为全真丛林之一。

玉隆万寿宫。在江西南昌西山。相传原为东晋许逊故宅，里人为建许仙祠。南北朝时，改名游帷观。宋徽宗赐额为"玉隆万寿宫"。元明清时屡毁屡修。现存建筑有高明殿、谌母殿、三清殿、三官殿和关帝殿等，系1984年后重加修复的。该宫为净明道派的祖庭。

太清宫。在辽宁沈阳市。清康熙二年由全真龙门派道士郭守真创建，原名三教堂。后更名太清宫。有老君殿、关帝殿、玉皇阁、吕祖楼等殿宇。为东北地区道教第一十方丛林。现为全国道教重点宫观之一。

无量观。在辽宁鞍山市东20公里的千山上。建于清康熙初年。无量观依山因景而造，观内地势起伏，高下交错，殿堂成阶梯状层层高升。主要有老君殿、三官殿和慈航殿等。该观为全真道十方丛林。现为全国重点道观之一。

总之，道教的著名宫观还有很多，它们分布于五岳名山及都市大邑，如东岳泰山有岱庙和碧霞元君祠等，中岳嵩山有中岳庙、崇福宫等，西岳华山有玉泉院、东道院、镇岳宫等，南岳衡山有南岳庙、黄庭观等，北岳恒山有北岳庙、会仙府等等，都是著名的道教宫观。在青城、武当、罗浮、崂山、龙虎山等道教名山，也分布着许多大大小小的著名道观。

## 三　道教的神灵谱系

道教是多神教，信奉的神仙很多。道教的神灵体系在历史发展中也是不断扩充而形成的，早期道教称老子为太上老君，为道的化身，是道教的至上神。此后，有以元始天王为至上神的，至南朝陶弘景撰《真灵位业图》时，他根据神灵位业的高低初步构筑了一个庞大的神灵谱系。南北朝以后，道教神灵谱系继续演变，历唐迄宋，道教的神灵体系大致定形为以三清、四御为首，汇集诸多天尊、星官、岳渎之神，以及历代得道仙真和不断充实的民间俗神；同时，道教还有相应的诸多体内身神，共同构成了庞杂的神仙系统。但是随着历史阶段的不同，宗派的不同，崇拜的神仙也有差异，因此道教的神灵谱系也处于一定的变动之中。

道教神仙体系中，以尊神为首要的神系。所谓尊神，指大批的天尊，这些尊神的特点是地位崇高，而他们的来历都不在凡间。其中地位最高的尊神是三清尊神。所谓三清，指玉清境清微天元始天尊、上清境禹余天灵宝天尊、太清境大赤天道德天尊之统称，他们是道教中的最高神灵。地位仅次于三清尊神的是四御天帝，所谓四御，指昊天金阙至尊玉皇大帝、中央紫微北极大帝、勾陈上宫天皇上帝、后土皇地祇等四位主宰天地事务的天帝，四御的徽号是在宋真宗、宋徽宗时所加。四御中以玉皇大帝的影响最大，一般人观念中视它为最高神，其实在道教神谱中它居于三清之下。

　　道教的尊神，还有十方诸天尊、圆明道母天尊、三官大帝、真武大帝、文昌帝君、太乙救苦天尊、太乙雷声应化天尊等等。道教还有日月五星、五斗、二十八宿、风雨雷电、五岳五镇四渎河海之神、山川社稷之神等等。

　　在道教的神仙体系中，有一类特有的神，称为仙真，指那些超脱尘世、有神通变化、长生不死的人，所谓"老而不死曰仙"。道教经书中，一般把仙人分为九品："一上仙，二高仙，三大仙，四玄仙，五天仙，六真仙，七神仙，八灵仙，九至仙"等。道教所崇奉的仙真很多，刘向撰《列仙传》记古代传说的仙人70多名，葛洪《神仙传》记神仙90多名。此后，仙人队伍不断壮大，至元代赵道一编《历世真仙体道通鉴》，始自黄帝，下逮宋末，集录仙真745人，《续编》集录34人，《后集》收录女仙120人。明清以降，传说的得道仙真，时有增加。

　　道教的神仙体系中，比较特殊的是体内诸神。道教认为，人身的每个部位都有相应的神执掌，如脑神精根字泥丸、发神苍华字太元、眼神明上字英玄等等。如法存思身中诸神，即可延年益寿，长生成仙。这些身神，与外在的神仙世界是相通的，道士在做斋醮仪式时须请出自己的身神，派往各处执行使命。

# 伊斯兰教

## 基础知识

# 第十四章 历史演变

## 一 伊斯兰教的兴起和传播

### 1. 穆罕默德和伊斯兰教的兴起

伊斯兰教起源于公元 7 世纪的阿拉伯半岛。其先知穆罕默德是半岛西部商业城镇麦加的一名部落成员。穆罕默德出身于麦加古来什部落哈希姆氏族。他大约于公元 570 年出生。出生时，其父阿卜杜拉已经亡故。6 岁时其母阿米娜死于从麦地那返回麦加的归途中。之后，其祖父穆塔里布和伯父塔里布相继担负起抚育孤儿的责任。他所属的哈希姆氏族，是古来什部落的核心氏族之一，但不是麦加居统治地位的富商贵族。他从小没有受过教育，要从事放牧一类的劳动。传说在 12 岁时，他曾跟随伯父参加一支商队前往叙利亚，在归途中遇见一位叫贝希拉的基督教隐士。这位隐士在他的两肩之间发现有先知的印记，嘱咐他的伯父要防范犹太人加害于他。以后衍生的许多类似传说，都是以此为蓝本的。成年以后，他还必须到氏族以外去谋生。在 25 岁时，他受雇于诺法勒族的赫蒂彻，替她经理商务。赫蒂彻的前夫从事商业，家道小康，她在丈夫死后独自支撑门户。她向穆罕默德提婚时，据说年届 40。结婚后，穆罕默德的生活发生重大转折，从此摆脱为人帮佣以维持生计的贫寒困境，有了闲暇去思考郁结于心的种种问题。但对他结婚后到"为圣"

前的15年生活，我们仍然一无所知。据说，他在35岁时得到了"艾敏"（忠诚可靠者）的称号，反映他的社会地位有了提高。

穆罕默德将近40岁时，据说经常去麦加城北希拉山的一个山洞静居隐修，沉思冥想。约在610年的一天夜晚，他在希拉山洞里突然接到了"启示"。事后，他得到了赫蒂彻和韦赖盖的支持，肯定这是他"蒙召"的"天启"。不久，他又奉到"启示"："你应当起来，你应当警告"（74：2）——他作为族人的警告者，浩劫的预言者，负有制止现世罪恶的使命。

最初，穆罕默德只在至亲密友中传道。最早的皈依者是他的妻子赫蒂彻、堂弟阿里和释奴宰德。在家庭以外，最重要的人物是艾布·伯克尔。经过三年的准备和酝酿，约于公元613年穆罕默德开始公开传道。这时，他还不是一种新宗教的自觉传播者，仅确信自己有责任向族人传达警告，号召改悔，以避免在即将来临的末日审判中遭受天罚。他的传道没有遇到强烈反对，很快就集合了40多名信徒。这批早期信徒中，有麦加统治家族的失意子弟，中小氏族的重要成员，各氏族的依附民、释奴和奴隶。这些人比较深切地感受到了贫富分化的后果，或者出于自身受到不同程度的损害和排挤，因而对于背弃传统道德，不顾一切地聚敛财富和控制贸易的时尚极为不满。穆罕默德向他们宣告的"启示"，恰好提供了对现实的说明。从早期经文看，传道的核心是死者复活和末日审判，没有直接提出任何社会改革的主张，甚至既没有强调真主独一，也没有谴责多神崇拜。但是，经文指责排斥近亲穷人，欺凌孤儿弱者，侵吞财产，唯利是图的行为，宣布末日审判是对个人道德行为的清算，而不考虑血缘和氏族。正是这些以真主名义发布的启示，直接或间接地抨击了麦加富豪的世俗观念，鲜明地触及社会现实，因此能拨动民众的宗教心弦，激起热烈反响。

公元615年，穆罕默德号召信奉真主独一，公开攻击偶像崇拜，伊斯兰教的发展进入新的时期。麦加贵族对穆斯林的迫害日甚一日，据说有两批穆斯林先后迁往阿比西尼亚避难。穆罕默德及其主要信徒依赖氏族的保护继续坚持传道。麦加上层的反对似乎更多的是出于政治经济原因。他们担心穆罕默德的传道会影响部落统一和贸易收益，至少会损害麦加作为集市和朝拜中心的地位。部落首领肯定预感到穆罕默德作为先知的政治含义。他们同样还会意识到，启示的道德诫命与他们的致富手段和价值观念的尖锐对立。对穆罕默德来说，早年的艰难身世和哈希姆氏族的窘迫处境，使他对富人和部落贵族持批判态度。对于中小氏族的同情及对麦加现实的否定，势必要否定维护既得利益的部落宗教。因此，真主与偶像不能并存的信念，随着反对和迫害逐步升级，一步一步地推动他走向宗教革命。

公元617年，麦赫祖姆氏族首领艾布·贾赫勒组织全部落对哈希姆和穆塔里布氏族实行"联合抵制"：断绝商业往来和通婚。这时，虽有哈姆泽、欧麦尔等重要人物入教，穆斯林的处境仍无改善。到619年，赫蒂彻和艾布·塔里布相继去世，穆罕默德不久就失去了氏族的保护。他不得不到部落之外谋求发展。在麦加周围的游牧部落中，他遭到拒绝，前往塔伊夫活动，结果被驱赶出来。只是在取得另一氏族的庇护后，他才得以返回麦加。

转机发生在622年。当年有6名麦地那人在乌卡兹集市上遇见穆罕默德，接受了他的教义。翌年，12名麦地那人再次前来，大概就邀请穆斯林迁往麦地那一事，达成初步协议。622年夏季，75名代表来到麦加秘密会见穆罕默德，起誓服从和保护他。大约在3个月内，穆斯林分批离开麦加前往麦地那。最后，穆罕默德和艾布·伯克尔避开麦加人的防范，于9月24日抵达麦地那。这就是"希吉拉"，一项经过两年谈判和计划的重大行动。17年后，哈里发欧麦尔决定，以迁徙当年的阴历岁首（7月16日）作为伊斯兰教历元年元旦，标志历史新纪元的开始。

麦地那位于麦加西北约400公里，是个面积约30多平方公里的绿洲。居民主要以种植椰枣和谷物为生，一连串的村舍寨堡散处于枣椰林和耕地之间。在那里，农业生产趋向于家族分散经营，争夺良田的战争又刺激了私有观念的发展。渴望掠夺致富的动机，使耕地毗邻、村舍相望的氏族间频繁地发生冲突。从赫帖卜战役起，仇杀和战争延续了近50年，卷入的规模和残酷的程度逐步升级。到617年，终于把所有的氏族都卷了进去，爆发了布阿斯战役。在犹太部落的支持下，奥斯人打败了一直占上风的哈兹拉吉人，但双方均遭到惨重损失，暂时处于不战不和状态。在这种状况下，每个人随时都有可能遭到袭击和谋杀，因而不敢冒险离开氏族聚居的村舍和寨堡。在缺乏驾于部落之上，具有足够力量制止双方冲突的权威，又无一位超脱于敌对双方的强有力人物来进行仲裁和维持和平时，双方面临着同归于尽的灾难。这时，他们在穆罕默德及其教义中，看到了一位具有宗教权威的阿拉伯领袖以及结束仇杀的希望。他们邀请穆罕默德，主要不是把他作为尚未定型的新宗教的先知，而是按照传统惯例解决争端的仲裁人。伊斯兰教对他们的效用，首先还不是作为一个新宗教，而是保障安全和恢复秩序的政治权威和社会制度。因此，到了麦地那后，穆罕默德就有可能突破氏族制的外壳，以信仰为纽带建立一个完全新颖的社团"乌玛"（Umma）来满足现实的社会需要。

《麦地那社团章程》宣布，乌玛是不同于其他部族的统一社团，开始还是一个由不同血缘和信仰的全体居民组成的地域性组织。乌玛的首要目标是制止内部仇杀。在一切争执提交并服从真主及其使者仲裁的要求下，具有立法权的政治权威开始确立。同时，乌玛还取代氏族为每个成员担负偿付赎金和血金的义务，并尽量调整内部关系以适应社会发展的趋势。乌玛的对外职能是反对共同的敌人。章程宣布的敌人是麦加的古来什人。

穆罕默德在建立和巩固麦地那社团、制止内部仇杀后，就开始对麦加的攻击。公元624年，他亲自率队伏击麦加的一支大型商队。商队事先得到风声，改道返回了麦加。穆斯林在白德尔与麦加的援军遭遇，结果以少胜多，杀死了艾布·贾赫勒等反对派领袖，缴获不少战利品和俘虏。这场小规模的冲突，作为真主福佑的证明，使伊斯兰教赢得了麦地那人的信服，并为穆罕默德的权威奠定了牢固的基础。

按照阿拉伯人的传统，袭击商队是一种正常的应急手段。通过劫掠战利品，麦加来的迁士可以摆脱经济上对麦地那辅士的依赖，并提高社团的实力和威望。对麦加人来说，北上的商路是经济命脉，因此必然要竭尽全力来铲除这一致命的威胁。625年，艾布·苏富扬率兵在伍侯德一役挫败穆斯林后撤军。经过两年的准备，他组成一支万人联盟军前来决一胜负。穆罕默德下令在麦地那北部易受骑兵冲击处挖壕固守。联盟军围攻40天一无所获，终因粮草不足、人心涣散而溃退。这次战役后，穆斯林在战略上由防御转入进攻。

在麦地那内部，穆罕默德起初面临着许多困难。政治上持观望态度的"伪士"，一度拥有强大的势力。他对他们始终采取安抚政策。后来由于伊斯兰教带来明显的利益而使他们转变态度。对于麦地那的犹太部落，他曾希望得到他们的支持并承认他是《申命记》中预言的先知。为此他采用了犹太人的一些习俗和仪式，例如以耶路撒冷为礼拜朝向，遵奉中午的礼拜和"阿术拉"斋戒日。但犹太人极力否认他的先知身份，诋毁他的教义，导致穆罕默德与他们决裂。他改变礼拜朝向，确定易卜拉欣为克尔白奠基人和朝觐发起人，规定莱麦丹月为斋月，从而给伊斯兰教涂抹上鲜明的阿拉伯民族色彩。在军事上，他抓住每次战役后的时机，对犹太部落实行各个击破，逐步消除了犹太人的威胁，到公元627年末，麦地那社团就成了单一的穆斯林社团。

公元628年春，穆罕默德获悉麦加有人主张妥协，就号召利用朝觐向麦加进发。由于结盟的游牧部落没有响应，他与古来什部落订立侯德比叶协议，实际上对麦加作了让步。为了平息穆斯林的偏激情绪，他于夏季挥师北征，攻陷犹太人的据点海巴尔绿洲。绿洲的土地仍由当地居民耕种，但须缴纳50%的贡赋。公元630年，一起偶然事件破坏了侯德比叶协议，穆罕默德乘机出兵占领麦加，下令捣毁克尔白的全部祭坛和偶像，但赦免了麦加的居民。接着，他又在侯乃尼击溃一支正在集结的部落联盟军，穆斯林社团成了半岛最强大的军事力量。公元631年，他率军北征塔布克，那里的基督教和犹太教部落望风归降，以缴纳贡赋换取穆斯林的保护。当年，半岛各地的阿拉伯部落纷纷前来表示归顺。朝觐时，他派艾布·伯克尔带队前往。随后又命阿里赶去宣布：四个月后非穆斯林不得进入麦加；若不皈依伊斯兰教，以前与各部落所订盟约均将废除。这一"禁朝"的命令毫无阻碍地得到遵守，充分说明了伊斯兰教的影响和力量。

公元632年，穆罕默德亲临麦加指导，参加第一次只有穆斯林前往的朝觐。他改革了旧的宗教仪式，发表了著名的"辞朝"演说，宣告了伊斯兰教的胜利。三个月后，他在麦地那因病逝世。

伊斯兰教尽管产生于麦加，但其主要特征却是在麦地那时期初步定型的。长期的部落战争造成的严重灾难，产生了对超越部落之上的权威的需要。麦地那社团正是适应这种需要而建立的。由于隐蔽在共同信仰中的地域关系取代了原有的血缘关系，它就成了第一个突破氏族制外壳的新型社团，开始了对阿拉伯部落社会的根本变革。真主是国家最高权力的象征，顺从真主及其使者成为首要的宗教义务。穆罕默德在宗教统一的号令下制止部落战争的努力，符合广大部落民的利益和愿望。穆斯林之间的教胞关系，为阿拉伯人提供了一种远比血缘关系更为稳固和广泛的社会纽带，成为建立统一的民族国家的前提。

麦地那社团建立后，面对大量的政治、军事和社会问题，启示的内容转为以"立法"为主题。这些"《古兰经》的立法"，根据现实的需要，对社会结构作了一系列的改革。其中关于财产继承和婚姻制度的改革最为重要。穆罕默德通过遗嘱制度确认了个人支配私有财产的权利，否决氏族的所有权；同时逐步改革父系男亲属分配遗产的惯例，肯定了直系血亲（包括女子）的继承权。这些规定本身说明，个人、家庭和社团（国家）正在取代氏族和部落成为社会的基本单位。与此相关的是对家庭和婚姻制度的改革，鼓励建立稳定的一夫制家庭。其中最为引人注目的，是规定了妇女或寡妇改嫁前的"待婚期"，以确定是否有孕。这一规定的目的，显然是要辨明亲生子女确凿无疑的身份，以保证将来以亲生子女的资格继承遗产。不过，穆罕默德的中心任务仍在于将麦加时期的教义付诸实践。他始终坚持"真主独一"的教义，逐步形成洁净、宣礼、礼拜、斋戒、天课等礼仪制度，大都简单易行。他的宗教理想和信条必须与现实生活相适应，他完成的社会改革，顺应了由部落向民族和国家的发展。因此，他的逝世并没有带来伊斯兰教的瓦解，而是紧接着出现了一个新的发展高潮。首先是阿拉伯人的军事扩张和对外征服，随后伊斯兰教发展成为世界宗教。

## 2. 伊斯兰教的发展和传播

穆罕默德去世后，半岛各地的部落以此为由拒纳天课，否认麦地那政权的统治权。首任哈里发（继任人）艾布·伯克尔发兵讨伐变节部落，用武力迫使他们重新归顺。伊斯兰教成为阿拉伯民族政治统一的号令。对阿拉伯人来说，在皈依与死亡之外别无选择。凭借战争迅速统一起来的各部落，立即转入劫掠异教徒的"圣战"。对外征服的政策，是由全面禁止部落战争和游牧民对劫掠的经济需要决定的。随着阿拉伯人在伊斯兰教旗帜下的统一，他们"为主道奋斗"的热忱在经济利益的推动下，必然要走向对外征服的道路。

欧麦尔哈里发执政时期（公元634~644），伊斯兰教掀起了第一次对外扩张的高潮，拜占廷和波斯萨珊两大帝国已在长期的战争中耗尽力量，还由于内部的社会矛盾和宗教纷争酿成严重的政治危机。因此，阿拉伯军队的征服没有遇到居民的激烈抵抗，在某些地区还得到居民的支援。在30年内，经过一系列战斗，穆斯林击溃了拜占庭军队主力，灭亡了萨珊王朝，哈里发统辖的版图从中亚的乌浒水伸展到北非的小流沙。

对外征服的辉煌胜利，使伊斯兰教成为征服民族的宗教，具有自信、强大和向外扩张的特征。穆斯林把外部世界视为"战争地区"，实行军事征服。在征服地区，对臣民的宗教信仰持宽容态度。以保护者自居，不干预民政和宗教事务。伊斯兰教的教义简明，礼仪易行，作为一种朴实平等的新信仰和令人敬畏的道德力量，足以与基督教和祆教相抗衡。脱胎于氏族社会的穆斯林社团和阿拉伯人的部落传统，对于长期呻吟于奴隶制暴政之下的民众，无疑有吸引力。他们感到无论是税收还是其他事务，新的枷锁比旧的枷锁要轻得多，政治统一和社会安定是民众的渴望，也符合经济发展的需要。阿拉伯人集中居住的军事营地巴士拉、库法、凯鲁万等，因得自各地的战利品而富庶，吸引新皈依者不断涌入，很快发展成为重要的政治经济中心。这些城市是伊斯兰教传播的基地，也是新的伊斯兰文明的发源地。

随着麦地那社团向世界帝国过渡，穆斯林内部的矛盾日趋激化。公元656～661年，哈里发奥斯曼被刺后，围绕争夺哈里发职位的斗争，爆发伊斯兰教第一次内战，衍化出哈瓦利吉派和什叶派。最后，叙利亚总督穆阿威叶取胜，建立了伍麦叶王朝，标志阿拉伯军事贵族统治体制的建立。公元680～684年，第二次内战爆发。阿里次子侯赛因应邀赴库法主政，在卡尔巴拉与伍麦叶军队遭遇，悲壮罹难。此后什叶派开始有了真正的发展。伊本·祖拜尔在麦加自称哈里发，得到大部分地区拥戴。终因坐失良机，功败垂成。随着伊本·祖拜尔阵亡，神权贵族政治上恢复统治的企图宣告结束。他们作为宗教反对派，始终坚持神权政体的理想，继续在教法和教义领域发展伊斯兰教的各个宗教学科。

伍麦叶王朝前期，在加强中央集权、完成政治制度和统治机构阿拉伯化的同时，掀起了对外扩张的第二次高潮。在西部，穆斯林占领整个北非和西班牙，往南扩展到中亚"河外地区"和印度河流域。穆斯林军事力量在公元710年左右达到顶峰，在这以后，对外扩张逐渐趋于停顿。

阿拉伯军事贵族的特权统治，引起了平民阶层的反抗。他们是新入教的非阿拉伯人，也包括未能名列部册领取年金的阿拉伯人，主要是为了逃避赋税，农民大批拥入城市，变成阿拉伯部落的庇护民。但统治者出于财政考虑，并不欢迎非阿拉伯人的皈依，甚至采取严厉措施，强迫他们重返家园，缴纳先前的赋税。随着整个社会的伊斯兰化，平民的人数大大超过阿拉伯人，并在宗教、文化、军事等方面占据显赫地位。他们作为穆斯林，在教义上享有平等地位，理所当然地要求社会和经济平等。这是伊斯兰教明确许诺的权利。可是，伍麦叶王朝是以阿拉伯人统治多数缴纳赋税的非穆斯林为基础的。对新入教者实行平等，就会减少税收和增加支出，导致国家财政的崩溃。代表平民愤懑情绪的什叶派和哈瓦利吉派起义，与其说是反阿拉伯人的民族起义，还不如说是反阿拉伯贵族统治的社会运动。起义的首要目标，是打破阿拉伯贵族对政治权力的垄断，希望恢复早期的神权政治和正统教义，实现政治和经济的平等。在"还政于先知家族"的号召下，终于发动了以平民为主力的大起义，新的阿拔斯王朝于公元750年粉墨登场。

这样一次重大的政治变革，反映伊斯兰教本身有了不可忽视的发展和加强。以征服民族为统治者的社会结构瓦解后，新的官僚专制政体不再以血缘和民族排斥为基础。包含多民族的穆斯林平民成为社会的主体，伊斯兰教是这一社会各阶层的联系纽带。各种古代文化在新的基础上融合发展。这样就为伊斯兰教开创了一个内部发展的阶段。

以宗教为号召、利用人民起义夺取政权的阿拔斯人，极力用宗教色彩渲染自己，掩饰极端的专制统治。在他们的提倡和鼓励下，各门宗教学科有了迅速的发展。乌莱玛（宗教学者）阶层成为重要的统治支柱。《古兰经》作为统治的立法基础明显感到不足，于是圣训成了补充"天启"的第二来源。以口头传述形式大量出现的圣训，大多出于伪托。圣训的内容主要涉及伊斯兰教社会制度和生活方式，其中虽然保留着部分阿拉伯氏族社会的传统和平民反对贵族斗争的记录，但许多是阿拔斯王朝前期社会经济条件的托古拟制，与伊斯兰帝国的统治需要相适应。从9世纪中叶到10世纪，穆斯林之间大体上达成了一致意见，并通过六部经典性的圣训实录而固定化。

在经注学和圣训学发展的同时，出于法律系统化和规范化的需要，经典的教法学理论也逐步形成。阿拔斯王朝为统一教法给各地方学派施加的压力，无疑促进了这种发展。地域性的早期教法学派向以著名教法学家著述为基础的四大教法学派过渡，在教法的基本原理上达到统一，但没有出现统一的教法学派。统一教义也是阿拔斯王朝的迫切需要。自公元827年起，哈里发麦蒙强制推行"《古兰经》系受造之物"的信条，遭到抵制。公元849年，哈里发穆泰瓦基勒放弃新信条，转而依赖保守的乌莱玛阶层和禁卫军的支持。艾什尔里和马图里迪在9世纪末10世纪初构筑的教义学体系，在11世纪被逊尼派确认为正统的教义学。这些事实是逊尼派宗教体制确立的标志。

这时，早期的政治—宗教派别哈瓦立吉派趋于消亡。什叶派的政治处境更形恶化，被迫寻求维护教派生存的新方式。公元874年，当第十一任伊玛目去世后，什叶派上层宣布：第十二任伊玛目"暂离"或"隐遁"了，但将于适当时机以"麦赫迪"（得道者）身份复临，建立正义的世界。大多数什叶派人以拉斐德派知名，作为温和的反对派接受这一教义，成为"十二伊玛目派"。10世纪中叶后，他们有了自己的圣训汇编和教法学派，建立了独自的教义学体系。从温和派中分裂出去的激进派，相继形成宰德派、伊斯玛仪派及一些极端派别。

公元945年后，哈里发大权旁落，变成军事将领任意摆布的傀儡。各地的封建主割据称雄，小王朝交替盛衰，伊斯兰世界四分五裂。1258年，蒙古军队攻陷巴格达，哈里发被杀，阿拔斯王朝倾覆。政治上分裂割据的局面一直延续到16世纪。尽管从狭义的宗教和宗教观念看，伊斯兰教对这一时期的政治不具有决定性的影响，但统治者始终意识到伊斯兰教的价值，视为维护统治的精神支柱。塞尔柱克王朝著名大臣尼扎姆·穆尔克在11世纪创办尼扎米叶大学，培养推行正统教义的学者和官吏。这一做法为后代统治者所继承。地方君主往往以宗教捍卫者自居，在"圣战"的旗帜下扩充领土。伊斯兰教则成为由自身的组织制度加以维系的世界宗教。不论谁当政，清真寺、宗教学校和教法法庭等都能不受触动，维持着穆斯林社会的基本结构和礼仪习俗。并且不依赖政权和军队，继续向外传播。16~18世纪，伊斯兰世界出现三大帝国鼎立的"复兴"局面。波斯萨法维帝国奉什叶派伊斯兰教为国教，奥斯曼帝国和莫卧儿帝国都强调逊尼派伊斯兰教的正统教义和教法。尽管重大军事政治决策受现实制约，但宗教规范的权威和宗教学者的地位均达到前所未有的高度。

在这一时期，伊斯兰教法对于控制群众思想、维护社会统一所起作用甚大。在伊斯兰教中，占据统治地位的学科是教法而不是教义。教法是真主启示的一套义务体系，其内容涵盖人类的全部行为。通过对社会活动和日常生活施加无所不至的影响和稳定不移的压力，确立一套随着时间消逝人们愈加严格遵奉的行为规范，对社会一体化产生深远的影响。在穆斯林政治军事力量不断削弱时，教法的道义权威反而与日俱增，并在政局的风雨飘摇之中，保证社会组织的稳定和延续。

苏非派的兴起是对教法的刻板僵化和教义的抽象烦琐所做出的宗教反应。伊斯兰教的神秘主义——苏非主义，以个人的主观直觉和内心体验来突破教法的外在束缚，给严峻冷漠的形式主义礼仪注入活生生的宗教情感，从而对群众发生强大的影响。社会下层的这种自发的、单独的活动，开始以反对奢侈时尚的禁欲苦行形式出现，带有明显的鄙视社会风气和礼仪的倾向，因此遭到正统派乌莱玛的敌视和迫害。11世纪以后，"伊斯兰教权威"安萨里将神秘主义引入正统教义，限制了它的极端倾向。苏非派逐渐把大部分穆斯林引向神秘主义，在伊斯兰教内部开拓出一股自我复兴的源泉，使伊斯兰教能在以后几个世纪的政治分裂和经济衰退中，继续保持自身的精神活力。由于苏非派的发展，大批狂热苦行的传道者深入穷乡僻壤，投身于伊斯兰教的传播和扩展。至16世纪，大大小小的苏非教团蔓延到伊斯兰世界的每个角落，特别是地方的民间教团，把不同民族和职业的成员聚集在各个道堂里，奉行道乘修持仪式。他们还追随穆斯林商人的足迹，到异教地区传道。在他们奠定的基础上，乌莱玛才有可能进一步施加影响。主要由于他们的自发努力，伊斯兰教在热带非洲、南亚、中亚、小亚细亚、东南亚以及西南欧不断扩展。

### 3. 近现代伊斯兰教

近代欧洲殖民主义和帝国主义对于伊斯兰世界的侵略和掠夺，对穆斯林社会的传统结构造成巨大的冲击，引起前所未有的深刻危机。当各国穆斯林作出反应时，伊斯兰教自然成为反对这一冲击的传统武器之一。

在思想和文化领域，对于西方冲击的反应比较强烈。为配合殖民主义侵略而开展的基督教传教活动，遭到穆斯林的抵制，几乎毫无进展。只有教会兴办的现代教育，由于传授西方科学技术和政治哲学思想，在部分开明士绅和知识分子中间发生了影响。资产阶级由于十分软弱，与下层群众缺乏联系，在很大程度上仍须依附封建统治集团，借助传统的宗教语言来维护自身的利益，通过和缓渐进的改良实现本阶级的政治要求。伊斯兰教现代主义的改良运动，开始于18世纪的奥斯曼帝国。在严重的统治危机面前，统治者被迫按照西方模式进行某些政治军事改革，企图以变法来维护封建统治。但民族矛盾和阶级矛盾的急剧尖锐化，终于在1924年爆发了凯末尔领导的资产阶级民族革命，并实行政教分离，废除哈里发制度，走上世俗主义的道路。在其他伊斯兰国家，民族主义思想刚刚得到传播，出现以哲马鲁丁·阿富汗尼、穆罕默德·阿卜杜、赛义德·艾哈迈德汗、伊克巴尔等人为代表的种种现代主义思潮。他们主张的不是世俗主义，而是伊斯兰教适应现代条件的改良。

现代主义的这种面目是由它的社会基础决定的。一般说来，西方的冲击在社会领域中还停留在表面，传统的社会结构没有发生根本的改变。尽管殖民统治引进了西方的政治制度，并初步造就了一个新的资产阶级及其知识分子阶层，但封建地主和买办仍旧掌握着实际统治权。在殖民当局的扶助下，统治阶级基本上原封不动，并参与对本国人民的剥削，扩大了与下层群众的贫富悬殊。他们坚持中世纪形成的信条和特权，只是借用议会、政党等形式，作为粉饰和加强统治的手段。加之资本主义的不发达，阶级界限尚不分明，代表新阶级的"知识界"也不成熟，传统的宗教观念继续占据统治地位。在大部分地区，乌莱玛是唯一具有宣传和组织能力的阶层，宗教语言也是广大农牧民唯一能理解和接受的语言。因此，在历次反帝反殖运动中，伊斯兰教传统主义作为民族独立和光荣历史的象征，仍起着联合不同阶级和阶层的纽带作用。

从17世纪起，在奥斯曼帝国、南亚、北非等地的宗教学者和苏非中逐渐形成新的改革和复兴思潮。他们从各地汇聚麦加、麦地那、开罗等地，组成非官方学术团体，致力于研究《古兰经》、"圣训"和教法,并结合苏非主义的沉思和苦行,探索和倡导伊斯兰教的真正精神。他们更加重视早期流传的"圣训",以先知为穆斯林的理想人格和仿效榜样。他们确信,穆斯林社会的衰落是背离真主意志而招致的惩罚,因而主张禁止圣徒崇拜及民间流行的习俗和仪式,清除迷信和异端,甚至反对国家政权对非穆斯林民族和文化的宽容。如有必要,他们便号召圣战,以军事行动摧毁腐败统治,根除多神信仰和偶像崇拜,重建伊斯兰教社团,恢复早期的信仰和实践。这就是伊斯兰教复兴思潮的近代渊源,始于穆斯林内部关于宗教信仰和价值观念的争论,以及对于流行的苏非习俗和崇拜的批判;其特征是宗教内部产生的改革运动。18世纪中叶的瓦哈比运动,是这种传统主义的改革和复兴倾向第一次重大成功。在其影响下,南亚、东南亚、西非等地都产生复兴运动。与此同时,近代的新苏非主义哺育出一批新苏非教团,以提加尼教团和赛努西教团为代表,成为近代改革和复兴的另一支主流。

18世纪后,整个伊斯兰世界的复兴运动,以净化宗教和振兴社会为出发点,而后大多与殖民主义发生冲突。这种改革和复兴的过程,又由民间流行的"复兴者"和马赫迪信仰予以强化。各地的运动因社会背景和领导者的差异而各具特征,既无共同的纲领,也无统一的政治行动,但在政教关系和意识形态诸方面,他们为当代伊斯兰教遗留一些显著的影响。首先,他们把社会衰落和政治解体作为伊斯兰世界共同关注的中心问题,而把造成这种状况的原因,归之于穆斯林在信仰和实践上背离了正道。因此,解决的办法是复归早期的伊斯兰教。其次,他们重申真主独一的信仰,强调真主的意志是对穆斯林个人和伊斯兰社团的完整而又统一的诫命。因此,包括政治、社会和道德在内的全部生活领域应由宗教占据支配地位。再次,在形式上他们面向传统,要求复归早期的原旨教义,而在实际上是托古改制,主张以伊斯兰教为纯真精神改革现状,拒绝盲从中世纪的宗教传统，因为即使在教法著作中综合阐述的行为规范，也包含了非伊斯兰教的因素。为了恢复真正的伊斯兰教，需要个人根据《古兰经》、圣训、早期社团奉行的惯例重新作出解释。最后，他们强调伊斯兰世界的道德振兴，必须采取政治行动。这一主张的集中体现就是号召"圣战"，既有自我的道德约束，也需必要的军事斗争以实现真主的意志。

与此相抗衡的伊斯兰现代主义，则针对帝国主义侵略和西方宗教文化，企图通过现代化改革去接受挑战。这种改革既是世俗的，也是宗教的。其要点是：穆斯林社会的衰落和失败，表明其政治和军事力量的软弱，以及西方文明的强盛和活力。恢复穆斯林社会的繁荣和强盛，首先要使自身适应当代世界。也就是说，要借用西方的军事技术、政府组织、经济制度，以及提供军事和行政官员的新型教育。这也意味着对中世纪伊斯兰文明的物质形式的否定，或是依据理性、伦理和民族基础重建伊斯兰教，使伊斯兰教适应时代的发展。他们的目的是恢复和加强伊斯兰教的社会作用和影响，以此增强穆斯林社会的活力，使之能在当代世界中与西方势力相抗衡。

伊斯兰现代主义作为近代社会的一种思潮，在各国的表现形式不尽相同。但从总体看，其出发点和目的有相同之处：在接受外来思想影响，提出改革主张的同时，力图在伊斯兰教传统与现代主义变革之间建立联系；在以天启和早期伊斯兰教历史为重大主张的依据的同时，又大量输入西方的思想和制度；拒绝盲目听从传统的宗教权威，反对因循守旧的保守势力，坚持重新解释的权利，改革伊斯兰教，使之适应时代发展的需要。他们不是简单地回复过去，而是面向未来，在现代条件下对伊斯兰教重新进行认真思考。他们对于宗教、法律、教育和社会改革的主张和立场，虽然受到多方责难和严厉批判，但仍对穆斯林社会的发展留下深刻影响。

首先，伊斯兰现代主义培育了一种将历史成就与未来发展相结合的意识。以伊斯兰教和伊斯兰文明的辉煌历史，向穆斯林灌输认同的意识和复兴的决心。也以目前面临的内外交困危机揭示自身的衰弱和落后。同时，它也强调伊斯兰教具有能动的、进步的、理性的特征，使新一代穆斯林能够更加自信地接受现代文明。其次，它坚信伊斯兰教与现代化的一致性和适应性，并以天启经典提供论证，激励伊斯兰世界的改革者去进行各种改革。再次，它创造性地运用"独立判断"的权利，使传统信仰和制度的意义发生转变，如将舒拉（协商）说成议会民主、伊制马耳（公议）说成公共舆论等，使之符合近代以来的政治和社会变化，并取得合法性。以后几代穆斯林因而可以用伊斯兰教传统术语奢谈"民主"、"平等"，容易接受穆斯林民族主义和伊斯兰社会主义。许多伊斯兰国家的官方意识形态及内外政策，都由宗教学者以伊斯兰教名义予以核准。从土地改革到计划生育的官方政策，均有宗教权威发布教法见解予以论证。最后，它强调伊斯兰教可以满足穆斯林社会自身发展的需要，以此作为抵制西方模式的一种政治选择，并反对西方殖民主义侵略。这一观点为拉希德·里达所接受，并影响到埃及穆斯林兄弟会和当代伊斯兰复兴运动。

不过，伊斯兰现代主义并没有提出系统的、完整的教义哲学和政治理论，而带有折衷并且混杂的特征。在穆罕默德·阿布杜的著作中，复归《古兰经》和圣训、坚持独立判断的权利、清除陈规陋习和苏非习俗等主张，与对西方政治和文化压力的现代主义反应结合在一起。既主张穆斯林的爱国主义和政治认同，一致反抗殖民统治，又坚持伊斯兰教要适应现代世界的需要。这种现代主义与复兴主义的融合，很容易被后人强调不同的侧面，各取所需。如拉希德·里达的赛莱菲叶运动，印度尼西亚的穆罕默德协会，都致力于教育改革，清除圣徒和圣墓崇拜及巫术迷信，并适应现代经济和技术的需要，但都带有复兴主义倾向。在政治上，两者都培育了一种潜在意识，即要摆脱殖民统治的伊斯兰国家，需复兴伊斯兰教和穆斯林社会。

现代主义和复兴主义虽然可以混合，但从思想特征上看，在对内部政治衰落和外部入侵的反应上却代表穆斯林社会两种不同的倾向。现代主义的社会基础主要是政府官员和新式知识分子。他们首先关注的是恢复穆斯林国家的强盛。复兴主义的社会基础在宗教界和深受宗教熏陶的一部分知识阶层。他们倾心关注的是净化信仰、强化穆斯林的宗教意识和社团组织，尽管他们也常常卷入反对殖民统治的斗争。在20世纪初，这两种思潮在各国虽然旗号不同，却是穆斯林社会中两股最有活力的内部力量。他们的历史影响与伊斯兰各国民族主义的发展相联系。因此，只有将两者结合起来才能更好地理解当代伊斯兰教，因为两者共同提供了重要的思想武器。

到20世纪初，伊斯兰各国的民族独立和解放运动不断高涨，并在第二次世界大战后，相继挣脱殖民主义枷锁，建立独立的民族国家。一些国家内随之发生资产阶级民主革命。世俗的民族主义者在大多数国家内取得政权。乌莱玛的传统势力和影响大为削弱，既要实现社会进步，又要避免资本主义弊端的伊斯兰社会主义思潮风行一时。但是，经过一段时间的实践，没有出现群众渴望的经济繁荣，社会矛盾反倒有所激化。资本主义生产关系的发展，打破了传统的生活轨迹，不仅触动封建势力和宗教上层的利益，而且也造成小生产者，特别是农牧民、手工业者和小商人的贫困化。而政治腐败、贫富悬殊、新的特权阶层的产生，又引起资产阶级和小资产阶级知识分子的愤懑。社会不安全感增加，新的政治道路又无指望。于是，早期伊斯兰教的社会理想就成了人们批判现实的共同武器。社会中下层为宗教复兴运动提供了广泛的社会基础。因此，进入70年代以来，各国的伊斯兰教复兴组织在政治领域中十分活跃。1979年，伊朗什叶派领袖霍梅尼领导的伊斯兰革命，推翻了权势炙手可热的巴列维国王，使伊斯兰教复兴运动发生世界性影响。

**4. 当代伊斯兰教**

自20世纪60年代末以来,从西亚、北非、南亚等地兴起的,以复兴宗教为号召的一个政治社会运动,迅速席卷整个伊斯兰世界,引发全世界震动。这一运动是由伊斯兰世界各地带有显著差别,甚至相反倾向的许多不同层次的复兴现象和运动所组成,其中包括那些自发的、逐步受外在事件影响的民众信仰,随运动发展而使宗教情感升温、宗教生活的活跃所形成的社会氛围;部分国家政府为巩固政权而采取的"伊斯兰化"措施;国际宗教组织为促进穆斯林国家和民众间的合作、互助而进行的泛伊斯兰宣传和活动;而最突出而具冲击力的则是要求实施教法、重建伊斯兰国家的政治伊斯兰,即西方常说的伊斯兰主义或伊斯兰原教旨主义。

伊斯兰教复兴运动,从现象上看有四个显著层面:①民众普遍地向信仰复归,即大众的宗教信仰回归,民众的宗教意识和情感普遍加深,宗教礼仪和活动空前活跃,社会的虔信氛围和宗教象征显著升温,一般是向传统复归,没有直接的政治诉求;②泛伊斯兰主义重新崛起,强调在共同信仰基础上的国际合作,并在不同程度上得到某些伊斯兰国家政府和国际组织的支持或操纵;③统治者利用伊斯兰教,拉拢民众,打击异己。一些国家在面临深刻政治危机时,统治者则以国家的力量推行伊斯兰化,以证明其统治的合法性;④在伊斯兰旗帜下的政治反对派,即政治伊斯兰,最初把矛头直指所在国政府,而不是西方。这是伊斯兰复兴运动中最活跃和引人注目的一个方面。

在伊斯兰教的传统框架内,没有集中统一的教权机构和领袖,允许不同的学派共存。他们认为,每个学派都是对真主意旨的猜测,但也都是理解伊斯兰教必不可少的一面,从而从整体上保护伊斯兰教智力传统的价值。在社会生活、经济和政治领域，传统伊斯兰教不会将某些诫命普遍化、神圣化，以支持不能实现的理想主义，也不会断章取义地去演绎政治意识形态，以取代教法的管理。传统的主张总是根据伊斯兰教的规范坚持现实主义，社会和政治复兴的传统形象是"复兴者"而非"革命者"。许多号称"原教旨主义"的组织，在宣布恢复原初纯洁状态时，实际上在创造某些反传统或伪传统的东西，与先知传道以来不断演变和发展的传统伊斯兰教形似而实不同。

应该指出，从哈桑·巴纳的穆斯林兄弟会到阿尔及利亚的伊斯兰拯救阵线，现代伊斯兰主义不再是历史上改革和复兴运动循环模式的再次重复。我们不应当仅仅因有些相似，就把历史上某些激进或偏执的人物和派别当作伊斯兰"原教旨主义"的原型或先驱。因为，伊斯兰主义是当代社会产生的一种政治意识形态，它是将宗教身份作为一种"绝对的基础"，重新创造一种面向未来而不是返回过去的政治和社会秩序。常被人引述的"先驱"中，即便是瓦哈比运动，或者是印度的迪奥班迪学派，尽管主张变革和复兴，对伊斯兰教传统产生冲击和削弱，但其本身还是传统伊斯兰教的一部分，高度通俗却正统，并不是对传统的背离或否定。因此，可以说，伊斯兰主义不等于伊斯兰教复兴，前者反映当代伊斯兰世界部分人改变政治和社会制度的要求，后者则表明宗教影响在重新扩大，人们要求回归信仰。

伊斯兰主义作为一种政治反对派，有人说已经失败，但至少可以说趋于低潮。因为无法超越民族国家的界限，也无力撼动他们挑战的国际秩序和西方势力。即使在个别国家夺取政权，如伊朗和苏丹，他们也无力解决种种现实问题或提出完美的方案，从而失去影响力。而且，在政治反对派主流选择议会民主道路的同时，少数激进分子则走向极端主义和恐怖主义，成为从事暴力恐怖活动的小组织。虽然他们不属于伊斯兰主义，实际上却在损害政治反对派的声誉。

对于伊斯兰教的未来发展，要考虑国际背景的影响，伊斯兰各国的社会发展，以及伊斯兰教自身的继承和转换三个方面。自从"9·11"事件以后，反恐斗争打击伊斯兰极端主义势力，伊斯兰主义的声誉受到牵连。伊斯兰各国政府得到国际支持，对宗教上的政治反对派打压更加严酷。伊斯兰主义的发展严重受挫。伊斯兰复兴运动进入低潮，尽管产生矛盾和冲突的根源还没有铲除。

从长远看，全球化和现代化是不可避免的。伊斯兰教的未来，需要发扬其精神、道德和智力传统，为伊斯兰世界的现代社会建设作出贡献。政治伊斯兰会逐步转化为合法的反对派，直接的政治行动会消退。既受过传统教育又熟知现代文化的宗教学者正在壮大，他们会审视自身，清理反传统、伪传统的成分，还要为伊斯兰教的现代转换寻找一种可行的模式，传统的宗教权威需要重建，个人的虔诚的精神升华会再次受到强调。现代化的"伊斯兰模式"也许会出现在伊斯兰世界的边缘，例如马来西亚。至于伊斯兰教的现代化，以阿迦汗为首的伊斯玛仪派社团，或许是个值得参考的范例。在伊玛目制度的传统框架内，伊斯兰教主张的社会正义和公正可以实现。伊斯兰教的未来前途，是由众多因素决定的，但归根结底还取决于穆斯林自身的努力。

## 二　伊斯兰教在中国

### 1. 唐宋时期的蕃客胡商

伊斯兰教传入中国的起始时间，学术界有不同说法，但毫无疑问，不论是商人还是士兵，穆斯林在唐代已经进入中国。《旧唐书》和《册府元龟》都记载唐永徽二年（公元651）大食始遣使朝贡。史学界大多据此定为伊斯兰教传入中国的标志。

唐宋时期，哈里发帝国与中国都是经济繁荣之地。横贯东西的丝绸之路和海上的香料之路，使两地保持着频繁商业往来。大食使节和贡使不绝于史书。阿拉伯、波斯商人更是络绎不绝。他们来中国后大多集中在东南沿海的广州、泉州、扬州、杭州、明州并深入内地的长安、汴梁等地，从事香料、象牙、珠宝、药材等的贩卖，并带回中国的丝绸、茶叶、瓷器和其他商品。中国称他们为"蕃客"、"胡贾"、"商胡"。有的获准在一些城市经商侨寓，叫做"住唐"。因而不少大食、波斯商人居留中土，长期不归。史载，公元760年平卢节度副使田神功率兵平叛，"兵至扬州，大掠居人，发冢墓。大食、波斯贾胡死者数千人"。这说明唐代扬州的胡商至少在数千人以上。至晚唐，据麦斯欧迪在《黄金草原》中说，"广府城人烟稠密，仅仅统计穆斯林、基督徒、犹太人和祆教徒就有20万人"。在《中国印度见闻录》中，作者说，公元877年黄巢攻占广州时，"仅寄居城中经商的伊斯兰教徒、犹太教徒、基督教徒、拜火教徒，就总共有12万人被他杀害了"。后两个数字在中国文献中得不到佐证，人数可能有所夸大，但不会是杜撰。

唐代来华的穆斯林虽然人数不少，但多为经商侨居的"商胡"，或落籍中土的"贡使"和士兵，严格说来都不是中国穆斯林。史籍中记载他们"列市而肆"、"与华人杂处"、"婚娶相通"、"娶妻生子"，并且"举质取利"、"多占田，营第舍"，但对宗教信仰则没有明确记载。五代时，中国北部战乱频仍，与西北的陆路交往几乎断绝。东南沿海经济繁荣，海上贸易一直不断，闽广一带的景象不下于李唐盛世。这时内地出现一批有名望的"土生波斯"，沿海形成一个"蛮裔商贾"阶层。这说明唐代以来侨居的"商胡"落籍多年，繁衍后代，久留定居者日渐增多。

至宋代，来华穆斯林人数较唐代为多，估计在几万至十几万人之间，分布在东南各商业中心，以从事海外贸易为主。他们的宗教活动显然远较唐代活跃，也有了具体的记述。如《桯史》、《癸辛杂识》中谈到礼拜和礼拜堂、封斋日期和教历，以及殡葬礼仪等。不过，在总体上他们仍是侨居中土的"蕃客"，尽管有了"五世蕃客"、"土生蕃客"，他们的聚居区仍称蕃坊，由中国政府认可的蕃长管理。他们并不对外传教，宗教生活基本上局限于蕃商中间。伊斯兰教在中国教义不明，教名未定，不见于典籍，亦无汉文著译，基本上是个侨民的宗教。它既没有引起中国社会的特别注意，也免于与中国传统文化发生正面冲突。留居中国的蕃客子弟则存在"华化"倾向。

五代、北宋之际，伊斯兰教从陆路传入中国西北边疆，这与9世纪中叶兴起的喀喇汗王朝统治者改宗伊斯兰教有关。据载，公元915年，萨图克·博格拉汗信奉伊斯兰教，并使喀喇汗王朝变成第一个信奉伊斯兰教的突厥王朝。后分南北两路往东传播。南路进入英吉沙、叶尔羌，至宋末进入于阗，取代当地佛教的统治地位。北路由喀什传播到阿克苏、库车。12世纪中叶，西辽在中亚称雄，伊斯兰教仍有所发展，至元代兴起前已发展到天山以北的游牧地区。

### 2. 元时回回遍天下

蒙古部落在漠北的崛起，不仅对世界历史进程产生巨大影响，而且也开拓了伊斯兰教在中国传播的新时期。

首先，蒙古统治者奉行宗教兼容和信仰自由的政策，其出发点固然是利用宗教为统治者服务，但客观上却有利于伊斯兰教的传播和发展。在蒙古王族世代遵守的法令，即成吉思汗的札撒中，"他命令一切宗教必须予以尊重，不得有所偏爱"。还规定："免征托钵僧、诵《古兰经》者、法官、医师、学者、献身祈祷与隐遁生活者的租税和差役。""豁免各种庙和神的仆人的赋税并尊重之"。他以后的诸王基本遵循这一兼容并包的政策，宗教之间的仇杀、敌视遭到禁止，各教可以不受限制地发展，结果必然造成宗教之间的相互渗透。这样的情况使伊斯兰教在某些以前未能进入的地区得到传播。

其次，元代伊斯兰教在中国虽然尚无正式名称，但作为宗教已被人们所认识并得到社会的承认。唐宋时，伊斯兰教习称为"大食法"、"大食殊俗"，被视为胡商蕃客的传统礼俗。至元代，伊斯兰教已成为与佛、道、也里可温诸教并列的"清净""真教"。政府设有专门管理伊斯兰教事务的机构，称"回回掌教哈的所"，与专掌佛、道、也里可温的宣政院、集贤院、崇福司相似，但官秩品级要低。哈的即卡迪，伊斯兰教法官的阿拉伯语音译。哈的所的设置是伊斯兰教在元代作为宗教深入传播的标志。最初可能设置哈的所，由"诸哈的大师"为国祈福，祝圣延寿，并掌教念经，主管穆斯林之间的诉讼。后终因涉及"刑名、户婚、钱粮、词讼"等而被撤销。元代可能已有"回回教"、"回回教门"的通称，但未见于正式文献。回回教一名最早见于元末明初叶子奇的《草木子》。

再次，穆斯林大批进入中国，不受限制地至各地自由居住，开始于蒙古西征之后。在西征中，每攻掠一地，蒙古统治者则将大批中亚、波斯和阿拉伯人迁徙东来，其中有被签发的军士、工匠，被掳掠的妇孺百姓，也有携带部属投顺的上层分子，以及自愿投奔和东来经商的人士。这些人在元代官方文书中通称"回回"，列为当时的"色目"人的一部分。

元代色目人社会地位较高，多数视中国为家，变侨寓为永居。故《癸辛杂识》说，"今回回皆以中原为家，江南尤多"。他们的分布由沿海和边境而逐渐深入内地，大部分聚居西北，一部分移居江南，继而遍及华北和云南。他们仍以善于经商著名，但已建立以农业为主的经济条件，形成中国社会的一个组成部分。这些穆斯林社团的宗教生活，可由普遍兴建的清真寺得到证明。元至正八年（1348）定州《重建礼拜寺记》说，"回回之人遍天下"，"近而京城，外而诸路，其寺万余，供西向以行拜天之礼。礼拜场所由"堂"称"寺",大概始于元代,是得到官府承认的标志。而且在清真寺内,据碑文记载,设有教长,称摄思廉(伊斯兰长老)或主持;领拜人,称益绵(伊玛目)或住持;劝教人,称哈梯卜(赫推布)或协教;宣礼员,称谟阿津(穆安津)或唱拜者;执掌寺务的,称没塔完里(管事乡老)或都寺。这说明在中国穆斯林社团中,宗教的管理和组织制度正在形成。不过,元代没有出现翻译经典、阐扬教义的记载。"无人以中国文字解说回教教义与礼节者"。官方文献中的"回回"、"答失蛮"、"木速蛮"等称呼,既无宗教与民族的区分,也未弄清宗教学者、修道者和一般信徒的不同。在元代中国,伊斯兰教仅以礼仪和教法的遵循,生活习俗的坚守,血统的遗传,语言的学习和经典的口头传授等为传播方式,主要在穆斯林内部信奉。

最后,在西北边陲,伊斯兰教有了进一步的发展。元朝后期,秃黑鲁帖木儿(1347~1363在位)登上东察合台汗国汗位后,在哲马鲁丁和沙都丁父子的影响和劝谕下,成为新疆地区第一个信奉伊斯兰教的察合台后王。他派遣和卓、伊玛目往各地传教,其属下约16万人"剪掉长发归信伊斯兰教"。他的后裔更加积极地支持传教,不惜掀起宗教狂热和发动"圣战",促使居民改宗伊斯兰教。至15世纪时,伊斯兰教传播到哈密、吐鲁番一带,到16世纪风靡天山南北。除了15世纪进入天山北部的厄鲁特蒙古外,伊斯兰教在新疆全境基本确立统治地位。

### 3. 明清时期的中国穆斯林和经堂教育

明初实行海禁后,来华的穆斯林宗教学者越来越少,出现教坊的掌教经师后继乏人的现象。中国穆斯林中懂阿拉伯文和波斯文,并能直接解读经文者日见稀少。新增建的一批清真寺无人应聘经师。教义歧见而引发的派别纷争则日趋严重。面对"教道久湮,人心厌弃"的严峻现实,有人开始寻求伊斯兰教自立图存之道。于是，兴办教育，培养适合伊斯兰教发展的宗教人才，成为穆斯林社会的急切需要。在这种背景下，经堂教育作为中国穆斯林宗教教育制度，便在明代后期开始发展起来。

中国穆斯林经堂教育的倡兴者胡登州（1522~1597），目睹"经文匮乏，学人寥落，既传译之不明，复阐扬之无自"的现状，"遂慨然以发明正道为己任"，立志兴学。他在家收徒讲学，学生由他供给食宿，或者边劳动边求学。大概从他的二传弟子开始，教馆从私人家庭移入清真寺附设的经堂。清真寺延聘经师，学生多由教坊的教民供养。经堂学员的多少，则视经师的学识、声望，以及教坊的经济能力而定。

经堂教育的宗旨，主要是为各教坊清真寺培养经师阿訇，对穆斯林进行宗教知识的教育。经堂教育按学员程度的不同分大学、小学及中学。大学即经文大学，其学员称满拉或海里凡，意为学子和经师接班人。高级课程一般称"十三本经"。其中一部分属于语言课，有语法、词法、修辞、逻辑。专业课有经注学、圣训学、教法学、教义学和理学（苏非主义）。课本有阿拉伯文的，也有波斯文的，各地的侧重点有所不同，选用的教材各有增减。学习期限一般为4~7年，在学完必修课程，经讲学阿訇鉴定许可，管事乡老同意，才能"挂帐穿衣"以示结业，以后就有资格应聘到各地清真寺任职。小学一般附设在经堂，也称经学或经文小学，对儿童进行启蒙教育。有的地方还设有中学，对幼年没有学过经文的成年人进行业余性宗教教育。

经堂教育在其发展演变过程中，因课程内容和教学特点的不同，在不同地区形成风格各异的学派。早期，以冯养吾、张少山为代表，形成精细讲授经注学、教义学为特点的陕西学派。明末清初，以常志美、李延龄、舍起灵为代表，形成阿拉伯文和波斯文兼授并注重苏非哲学见长的山东学派。清末，以马复初、马联元为代表，形成主张中阿并授，编写简明教材，改进经堂教育的云南学派。此后还有以通讲整部经典为专长的河州学派。在新疆地区，经堂教育大多采用小型分散的私塾形式，穆斯林聚居的城镇，有专门设置的宗教学校（麦德赖赛），或附设于清真寺内，或独立建校。其课程设置、教学方法管理制度，均有该地区的民族特点。

继经堂教育发展之后，一些穆斯林学者相继开展汉文译著伊斯兰教经籍的活动。这一活动的目的，对内是要改变"教义不彰、教理不讲"，"于教礼之义旨趣味则未识"的状况，使穆斯林能阅读典籍，遵奉教礼，排斥异端，维系正统信仰。对外则增进中国社会对伊斯兰教的了解，"知回、儒两教道本同源，初无二理"，以减少种种隔阂和误解。可以说，这是中国穆斯林学者发起的一次护教辩教的宣传活动，也是中国穆斯林内部振兴宗教信仰的自强活动。

汉文译著活动自明末至清末历时约300年。前一阶段以王岱舆、张中、伍遵契、马注和刘智为代表，后一阶段以马复初、马联元为代表。其中王岱舆、马注、刘智和马复初四人最受推崇，而刘智为集大成者。他们的汉文著译，不仅满足只懂汉语的教民学习宗教知识的需要，而且也向中国社会宣传伊斯兰教，求得汉族同胞的了解和尊重。这些汉文著译内容多为教法、典制、教义、地理、历史等，著译时"悉本尊经，参以典籍"，采用中国传统文化的概念、素材，加以融会贯通，以阐发伊斯兰教。尽管"以儒诠经"是不得不用，但自保自存的目的也势必如此，并终究对伊斯兰教义与中国传统文化的沟通作了成功的尝试。

### 4. 中国伊斯兰教的教派、门宦

中国伊斯兰教在相当长的时间内不存在明显的教派分野，绝大多数穆斯林属逊尼派。回、撒拉、东乡等族穆斯林大多数自称为"格迪木",意为"老教"、"遵古派"。实际上指保持伊斯兰教入华后形成的传统,与明末清初后产生的门宦及新教派有别的中国穆斯林社团。他们尊崇正统信仰,因袭传统习俗,重视细枝末节的礼仪。在教法上属哈奈斐学派,强调五功和六大信仰。静修参悟被视为一种副功。在聚居区内以清真寺为中心,实行互不隶属的单一教坊制,各坊自成一体。教坊内的宗教组织实行"三掌教"制,由领拜的伊玛目、讲经的赫推布和呼拜的穆安津组成。清末被开学阿訇、二阿訇和宣礼员,以及学董、乡老所代替。在教派纷争中,一般持温和态度。他们是中国伊斯兰教的多数派。

最初的派别纷争产生于新疆。明代由于苏非教团的传入,新疆出现注重道乘修持的教团组织,俗称依禅派。后又从中分化出白山派和黑山派。两派为争夺政治权力而酿成几十年的流血斗争。其实双方都是苏非教团的不同分支,主要有奈格什班迪教团、卡迪尔教团、库卜拉维教团等。至今这些教团的分支,以及传统的逊尼派和圣训派(瓦哈比派),构成新疆教派、教团的复杂局面。这些苏非教团,主要是中亚的奈格什班迪教团,在明末清初进入甘宁青地区建立不同的分支,逐渐形成数十个大小不同的门宦。有人将其归纳为"四大门宦":①虎非耶,原意为"隐藏的"、"低声的",因主张道乘修持时默念赞词而称低念派。有20多个分支,分布于甘、宁、青、滇及新疆等地。②哲合林耶,原意为"公开的"、"响亮的",因主张道乘修持时高声诵念赞词而称高念派。因创始人马明心主张改革而被称为"新教",该门宦曾多次参加反清斗争,现有4个分支,分布于甘、宁、青、陕、滇等地。③嘎达林耶,一般视为卡迪尔教团的分支。道统分两支,一支以大拱北门宦为中心,另一支以韭菜坪门宦为中心,下共有6个分支,分布于甘、川、宁、青、陕等地。④库布林耶,据称传自中亚库卜拉维教团。以甘肃东乡大湾头门宦为主,教徒人数仅2万多人,分布于甘肃东乡、康乐及皋兰等地。

至清末民初,伊赫瓦尼派兴起,称"新兴教"、"遵经派"等。该派创始人马万福(1849~1934)于光绪十四年(1886)赴麦加朝觐求学,受过瓦哈比派的影响,回国后联络当时河州知名的"十大阿訇",创立伊赫瓦尼。该派主张以遵循《古兰经》为唯一宗旨,倡导"凭经行教"、"遵经革俗",主张革除一切不合经训的礼俗习俗,反对教主、拱北崇拜,强调奉行教法和履行五功,并公开号召"打倒门官,推翻拱北",实行互不隶属的教坊制。马万福逝世后,河州一带的伊赫瓦尼分为两支:一派以尕苏个哈吉为首,恪守原来宗旨,称"苏派",因主张礼拜时抬手一次,又称"一抬";另一派以马德宝阿訇为首,不执著于原来宗旨,称"白派",因主张礼拜时抬手三次,又称"三抬",而他们则自称赛来非耶。主要分布于甘肃临夏、青海、宁夏及华北、西北各地。

比伊赫瓦尼稍后创立的西道堂,因强调以刘智等人的伊斯兰教汉文著译为宗教依据,被称为"汉学派"。创始人马启西(1857~1914)原属北庄门官。他生逢乱世,但以改革社会、振兴宗教为己任,于1909年游历中亚归来后正式创立西道堂。他在"简则"中称:"本道堂根据清真教义,并祖述清真教正统,以宣扬金陵介廉氏学说,而以本国文化发扬清真教学理,务使本国同胞了解清真教义为宗旨。"早期,在受打压的情况下,马启西一面讲学传道,一面组织经营农商,使西道堂成为一个生气勃勃的宗教团体。西道堂有教长但非世袭,教坊互不隶属,兼有哲赫林耶和格迪木的特点。在马启西遇害后,西道堂仍有较大发展,并引起教内外瞩目。信徒主要集中在甘肃临潭,亦散布于青海、新疆和甘肃其他地区。

**5. 近现代中国伊斯兰教**

进入近代后,伊斯兰教适应历史发展的要求,在内地和新疆都发生了一些新变化。主要表现在：①为反抗清朝的阶级压迫和民族歧视，中国穆斯林同全国人民一起，进行了多次起义和斗争。②至1949年，中国伊斯兰教内部分为格底目、苏非主义门宦（包括虎非耶、嘎达林耶、哲赫林耶、库布林耶）、伊赫瓦尼派、西道堂、赛来菲耶派以及依禅派。中国穆斯林大都属于逊尼派，在教法上奉哈乃斐教法学派。分布在新疆的塔吉克族穆斯林，在15世纪末至16世纪初，已改宗什叶派伊斯玛仪支派。③从清末民初以来，一批穆斯林学者、经师提倡宗教教育改革，实行"经书两通"，创办新式学堂。先后建起北平成达师范（1925）、上海伊斯兰师范（1927）、四川万县伊斯兰师范（1928）、云南明德中学（1930）和杭州穆兴中学等。20世纪30年代后，在全国各地兴办的各类普通小学达四五百所，普通中学和师范专科学校也有二三十所。为发展伊斯兰教育和文化，中国穆斯林的宗教教育及文化社团组织也陆续建立。最早为清末镇江童琮发起成立的"东亚清真教育总会"和留日回族学生组织的"留东清真教育会"。1912年王宽和马邻翼在北京发起组织的"中国回教俱进会"，其支部遍及全国许多省、县。其后，伊斯兰教各种社会团体和学术文化机构日渐增多，学术活动广泛开展。各地创办了许多刊物，并先后抽译、选译和全译出版《古兰经》及其他典籍的汉语译本和维吾尔文译本，从而形成了继明末清初以来中国伊斯兰学术文化研究的新高潮，涌现出一批对古兰学、圣训学、教法学和伊斯兰哲学研究造诣精湛的学者、经师。

　　1949年中华人民共和国成立后，中国各民族穆斯林在政治上获得平等权利。穆斯林的宗教信仰、宗教活动和风俗习惯受到法律保护和尊重。1953年，中国伊斯兰教协会成立后，创办《中国穆斯林》，印行《古兰经》、圣训、教法等多种伊斯兰教典籍。1955年在北京创办了中国伊斯兰教经学院，培养有科技文化知识的阿訇和毛拉。20世纪80年代后，相继在新疆、宁夏、昆明、兰州、郑州、青海、沈阳和北京市等省（区）建有地区性经学院8所。据统计，全国有大小清真寺约3.7万多座，阿訇、毛拉等教职人员约计4万余人。经过社会改革和落实宗教信仰自由政策，伊斯兰教在中国同其他宗教一样，与社会主义社会建立了相协调关系。随着我国改革开放的深入发展，各族穆斯林地区社会稳定，经济不断发展，宗教活动自由，国际国内伊斯兰教学术交流日益频繁，国内外穆斯林之间的了解和友谊得到增进。

# 第十五章 《古兰经》、圣训及汉文经籍

## 一 《古兰经》

《古兰经》是伊斯兰教的根本经典。阿拉伯语叫"古兰",旧音译为"古尔阿尼"。在中国,穆斯林称为"天经",用音义结合的方法译为《古兰经》、《可兰经》。"古兰"一词的本义是"诵读",在经文中其限定的含义是"诵读"启示,或通过韵脚、节奏、修辞的方法,把启示感人的力量"诵读"出来。有时,在其非限定的用法中有"宝贵"的含义,是指"古兰"是一部无比珍贵的经典。《古兰经》的内容是由穆罕默德宣告的真主启示所汇编。据载,真主陆续降示的启示,通过天使哲卜利勒的传递,由先知穆罕默德在不同时间和场合宣告时的诵读,组成了一部"诵读的经典",即《古兰经》。《古兰经》的经文,是在大约23年的时间里,依照临时发生的事件和社会发展的需要,陆陆续续地零星启示的。经文说:"这是一部《古兰经》,我使它意义明白,以便你从容不迫地对众人宣读它;我逐渐地降示它"(17:106)。汇编经文的抄本,在阿拉伯语中叫"穆斯哈夫"(al-Mushaf)或"克塔布"(al-Kitab),也是《古兰经》的别称,主要指文字著录、编纂成册的《古兰经》。在经文中,据说可以归纳、撷取出55种名称,最常用的有"福尔刚"(准

则)、"迪克尔"(训诫)、"胡达"(引导)、"坦齐勒"(降示)等。虽然在现在的印度,穆斯林有时也称它为《古兰圣经》,但这不是传统的正式名称,因为在阿拉伯语中"圣经"一词专用于指基督教的经典。在穆斯林中间,正式通用的名称是《宝贵的古兰经》(al-Qur'an al-karim)或《尊严的古兰经》(al-Qur'an al-majid)。正是在这个意义上,中国穆斯林称它为《宝命真经》。

在穆斯林看来,《古兰经》不同于一般意义上的宗教经典。《古兰经》是真主的言辞,源自"天经原本","记录在一块受保护的天牌上"(85:22),不仅《古兰经》的意义是天启的,而且连词句也都是天启的。因此,《古兰经》从形式到内容都与"天经原本"完全一致;它是由"忠实的精神"或天使哲卜利勒,用"明白的阿拉伯语"传述给穆罕默德的。经文语言的绝妙文辞和优美韵律,就是绝世的不朽奇迹。即使所有的人和精灵通力合作,也创作不出同样的妙文。而且,《古兰经》是真主降示人类的最后一部"最贵的天经"。以前通过众先知降示的"古本经文,多失其真",真主因此通过"封印"先知降示的《古兰经》,在证实以前的经典的同时,澄清了其中的一切歪曲和篡改,从而废除和取代了以前的经典。与由凡人受到灵感写成的,或由多种语言写成并经数代人编纂而成的其他宗教经典不同,《古兰经》和"天经原本"一样,是永恒的和先在的,不是被创造的。《古兰经》就是真主存在的世间表征。

### 1. 《古兰经》最初的抄本和刊刻本

在中国,《古兰经》很长一个时期里是靠手抄和口头讲解得以流传的。中国穆斯林将缮写《古兰经》阿拉伯文原本,视为宗教善行,富裕之家也以资助抄写经文为功德。迄今发现的最早的一部手抄本,现在存北京东四清真寺。抄写时间为伊斯兰教历1718年6月,元延五年(1318),有688年的历史。抄经人是穆罕默德·本·艾哈迈德·本·阿杜拉赫曼。

中国穆斯林的手抄本，在伊斯兰世界较为著名。中国穆斯林抄写的经文，特别是用毛笔书写的抄本别具特色，笔法柔中带刚，字体浑厚圆润，兼有中国书法风格；经文的书写极其考究，并用单色或彩色图案装饰封面或首章，隽美典雅，华而不俗。清代宫廷内曾存有一部30卷的抄本，一色黄绫布面，宝蓝纸版，经文字句全用沥粉堆金法写成，据说每卷要用价值一千多元的黄金，可算是中国抄本中最贵重的了。北京牛街礼拜寺有一部阿拉伯、波斯两种文字对照的《古兰经》抄本。用黑红两色分别书写两种文字，字法秀丽，结构精美，由300多年前一位中国阿訇精心缮写而成，被中外人士誉为"无价之宝"。

中国穆斯林经堂教育兴起后，抄经成为学员的必修课，出现许多优秀的缮写家，他们将中国宣纸加工成写经纸，抄写经文后又精心饰以图案。这种抄本既是宗教经典，又是艺术珍品。清末著名缮写家花巴巴的抄本，曾由马松亭阿訇访问埃及时作为礼品赠送埃及国王，备受赞赏。元、明、清时期的各类抄本，为中国伊斯兰教协会和各清真寺作为文化珍品而收藏。中国刊印《古兰经》，始于19世纪中叶，1862年，云南回民起义领袖杜文秀颁刊"大元帅杜新镌"《宝命真经三十卷》，每卷28至29页，木刻线装，浅蓝布裱糊硬书皮，装帧精致典雅。这是中国最早的《古兰经》木刻本。1872年清军攻陷大理后，刻板毁于兵焚。现仅存杜文秀生前所用的一部原版印本。1895年，云南著名阿訇马联元，在穆斯林资助下，再次刻版刊印《宝命真经》。先由著名缮写家田家培手书全部经文，再经马联元核对校正，然后送昆明刊刻，刻工30余人，均为四川名匠。这部30卷木刻本，共有1946片雕版，计3571页面，现完整无缺地保存在昆明南城清真寺内。

## 2. 早期的汉译本

中国穆斯林的《古兰经》汉译，经历了抽译，选译、通译的发展过程。明末清初，王岱舆、马注、伍遵契、刘智等一批穆斯林学者，"中阿兼通，译著最多"。他们在汉文著译中，时有"纂辑真经，抽译切要"，但所引用的经文为数不多，而且多是意译。著述最富的刘智，在其《天方至圣实录》中约有十来处引述简短经文，但他也没有翻译《古兰经》的意向。至19世纪下半叶起，中国穆斯林根据需要刊刻印行了一批选译本。最初出现的是汉字拼读阿拉伯文的对音本，如余海亭的《汉学赫厅》（1882）、杨敬修的《亥帖译音》（1919）等。在此基础上，一些对音本附加汉文注释和意译译文，从而成了选译本。如马玉书的《经汉注解赫听》（1866）、马联元的《宝命真经》（1919）、李延相的《天经译解》（1924），刘锦标的《克兰经选本译笺注》（1934）等。这些都是供初读者理解经文用的选读本，在译文和注解中夹杂大量经堂用语和阿拉伯文的对音词。这些本子非常切合实际需要，因而受到穆斯林的欢迎。

最早致力于汉文通译《古兰经》的，是清末回族学者马复初。据载，他已译成《宝命真经直解》20卷，只是生逢乱世，未能完成全部译经工作即遭杀害。译稿后来大部分毁于火灾，仅存5卷。"阶州赵君真学辗转获此，珍藏数十年，从未示人。今岁往朝圣城，道出申江，见本会《古兰经》译文，乃出示藏本，相与考证"。1927年，上海中国回教学会曾予翻印。

中国第一部《古兰经》汉文通译本，是李铁铮的《可兰经》。该译本是根据坂本健一的日文译本，并参照罗德威尔的英译本转译而成。译者为尊重穆斯林的习惯，尽力理解经文内涵和语言特征，译文以"直译"为主，意图"求真"和"传其神"。译述态度严谨，文笔简洁质朴，虽有疏漏出入，但仍有开拓的价值。1927年由北平中华印刷局出版发行。

其后有姬觉弥的《汉译古兰经》。一般以总纂者名以"姬觉弥译本"。又因资助者英籍犹太人哈同又称"哈同译本"。在总纂者之下，另有阿拉伯文、英文、日文和汉文参证共10

人。其中阿文参证李虞宸，薛子明，樊抗甫三阿訇也是一时之选。译经过程中同样参照了日、英译本。译者申明，对伊斯兰教"重其道，敬其经"，译文"经再三参订，句求简练，文重雅训"，"其目的是为仅解汉文未读阿文者，供此译本以窥大道于万一，非敢以汉文译本代天经也"。译文所用的文言体，古雅朴实，畅达易懂。尽管仍有诸多疏漏，但从学术角度看，还是应予基本肯定。1931年由上海爱俪园广仓学窘出版，线装本，共八册。

### 3. 王静斋的三种译本

中国穆斯林的第一部直接译自阿拉伯文的汉文通译本，出自王静斋之手。王静斋是通晓阿拉伯文的著名阿訇，尽毕生之力于《古兰经》的通译工作，在近30年内，他用文言、经堂语和白话体分别作了三次尝试，先后于1932、1941和1946年译竣印行了三种译本。他从阿拉伯文直译的中国穆斯林第一部汉文通译本《古兰译解》，由北平回教俱进会刊印，称甲种本。抗战时期，他在重庆开始翻译白话文《古兰经》。初稿曾被日机炸毁，后又重译，继而赴宁夏修订，译稿夹有经堂语，因马少云的资助，作为"石印六十部""非定草"。先事发刊，希冀公评。由宁夏回教协会印行，题名《白话译解古兰天经》，称乙种本。1945年，他重返重庆，与时子周等进一步修订译文，直至"举凡未能决定的疑难之处，大半迎刃而解为止"。翌年与上海永祥印书馆签约付印，题名《古兰经译解》，称丙种本。

王静斋的三种译本，自然以1946年在上海印行的丙种本为最好。他为充分译解经文奥义，广泛采用历代的《古兰经》注释，兼融诸家，意在明晰。丙种本是在乙种本的基础上修订的，注解有脚注，又有边注，共约2000条。在章节后的综合性注释称"略解"，在涉及重要问题的章节后还有详细解释的"附经"。这些注释有助于普通穆斯林和教外读者加深理解经文内涵，因而大受读者欢迎。加之译文略带经堂语气，便于大多数穆斯林的使用，使丙种本比之其他汉译本，一直拥有较广泛的影响。1957 年，香港重印该书时，增添了新编的索引。2006 年东方出版社正式再版该书。

### 4. 马坚的汉译《古兰经》

"在'忠实、明白、流利'三者并举的要求下"，超过以前所有译本的，是马坚的《古兰经》汉译本。马坚自年轻时即立志要译经，由中国回教学会选送，赴埃及爱资哈尔大学留学。8年后学成归国，便投身《古兰经》翻译工作。他在参与文言文翻译的同时，坚信《古兰经》原文在当年是一种极美妙的白话文，到现在仍然是一般阿拉伯人所能听懂的文章，因此以白话文译出，既是搭救"亡人"的工具，也是用作活人的生活指南。这是恢复其原有的职能和作用，使《古兰经》中国化、大众化的尝试。为了满足穆斯林大众迫切的需要，他就利用空闲翻译白话文的《古兰经》，并为此历尽艰辛，以一生的努力而完成译稿。马坚敢于自称，"译本中的每一个字都是经过推敲的，每一个句子都是经过锻炼的"。因而，其文字简洁，意义明确的特征，得到普遍的公认，并被学术界视为标准译本。

1949 年北京大学出版部刊印他附有注释的《古兰经》上册，即前 6 章或前 8 卷的白话译本。之后，马坚继续在修订、润色译稿，虽抱病在身，仍努力不辍，直至 1978 年逝世。1981 年，中国社会科学出版社出版《古兰经》汉译全本时，由于注释工作没有全部完成，为使体例一致，全译本就未加注释，只是加上《古兰经》上册的译者序和译者旧作《古兰简介》（节录）。对于全译本，白寿彝认为，"这个本子的出版，将是中国伊斯兰教史上，中国伊斯兰研究工作上，中国翻译工作上的一件大事"。目前，这个译本是超过所有译本的，也是在国内外最流行的本子。

**5. 其他新译本**

在马坚之前，还有两种全译本。一种是刘锦标的《可兰汉译附传》，亦称《可兰真经汉译附传》，1943年新民书局出版。该书特点是"笔译数节后随附以传释"。在传中以儒道之学附会经义，并夹杂"错误政治色彩的言辞"。另一种是杨仲明的《古兰经大义》，1947年北京伊斯兰出版公司刊印，译本采用严格的文言体直译法，带有经堂语气特色。译文简朴庄重，颇见译者中阿文功力，但读者面不广。

马坚之后，有时子周的《古兰经国语译解》，1958年，由台北"中华学术院"回教研究所理事会出版。该译本是在王静斋丙种本基础上的改译和修订，因此文字流畅，译意准确，得到好评。林松的《古兰经韵译》，1988年，由中央民族学院出版社刊印。该译本以带韵散句表达经文内容，其语言特色确是独树一帜。仝道章的《古兰经中阿文对照详注译本》，1989年自费在南京译林出版社发行，主要在教内免费赠阅。还有周仲羲的《古兰经译释》，1990年由伦敦伊斯兰教国际出版社出版，在新加坡发行。该译本的翻译严肃认真，译文朴实明快，但注释带有教派色彩。此外，近年来《古兰经》的经堂语译本，分类选译本，简注本均有问世者。而未曾译竣，未付梓的译稿数种，也在继续和审译之中。

在我国新疆，《古兰经》有维吾尔文的选译本和通译本。1910年，玉素甫大毛拉完成的选译注释本名为《古兰经译注》。1954~1955年，木汗买提·泽尔甫哈热哈吉的另一部维文译本《古兰经译注》，在伊犁完成。沙比提大毛拉的译本《至理名言》，谢木西丁大毛拉的《古兰经注释》，都在民间流传。1986年，买买提·赛来的维吾尔文通译本，由民族出版社出版，深受维吾尔族穆斯林的欢迎。

## 二　圣　训

圣训在阿拉伯文称哈迪斯（al-Hadith，意为谈话、传述）或逊奈（Sunnah，行为、习惯），指穆罕默德的言行及默认的记录，或由此形成的行为准则和道德规范。主要内容是穆罕默德在宣布启示外，随时随地就教义、律例、制度、礼仪及日常生活中种种问题所发表的意见主张，也包括他的处世准则和行为风范。后人出于社会需要，将先知默认的圣门弟子言行，甚至再传弟子的言行也列入圣训。穆斯林认为，圣训是对《古兰经》经文的具体阐释和补充，是先知遵奉启示而示范的"圣行"。

圣训是中国伊斯兰教经堂教育的基本内容之一。明末清初的伊斯兰教引用圣训著书立说，阐发教义。主要译著本有：光绪二十年（1894）马联元译著的《至圣宝谕》，1923年李廷相译著的《圣谕详解》（二卷本），1926年周沛华等翻译的《至圣先知言行录》（又名《穆罕默德言行录》），1935年马玉龙编译的《圣训四十章》，1947年庞士谦阿訇翻译的《脑威四十段圣谕》，1950年马宏毅翻译的《布哈里圣训精华》，1954年陈克礼编译的《圣训经》，1981年宝文安和买买提·赛来合译的《布哈里圣训实录精华》等。1999年、2001年康有玺翻译的《布哈里圣训实录全集》第一、二部相继出版。2002年马贤的《圣训珠玑》出版。

**1.《布哈里圣训实录精华》**

中国伊斯兰教圣训选编汉译本。原著穆斯塔法·穆罕默德·欧玛赖选编，坎斯坦勒拉尼注释，由买买提·赛来、宝文安合作，由阿拉伯语译成维吾尔语，再译成汉语。书中共收录816段圣训，涉及穆斯林的宗教生活、基本礼仪及日常相关者，有一些必要的简明注释，使该书具有实用和普及的优点。中国社会科学出版社于 1981 年出版，2004 年修订后重版。另一种类似译本《布哈里圣训精华》，为阿卜杜勒·哲力尔选编并注释，由马宏毅翻译，1950 年北京黎明书社出版，1954 年北京回民大众书社再版，不过教外影响较小。

## 2.《圣训经》

中国伊斯兰教圣训集汉译本。原著由曼苏尔·阿里·纳绥夫精选编辑而成，所收圣训不仅源自六大圣训集，而且还有其他圣训集中"有据可考，正确的"圣训。译者称共收录圣训 6000 段，实际为 4870 段。内容包含伊斯兰教天道、人道、个人、社会、今世、后世、世俗生活等。由于是从诸家圣训集中精选并综合而成的汇集本，收录圣训数量较多，内容丰富，涉及面广，故实用价值高，一时被赞誉为划时代的作品。有陈克礼的汉译本，1952 年北京清真书报社印行上册，称《圣训经》。1988 年台湾回教协会出版陈克礼的全译本，因原名《先知圣训本源总汇之冠》而改名《圣训之冠》（五卷本）。

## 3.《布哈里圣训实录全集》

《布哈里圣训实录》汉译本。原著由布哈里收集汇编，成书于 9 世纪。伊斯兰教逊尼派视为六大圣训集之首，与《穆斯林圣训实录》并列为《古兰经》之外的"两真本"圣书。全书称收录圣训 9082 段，实有 7536 段，除去重复的，传述系统完整、内容绝对可信并无歧义的为 2513 段（一说 2762 段）。内容按诸如商业买卖、婚姻、契约、作证、战争等不同题材，分章节编排。汉译者康有玺将原著分为四部，删去原文的传述系统，仅保留第一位传述者。第一部讲启示与信仰、大小净的相关问题、各种拜功中的相关问题等，第二部讲有关农业、商业和经济问题，以及诚实合法经营的相关道德问题等。以上两部已于 1999 年 1 月和 2001 年 5 月由经济日报出版社出版发行，后两部尚未面世。

### 4.《圣训珠玑》

中国伊斯兰教汉译圣训集,原著由阿卜杜勒·巴基编选,全书采用《穆斯林圣训实条》的分类章目,并以该圣训集收录的圣训为基础,再从《布哈里圣训实录》中选录词义一致或相近的圣训合编而成。共收录圣训约 2000 段,涉及内容有关信仰、礼拜、斋戒、天课、朝觐、婚姻、社会事务、商业法规、财产继承、战争、为官之道、复生日情形、先知及其弟子的品德等。有人曾称该书是最真实和最珍贵的圣训合集。中译者马贤参照多种注释本,为译文新增 10 多万字注释,并为各章撰写必要的导读。原著 54 章,调整为 57 章,共 60 万字,2002 年由宗教文化出版社印行。

### 5.《辞章之道》

又译《雄辩之路》,即哈里发阿里的讲话、演说、指令、信函、训诫、格言和箴言的汇编。由什叶派学者谢里夫·莱迪(公元 970~1016)辑录汇编,共分 3 章。其内容系阿里对于当时伊斯兰教内部激烈斗争和重大事件的评论和阐释,还有相当多的内容涉及教义信仰、教法判决、社会伦理,以及经文注释,创世意义,先知使命等的解说,因此被什叶派奉为五大圣训经之一,而逊尼派,穆尔太及赖派则视为经注、教法和教义阐发的依据。此外,全书文辞优美,语言凝练,被语言学家列为阿拉伯文修辞学的课本。2003 年 9 月中译本正式出版,译者张志华。

## 三 《选译详解伟嘎叶》

中国伊斯兰教通用的伊斯兰教法简明读本,伊斯兰教逊尼派哈乃斐教法学派经典手册。阿拉伯语音译,意即保护、预防。

引译为《教法护卫》。另译《伟嘎叶教法》。刘智《天方典礼》所列书目中称《卫道经解》。有诠释本《舍勒合·伟嘎业》和简本《尼卡亚教法》亦称《穆赫塔萨尔·伟嘎叶》。14世纪中亚布哈拉著名教法学家布尔汗·沙里亚特·马赫茂德为其孙欧拜杜拉（1346年卒）从《希达叶》（教法正解）中的选编部分。主要论述宗教义务和饮食习俗、婚姻家庭、商业经济兼及诉讼程序和刑法等。流行于中亚、巴基斯坦、印度、土耳其等国。是中国伊斯兰教经堂教育的必读课本之一。1931年、1935年天津伊光报社出版王静斋阿訇的节译本《伟嘎业》。1986年有王静斋翻译、马塞北整理的《选译详解伟嘎业》，天津古籍出版社出版。1993年有赛生发据《伟嘎业》而编译的《伟嘎业教法经解》，宁夏人民出版社出版。

## 四 《教典诠释》

中国伊斯兰教通用的伊斯兰教义学简明读本，中世纪伊斯兰教逊尼派教义学名著。又名《奈赛斐教典诠释》。布哈拉的赛尔顿丁·太弗塔萨尼（1312～1389）对欧麦尔·本·穆罕默德（1068～1142）所作《奈赛斐教典》（原名《尔嘎一德》）的注释。主要论证真主的存在、独一和无始；论述伊斯兰教的宇宙观、认识论，阐发真主与世界、信仰与悖逆、前定与自由、人类能力与行为等；申述真主派遣先知与降示《古兰经》的意义、四大哈里发的继位及伊玛目的指定等政教问题。兼驳穆尔太齐赖派教义主张。该注释本影响最大，各地学者对其所作的脚注本达14种之多。该书曾流传各伊斯兰国家以及阿尔巴尼亚、南斯拉夫、印度、阿富汗等，埃及爱资哈尔大学还将此书作为教义学教材。该作于16世纪末传入中国，成为各地经堂教育的教本。刘智《天方典礼》所列书目，称《教典释难》。同治九年（1870），马德新以《教典释难经解》刊印。光绪十九年（1893），马联元刊印其节本，称为《天方释难要言》。1924年，北平秀真精舍出版了杨仲明翻译的古汉语译本，称为《教心经注》。1945年，昆明出版马坚译本《教义学大纲》。1951年上海文通书局再版时，改名《教典诠释》。1985年，中国伊斯兰教协会影印阿拉伯文本，并于1988年再版马坚译本。

## 五　汉文经籍

### 1.《正教真诠》

中国伊斯兰教名著。明清之际王岱舆著。约成书于明崇祯十五年（1642），共2卷。认为伊斯兰教乃"真久不偏"的正教，此书对教理的诠释精确详明，故名。为汉文阐述伊斯兰教义的重要著作。计有真一、元始、前定、普慈等40篇。上卷20篇讲真主独一之学，阐发真主止一、创世、前定自由、身心性命、人神仙鬼、正教正学等问题，兼与儒、释、道诸教作比较；下卷20篇讲修道归真之学，阐发五功、忠孝、天道、人道、认主、认己、义利、善恶、取舍参悟、今世后世等问题，兼及伊斯兰教关于饮食财物、风俗人情等主张。该书系研究信仰、哲学、道德、教理诸学说的汉文译著，在中国伊斯兰教学术史和中国宗教学术史上占有一定地位。版本较多。流传较广的是清嘉庆六年（1801）广州清真堂刊本和1931年中华书局刊本。后者为广州刊本的参订本，参订者马安礼。参订本在体例、内容等方面均有较大变动，删去序、叙、弁言、问答纪言、群书集考、自叙、跋等内容，只留正文；正文篇次、卷属有所调整；40篇被参订为40章，上卷22章，下卷18章；在卷章之间增置10个篇名，即上卷真道、人极、教道、辨异、真功5篇，下卷人伦、慎修、民常、主禁、生死5篇。从民国年间起，与《清真大学》、《希真正答》成合订本。1987年宁夏人民出版社有合订本的新点校本出版。

**2.《清真大学》**

中国伊斯兰教名著。明清之际王岱舆著。因与儒家《大学》义理类同,故名伊斯兰教之"大学"。为汉文系统阐发伊斯兰教认主学的代表之作。共5篇。第1篇"提纲",总说本书要义,着重阐发"认一之功,诚为首务"的基本观点和"辨一有三"的基本方法。第2篇"真一",阐明"单另之一"的含义和"真一"三品的分别,着重论证真主独一。第3篇"数一",阐明"数本之一"的含义和"数一"三品的分别,着重说明天地万物的由来与真主"钦差"在人神仙鬼、天地万物中的至贵。第4篇"体一",阐明"体认之一"的含义和"体一"三品的分别,说明体认真主的三种方法。第5篇"总论"为结论,申论"真一"、"数一"、"体一"的相互关系,并兼言教门、性命、生死、空无等事。成书年代和最早刊本难以考查。流传的有清真堂三册刊本,道光五年(1825)一册重刻本(版藏还淳堂)、中国伊斯兰布道会1934年排印本,马福祥1922年排印本(与《正教真诠》合订)与1931年合编本(与《正教真诠》、《希真正答》合编)等。另有王守谦阿訇荟萃该书与刘智《五功释义》的合编《启蒙要略》刊本流传。民国初年尚有与《清真释疑》的合订本。1987年由宁夏人民出版社出版新点校本,与《正教真诠》、《希真正答》合刊。

**3.《希真正答》**

《希真正答》系明清之际王岱舆的答辩记录。清顺治十五年(1658)由弟子伍连城根据笔记整理而成。系据"清真正论"所作之答,故名。为汉文阐发伊斯兰教义的重要著述。全书汇集王岱舆同教众、缙绅、道人等的一百多则问答。主要涉及信仰要义、基本功课、认主哲理、穆斯林宗教生活问题等内容。答辩明畅、扼要，大意不出《正教真诠》、《清真大学》范围，反映答问者的思想、性格和学术特点，对揭示伊斯兰教汉文译著的中国特点很有意义。该书长期来只有传抄本，后附于《清真大学》刊印。民国初年有单独排印本和《正教真诠、清真大学、希真正答》合订本问世。1925年北京清真书报社刊本中，除正文外还有马忠信撰《弁言》，伍连城等参订的《附录》，鹤湖丁彦参订的《剩语》等内容。其中《剩语》系循"以彼法治彼法"方式（《传灯录》语）与僧人的论辩。

### 4.《归真总义》

《归真总义》是明清之际回族学者张中所著的一部中国伊斯兰教教义学著作。系以印度经师阿世格讲经的记录并参照其他经典译注补充而成。汇集成帙可能在明崇祯十三年（1640）。因阐发"伊玛尼"（即以麻呢，意为信仰）之理，乃"吾圣人总万法而归一真之妙谛"，故名。浅释《以麻呢穆直默勒》以启发穆斯林的信仰，故又名《以麻呢穆直默勒启蒙浅说》。因原经解释信仰之理，故简称《以麻呢解》。为汉文阐发伊斯兰教义学的主要著述。分四部分：①印度师伊玛尼解缘起疏，概述阿世格来华讲学经过及该书成帙、付梓过程；②伊玛尼解弁言；③归真总义便蒙浅说凡例，为便于理解下面正文而作；④伊玛尼穆直默勒启蒙浅说，即该书正文。系对表述伊斯兰教基本信仰或"总信之词"的四句话（即"我归顺真主就如他；我同真主一切尊名归顺；我同真主一切动静归顺；我承认真主一切判法"）的解释，集中阐发阿世格关于"欲证自己真主，当知此躯壳乃是极要紧的物件"，"真主不用寻求，凡寻求者便非我主"，"真主之不必他求？而我可证"的主旨。阐发有诗有文，诗类佛家设喻和陆王心学命题，使苏非神秘主义认主学具佛儒神秘主义和主观唯心主义色彩。金吉堂《中国回教史研究》称，该书

"为回教经籍中最早之汉文本"。按《弁言》和沙振宗《跋》,刻版问世于清顺治十八年(1661)或康熙元年(1662)。另有光绪四年(1878)叙城苏世泰重刊本(版藏宝真堂)和光绪三十四年(1908)北京清真书报社刊本等。刊本文字顶格者,疑系阿世格原话,余为张中的阐发。

**5.《归真要道》**

中国伊斯兰教认主学译著。全称《归真要道释义》,原为德黑兰阿布·伯克尔(?~1256)所作波斯文《米尔萨德》。清初伍遵契译。4卷,5门,40篇。内容讲修道、养性、近主之道。第1门3篇,解释该书纲目与题旨。第2门5篇,讲人身性命的造化根源。第3门20篇,讲今世调养性命的正事。第4门4篇,讲善恶归结。第5门8篇,讲士农商工修道近主之法。每篇均先列《古兰经》、"圣训"有关内容,次为作者表述。系中世纪伊斯兰教苏非主义修道养性的著名作品。译者悉按中国伊斯兰教经堂口语及中国学者所熟知的概念直译为白话,并加扼要注释。数世纪来与波斯文原本一直被中国伊斯兰教经堂教育选为教本。该书约完成于清康熙壬子年(1672),现有康熙十七年(1678)撰写的多篇序文,但多年未刊。刘智著《天方典礼》时,仍引用原本并译称引文出自《道行推原经》。清光绪十七年(1891),南京蒋春华增注刊刻,分四册,约15万余字。民国初年由蒋春华之子蒋长松出铅字排印本(线装);1934年太原中国伊斯兰布道会重印(4卷本,卷首1卷);另有北平清真书报社刊本和太原晋新书社刊本。

**6.《修真蒙引》**

中国伊斯兰教教法学手册译著,又名《正教修真蒙引》、《清真蒙引》。清伍遵契据《哈地·随布亚尼》口译,周士琪笔录。共60篇。主旨在阐发伊斯兰教信条的含义,分篇述说学问根源、伊斯兰信仰、教规断法、礼拜、三掌教选聘的条件等内容。为当时穆斯林所喜爱，称之为"暗室之灯、迷津之筏"。此外有些篇章还涉及当时中国穆斯林的社会状况。较早有康熙十一或十二年（1672或1673）张君良刊本，此外还有康熙五十九年（1720）沈懋中题序本、乾隆四十年（1775）秀州蒋元龙序重刻本、道光十六年（1836）沈凤仪作序的重刻本。

### 7.《清真指南》

中国伊斯兰教的综合性著作。作者马注。康熙二十二年（1683）成书。全书约20万言，10卷。作者自述，有感于"正教久湮"，"儒习罔闻"，"异端左道，眩惑人心"，故而"领诲明师，或见或闻。著为是集，经号指南"。著录以"晰诸教异同之理，阐幽明死生之说，上穷造化，中尽修身，末言后世"，意在阐扬正教，驳斥异端，启发人心，希望博得统治者青睐，提高伊斯兰教的社会地位。书中以论述、推理、答问等方式，分门别类阐发教义要旨，修道原理及敬慎修身等现实问题，并经作者一生的修订增补。第1卷为"首言八箴"，即内洁、盟、净几、诚诵、慎思、遵行、广化、珍重；余为叙、赠言、进经疏、请褒表、援诏、传记等。第2、3卷讲天人性命之学。第4、5卷讲五功、修身、忠孝等敬慎持身之道。第6卷100条问答为杂论。第7卷"八赞"与"圣赞"系经作者修订的汉文赞主词与赞圣词。第8卷有登霄说、登霄传、魔鬼传、教条八款、禁解、讨白（即忏悔）、条目、授书说等，最后作者自己写了一篇跋。第9、10卷纂于康熙四十二至四十九年间（1703~1710），包括遗珠序、原道跋、天宫赋、左道通晓等内容。刊行前后，该书为各地穆斯林辗转传抄，捐资翻刻，流行较广的有成都刊本和广州刊本。后常被选为经堂教育课本，对中国穆斯林有较大影响。

## 8.《天方典礼》

中国伊斯兰教教法学著作。亦称《天方典礼摘要解》。清刘智撰。分三部分，20卷（28篇）。系从伊斯兰教教法书"择其最关于民生日用者"汇为一帙，加以注解。前4卷为第一部分，由《原教篇》、《真宰篇》、《认识篇》、《谛言篇》构成。概述伊斯兰教道的渊源、结构和特征与伊斯兰教崇拜的主宰及认识主宰的方式和方法。5～9卷为第二部分，由《五功篇》、《禋祀篇》(《古尔邦篇》)构成，介绍功修礼仪、天道人伦。所余11卷为第三部分，由《五典篇》、《民常篇》、《聚礼篇》、《婚姻篇》、《丧葬篇》和附篇构成，涉及人伦要道、饮食起居、婚丧嫁娶、归正（即入教）礼仪等。该书《自序》称："是书也，始著立教之原，中述为教之事，天道五功，人伦五典，穷理尽性之学，修齐治平之训，以及日用寻常、居处服食之类皆略述大概，而以婚姻丧葬终焉"。有康熙四十九年（1710）刻本，乾隆年间（1736～）京江童氏刊本，同治十年（1871）锦城宝真堂刊本，光绪三十一年（1905）北京清真书报社刊本，民国十二年上海中华书局承印本等。

## 9.《天方性理》

中国伊斯兰教认主学著作。清刘智著，成书于康熙四十三年（1704）前后。结合伊斯兰教一神论与中国儒家性理学说，集中论证伊斯兰教关于宇宙起源、大世界小世界（天与人）、性与理之间关系。作者为经立图，用图解经，因图立说，以图达义，自成一个复杂的体系。全书分本经和图传两部分。本经共5章，四言体，多为8字一句，述书之主旨。言大、小世界理象、身性显著之序，天地人物变化生生之功；身心性命之藏之用及圣凡善恶之由。总合大小世界分合之妙理，浑化之精义，而归竟于一真。图传分5卷60篇。其"犹恐初学之有疑也，复因经立图以著经之理,因图立说以传图之义",经、图、说三者相互配合,使言简意幽、古奥费解的本经变得易于理解。全书致力伊斯兰教苏非主义与中国儒家学说的融会贯通,在天人、性理、先天、后天、体用、真幻等中国传统哲学研究领域和真一、数一、体一关系等中国伊斯兰哲学领域都有一定建树,受到当时教内外部分学者赞许。宁波提督黑鸣风带头出资刊刻此书,并在一些章段后为之作跋。正文前列《采辑经目》。有康熙四十九年(1710)三成堂梓刻本,京江谈氏重刊本,锦城宝真堂刊本等。该书本经部分尚有黑鸣凤用汉文、马联元用阿拉伯文所作的注释本。

**10.《天方至圣实录》**

中国伊斯兰教圣训学著作。又名《天方至圣实录年谱》。刘智编撰。20卷。系作者据波斯文《至圣录》(忒尔准墨),参考有关圣训和传说,及中国的有关史料、传记,用中国史书实录、年谱体编撰而成,故名。该书与《天方性理》、《天方典礼》为"三而一者"之书,"《典礼》者,明教之书也;《性理》者,明道之书也;《至圣录》,明教道渊源之自出,而示天下以证道之全体也"。雍正二年(1724)成书。全书为纲目编年体,有本文、纪事、议论、答问和附录等,约20余万字。前3卷宗谱,有从始祖阿丹至穆罕默德50代圣人小传,以及世统、国统、道统、化统源流图说和穆罕默德年谱;中间13卷正文,记述穆罕默德一生经历与"为圣"传教活动,包括先后发生的重要事件和传闻轶事;后4卷附录,收辑有关穆罕默德仪容德行、处事举止及宗教典章制度、西域各国风土人情和社会习俗,以及明至清初汉文史籍中有关伊斯兰教的碑文、敕谕、序跋等研究国内外伊斯兰教的重要资料。为汉文著述中第一部穆罕默德的宗教传记。该书定稿于雍正二年(1724),乾隆四十三年(1778)由金陵袁氏启承堂首次刊印,初版不久遭海富润事件查究。乾隆五十年（1785）以《御览天方至圣实录》之名重印。尚有道光年间（1821～1850）汉南还淳堂本、同治年间（1862～1874）锦城宝真堂本、京口清真寺本、光绪年间（1875～1908）镇江清真寺本。民国年间英籍基督教士梅益盛（梅逊）译为英文，分别在伦敦、纽约和上海出版，另有俄、法、日译本。

## 11.《五功释义》

《五功释义》，亦称《一斋五功义》、《礼书五功释义》。中国伊斯兰教教法礼仪著作。清刘智撰。因用中国传统义理之学解释"五功"，故名。全书分63章，"取圣寿之纪"。前7章以《原始》、《本义》、《爱恶》、《外官》、《内德》、《心》、《性》、《正变》为标题，总述五功之由来，称五功乃"示人修道，而返乎其本初"的天道功夫，五功示于人的修道之方为"开蔽通塞"，"克去己私，复还明德，以归于大公"。第8～32章从仪（仪式条例）、法（教法要求）、义（功夫实义）、理（道理义旨）、证（功真之证）五个方面分别阐述五功之理。第33～63章结合伊斯兰教和儒家身心性命学说阐述五功之义理。该书最迟于康熙四十九年（1710）撰成，有俞楷撰序及再笔五言诗赞2首为证。按民国八年（1919）马魁麟识《重刻序》，此书著竣时未能刊刻，至乾隆戊子（1768）始有中州买长发、王永安集资制版付梓，因讹误多，又经上党洛丹泉重刊。有道光十二年（1832）、咸丰九年（1859）、光绪二十四年（1898）重刊本。

## 12.《天方正学》

《天方正学》是清代蓝煦所撰中国伊斯兰教认主学名著，共7卷。清咸丰二年（1852）成书。蓝煦认为伊斯兰教的学问乃穷理尽性、以明正道之学，故名。为说明"回儒两教，道本同源"，"初无二理"，多采用阴阳、五行、元亨利贞、十大天干、十二地支、九宫、二十八宿、二十四节气等易学、道学用语，和图说相兼的中国传统经学形式,以阐发伊斯兰教道理。卷一题"图说、罕格运元、运元节气",说明真一(罕格)的运动与变化(运元);另题"道统",述所谓天方道统十一代和世统五十世。卷二题"字母、字母互合、字母释义",介绍阿拉伯文字母的神秘含义,图解说明天地万物的生成。卷三为真经1章,经传28章。系以经传发明真经,而又"以儒书所云集证"。卷四"性命发明十八章",多采用儒佛道语言发挥伊斯兰性命观点和齐克尔功课。卷五题"真一发微",用真一的变化解释精气、人神、理欲、理气、人心道心、君子小人诸对概念关系;还主张中国古代神话传说中的伏羲即努海之子雅优思,说他"以儒为教,以卦著易",从而认定儒家与伊斯兰教道统同源。卷六题"真诠要旨",系《正教真诠》内容的概括与修正,卷七真人(得道者)墓志52道(其中两道系作者门生续增),其人多为中国伊斯兰教历史和传说人物。该书颇有特色,对研究中国伊斯兰教教理思想(包括修道派教理)有重要价值。有北京清真书报社马明道校1925年石印本及1935年本。

### 13. 《清真释疑》

《清真释疑》是中国伊斯兰教护教名著。清金天柱著。乾隆(1736~1795)初年成稿。为化解长期来教内外,特别是教外不熟悉伊斯兰教经书、教义、礼仪制度、习俗原委引起的种种疑惑、非议而撰。作者认为,因伊斯兰教诸前辈只注重在教内阐述教义,忽略解释节庆、冠服、饮食、礼拜等风俗习惯,致使教外人士易生歧义、疑惑,加之经典书册浩繁,少有细探深究之人;又因前辈学者认为伊斯兰教在伦常礼教方面不异儒家,不必为之口争舌辩,从未释疑,致使有人先存成见,即使你书中有美玉精金,也尽行抹煞;有人一遇伊斯兰教人士,就以琐屑之事故意挑逗,到处议论。作者迫于各教横议,不得已而著此书;既释教外人士之疑,又补前辈学者的伊斯兰教敬一归真之理。该书以"回汉两教，原相表里"为出发点，"敬一归真"之道为基本道理，通过伊斯兰、儒两家经义"两两比议"，阐释伊斯兰教概念的含义和伊斯兰教关于认主、沐浴、礼拜、斋戒、衣冠、婚丧、礼仪、饮食、娱乐等的具体规定，并对各教信仰之不同作了说明。金天柱采用问答体裁和诚恳态度，以博得教内外的理解、同情和支持。乾隆四十至四十三年间（1775~1778）刊行，四十七年（1782）因海富润案而被查究。后经乾隆批示"勿庸办理"后始免。至光绪二年（1876）重刊时，书名始冠"御览"字样。光绪六年（1880）出现唐传猷、马安礼等人的《补辑》，书始以原辑、补辑两种形式流传。民国初年尚有与《清真大学》的合订本。

### 14.《四典要会》

中国伊斯兰教教义学著作，清马复初编撰，全书共四卷，咸丰九年（1859）"编为一帙"而成书。由《信源六箴》、《礼功精义》、《幽明释义》、《正异考述》四部分组成，故名"四典"。卷一"信源六箴"，阐明伊斯兰教的基本信仰，为"道之命脉"；卷二"礼功精义"，阐述礼拜真主的道理和意义，"以立修道之本"；卷三"幽明释义"，叙述今后世的区别，"以见万有之归"；卷四"正异考述"，详析教内异端的由来和谬误，"以正天下向往之路"。有同治二年（1863）湖南星沙清真寺3册重刻本，光绪二十四年（1898）1册重刻本，光绪三十一年（1905）镇江清真寺刻本和1923年铅印本。1988年，经杨永昌、马继祖标注，青海人民出版社出铅印本。

### 15.《大化总归》

伊斯兰教认主学著作。清马复初与弟子马开科据阿拉伯文〈甫苏斯〉合译。分上下两卷。同治四年（1865）成书。"大化"，指真主化育万物，化生万物；"总归"，指万世万物又

"返本还原"、"复命归真",故名。为《四典要会》的续作。着重讲后世及死后复生。喻今世为梦、后世为醒;今世非后世不显,后世非今世不彰;天堂乃"真主报答一切善人之所造",地狱乃"好恶者"之"所归"。该书通过今世后世、幽明死生,以及"真宰大化之恩,大化之威,大而化之功效"的说教,使人知晓"化出于先天,浑然者,有理而无象;化出于中天,灿然者,即理而显象;化出于后天,厘然者,由象以复理","故真一开起化之原","数一立成化之本","体一顺化化之机",这一真宰"大化之有总归"的宗教思想体系,并伴以宣传"幻情一化而归于真性","迹象一化而归于实理","人欲一化而归于至德"。上卷 16 章,下卷 18 章。各章均有正文、点评两部分。正文系译释,点评系提要。除初版(1865)为单行本外,其余多为与马复初另著之合编本。

### 16.《汉译道行究竟》

《道行究竟》系中国伊斯兰教认主学译著。清马复初译,共 2 卷。原著系奈赛菲的《默格索特·艾格萨》,为波斯文,即舍蕴善所称《归真必要》,刘智所称《研真经》。马复初先转译成阿拉伯文;再援儒、佛、道义理译为汉文,再援引刘智所著《天方性理》,对奈赛菲的观点作了必要的修正。该书为与阿拉伯语译本相区别,亦称《汉译道行究竟》。"道行"指认识和接近真主修炼的途乘,"究竟"指认识和接近真主行为的本质、归结,故名。主要内容:①述说道行有三等,即礼乘、道乘、真乘。礼乘系"圣人示众之法",取此乘者行圣人之言,始于见闻,止于见闻,为"顺从"的认主者;道乘系"圣人自任之功",取此乘者体圣人之德,得识真宰之本然,为理智的认主者;真乘系"圣人独践之境",取此法者得圣人之所得,能识真宰"全体大用",为信仰最真诚的认主者。②解说认主行为的本质。认为认识和接近真主,即道德完善、获得真诚信仰和体认造物主"全体大用"三种行为的统一。③叙述真一及其特性。称"真"即"有"(存在),"一"即"真"的本体,万有系"一"的显化。因此,"真一"即"原有而不得不有"的唯一存在。称"真一"的特性为"全体大用",即有与无、真与幻、体与用、一与万、隐与显的统一。④叙述"真一显化流行之秩序"及大小世界的关系。称"盖造化之初,大命也;大命著,则性理分;性理分,则元气出;元气出,则阴阳成;阴阳成,则天地定;天地定,则万物生;万物备,人类出,则造化之功全矣"。称大世界先无形后有形,先理而后象,由里而达表,由真而达幻;小世界先有形后无形,先象而后理,由表还理,由幻而还于真。同治二年(1863)译成。有同治九年(1870)马如龙刊刻本,光绪二十七年(1901)成都敬畏堂重刻本。

**17.《辨理明证语录》**

《辨理明正语录》是中国伊斯兰教的护教著作。清马联元著。全书共2卷,系用认主独一之理,分辨其他宗教之非,以说明清真之为正道,故名。为汉文阐发伊斯兰教理的主要护教著述。该书针对英国牧师冯席珍的"劝教",用认主独一之理来反驳天主教的三位一体说,也涉及佛、道、宋明理学和民间信仰。卷上未列篇名,实可称为"真宰篇",专讲真宰独一。卷下题《至圣篇》,专讲穆罕默德之为至圣。有光绪二十五年(1899)滇省(今云南省)南城清真寺藏版,广济堂资刊本。

**18.《四教要括》**

《四教要括》是清代中国伊斯兰教宗教比较学著作。清末杨仲明著,光绪二十四年(1898)写成,三十四年(1908)正式出版。该书系对孔(儒教)、释(佛教)、耶(基督教)、穆(伊斯兰教)四教要旨的论述和比较,故名。杨仲明为护教而从宗教比较角度，阐发伊斯兰教的教旨。全书约一万五千言，分序及例言、正文、杂论及跋三部分。序重在指出当时中国伊斯兰教的衰微状况及其原因。正文"揭孔、释、耶、回四大教旨"，重在说明伊斯兰教系"以世间为本，以出世为量"的"圆满无缺"的宗教。该书引进《天演论》"物竞天择，适者存留"的观点，提出"教竞人择，适者存留"的主张；提倡四教"通融"、"调和"，"义以穆为主，文以孔为用"，对"各家大旨"要"指实直陈，互相尊重，不要抑此而扬彼"。该书为近代中国伊斯兰教著作中最早倡导改革者。有1914年北平伊斯兰学室刊本。

**19.《经学系传谱》**

中国伊斯兰教经堂教育传承谱系著作。"真回破衲痴"（舍蕴善）作序，赵灿（舍氏弟子）编写。记述胡登洲的经师传承体系，该时期回族、撒拉族中著名经师的社会活动和各经师间的传承关系。初稿完成于清康熙三十六年（1697）前，未印刊，但缮写两部留存，一部在舍蕴善祖籍河南襄阳府上，另一部由赵氏保存。赵氏增订后，署名"裕心贫者"后誊录两部，一部赠送北京锦什坊普寿寺，一部赠送南京袁懋昭。今留存一部于山东济南某清真寺。该书内容具有珍贵的史料价值。1989年青海人民出版社据传记体手稿，出版铅字排印本，由杨永昌、马继祖标注。

**20.《伊斯兰六书》**

中国伊斯兰教现代教义学专著。该书原系达浦生阿訇，于1939～1942年在甘肃平凉陇东伊斯兰师范学校讲授伊斯兰教教义学课程时所编写的讲义，初为四编，后经修润增补，共成六帙，故名《伊斯兰六书》。全书"首言认主认圣，以明教本"；次言笃信"幽玄"，以明教旨；三言知行诚信，以明中心；四言本教仪式，以明天命；五言本教真理，以辟异说；末言宗教与科学相符为用，以明经训之不失时代。达浦生阿訇"经汉两通，新旧兼贯"，故能"熔新旧于一炉，挟奥义于无遗"，使该书成为中国伊斯兰教现代主义的代表作。达浦生阿訇的遗稿经马忠杰整理后，于2003年正式出版，全书约30万字。

# 第十六章  基本信仰和礼仪制度

## 一  伊斯兰教的基本信仰

伊斯兰教没有向普通穆斯林提出错综复杂的教义，根据《古兰经》将宗教信仰概括为5项基本信条。

**1. 信真主**

相信真主是宇宙万物的创造者和养育者，是最高的实在和唯一的真宰；自有自在，独一无偶，全知全能，普仁特慈，无形象无方位，却永存实有；赏善罚恶，至尊至威，是清算日的掌权者和裁判者，"除他外，绝无应受崇拜的"（59：23）。伊斯兰教首要的最基本的信条，就是"除真主外，别无神灵"。

**2. 信使者**

相信真主在不同历史时期向不同民族派遣过许多使者，负有传递启示、指引正道的使命，穆罕默德是真主的使者和先知，是众先知的"封印"（33：40），最伟大的使者；穆罕默德与众先知一样，只是一个凡人，他的唯一奇迹是《古兰经》的"绝妙性"。相信穆罕默德是真主使者，也是伊斯兰教最基本的信条。

**3. 信经典**

相信真主降示过104部经典，《古兰经》是真主最后的启示，证实以前的经典，澄清前人的歪曲和篡改，并取代以前的经典。《古兰经》是真主的言语，是永恒和先在的，不是被创造的，与"天经原本"完全一致。《古兰经》是真主存在的世间表征。

### 4. 信天使

相信天使是真主用光创造的一种妙体，为人眼所不见，分布于天地之间，充当真主的仆役，执行各种不同的命令；天使不分性别，没有神性，曾奉命向人祖阿丹下拜。穆斯林只需承认天使的存在和作用，不得祈祷和膜拜。

### 5. 信末日

相信人要经历今世和后世，终将有一天世界的一切都会毁灭，即世界末日来临。曾在今世生活过的人都要复生，按照功过簿对每个人的信仰和行为进行清算，作出裁决，行善者进天国，作恶者入火狱。

### 6. 信前定

有人根据圣训，增加一项：信前定。即相信万事万物，包括善恶皆由真主前定。真主是人类一切行为的创造者，人类是自己行为的营谋者，可以运用理智判断善恶，选择信仰；每个人要对自己自由选择的行为负责，这也是真主的前定。

## 二 伊斯兰教的五项基本功课

除信仰外，每个穆斯林还必须履行表现为外在行为的五项基本功课。这些功课既是基本教义和制度，也是神圣义务和职责，体现了对真主独一和全能的承认，被视为伊斯兰教的基础或柱石。中国穆斯林通称为念、礼、斋、课、朝"五功"。

### 1. 信仰表白

信仰表白（舍哈达，作证），即口诵"清真言"或"作证"：除真主外，别无神灵；穆罕默德是真主使者。这是伊斯兰教基本信仰的纲领性表达，每个穆斯林一生中诵念最多的话。任何人只要接受并当众念诵"清真言"，就可以成为穆斯林。信仰表白是伊斯兰教为坚定穆斯林信仰而提出的一种最简单易行的制度。

### 2. 礼拜

礼拜（撒拉特），穆斯林必须每天朝向麦加克尔白作五次固定时间的礼拜：破晓一次，称晨礼；中午一次，称晌礼；下午一次，称晡礼；日落后一次，称昏礼；夜间一次，称宵礼。每周星期五中午举行公众集体礼拜，称聚礼。每年开斋节和古尔邦节要举行会礼。礼拜的内容是赞念真主，不包含任何个人请求。礼拜前要说出或默念礼拜的虔诚心愿，否则礼拜将无效。身体洁净是礼拜的前提条件，礼拜前必须按规定作小净，无大净者还需作大净。中国穆斯林概括为：沐浴净身；洁衣净服；洁处行拜；举意正确；认时行礼；面朝正向；称"拜外六件天命"。礼拜时要完成一整套动作，念赞主词并抬手口诵真主至大，端立；诵经；鞠躬；叩头；跪坐；称"拜内六件天命"。完成一套动作称一拜，每种礼拜的拜数不同，教法有具体规定。礼拜是伊斯兰教最主要的特征，穆斯林有时也称"奉行拜功的人"。

### 3. 斋戒

斋戒（沙握姆），每年伊斯兰教历九月（莱麦丹月），全体穆斯林自黎明至日落禁绝所有食物和饮料，戒除抽烟及房事。但年老病弱、途中旅行、怀孕及哺乳的妇女、从事繁重工作者等可以免斋。除教法规定的斋戒外，在阿术拉日（教历元月10日）、教历10月的六天（一般在2～7日）、拜拉特日（教历8

月15日）自愿实行斋戒受到嘉许。但在两大节日、宰牲节后三天、遇有危险时及经期的妇女，禁止斋戒。在犹太教安息日和基督教礼拜日封斋要受谴责。

**4. 法定施舍**

法定施舍（宰卡），《古兰经》强调的自愿捐赠的慈善行为，后来由教法规定为一种课税制度（天课）。穆斯林的年收入或所有额超过规定限额后，谷物和果品在收获后缴纳1/10或1/20。畜群、商品和货币连续占有一年后缴纳1/40。征收的天课，"只归于贫穷者、赤贫者、管理账务者、心被团结者、无力赎身者、不能还债者、为主道工作者、途中穷困者"（9：60）。在不同时期和地区，事实上存在很大差异。今日，大部分地区已变成多少带有鼓励性质的自愿捐赠。

**5. 朝觐**

朝觐（哈只），亦称"大朝"或"正朝"。每个穆斯林在身体健康、旅途安全、经济条件许可的条件下，一生至少要去麦加朝觐一次。朝觐是在教历12月7日至13日于麦加及其东郊集体履行的一系列仪式：受戒、绕行克尔白、在赛法和麦尔瓦两山间奔走、夜宿米那、投石、急奔等。12月9日进驻阿拉法谷地，是朝觐最隆重的一天，称阿拉法日。第二天为宰牲节，又称"大朝之日"。最初，朝觐相当于阿拉伯民族的宗教节日，后来成为世界穆斯林统一的象征，对伊斯兰教的发展仍然起着重要的作用。

## 三 礼仪习俗和宗教节日

**1. 净礼**

伊斯兰教教法规定的洁身仪式。教法规定净仪为穆斯林有效履行念、礼、斋、课、朝及其他宗教义务的先决条件。对于参加礼拜、触摸和诵读经书是必不可少的,在其他情况下是嘉许的。净仪分小净、大净和代净3种:①小净。由于接触教法规定的不洁物体及其掩盖物,例如血、不符合规定死去的动物躯体、动物粪便、某些动物(如猪、狗)、酒等,或由于睡眠、大小便、触摸非近亲的异性等,必须先冲洗身上污秽或不洁部位,再冲洗双手至肘,洗脸、漱口、净鼻孔,用湿手拭头,最后冲洗双足过踝。其他如诵经、静修、纪念死者、宰牲时也要进行小净;②大净。由于性交、梦遗、月经和临盆造成的不洁,必须用伊斯兰教法规定的步骤。作完小净后,以净水从上到下、从左到右。穆斯林彻底清洗全身,包括小净的冲洗步骤,要求每根毛发均需洗到。在聚礼日、洗亡人前可遵循先知圣行作大净。归信伊斯兰教亦需大净;③代净。在无净水或因患重病畏冷而无温水时,可履行象征性净仪代替大、小净。即以双手在清洁土地或沙砾上一拍,而后抹面部,再拍后用左手抹右手,从手背指端抹至肘部,再翻左手由肘内侧倒抹至指端,然后同样方式用右手抹左手。

### 2. 割礼

割礼是伊斯兰教传统习俗。阿拉伯语 Khatnah 的意译,即切割男性生殖器包皮多余部分。教法认为是"肯定的圣行",凡男性穆斯林都必须履行。中国穆斯林俗称"割逊奈"或"海特乃",喻为"成丁礼"。相传为伊斯兰教兴起前先知易卜拉欣所倡始,故又称"古圣行"。公认以男婴出生后的第七天至成年期(12~13岁)施行为宜。无故推延至成年后施行,为"可憎的行为"。一般由有此专长的阿訇施术,并诵经祈求真主护佑手术平安。医学发达后,逐渐改为去医院施行外科手术。

### 3. 伊斯兰殡礼

伊斯兰教殡葬仪则。穆斯林去世后，举行的净身、殡礼、埋葬等仪式。净身（即洗"埋体"）。由家属指定专人或清真寺内专司殡葬事务的乡老为亡人清洗全身。先须"小净"，再"大净"，后用白布包裹亡体，面向克尔白置"埋体匣"（丧柩）内，等候殡礼。殡礼（"者那则"）由清真寺伊玛目率众举行站礼，无须鞠躬、叩首；然后抬至墓地掩埋。

伊斯兰教主张土葬、速葬、薄葬。不用棺木，白布包裹的亡体直接入土埋葬，称"入土为安"。符合伊斯兰教真主以土造人，入土回归的教义。一般埋葬亡人的墓穴因地而宜，亡者头北脚南，面朝克尔白。特殊情况可水葬。穆斯林去世后葬期不得超过三天。一般是当天归真，即应埋葬。为能做到速葬，伊斯兰教还规定：死在哪里即葬在哪里。伊斯兰教主张葬礼俭朴，贫富一样。富贵贫贱皆以白布包裹，占同等面积墓穴，无任何陪葬品。待葬期间，不宴客，不服孝。禁止用水泥、石灰等修饰坟墓。

### 4. 饮食戒律

伊斯兰教饮食戒律源出于《古兰经》，其中最详尽的一节经文说："禁止你们吃自死物、血液、猪肉，以及诵非真主之名而宰杀的、勒死的、跌死的、触死的、野兽吃剩的动物，但宰后才死的，仍然可吃；禁止你们吃在神石上宰杀的……凡为饥荒所迫，而无意犯罪的，（虽吃禁物，毫无罪过），因为真主确是至赦的，确是至慈的"（5∶3）。经文明确规定禁食的有：自死物、血液、猪肉及非诵真主之名宰杀的动物。这里，经文只是简单列出禁食的物品，而不是规定可食的食物；所关注的只是肉食，而没有涉及其他。后来的伊斯兰教法补充的规定中，性情温顺，反刍食谷的动物，一般皆可食用，而凶禽猛兽，形状可憎的，一概禁食。但也有例外，如驯养的毛驴，据说穆罕默德在攻占海巴尔时曾宣布禁食。至于具体的细节，各家教法学派也说法不一，规定各不相同。

关于饮酒的戒律，在《古兰经》中是逐步确立的。显然，禁酒的原因是为了严格履行宗教义务和加强内部团结。宗教性食物戒律，是宗教社团对外区分、对内认同的社会标志，也是培育集体意识和教胞情谊、增强内部凝聚力的手段。正因为如此，在某些地区，特别是在穆斯林少数民族和少数派中，对于食物戒律的遵奉，会突出地加以强调。

### 5. 伊斯兰教历

又称希吉赖历，伊斯兰教国家使用的历法。其中回历和波斯历最为有名，并且一直沿用至今。中国称回历或回回历。①回历为太阴622年9月24日，穆罕默德从麦加迁至麦地那。哈里发欧麦尔即将该年定为伊斯兰教历元年；为计算方便，将该年阿拉伯太阴岁首（公元622年7月16日）定为教历元年元旦。回历的元年定在的那一天，即儒略历公元，此日与朔日相合；②波斯历为太阳历。其历年长度为365日，除8月为35日外，其余各月为30日。波斯历的历元相当于儒略历公元632年6月16日。在这一年波斯王伊嗣侯三世登位并改历。该历对昼夜的计算，以前一日日落为第二日之始，通常称为夜行前，即黑夜在前，白昼在后。

希吉来历自创制至今14个世纪以来，一直为阿拉伯国家纪年和世界穆斯林作为宗教历法所通用。该历于元世祖至元四年（1267）正式传入中国，后并编撰该历颁行全国，供穆斯林使用。至元十三年后，元朝政府颁行的郭守敬的"授时历"及明代在全国实行的"大统历"，均参照该历而制定。清初曾一度使用，对中国历法的影响达400年之久。中国信奉伊斯兰教的各族穆斯林至今在斋戒、朝觐、节日等宗教活动中，仍以该历计算为据。

### 6. 宰牲节

伊斯兰教最重要的节日是宰牲节和开斋节，统称"尔德"（节日），都有教法规定的会礼。宰牲节（尔德·艾祖哈，或尔德·古尔邦），又称"大节"（尔德·凯比尔），在教历12月10日举行。这天是朝觐的最后一天，朝觐者至米那山谷宰杀带入禁地作了标记的祭牲，以纪念易卜拉欣忠实执行真主命令，杀子献祭，又奉命用羊替代一事。这天亦称"奈赫尔日"，尔后三天称"太什里格日"，作为结合一起的节日又称宰牲节。在中国流传于信奉伊斯兰教的回、维吾尔、哈萨克、东乡等民族中。古尔邦，阿拉伯语意为献牲。相传先知易卜拉欣梦见真主启示他宰杀亲生儿子易斯玛仪，以示对真主的忠诚。当易卜拉欣遵命执行时，真主派天使吉卜利勒牵来一只黑头羝羊赶到以代替献生。伊斯兰教信徒依据此传说每年宰牲献祭成俗。伊斯兰教创立后，穆罕默德遵循《古兰经》"我确已赐你多福，故你应当为你的主而礼拜，并宰牺牲"（108：1~2）的命令，并效法易卜拉欣顺主之举，列为朝觐功课礼仪之一。教法规定：凡经济条件宽裕的穆斯林，每年都要举行宰牲礼仪。宰牲须在12月10日会礼结束后三日内举行，献祭牲畜为驼、牛或羊，依财产多寡而定。原则上一人应宰一只羊或七人合宰一头牛（或一峰驼），肉分三分，一分送给亲友，一分施舍，一分自用。节日期间除宰牲奉献外，穿新装、用美香、互致节日问候、走亲访友，宴请宾客、游坟诵经，凭吊古人。新疆地区的穆斯林还举行盛大的歌舞晚会，跳起撒那舞、赛乃姆和多郎赛乃姆，万众欢腾。

### 7. 开斋节

开斋节（尔德·菲图尔），又称"小节"（尔德·萨基尔），在教历的10月1日，即斋月结束后第一天举行。我国新疆等地亦称肉孜节。伊斯兰教规定，成年男女穆斯林在伊斯兰教历每年9月封斋1个月，每日自黎明前至日落后，禁绝饮食、房事和一切非礼行为，以省察己躬，洗涤罪过。每年斋月始于伊斯兰教历9月初新月的出现，结束于教历10月初见到新月时为止。即在斋满29天的当晚寻看新月，如看到，翌日即开斋，如不见月，则封满30日，次日为开斋节。开斋节的主要礼仪有：①忙食一物。穆斯林于该日晨礼后速进少许饮食，以示戒满开斋向真主感恩之意；②交纳开斋捐。穆斯林按家庭人口，在开斋节前三日，每人施舍给贫穷者一定份额的粮食或现金；③会礼。是日上午，穆斯林沐浴盛装，心口默诵赞词，聚集在当地最大的清真寺或郊野举行规模盛大的会礼仪式。礼毕互致问候，会亲访友，宴请宾客，游坟诵经悼念亡人。邻里之间相互馈赠节日食品。节日开始前，每个家庭成员要发放"开斋施舍"。在许多地区，"小节"比"大节"更加隆重和欢乐。除举行上述一系列仪式外，还歌舞欢庆。开斋节已成为中国信仰伊斯兰教的10个少数民族共同的民族节日。

## 8. 圣纪

伊斯兰教先知穆罕默德诞辰纪念日。阿拉伯语"毛利德·奈比"的意译。一译"先知诞辰"。教历3月12日举行。传说穆罕默德诞生、迁徙、逝世的月、日相同，因此，穆斯林将两个纪念日合并举行，称为"圣纪"或"圣忌"，俗称"圣会"。这一节日起源很晚，逐渐形成仅次于宰牲节和开斋节的第三大节日。据阿拉伯史书记载，穆罕默德逝世300余年后，什叶派的法蒂玛王朝（公元909~1171）首先在埃及举行圣诞纪念。到了12世纪，伊拉克的穆斯林也开始在每年的3月12日庆祝圣诞。1291年摩洛哥采用这一节日。此后，特别由于苏非教团的推广，纪念先知诞辰和忌辰的活动便扩展到了其他穆斯林国家和地区。届时，穆斯林多在清真寺内诵经祈祷，吟诵"赞圣词",讲述先知事迹并设宴纪念。中国各族穆斯林大多要举行圣纪活动。主要活动有诵经、赞圣、朗读纪念穆罕默德生平及懿行的诗文,齐念赞词等。穆斯林多要炸油香、熬肉粥、摆宴聚餐,以示纪念。有的在伊斯兰教历 3 月之内择日举行,也有的农村在夏收之后,城市在农历正月营业淡季集体或按行业、社团分别举行,只有伊赫瓦尼派不过"圣纪"。

## 9. 阿舒拉日

伊斯兰教节日。阿舒拉意为第十,指伊斯兰教历 1 月 10 日。相传该日是伊斯兰教先知阿丹、努海、伊卜拉欣、穆萨等得救的日子。原为犹太教的赎罪日。622 年穆罕默德迁徙麦地那后,曾仿效犹太人习俗,定该日为斋戒日。后以莱麦丹月斋戒为定制,改该日为自愿斋戒日。穆斯林还传说安拉于该日创造人、天园和火狱等,故视为神圣日。逊尼派视该日为吉祥的日子。680 年阿里之子侯赛因于该日在卡尔巴拉殉难,故什叶派以该日为哀悼日。后发展为阿舒拉节,在该日前公演殉教剧,9 日斋戒,该日一般在清真寺举行悼念性礼拜仪式,朗诵哀悼侯赛因的诗。有的地方还举行街头哀悼行进,有人鞭笞和伤害自身,表示对当年没有援救伊玛目之罪的惩罚。

## 10. 登霄节

伊斯兰教先知穆罕默德夜行升霄纪念日。阿拉伯语"米尔拉吉"的意译,原意为"梯子",亦称"升霄"或"登霄之夜"。穆罕默德的传教触犯了麦加贵族、富商的宗教特权和经济利益,因此遭到了以艾布·苏富扬为首的多神教徒的反对和迫害。在处境十分艰难的情况下,即发生了先知的夜行和登霄。据《古兰经》"赞美真主,超绝万物,他在一夜之间,使他的仆人,从禁寺行到远寺,他在远寺的四周降福,以便我昭示他我的一部分迹象"(17:1)。穆罕默德于 621 年(一说 620)伊斯兰教历7月27日之夜,由大天使吉卜利勒陪同,乘仙马腾空,由麦加飞至耶路撒冷,在阿克萨的一块岩石上登霄,遨游七重天,见过古代众先知和天园等情景。领受每日五番天命拜。黎明重返麦加。次日吉卜利勒即向穆罕默德传谕了每日礼五番拜的时间和仪式。伊斯兰教学者认为,夜行登霄是真主向穆罕默德显示的奇迹,穆斯林应确信无疑。由此,伊斯兰教将耶路撒冷视为圣地,以教历7月27日夜为登霄夜,举行诵经、礼拜等活动,以示纪念。

### 11. 拜拉特夜

伊斯兰教节日。意为赦免之夜。"拜拉特"系阿拉伯语"拜拉艾"或"拜拉艾特"的转音,原意为"清白"、"无辜",引申为"赦免"、"无罪"。在伊斯兰教历8月15日夜。相传该夜真主大开宽恕、怜悯之门,晓谕凡穆斯林在该夜诚意悔罪、祈求饶恕、祈求福禄者必获赦免。又传该夜决定人们来年的生死祸福,故又称换文卷(每人每年的功过簿)夜。穆斯林于该夜诵经、礼拜、长祷、施舍白日封斋,以求护祐和恩赐。在14日夜为死者诵经,施舍,并放烟火庆祝。在伊朗和南亚称白拉台夜。中国部分穆斯林还将"拜拉特夜"扩大为"拜拉特月",即伊斯兰教历8月初至中旬或月末。阿訇走家串户,带领全家穆斯林忏悔,祈求安拉赦免罪过,赐福来年。

### 12. 盖德尔夜

伊斯兰教节日。盖德尔意为前定或高贵。盖德尔夜,意即"高贵之夜"或"平安之夜"。该夜为真主始降《古兰经》启示之夜,并说众天使在该夜奉命降临人间,因此在该夜的一件善行胜过平时的一千个月。《古兰经》说:"我在那高贵的夜间确已降示它,你怎能知道那高贵的夜间是什么?那高贵的夜间,胜过一千个月,众天神和精神,奉他们的主的命令,为一切事务而在那夜间降临，那夜间全是平安的，直到黎明显著的时候"（97：3~4）。故穆斯林要在此夜多行善事，以期获得千倍的厚赏。时间定在斋月下旬的单日夜晚，一般估计在27日夜晚。穆斯林在该夜诵经、礼拜、颂主、赞主、施舍、传道等，彻夜不眠，祈求改变一生命运。故中国穆斯林有"坐夜"或"守夜头"之称。世界穆斯林在此夜或汇集在清真寺内，或在各自家中举行诵经、赞主赞圣、施舍、为亡人祈祷等各种活动。一些穆斯林聚居的地方还张灯结彩，以示庆祝。

## 四　教制、清真寺及其他

### 1. 教坊

中国伊斯兰教清真寺组织形式之一。亦称寺坊。由唐、宋时期的蕃坊逐渐演化而成。元末明初至明中叶，回族形成后趋于完善。与明代城镇的坊厢行政单位大致吻合。坊内教民公推有名望的"乡老"为社头（亦称堂董、学董）组成董事会等管理机构。董事会成员除主持收受天课、管理财务、修建寺院、延聘阿訇、兴办经堂教育等有关民族、宗教集体事业外，还参与调解坊内教民的民事纠纷，主持婚丧嫁娶、生辰礼庆等。不得干预当地官署的行政、司法、税赋、差役等。这种沿袭而形成的制度化、规范化的体制称教坊制。其特点是：①以认主学为基本教义，亦融合某些苏非派和儒学观点，形成适合当地社会情势的理论体系；②各教坊之间互不隶属，各行其是；③坊内教众通称"高目"或泛称"乡老"，不分贵贱一律平等。在西北某些地区演变成"门宦"制度。即各寺阿訇的任职和寺务均由该门宦的教主或"热依斯"（即教主的区域性代表）委派和统一管辖。当代，教坊董事会改为清真寺民主管理委员会，协助当地政府管理教徒宗教事务。

## 2. 三掌教制

中国伊斯兰教清真寺教职组织形式。亦称"三道制"。14世纪后期开始在中国回族伊斯兰教中形成，系由伊玛目、海推布、穆安津3种宗教人员构成的清真寺组织制度。三掌教中伊玛目是教坊的宗教领袖，率领教众礼拜，主持公共性的宗教仪式与活动，管理瓦克夫土地和公共墓地。海推布负责讲经宣教，司掌劝柬。穆安津是宣礼员，礼拜时辰到来时，专司召唤教众上寺礼拜，历史上这3种宗教人员都是世袭的。随着社会的演变和经堂教育的兴起，开学阿訇逐渐成为清真寺的教长，由教坊穆斯林聘任。近现代"三掌教制"除个别教坊在形式上保留外，许多地方已不复存在。

## 3. 清真寺

清真寺系阿拉伯文 Masjid 的意译，音译"麦斯吉德"，意为"聚会礼拜之地"。穆斯林主要的宗教与社会活动场所。一译"礼拜寺"。在中国，亦曾称"礼堂"、"祀堂"、"礼拜堂"、"真教寺"、"正教寺"、"清修寺"、"回回堂"、"回教堂"、"回回寺"等。伊斯兰教创立初期并无专门的礼拜场所。穆罕默德迁徙麦地那后的礼拜场所只是一座有围墙的庭院，四周为先知妻室和其他人居住的棚屋。穆斯林们在此礼拜、宣讲教义，履行宗教仪式，商讨宗教、军事、政治、社会方面的问题。后发展为清真寺，称麦地那先知清真寺。随着穆斯林军对外征服的胜利，领土扩大和伊斯兰教的传播，建造清真寺成为信奉伊斯兰教的标志。阿拉伯帝国的历代总督在各地均大批兴建，或由当地基督教教堂、犹太教会堂改建清真寺。各部落、教派和著名人士也竞相建筑，某些圣墓后来也发展为陵墓圣寺。穆斯林聚居区均建有礼拜寺，为礼拜和聚会场所。各寺名称多以建造者、名人、所在地点或建筑特征命名，为专门庆祝宗教节日、供人们参谒、祈福之地，而麦加禁寺成为各国穆斯林的朝觐圣地。什叶派另有本派的圣寺、圣地供教徒拜谒。清真寺的建筑，经历代统治者修缮、扩建或改建，逐渐由简朴走向壮观，形成有柱廊、尖塔、圆顶、讲坛、凹形壁龛的礼拜大厅或大院，并附有浴室和其他附属建筑设施，这一布局成为清真寺的传统格式。清真寺也有男女之分，为妇女设立专寺（称女学）或附设于某一大寺内。寺内设教长、讲道员、宣礼员、讲经学者主持日常教务。经济来源于寺产、捐赠和其他收入，通常设立专门委员会管理。清真寺也是穆斯林社会文化生活的中心，具有多种社会职能，既为布道说教、传播宗教和文化知识的场所，又为穆斯林举办有关的宗教仪式，有的也探讨有关政治、经济和其他方面的问题。明中叶前后，中国穆斯林正式以"清真寺"称呼礼拜之地，建筑形式一般采用四合院式、宫殿式，也有尖塔圆顶式，主要由大殿、窑殿、宣礼楼、望月楼、经堂、浴室等组成。

**4. 道堂**

道堂是中国伊斯兰教门宦对修道者修道传教场所的一种称谓。道堂也称"罕卡"、"哈尼卡"，系波斯文 Khaneqah 的音译，原意为"家"。在伊斯兰世界，苏非长老最初以住所为礼拜修行之地，并聚集门弟子传经说道。长老死后由门弟子或当地穆斯林在原地修建陵墓、寺院或学校，延续其生前的修道及活动，发展为苏非派专用的修道堂，故名。道堂盛行于 11 世纪，后也成为苏非各教团的最初管理机构。中国伊斯兰教门宦和依禅派沿用这一传统制度，在道堂周围常附设清真寺、住房等诸多建筑物，成为门宦的主要活动中心。

**5. 拱北**

中国伊斯兰教先贤陵墓建筑称谓。阿拉伯语音译，原意为拱形建筑物或圆拱形墓亭。中亚、波斯及中国新疆地区称"麻札"（Mazar），意为"先贤陵墓"、"圣徒陵墓"。原为流行于阿拉伯、波斯及中亚地区的伊斯兰教建筑形式。后专指苏非派在其谢赫、圣裔、先贤坟墓上建造的圆拱形建筑物，供人瞻仰拜谒，称为"拱北"。中国内地主要指苏非学派的传教师、门宦的始祖、道祖、先贤等陵墓的建筑。元代以前，来华的伊斯兰教传教师的墓庐多为圆拱形建筑，具有阿拉伯建筑风格。著名的有广州宛葛思的响坟、泉州的先贤墓、扬州的普哈丁墓等。中国内地苏非学派各门宦创传人、道祖的拱北，始建于清代乾隆、嘉庆年间。当代拱北的附设建筑有礼拜殿、坐静室、诵经堂和居室等。为示对先贤、圣者的尊崇，教徒只称呼拱北名。不但是教众纪念先贤的拜谒之地，也是传教、管理教坊、行教及举行重大宗教活动的中心。拱北教务一般由墓主的继承人或亲属主持。管理机构负责接待教民，组织宗教活动，维护陵墓等。

### 6. 麻札

中国新疆伊斯兰教圣裔或知名贤者的坟墓。为阿拉伯语音译，原意为晋谒之处或陵墓。亦译"麻乍尔"、"玛杂尔"等。中国新疆的麻札主要分布在天山东南部，沿塔里木盆地南缘和帕米尔塔什库尔干一带。10世纪随伊斯兰教传入，穆斯林开始建造麻札。最早的一座是956年建于阿图什的喀喇汗王朝第一位信仰伊斯兰教的可汗萨图克·布格拉汗的麻札。随着喀喇汗王朝在塔里木盆地西部和南部各地区不断发动"圣战"，成千上万的殉教者的麻札相继出现。14世纪中叶以后，新疆各地出现了兴建麻札的热潮。一般情况下，墓室四周竖有许多长木杆，用作挂布条、马尾、羊皮、羊角、牛尾等物。麻札多为庭院式或宫殿式的建筑群，有圆拱形顶部的高大墓室，以及礼拜殿、塔楼和习经堂等附属建筑，并拥有大量土地、房屋、商铺等产业。管理人称谢赫，另有伊玛目、穆安津主持宗教活动，经文教师负责宗教教育。有些著名麻札则成为苏非派修道者进行个人修行的隐居之所。有名的麻札有喀什的阿帕克和加麻札（汉文史料称香妃墓）、阿图什的沙图克·波格拉汗麻札、英吉沙的乌尔德麻札、吐鲁番的阿尔发达麻札、霍城的秃黑鲁帖木儿汗麻札等。主要分布在天山东南部，沿塔里木盆地南缘和帕米尔塔什库尔干一带。

# 第十七章 教派、门宦及社团组织

## 一 格 底 目

中国伊斯兰教教派，名取自阿拉伯语音译，意即古老的、陈旧的。指保持伊斯兰教传入时期的宗教制度的派别，与新教派相区别而称格底目（意为古老的），又称尊古派或老教。遵循哈乃斐教法学派主张。为中国穆斯林的多数派。严格尊奉伊斯兰教的基本信仰和宗教义务，并重视伊斯兰教传入中国以后形成的宗教礼仪和习俗；实行以清真寺为中心、互不隶属的教坊制，各坊互不干涉，自成一体；教务管理上采取教长或阿訇的聘任制，实行伊玛目、海推布、穆安津三道掌教制，清末改为开学阿訇、二阿訇和穆安津三掌教；实行公推的学董、乡老或清真寺董事会寺务管理制。明清时个别大寺还设穆夫提或嘎最一职。以古为尊，反对标新立异，重宗教细枝。在教法遵行中以保守和宽容著称，在教派纷争中持互谦互让态度。发展中更多吸收中国儒家文化思想。该派分布于中国内地各省和新疆部分地区。

## 二 门 宦

伊斯兰教苏非教团分支传入中国西北地区后逐渐形成的具有中国特色的苏非主义的通称。最初，这些苏非教团分支或以赞念的特征命名，或沿用原苏非教团名称。至清乾隆年间，甘肃临洮北乡穆夫提门宦第六辈教主马显忠，因积极改善回汉关系，又出资兴办义学，经地方乡绅上报陕甘总督，赐予统领头衔，令其统管河州各门宦。群众称其所管为"七门八宦"，从此始有"门宦家"之称。继而为野史杂著所采用。在官府正式记载中，门宦一词始见于光绪二十三年（1897）河州知州杨增新的《呈请裁革回教门宦》一文中。

门宦在明末清初形成于甘肃的河州（今临夏）、狄道（今临洮），青海的循化、湟中地区。该地区历史上是一个重要的屯垦区，元代以后逐渐形成为穆斯林聚居区。明末，苏非派通过贸易路线，由中亚经新疆传入。清廷开放海禁后，乾隆二十三年（1758）苏非教团成员不断经新疆进入；中国穆斯林也有去中亚、阿拉伯等地求学后成为分支传引人。苏非教团组织严密，有宗教魅力的教团领袖，接近民间宗教的仪式和实践，在中国穆斯林群众中有一定影响，逐步发展并形成虎夫耶、哲合林耶、嘎达林耶、库布林耶等门宦。门宦的特点是崇拜教主或道祖，教徒要绝对服从其"口唤"，接受精神指导；死后朝拜其墓地拱北，忌日举行宗教活动；除教乘的基本义务外，更重视道乘的静修和参悟；强调道统世系，奉行独特的修道方式和宗教礼仪；有的教主世袭，教权高度集中，形成控制大片教区的教权结构，拥有大量财产。据统计，分支门宦共有40余个。1949年后，门宦教主的封建特权被废除。

**1. 嘎达林耶**

嘎达林耶系阿拉伯文 Qadiriyyah 的音译。中国伊斯兰教四大门宦之一。源于卡迪里教团。据传，清康熙至乾隆年间（1662～1795），阿布杜·董拉希（？～1689）从阿拉伯麦加来华传道，先在云南等地传授其教旨，有"云南马"者奉其教；后在西北地区传授其主张达16年之久，被奉为第一辈道祖。第二辈道祖为祁静一（1656～1719）。传至七辈（一说八辈），成为"封印道祖"，教统中断。自此分为两支，一支以大拱北门宦为中心，尊祁静一为始祖；另一支以韭菜坪门宦为中心。二者均由"勤炼人"充当首领。在传入中国和形成门宦过程中，受佛教和道教影响，具有浓厚的佛道色彩，对教义、教律进行了改造。主张先有"道"后有"教"，重视道乘修持；认为遵守"五功"并不能"认主"和"近主"，而"道"却是"本然"、"真一"、"独一"、超俗的；脱离尘世系真正"认主"和"近主"之法，为此应游深山、访名师，出家修道，坐静参悟，"返本还原"。主要修道功课：①参禅悟道(即坐静)；②默诵"无字真经"（各辈道祖的修道口诀和歌谣，如"真经歌"、"修道歌"、"五更月歌"、"无底船歌"、"三昧真火歌"、"无根树歌"等)；③按呼吸节奏诵念"齐克尔"；④叩拜拱北，不主张朝觐麦加。其修持理论是"定性复命"、"修心养性"。"性"为"根"，是第一位的、永恒的；"命"为"形"，是第二位的、暂时的。教职人员分出家人（包括道祖和勤炼人）和阿訇。前者入山修道或住拱北、道堂等场所"守道"，须遵守三条戒规和五条守节。后者只须遵守一般宗教仪式和功课。"出家人"一般在10岁左右即迁居拱北静修。实行单一教坊制。没有掌教名称，每处拱北推举一德高望重者为"当家人"，主持和管理教务，不得世袭。主要分布于甘肃临夏、兰州，四川阆中、广元，陕西西乡、汉中，宁夏固原，青海西宁、化隆等地。

 2. 虎非耶

虎非耶系阿拉伯文 Khufiyyah 的音译，意为"隐藏的"、"低的"。中国伊斯兰教四大门宦之一。即"低声派"或"低念派"。因其主张低声念赞词，故名。产生于清康熙年间（1662～1722）。在中国的始传人说法不一，通常认为系马来迟。约有21个分支门宦，各支系间无道统关系，各自独立传教。在各支门宦中，有的为阿拉伯或中亚苏非派传教士直接传授，有的为中国哈只在阿拉伯游学时接受苏非派教旨回国后创健，有的是在研究了苏非派经典后自行创建。基本特点为教乘和道乘并重。主张在五功基础上修道，遵循"闹中静"办法，在"现世的繁华"中修持道乘，每日早晚默念"齐克尔"，夜间多作副功拜。齐克尔由教主秘密传授。斋月结束时先开斋后礼拜。教职人员分三级：穆尔西德、海里凡、穆里德。以拱北为修道办教场所，视拱北为圣地，节日、纪念日均须拜谒、宰牲、念经、作尔麦里。早期禁欲主义色彩浓重。穆尔西德一般无固定行教区，亦无其隶属之教坊和清真寺。阿訇和满拉不修道，只行教乘，但必须崇奉道乘理论，并在教乘功课中增加一些相应的细微特点，如在祈祷时携带 110 颗顽石等。主要分布于西北各地，尤以甘肃临夏、兰州为多。

### 3. 哲合林耶

中国伊斯兰教门宦之一。哲合林耶为阿拉伯语音译，意为公开的、响亮的。因主张道乘修持时高声诵念赞词而得名。马明心创立于清乾隆（1736～1795）年间。20 世纪 50 年代末，共传两姓（马、穆）三家（阶州马明心、平凉穆宪章和灵州马达天）。属奈格什班迪教团支分。马明心清贫虔修，主张诵经不取报酬，简化宗教仪式，反对教权世袭，受到群众欢迎，时称新教。因与花寺门宦发生冲突，引起新老教之争。在清代，哲合林耶虽经多次起义而遭镇压，但仍是信徒最多，传播范围最广，影响最大的门宦。该门宦在礼仪上遵循哈乃斐教法学派，主张教乘是道乘的基础，先教后道；崇信和神化教主，朝拜已故教主墓庐，宣传各辈教主所创造和显示的奇迹，特别宣扬殉道精神。道乘功修主要是高声赞念，不仅记主，还要赞圣。多由数十人围成圈子，以高声和乐调大赞大念，以明扬正道。念大赞时要全体肃立，手扣着手，摇头晃身，表示否定与肯定。教权结构是道堂、教区、教坊三级。教主身居道堂行使最高教权，委派代理人管理教区，选任开学阿訇主管教坊。在服饰礼仪上，男子戴黑色六角帽，不留腮须，女子不戴盖头。教徒分布在甘肃、宁夏、青海、陕西、新疆西北、云南、贵州等地，辖有830余教坊。有北山、沙沟、南川、新店子、板桥5个分支门宦。

**4. 库布林耶**

库布林耶系阿拉伯文 Kubriyah 的音译，意为至大者。其起源说法不一。据称，可能于清康熙年间（1662～1722）由阿拉伯人穆呼引的尼传入中国。他曾3次来华传教，后定居甘肃东乡大湾头，改张姓，故又有"张门、大湾头"门宦之称。该门宦不设教主，教务归各坊教长主持。宗教功修主要为静修参悟，时间可达百余日，大多在山洞内进行。一日一餐，7个枣，几杯水，不接触任何人，整日诵念齐克尔。主要分布于甘肃东乡，皋兰附近亦有其信徒。

## 三　新疆的依禅派

依禅派（波斯文 Ishan）亦译"伊善派"、"伊禅派"。中国新疆伊斯兰教神秘主义派别。因首领称"依禅"（意为"他们"），故名。亦泛称"苏非派"、"神秘派"或"出世派"。源自中亚苏非教团。一般认为，系16世纪由布哈拉纳含西班迪教团第五代教主玛含图木·阿杂木传入。有本派信徒崇奉的教主（圣徒）及遵行的修炼方式。重世代相传的道乘世袭与圣裔（和卓）、血缘世系。有布道中心、哈尼卡和麻札。设依禅、谢赫、海力排、苏皮、阿皮孜、布维、穆夫提等教职。收徒时，举行"科勒白尔西"仪式。入教需经依禅（或海力排）批准，保证绝对忠诚教主。教义、教理与逊尼派相近，但尤为强调道乘修持；有独特的祈祷和修道方式。强调禁欲断念、纯洁灵魂、忘我、人主合一等。以逊尼派教义为基础，汲取某些什叶派因素，保有一些维吾尔族习俗；崇拜麻札和和卓。1949年前拥有雄厚庄园经济基础和以苏非为基干的军事武装。依禅集宗教与世俗权力于一身。奉《买克吐巴特》、《麦司迪威谢力甫》、《那帕哈谢力甫》、《热夏哈提》、《热玛哈提》等经典；《古兰经》、"圣训"的部分章节和某些齐克尔抄本，系赞念的基本内容。主要有虎非耶、哲合林耶、苏赫拉瓦尔迪耶和拉希提耶四个分支。其中虎非耶以其著名伊玛目热巴尼在新疆而有广泛影响。某些支派下又分若干小支派，如虎非耶派下分白山派，黑山派；苏赫拉瓦尔迪耶派下分依纳克耶、达瓦尼耶、依西克耶等。对某些门宦的形成有一定影响。至今在新疆仍有巨大影响。信徒约60万，流传于墨玉、叶城、和田、莎车、策勒、喀什、库车等地。

## 四 西 道 堂

中国伊斯兰教门宦之一。1903年马启西脱离北庄门宦后创建于甘肃临潭。初名金星堂，1909年正式定名西道堂。因其以刘智等人汉文著译为传教依据，又称汉学派。"本道堂根据清真教义，并祖述清真教正统，以宣扬金陵介廉氏学说，而以本国文化发扬清真教学理，务使本国同胞了解清真教义为宗旨"。教义上以刘智的学说为依据，坚持正统信仰，履行五功，简化宗教仪式，重视文化教育；教权结构实行教长集权制。教长的言行对教徒有约束力，任职终身，但不世袭。死后建拱北，忌日为重大宗教节日。主张实行互不隶属的教坊制。教长选派清真寺开学阿訇。因有"介廉栽种，关川开花，我（马启西）要结果"之言，故兼有哲合林耶和老派的特点。西道堂重视汉文教育和经商活动。20世纪40年代，内部有集体户400户，在道堂内过集体生活，集体经营商、农、牧、副各业，全部财产归道堂所有。设总经理统管，其下有各业经理和专门负责人，统一管理，统一分配。另有散居户万余人，分布于甘肃、青海、新疆、四川等地。

## 五 赫瓦尼派

中国伊斯兰教教派。通称新兴教，又称遵经派、圣行派。1892年，朝觐归来的马万福因受阿拉伯半岛瓦哈比运动影响，结合中国伊斯兰教实际，联合当地十大阿訇创建于河州（今甘肃临夏）。倡导凭经行教，尊经革俗，统一教派和门宦，强调"穆斯林皆兄弟"，并提出10项主张：不集体念《古兰经》，一人念众人听；不高声赞主赞圣；做功课时不多捧手念"都哇"；不朝拜拱北或道堂；不请阿訇聚众做讨白（忏悔）；不提倡纪念死者忌日；不用《古兰经》为亡者赎罪；不鼓励五功以外的副功；处理教法问题以易行为原则；不能请人代念《古兰经》等。1918年后，以青海东关清真大寺为基地，宣传该派主张。马万福去世后，1937年该派分裂。一派以尕苏个为首，恪守原来宗旨，称苏派或"一抬"，人数较多。另一派以尕白庄阿訇马德宝为首，主张修改原有宗旨，称白派或"三抬"，后自称赛来非耶或崇古派。该派坚持正统教义，反对门宦制度，提倡改革非伊斯兰教的礼仪习俗，反对念经收取报酬等，受到部分穆斯林的欢迎。实行互不隶属的教坊制，重视"中阿并重"的经堂教育。20世纪40年代，在地方势力支持下，该派在甘肃、青海、宁夏等地逐步取得优势并发展壮大，在华北、华东、云南等地亦有所发展。

## 六 社团组织

**1. 中国回教俱进会**

中国回教俱进会系中国穆斯林的民间文化团体。1912年7

月由王宽、侯德山等人倡导并于北平〔今北京〕建立。本部设北平。同年10月，云南昆明成立"中国回教俱进会滇支部"；次年于归绥（今内蒙古呼和浩特）成立"中国回教俱进会绥远省分会"。之后，一些省市先后也建立了分会。中国回教俱进会的宗旨是："联合国内回民，发扬回教教义，提高回民知识，增进回民福利"；"兴教育，固团体，回汉亲睦"。该会刊行《穆光》半月刊，热心社会救济，兴办学校，至1936年5月停止活动。

**2. 中国回教学会**

中国回教学会系中国伊斯兰教学术文化团体。1925年6月由哈德成、马刚侯、沙善馀、伍特公、马骏卿、杨稼山等发起成立于上海。马刚侯、哈德成分别任正副干事长。1935年2月改委员制，分工负责各项会务。其中国回教学会宗旨：阐明伊斯兰教义，提倡回民教育，联络穆斯林情谊，开展伊斯兰教文化交流，扶助同教公益事业。下设编辑委员会和译经委员会（又称"译经社"），曾资助翻译、出版《古兰经》，编辑《中国回教学会月刊》，创办上海伊斯兰师范学校和敦化小学，组织选派学生赴埃及爱资哈尔大学深造，设立图书馆，开办阿拉伯语补习学校等。1942年停止活动。

**3. 中国回教协会**

中国回教协会系中国伊斯兰教团体。其前身系1937年在河南成立"中国回民抗日救国协会"，由王静斋、时子周等人筹建演变而来；1938年春改组得名"中国回民救国协会"（会址武汉）；1939年1月更名"中国回教救国协会"（会址重庆）；1946年始称"中国回教协会"（会址南京）。第一任理事长白崇禧，副理事长唐柯三、时子周。曾通令全国各地伊斯兰教团体一律受其领导；除以其分会、支会名义外，不准再立其他名目。

在中国伊斯兰教界影响甚大。1949 年随国民党政府迁至台湾，现会址在台北清真大寺。出版有《中国回教救国协会会刊》（1939～1946，重庆）、《回教文化》（1942，重庆）、《中国回教协会会报》（1946～1948，南京）。各地分会也出版过一些宗教性刊物。迁台后，在台北出版《中国回教》季刊，孙绳武、定中明、刘恩霖等先后任主编。

### 4. 成达师范学校

成达师范学校是中国伊斯兰教著名高等学府。1925 年创办，初设于济南杆石桥穆家车门清真寺，称"济南成达师范学校"。1929 年迁至北京东四牌楼清真寺，称"北平成达师范学校"，并附有成达出版部和福阿德一世图书馆。校名取"成德达才"之意，以培养伊斯兰教"经汉郑通"并能胜任教长、宗教团体会长和学校校长的新型阿訇为宗旨。由创办人唐柯三任校长、马松亭阿訇主持教务。学制 6 年。课程有阿拉伯语、《古兰经》、圣训、教史、教法及国文、数学、物理、化学、史地等。至 1937 年先后毕业二班学生约 40 名。其中第一班毕业生有 4 人赴埃及留学。抗日战争开始后，成达师范学校迁往广西桂林，继迁至重庆青木关。1941 年秋改"国立"，属国民政府教育部领导，从此改变原先的办学宗旨，课程设置与普通中等师范同。但因大部分学生仍是回族穆斯林，仍增设一门伊斯兰教常识课。1946 年迁回北平，校址在什刹海后海摄政王府旧址。建国后由北京市人民政府接管，并入回民学院。

### 5. 香港伊斯兰联会

香港伊斯兰联会系中国香港穆斯林的宗教团体。由南亚地区来港经商的各国穆斯林发起创办，1980 年获正式承认。由 15 名委员组成议会。该会宗旨：推行伊斯兰的理论与实践，传播伊斯兰文化，改善香港穆斯林的福利，实现多民族、多种族穆斯林的平等团结。该会设有传教事务、图书馆及出版、青年、穆斯林坟场、澳门清真寺等若干小组委员会，并受香港回教信托基金总会委托，负责管理香港爱群道清真寺和伊斯兰中心。此外，该会下设伊斯兰青年联合会，举办宣教和青年夏令营等活动。曾举办阿拉伯文班、伊斯兰教义班，以及穆斯林慈善事业等。每年朝觐期间，还负责安排穆斯林赴麦加朝觐。1982年起出版会刊《穆斯林通讯》。

**6. 香港回教信托基金总会**

香港回教信托基金总会是中国香港穆斯林的联合组织。19世纪末成立。20世纪初港英当局把各清真寺和穆斯林坟场，交由该机构管理，并令其负责管理香港穆斯林各项事务。下设若干分会，各分会分别派2名代表参加总会。总会管理清真寺4座，其中香港3座、九龙1座，并管理跑马地和柴湾两处穆斯林坟场。其组织成员有香港伊斯兰联会、巴基斯坦穆斯林协会、印度穆斯林协会、香港达伍德·布哈里协会。

**7. 台湾中国回教文化教育基金会**

台湾中国回教文化教育基金会为中国台湾省穆斯林文化教育团体。1976年成立于台北清真大寺，由穆斯林商界人士常子春（？～1988）发起创办，并首任董事长。基金会宗旨：为从事伊斯兰教研究者提供奖学金，为编纂伊斯兰教书刊筹集出版经费，向热心伊斯兰教事业者提供旅行经费，并颁发奖金等。该会设有研究生、大专院校学生、高中生等常年奖学金，推荐、资助穆斯林青年外出深造。董事会由23人组成，另设监事5人。拥有图书馆1座，对外开放。1977年曾创办"回教福利院"，收留孤寡穆斯林。还办有穆斯林托儿所和寄宿学校。其基金主要来自各界穆斯林人士的捐款。

### 8. 中国伊斯兰教协会

中国穆斯林全国性的宗教团体。1952年，由各族穆斯林知名人士包尔汉、达浦生、马坚、庞士谦等在北京发起筹备，同年7月27日成立了中国伊斯兰教协会筹备委员会。翌年5月在北京召开中国伊斯兰教第一次全国代表大会。制定协会简章，选举产生了领导成员。会址设在北京。协会的宗旨是：协助人民政府贯彻宗教信仰自由政策；发扬中国伊斯兰教优良传统，代表伊斯兰教界人士和穆斯林的合法权益，独立自主自办教务；爱国爱教，拥护党的基本路线，团结各族穆斯林积极参加社会主义建设；加强民族、教派团结，维护国家和社会稳定，促进祖国统一大业；发展和加强同各国穆斯林的友好联系，维护世界和平。协会成立以来，积极发挥穆斯林群众与政府之间的桥梁作用，协调穆斯林与非穆斯林之间的合作关系，倡导穆斯林发扬爱国爱教的优良传统，奉公守法，加强团结，办好教务，为社会主义建设贡献力量。该会多次印行《古兰经》和其他经籍，开办中国伊斯兰教经学院，搜集整理各类典籍文物，开展伊斯兰教历史和教义的研究，并以汉文和维吾尔文出版《中国穆斯林》（双月刊）。每年组织有条件的各族穆斯林赴麦加朝觐。

### 9. 中国伊斯兰教经学院

中国伊斯兰教高等院校。位于北京市宣武区南横西街。1955年成立。1966年起停办。1982年恢复。建筑面积9442平方米。宗旨为：培养热爱社会主义祖国、拥护社会主义制度、具有较高伊斯兰教学识和阿拉伯语、汉语文化水平的伊斯兰教专业人才。招生对象为具有高中文化程度、立志从事伊斯兰教事业、年龄在18～25周岁的男性穆斯林青年。面向全国定向招生。统一考试，择优录取。学制5年。学生毕业后主要担任各地清真寺阿訇或从事伊斯兰教事务及教学、研究工作。课程设置分为伊斯兰教专业课和大学文科基础课两类：专业课包括教义学、《古兰经》、圣训、教法、中外伊斯兰文化史和阿拉伯语及相关课程等。大学文科课程主要有民族宗教理论和政策、汉语文学和中国史地等。除本科教学外，还举办大专班、在职阿訇进修班、研究班和留学生补习班等。该院还举办国内伊斯兰教学术活动，积极参加国际文化交流。图书馆有汉文、阿拉伯文、波斯文、英文、乌尔都文等多种文字藏书3万余册。

# 第十八章 中国伊斯兰教历史人物

## 一 宗教学者和教派领袖

### 1. 胡登洲

明代伊斯兰教经师、经堂教育开创人胡登洲（1522~1597），字明普（又作普照），经名穆罕默德·阿卜顿拉·依立亚色，陕西咸阳渭城里人。回族。幼肄儒业，长随当地高姓名师学习，接受哈乃斐教法和天人性命道理的传授，目睹"经文匮乏，学人寥落，既传译之不明，复阐扬之无自"的现状，"遂慨然以发明正道为己任"，欲译伊斯兰教原文经书为汉文"以为斯土万世法"。据说，送天方来进贡的缠头叟某西出嘉峪关后东返，即立志兴学，"设馆于家"，半靠施舍，半靠供给。一改前人口头传授经文教义之法。至胡氏再传弟子"兰州马"时，清真寺设学之风渐开，很快遍及陕西、河南、山东等省。胡登洲一生授徒约百数，而大成者乃冯、海二人。他注意研究宗教哲学，侧重讲授阿拉伯文经籍著作，后逐步发展为经堂教育的"陕西学派"，所在陕西地区也被穆斯林誉为"念经人的教场"。穆斯林尊称"胡太师祖"。他系独班之仪的首倡者，故又有"新派宗师"之称。经堂教育"山东学派"、"云南学派"开创人常志美、马复初等均出自他的传承系统。今世传有胡氏诗作,真伪尚难分辨。

**2. 王岱舆**

明清之际伊斯兰教著名学者和经师王岱舆(约1584~1670),名涯,以字行,别署真回老人。金陵(今南京上元县)人。回族。祖籍阿拉伯,先祖以精于天文历算之学,洪武中被授钦天监官,子孙世袭其职,宅于南京卢妃巷,并免徭役。王岱舆幼承家学,熟悉阿拉伯文及伊斯兰教经籍。年20岁,稍涉世事,发愤读书,攻读性理、子史,旁及百家诸子,被誉为"学通四教"(指儒、佛、道及伊斯兰教)。后专攻伊斯兰教义,立志用汉文介绍伊斯兰教。为阐明伊斯兰教理,常与穆斯林、学者、各教人士、地方缙绅进行谈论、论辩,远近亦多有来问难或拜其为师者,伍遵契、伍之璧(字连诚)皆其弟子。因"慨道不大著,教恐中湮",遂将谈论、论辩之言写成文章,编辑阐发成书。明清鼎革,境况萧索,乃北上京师,客居正阳门外富绅马思远处,与人谈经论道,弘扬正教。后病故,葬于阜成门外三里河礼拜寺迤西李氏墓地。译著有《正教真诠》、《清真大学》、《希真正答》等。相传在其客居京师时,曾至铁山寺与该寺住持僧官僧月(又作"广宁和尚")谈道,有记载这次谈道经过的《王岱舆盘道记》一文。他是中国回族穆斯林学者中第一位系统和全面论述伊斯兰教理的人,提出真一、数一、体一的"三一"认主学和"忠于真主,更忠于君父,方为正道"的一元忠诚伦理。与刘智、马注、马复初被誉为回族最负盛名的四大著作家。

**3. 张中**

明清之际伊斯兰教学者、经师张中(约1584~1670),字君时,又名时中,自号寒山叟、寒山樵叟。江苏姑苏(今苏州)人。回族。出身经师世家,自幼学伊斯兰教及儒家经籍。既长,就教于胡登洲三传弟子张少山。与当时穆斯林闻人陆见子、非非子、继良子等,交往甚密,常与之讨论伊斯兰哲理。曾先后执教于扬州、苏州等地。崇祯十一年(1638),印度经师阿世格讲学南京,即闻讯前往,"执弟子礼,以师事之,谨奉教者三年"。《归真总义》初稿即根据阿世格的口授整理加工而成。后因兵燹,初稿仅存十分之一,遂令其子张露重新检录,在其表兄马明翁资助下付梓刊印,即以后流传的《归真总义》简本。此外,尚有约撰于崇祯四年(1631)的《克理默解启蒙浅说》和《四篇要道》问世。得张少山、阿世格参悟之传,擅长"认主学",在用汉语明晰地译释认主学方面作出了贡献。

### 4. 常志美

清初伊斯兰教著名经师常志美(约1610~1670),字蕴华(永华),经名穆罕默德·本·哈基木。回族。祖籍中亚撒马尔罕。一说9岁时随其叔奉使押一狮入贡北京,留居陕西,从胡太师第四代门人学经,后至山东济宁,与当地常姓联宗,遂姓常。一说其祖于明洪武三十年(1397)进贡来华,初居济阳,后居临清,再移居济宁。也有传说他随长辈来华经商,寄籍济宁。然按《经学系传谱》,常志美为任城济宁人氏,方7岁即与表兄李延龄同学儒书;11岁与李同入本坊清真寺学经;后二人同投马真吾与张少山门下,学成后同回济宁,隐于峄山岩洞间,互相切磋学问。后受聘于济宁顺河清真东太寺,设帐讲学,因主张连班礼拜为当然而被迫辞职,在部分愿遵其训的穆斯林拥戴下,集资兴建规模更大的清真西大寺,与李延龄同堂讲学,听经者有时多达数百人。他学识渊博,勇于探索,既重阿拉伯文,又兼波斯文,在经学上形成"博而熟、重兼授、讲理法、顺序进、表里哲学同时讲授"的独特风格,为经堂教育"山东派"的形成打下坚实基础。济宁成为经堂教育中心之一,时有"济济多士"之谚。常志美著有波斯文语法书《海瓦依·米诺哈吉》，流传至中亚各地。毕生与李延龄在济宁设帐讲学，也曾应聘讲学于柳州。伍遵契、舍起灵、冯通宇、米敬公、马伯良皆出其门下，有"常仙学"、"常巴巴"、"布衣宰相"等誉称。与李定寰、马君实、马明龙并称"东土学者之四镇"。

**5. 阿帕克和卓**

清初新疆伊斯兰教白山派首领阿帕克和卓（1626～1693或1695），一译"阿法克"。维吾尔族。原名伊达耶图拉，又称海孜来提帕厦。白山派创始人玛木特·额敏之孙。生于哈密。明崇祯十一年（1638）随父穆罕默德·玉素甫移居喀什噶尔（今新疆喀什），学习伊斯兰教义、教法。清康熙六年（1667），和其父一起支持尧勒巴斯发动推翻阿布都拉汗的政变，使喀什噶尔成为白山派大本营。康熙九年（1670），由于叶尔羌等地黑山派群众暴动，逃往中亚。后经克什米尔至西藏，求援于五世达赖喇嘛（一说第巴桑结嘉错）。康熙十七年（1678），在准噶尔部噶尔丹的武力支持下，推翻叶尔羌汗国，成为噶尔丹统治今南疆的代理人，自称"阿帕克和卓"（意为"宇宙之主"）。不久，杀傀儡买买提明·巴哈杜尔，亲掌朝纲，称"帕厦"。据考证，在他去西藏期间，曾以第25世"圣裔"赫达叶·通拉希的名义至甘、宁、青一带传播苏非教义，先后向马宗生、马守贞等传授虎非耶学理，开内地门宦之先河，是将苏非派由依禅派过渡为内地门宦的重要人物。康熙三十四年（1695）在黑山派穆斯林暴动中被杀（一说被毒死）于莎车。葬于喀什噶尔穆罕默德·玉素甫和卓墓地，该墓遂被称为"阿帕克和卓麻札"。

**6. 李延龄**

清初伊斯兰教经师李延龄（约1608～1695），名永寿，以字行。山东济宁人。回族。幼习儒书，与表弟常志美同八本坊经堂学经。后一同前往南京，先从马真吾学，后得张少山真传。

归济后又同隐山洞切磋学问，随之设帐讲学。济宁清真西大寺建成后，与常志美一起同堂授学。常逝世后，又遵常训授之法继续开学授徒十多年。在开学授徒中与常志美配合默契，互有补充，所传生徒众多。

### 7. 伍遵契

明清之际伊斯兰教经师、学者伍遵契（约1598～1698），字子先。江宁（今南京）人。回族。其先明初自中亚迁来，任职回回钦天监。幼习儒家理学，曾中秀才。后投王岱舆之门。成年后，又就学于常志美。学成后，相继受聘讲学于南京、苏州、镇江等地。康熙七年（1668）受苏州掌教周士骐之邀，译解经堂教育启蒙课本《啥题虽卜雅纳》，历四年完成，题名《修真蒙引》。继在兄弟、子侄协助下用6年时间完成经堂教育重要课本《米尔萨德》的汉译，题名《归真要道》。由于其在经学、阿拉伯语、波斯语的造诣和严谨态度，其译著《归真要道》受到经堂师生的好评。

### 8. 舍起灵

清初伊斯兰教著名经师舍起灵（约1634～1710），原名魏元都，辰州（今沅陵）人。汉族。清明之际由马蛟麟部将舍应举收义子，遂从舍姓，改名起灵（一作起云），取字蕴善，归信伊斯兰教，起经名哈桑·伊本·阿布杜·瓦哈布。后又取号"破衲痴"。初在军营杨姓经师门下习经，后归林口镇，从冯四师、马永安、马五学经。20岁时，赴山东济宁投常志美、李延龄帐下。因"济学之所出者，多欠陶镕"，遂至陕西貂谷仿冯通宇闭门砺学；旋又离陕西往河南各地，边讲学，边融修道诸经与性理旨义为"一家之说"，将胡登洲、冯二、张少山、常志美所讲授的伊斯兰教经学推进到一个新阶段。此后在河南、安徽、广西、河北、山西、辽宁等地设帐，培养曹继辉、马恒馥、李谦居、李复元等经师。主要有《推原正达》、《昭元秘诀》、《归真必要》3 种著译；又传曾著《醒迷录》一书；此外主持编纂《经学系传谱》。曾就中国伊斯兰教通行之拜、诵、婚、丧诸礼节，订正其不合时宜或经典者18 条，大为一般人所诟病；另在京师为主张独班，曾与维持连班者进行过激烈的辩论。金吉堂《中国回教史研究》谓其"实开近代中国回教新旧派别之端"。死后葬于河南襄城，被尊为舍太师、舍巴巴。

### 9. 马注

清初伊斯兰教著名学者马注（1640～1711），乳名凤，经名郁速馥，字文炳，号仲修，晚年署指南老人，云南金齿（今保山）人。回族。自称"阿丹九十五世裔、钦圣穆罕默德四十五代孙、咸阳王赛典赤一十五世孙"。父师孔，母吴氏。幼师当地名儒张虚白。7 岁丧父，靠母耕织读书。16 岁中秀才。18 岁任南明永历帝（1647～1661 在位）内阁中书、锦衣侍御。1661年永历帝被杀后，僻隐教读，笔耕自膳。26 岁到武定教书，与滇中名士何观五游，文益修，学益进，弟子益盛。著《经权》二集，自信得"修治齐平"之"至理"，"期副上用"，并"授门人"。30 岁离滇赴京，沿途结识不少伊斯兰教学者，由喜文章、求功名，转而注意于伊斯兰教义、去向不明的研究。受宗王府聘请在旗下训读。退而与门弟子讲伊斯兰心性之学，并开始译著《清真指南》。康熙二十年（1682）成稿，欲献上览，不果，复返云南。沿途受到经师、学者、教长的尊敬，被誉称"仲翁马老师"。在云南，讲学之际修订和增补《清真指南》。康熙四十九年（1709），以圣裔名义协助地方政府查禁武定等地流行的所谓"左道"，拟定《约束教条》，撰写《左道通晓》，最后完成《清真指南》。次年逝世。还著有《樗樵集》、《瞻思丁墓碑总序》、《咸阳王抚滇绩》、《赛典赤及其祖上、儿孙历任官职》等。与王岱舆、刘智、马复初并誉为回族最负盛名的四大著作家。

### 10. 刘智

清初伊斯兰教著名学者刘智（约1662~约1730），字介廉，晚年自号一斋，江宁府上元（治今江苏南京）人。回族。幼从父刘三杰和经师袁汝琦学习《古兰经》及阿拉伯文。15岁随父阅儒家经史子集及杂家之书8年，又6年阅天方经典，4年阅释藏、道藏。后阅西洋传来之书137种，会通诸家而折衷于天方之学。续攻阿拉伯文和波斯文，钻研伊斯兰教义，决心继承父亲遗志，汉译伊斯兰教经典，使之广传于东土。完成部分书稿之后，不敢自是，乃裹粮负笈，历齐鲁，走都门，就正朝绅先达；由襄楚入西秦，访求宿学遗经；过吴门，游武林，越会稽，抵粤东，考文问字，阅胡氏天禄阁藏书，得未曾有。康熙五十九年（1720）冬，谒孔陵，有感而归，立意仿儒家尊孔子为至圣之法，编译"天方至圣"穆罕默德的实录。为此又赴苏州、亳州、陈留、朱仙镇、京师、秦中访求遗经，喜得原本《至圣录》及讲天文、地理、人体生理"三极之学"的有关书籍，于是开始重新修订《至圣录》和从事三极的研究。晚年为姑苏后学余浩洲《真功发微》作"弁言"。毕生致力于学问，读书万卷，览遍诸家，名都胜迹游历过半，键户清凉山麓扫叶楼著书10余年，著译数百卷，传世的有《天方性理》、《天方典礼》、《天方至圣实录》、《五功释义》、《五更月》、《天方字母解义》、《天方三字经》、《真境昭微》等50多卷。刘智认为，"圣人之教，东西同，今古一"，他在融合伊斯兰教理与宋明理学的基础之上，阐释天方性理，探究天人关系，演绎天道五功与人道五典，提出伊斯兰教乃"道有教而无像，教有法而无身"等，在中国哲学、伦理学、宗教学说史上有一定贡献，也使汉文伊斯兰教译著活动达到鼎盛。因译著原本多系苏非主义著作，译著时又着意与中国传统道学结合，深受哲合林耶、嘎达林耶和西道堂的尊崇。有资料称,他曾在净觉寺领拜,故有刘大伊玛目的尊号。

**11. 祁静一**

中国伊斯兰教门宦嘎达林耶大拱北的创始人祁静一(1656~1719),经名西俩里,道号希拉伦丁(月亮的光)。河州(今甘肃临夏)人。回族。幼年孤苦,父母早丧,由祖母抚养。自幼入寺学经,对天命圣谕,恪遵不逾,并常以"明性人心,修己安人"为主张。清康熙十二年(1673),与马宗生、刘豪祖若提、马十万等赴西宁求教于阿帕克和卓。次年,至河州拜阿布杜·董拉希为师,并按所传"抛弃家乡,独自静修"的卡迪里教团主旨开始静修。后又听从师命,绝离尘俗,不求婚配,偕同先师马纯一赴陕西西乡静修。迨阿布杜·董拉希到达西乡后,又遵命先后在紫柏山、滴水崖、蔡家岭等地笃志静修9年余,从而得到教理、功理、功法真传。阿布杜·董拉希逝世后,继承教统,来往于阆中、西乡等地,始传嘎达林耶教理,发展门徒。逝世于西乡鹿龄寺;次年,遗体被河州信徒杨妥有迁葬河州八坊之西。门徒主要有马台恒、马长清、妥化清、王再清、马腾翼等6人。通晓阿拉伯文、波斯文,爱好书文,据说有札记与论著,现仅存一段"遗训"和他拟定的前十辈排名次序:"一清风云月,道传永世芳"。

**12. 马来迟**

中国伊斯兰教虎非耶花寺门宦创始人马来迟(1681~1766),经名阿布杜·哈里木。祖籍陕西长安,后迁居河州(今甘肃临夏)。回族。祖父马从善,明诰授建武将军。父家俊,为武拔贡。其家原富冠河州,人称"马十万",至其出生时已趋破产,故为之取名"来迟"。8岁被送至西宁府米喇沟司(今青海民和)经师马汉臣处习经,后在河州八坊老王寺开学阿訇太巴巴指导下完成经文大学课程,穿衣毕业。从康熙三十七年

(1698)起在西宁、河州一带开学。雍正六年（1728），随阿拉伯教师筛海·哎孜古白勒夫朝觐麦加，行至广州时，从怀圣寺伊玛目艾勒夫学习经典3个月。临行，被艾勒夫之子依斯哈格拜为义父，侍奉同行。同行者还有也门人克俩米和筛海估安巴。朝觐前后，访问麦加、也门、巴格达、大马士革和开罗等地的宗教领袖。因有实学悟道的夙愿，拜虎非耶道堂筛海穆罕默德·伊本·艾赫迈德·阿格来为师，学习虎非耶学理3年，同时受到苏非派学者茂俩买核都米的指导；学习奈格什班迪、沙孜林耶、卡迪里和苏哈拉瓦迪等教团的学理。被茂俩买核都米授予"艾比力夫图黑（意为开路）"道号，得到阿格来所送的八件传教信物。雍正十二年（1734）由海道经香港回国。先后在河州、循化、西宁等地回族、撒拉族和部分藏族、汉族中传播虎非耶学理，并应邀赴云南、河南、陕西等地清真寺讲学。经近30年的宣教，创立了盛行河湟的花寺门宦，信徒达20余万。病故后葬于河州八坊之西1公里处。

### 13. 马明心

中国伊斯兰教门宦哲合林耶创始人马明心（1719~1781），亦作"马明清"或"马明新"，字复性，又名真卫，经名伊布拉欣，道号维嘎耶图拉（意为"维护主道者"）。有"官川老人家"、"官川耳则子"（意为"尊重之人"）等尊称。阶州（今甘肃武都）人。回族。生于金县（今榆中）马坡三伏庄，幼时父已先丧，生计艰辛，由做杂役的叔父（后任河州大西关清真寺海推布）扶养。清雍正九年（1731）随叔父徒步朝觐麦加。据传，临近也门时，突遇风沙，叔侄失散，幸被营救。后入也门奈格什班迪道堂（一说为沙孜林耶道堂），被道堂第七辈谢赫伊本·载尼收为弟子，供养他学经，资助他朝觐麦加。一说他求学于布哈拉或喀什噶尔、叶尔羌等地。乾隆九年（1744）学成归国，带回《古兰经》、《卯路提》、《穆罕买斯》、《买达依哈》

等典籍和道堂史、念珠、拜毡、手杖、靠背、碗、宝剑、石子等传教证物。在循化、河州、金县、安定等地传播哲合林耶学理，宣传教法和修持并重、简化宗教仪式、反对聚敛财富、提倡教权应传贤不传子等改革主张，信者日众，引起花寺门宦上层的反对。双方矛盾日益激化，难以在河州传教，遂避居安定（今定西）官川马家堡，边修道、边传教。乾隆四十六年（1781），因清地方官吏的偏袒，循化撒拉族地区的教众与花寺之间的教争发展成撒拉族、东乡族和回族穆斯林的反清起义。马明心遂被解省监禁。3月27日受害于兰州西城楼下，教众尊奉为"束海达依"（为主道而牺牲的人）。

## 14. 马复初

中国近代伊斯兰教学者和经师马复初（1794~1874），名德新，以字行。经名优素福，号鲁哈·丁。被尊为"老巴巴"。云南太和（今大理）人。回族。幼承家学，习读阿拉伯文和波斯文。壮游秦川，得"陕学"传授，为周良骏晚年弟子。因自觉"真传之未得，名师之罕遇"，遂于1841年（道光二十一年）赴麦加朝觐。此后在开罗、亚历山大、耶路撒冷、君士坦丁堡、亚丁、新加坡等地游学，博搜典籍，探讨天方之学，历时8年。返滇后，在临安（今建水）、新兴（今玉溪）设帐讲学，"四方从学之士，星列云集，可谓盛矣"。由此形成中国伊斯兰教经堂教育云南派，著名弟子有马联元、何玉亮等。1856年（咸丰六年）滇东南回民起义反清，被举为起义领袖，组织震动全滇的第一次"围省"。1862年（同治元年）降清，被钦赐二品伯克、诰授荣禄大夫、署理云贵总督、滇南回回总掌教。1863年因镇压回民马荣起义不力，被清廷猜忌。1874年（同治十三年）被云贵巡抚岑毓英杀害于呈贡安江村。著译有《大化总归》、《四典要会》、《性命宗旨》、《祝天大赞》、《醒世箴》、《道行究竟》、《朝觐途记》、《醒迷要道》、《据理质证》、《天方蒙引歌》等。

他还据伊斯兰教经典，重新整理、删节、编纂王岱舆、马注、刘智的译著《真诠要录》、《指南要言》、《天方性理注释》、《至圣实录宝训》和用于经堂教育的语法、逻辑等教材。其《宝命真经直解》五卷为《古兰经》最早汉文节译本。

### 15. 马化龙

中国伊斯兰教门宦哲合林耶第五代教主，清同治年间（1862~1874）宁夏回民起义军领袖马化龙（1810~1871），一名朝清，经名拖必尔停俩，道号赛义德·束海达依（意为"殉道者领袖"）。甘肃灵州金积堡（今宁夏吴忠）人。回族。自幼在伏南关马二阿訇（人称关里爷）和山东金爷门下习经。及长由父马以德为之"穿衣"成为"阿訇"。1849年（道光二十九年）继教主位，致力复兴哲合林耶，壮大门宦，并逐渐"富甲一乡"。1863年（同治二年）秋，领导金积堡一带回民起义，攻克宁夏府城（今银川）和灵州（今灵武县），被推为"总理宁郡两河等处地方军机事务大总戎"，坐镇金积。1865年末击败清军雷正绾部，后为使地方免遭屠杀，接受清廷招抚和提督衔，改名马朝清。1869年又被迫起义自卫。1871年（同治十年）夏历正月十三被清军杀害。被教徒追尊为"十三太爷"。

### 16. 马联元

中国近代伊斯兰教经师和学者马联元（1841~1903），字致本，经名努伦·丁，别号努伦·罕格（阿拉伯语意为"真理之光"）。云南新兴（今玉溪）人。回族。自称赛典赤次子赛义德·马哈穆德后裔。马联元为经学世家之后，幼随父习经，兼学汉文。为马复初著名弟子。22岁即以擅长阿拉伯语和波斯语而负盛名，受聘讲学于河西小回村清真寺。次年随舅父马仁山朝觐麦加，在麦加、土耳其、伊拉克、埃及、印度等地求学。从土耳其学者二不都哈米德学纳合西班迪齐克尔，从埃及学者二不都浪宾来素理学《古兰经》读法,从印度学者拉哈麦图拉学《沙米教法经注》。33 岁返滇,被大营清真寺聘为主讲并兼代伊玛目职。他重振经堂,扩充宿舍,广招生徒,编写通俗读本,提倡中文阿拉伯文并授。"门下受业者约计两千以上,滇中各地开学阿訇和伊玛目多出门下"。1894 年(光绪二十年)赴印度讲学,并在孟买出版自著的阿拉伯文教法学著作《教典经注》(《讨绥赫》)。至 1900 年,再次离开大营,赴缅甸宝石厂、瓦城。次年抵印度康波尔(今勒克瑙北),两年后病逝,当地穆斯林为其建墓树碑。其阿拉伯文、波斯文著作有《天方分信篇》、《性理微言》、《四篇要道》、《教款捷要》、《清真玉柱》、《虎推布》、《阿拉伯文法》、《波斯文法》、《修辞学》等;汉文著作有《辨理明证语录》。1900 年印刻《古兰经》30 卷;他编译的《孩听译解》,为最早汉阿文对照《古兰经》选译本之一。

## 二 现 代 人 物

### 1. 王宽

中国伊斯兰教学者,教育家王宽(1848~1919),字浩然,经名阿布杜·拉赫曼。回族。北京人。出身经学世家,祖上世代为北京牛街清真寺"劄付冠带住持"。自幼受教于有"北方经师泰斗"之称的叔祖王守谦。博览伊斯兰教典籍,精通阿拉伯文和《古兰经》。1906 年(光绪三十二年)朝觐麦加,并于亚非各伊斯兰国家游学、考察,并受到奥斯曼帝国苏丹阿布杜·哈米德二世(Abd al-Hamid II,1876~1909 在位)的优遇,赠经书千余卷。1907 年聘请突厥学者哈夫足·哈桑和阿里·雷搭偕同回国,锐意兴学。同年与达浦生等人在北京牛街礼拜寺创办"回文师范学堂"。1908 年于原址创建"京师公立清真第一两等小学堂",并在城郊分设小学 4 处。后应北京、上海、南京、开封及归绥（今内蒙古呼和浩特市）等地之聘任阿訇。1912年，在北京倡导成立"中国回教俱进会"并任副会长。民国初年，拥护共和，支持孙中山。他作为伊斯兰现代主义在中国的代表人物，是伊斯兰教新式教育的倡导者。

### 2. 马元章

中国伊斯兰教门宦哲合林耶第七代教主马元章（1853～1920），原名云鹏，字光烈，经名里亚杜丁，尊号穆罕默德·努尔。祖籍甘肃武都。回族。马明心四世孙。博学中国文史、阿拉伯文经典教义，广结学者并以为师。1870年（同治九年）与其父马世麟参加云南回民起义，失败后扮作商贾辗转西北，进行重振哲合林耶门宦的活动。他认真总结经验后，审时度势，坚决主张休养生息、消除民族积怨，和平兴教。1900年（光绪二十六年）在陇东、陇南等回民聚居区兴办中阿义学20多所，招收各地回族青年入学。著有《省己格言》、《天难问》、《古之忠奸论》等，均以《古兰经》精神，结合中国儒家的道德标准，劝勉自己，教戒后人。

### 3. 马启西

中国伊斯兰教西道堂创始人马启西（1857～1914），经名叶海亚，幼名生春，学名启西，字公惠，创立西道堂后又取字慈祥，道号西纪元。甘肃临潭人。回族。幼习伊斯兰教经文，11岁进范玉麟家私塾，后又从范绳武攻读儒家经典，1880年（光绪六年）中秀才。此后居家，闭门博览群书，深入钻研刘智、王岱舆、马注等人的汉文伊斯兰教译著。1891年在临潭旧城西凤山下开馆授徒，兼授儒书和伊斯兰教讲义。后又遣散生徒，坐静沉思，领悟伊斯兰教理。1898年再开经馆于北庄门宦的达子沟拱北，讲伊斯兰教身心性命之学和汉文伊斯兰教译著，并宣传简化宗教仪式，从而与北庄门宦发生冲突。1901年将馆迁至家中，称"凤山金星堂"，与旧城北庄门宦所属上寺分家。1903 年正式成立道堂，号召信徒合作经商务农。次年，集资在西风山下修建道堂的第一座清真寺，1909 年（宣统元年）命名"西道堂"。因强调信徒以道堂为家、集体生活，重视经商农耕，颇得穷苦信徒欢迎，成为独立于北庄门宦的新型团体，并自任西道堂教主。辛亥革命后，主张移风易俗，顺应社会变革。后因教派纷争，受军阀马安良诬陷，父子及兄弟多人于 1914 年惨遭杀害。

**4. 马万福**

中国伊斯兰教伊赫瓦尼派创始人马万福（1849～1934），经名努哈。东乡（今甘肃东乡族自治县）果园村人，故又称"马果园"。东乡族。自幼随其祖、父为北庄门宦教徒。1875 年（光绪元年）在北庄拱北学习经文并获"阿訇"之称，后受聘于果园村任开学阿訇。1888 年朝觐麦加和游学，受瓦哈比教派思想影响。1892 年回国后，弃门宦改奉"艾海里·逊奈"（遵经派），应聘到临夏莫泥沟何家清真寺讲学，宣传"遵经革俗"、"凭经立教"的主张，历时 10 年。后弟子渐多，遂自成一派，称"伊赫瓦尼"。讲学期间，与甘肃十大阿訇从瓦哈比教派阿拉伯文经典中择录、编印《布华里咱德》一书，进行宣传，批评门宦礼仪，引起各门宦教徒的反对，被地方官吏、花寺门宦教徒马安良下令禁毁。1907 年被迫离开临夏前往陕西兴安州（今安康）清真寺讲学。辛亥革命后，重返故里，继续反对苏非主义的修持，从而受到门宦势力的排挤，无法立足。1916 年携眷属经酒泉抵哈密，不久为新疆都督杨增新逮捕，押解甘肃途中被青海提督马麒援救至西宁。得马麒及其胞弟马麟大力支持，伊赫瓦尼遂在青海地区得到很快发展。

**5. 马良骏**

中国伊斯兰教著名阿訇马良骏（1870～1957），字善堂，经名穆罕默德·优素福。甘肃张家川上磨村人。回族。出身于宗教世家,先祖属哲合林耶。自幼习读阿拉伯文、波斯文和伊斯兰经典。曾游学陕西西安,甘肃平凉、河州(今临夏)和宁夏西吉等地,先后师从禹月明、老蓝阿訇。后又远游云南从学马仁山阿訇。1897 年(光绪二十三年)受聘于甘肃平凉十二堡大寺任开学阿訇。1913 年起,受新疆穆斯林之聘先后任哈密陕西大寺,迪化(今乌鲁木齐市)东坊寺、老坊寺,伊犁回族清真大寺,及昌吉、焉耆、吐鲁番等地阿訇,传经受业达 40 年之久,造就大批阿訇。1940 年,被新疆军阀盛世才以"阴谋暴动"罪,系狱 4 年。在狱中,著译《考证回教历史》、《清真五联诗》等。1945 年,被乌鲁木齐市 23 坊清真寺推选为新疆回族总掌教。1949 年致力于新疆和平解放事业,为各族穆斯林所称誉。中华人民共和国成立后,首先号召回族人民拥护党的政策,遵守政府法令。曾任新疆人民政府高等顾问,西北民族事务委员会委员,自治区政协常委。一生著译不辍,限于当时条件,刊本不多,仅存 1947 年付印出版的《考证回教历史》。

### 6. 哈德成

中国伊斯兰教学者哈德成(1888~1943),名国桢,经名希拉伦丁。回族。出身经学世家。祖籍陕西南郑,后寓居上海。幼时聪颖,及长负笈求学于南京、河南、陕西等地的伊斯兰教著名经师。1912 年赴麦加朝觐,后游学埃及、印度等地 10 余年。国外学习期间,遍访名家,讲经论道。1924 年回国。1925 年任上海浙江路清真寺教长,发起成立中国回教学会,任副干事长,并创办《回教学会月刊》,阐扬伊斯兰教义。随后与伍特公主持翻译《古兰经》,译就前 3 卷,刊印于学会月刊。1928 年倡议创办上海伊斯兰师范学校,曾选送马坚等赴埃及深造。日军占领上海后迁至重庆,应聘为中国回教学会编辑委员会主任委员。后转赴云南,组织马坚等人从事《古兰经》翻译。他学识渊博，精通阿拉伯语、波斯语、乌尔都语和英语，毕生致力于伊斯兰文化教育事业，与达浦生、王静斋和马松亭并称近代中国四大阿訇。病故于沙甸。

### 7. 王静斋

中国伊斯兰教学者王静斋（1880~1949），与达浦生、哈德成、马松亭并称"中国四大阿訇"。名文清，以字行，经名耶尔古伯。天津人。回族。自幼接受清真寺经堂教育，学习阿拉伯语、波斯语、伊斯兰教经典，并自学汉语。1905年（光绪三十一年）在北京大兴县白塔村南寺穿衣挂帐，始任阿訇。随后应聘赴河北安次县安育村清真寺任教长。1922年出国游学，就读于埃及爱资哈尔大学并在土耳其、印度等地进修，受到埃及近代伊斯兰教改革思潮的影响。1923年赴麦加朝觐。回国后，在天津创办中阿大学。1927年创办《伊光》月刊，任总经理兼编译，宣传"遵经革俗"的主张。先后受聘于河北、北京、天津、山东、东北等地任阿訇。1937年在河南与时子周发起成立"中国回民抗日救国协会"。抗战期间先后在重庆、宁夏等地从事《古兰经》译解工作，曾四易其稿，出版甲、乙、丙3种版本，其中的丙种本《古兰经译解》为国内通用的汉译本之一。此间还任甘肃平凉陇东师范阿文专修班教员。其他主要译著有《中亚字典》、《中阿新字典》、《中波（斯）字汇》、《伟嘎业》、《欧姆代绪论》、《真境花园》、《回耶辨真》等。69岁时病逝于贵阳。

### 8. 虎嵩山

中国伊斯兰教经学家虎嵩山（1880~1955），名镇林，以字行，经名赛尔敦丁。宁夏同心县人。回族。自幼从担任虎非耶门宦哈里发的父亲学习经典和虎非耶门宦修道教规。1897年（光绪二十三年）赴海原县滥泥沟清真寺阿訇王乃必（甘肃临夏人）门下求学，研读各大经典。时值甘肃马万福阿訇所倡导的

"伊赫瓦尼"学说流传于甘肃、青海一带,师徒二人深受该学说影响和启发,决心共同宣传倡导伊赫瓦尼主张,成为宁夏伊赫瓦尼派代表人物。1924年,经上海去麦加朝觐,回国后应聘到湖南常德任教长。1927年回家乡任固原三营大寺教长。提倡回民读书,主张经汉并授,向教民宣传国内外大事,进行爱国教育。1937年在吴忠创办中阿讲习所(后改名吴忠中阿师范学校),先后任所长、副校长。坚持研读伊斯兰教经典,对《古兰经》、圣训、教义学、教法学等均有较深造诣。抗日战争爆发后,积极宣传抗日,提出"国家兴亡,穆民有责",既爱教也爱国的主张。新中国成立后,号召回民消除派争,团结一致,建设新中国。1953年起,历任中国回民文化促进会委员、甘肃省政协委员、甘肃西海固回族自治州政协副主席等职。编著有《穆民三字经读本》、《拜功之理》、《月论释难》、《阿文文法基础课本》、《波斯文法精华》、《侯塞尼大辞典》等。

### 9. 达浦生

中国伊斯兰教学者达浦生(1874~1965),名凤轩,经名努尔·穆罕默德。回族。江苏六合人。出身经学世家。少时先后就读六合南寺和南京常巷清真寺,习阿拉伯文、波斯文和伊斯兰教经典。1894年(光绪二十年)在北京牛街礼拜寺从王宽习经5年。1905年赴京代理牛街礼拜寺教长。1907年应王宽之邀,协助创办回文师范学堂和京师公立清真第一两等小学堂。1912年起任甘肃回民劝学所所长兼省视学6年。1921年赴印度和东南亚考察伊斯兰教育。1928年归国,任上海福佑路清真寺教长,并与哈德成等创办上海伊斯兰师范学校并任校长。曾任上海老北门内回教堂教长。联合上海穆斯林组成中国回教公会。1937年联络回族士绅,筹建浙江路和太仓路回教难民所,接济难民。同年12月29日只身赴南亚、埃及宣传抗日,在埃及《金字塔》报发表《告世界穆斯林书》,呼吁全世界穆斯林支持中国抗日战争。1938年8月回国后将上海伊斯兰师范学校迁至甘肃平凉，改名为陇东师范学校，任校长。1941年被任命为国民政府参议员。中华人民共和国建立后，任国家民委委员、中国伊斯兰教协会副主任、中国伊斯兰教经学院院长。1956年以周恩来总理顾问身份参加万隆会议。是一、二、三届全国人民代表大会代表，中国人民政治协商会议第二届常务委员。病逝于北京。著有《伊斯兰六书》。

## 10. 杨仲明

中国伊斯兰教经师杨仲明（1870~1952），名敬修，号秀真，以字行，经名萨里哈。河北盐山人。回族。幼年先后求学于张九、"梆子大爷"等阿訇，兼在私塾学习汉语。成年后师从李恩阿訇（沧州人）。20岁后中秀才，仍潜心伊斯兰教研究。对儒教、佛教、基督教及伊斯兰教进行比较研究，著《四教要括》，论证伊斯兰教是"以世间为本，以出世为量"的宗教。至于各种非伊斯兰教思想，有吸收有辩驳，并提倡"通融"、"调和"，不宜抑此而扬彼，从而开阔穆斯林的眼界，历史地认识伊斯兰教。1906年（光绪三十年），先后在辽宁盖县、沈阳任阿訇。1908年定居北京花市。同年，以提倡新式教育，改革旧式寺院教育，促进伊斯兰文化教育的发展为旨，在京成立"京师清真教总会"。后曾应聘到绥远（今内蒙古呼和浩特市）、太原等地讲学，并担任成达师范教员。著译有《古兰经大义》、《古兰经集注》、《亥帖注集》、《中阿初婚》、《教心经注》等。

## 11. 马坚

中国伊斯兰哲学史家，阿拉伯语学者马坚（1906~1978），字子实。云南蒙自（今个旧）人。回族。1928年在上海伊斯兰师范学校学习。1931年由原中国回教学会选派去埃及留学，曾在开罗爱资哈尔等学校学习,专攻阿拉伯语及伊斯兰哲学,1939 年学成回国。回国后,先后在上海、重庆、云南等地从事教学及著述翻译工作,主编《清真铎报》。自 1946 年起担任北京大学东方语言文学系教授、阿拉伯语教研室主任。1949 年参加中国人民政治协商会议,并当选为第一届全国政协委员。从 1954 年起,连续当选为第一至第五届全国人民代表大会代表。曾任中国伊斯兰教协会常务委员、中国亚非学会理事等职。译著有《伊斯兰哲学史》、《回教哲学》、《回教教育史》、《阿拉伯通史》、《古兰经》、《教义学大纲》、《回教真相》、《回教基督教与学术文化》等。著有《回历纲要》、《穆罕默德的宝剑》等著作及大量学术论文。曾主编《阿拉伯半岛》和中国第一部《阿拉伯语汉语词典》。马坚对伊斯兰哲学及回教哲学有较深的研究,他打破了国内过去只研究伊斯兰教义的局面,开创了对伊斯兰哲学史及回教哲学的研究工作。他汉译了全部《古兰经》,对扩大伊斯兰教的学术研究,作出了贡献。在北京逝世。

## 12. 包尔汉

中国伊斯兰教社会活动家包尔汉(1894~1989),全名哈吉·包尔汉·沙希迪。维吾尔族。祖籍新疆阿克苏,出生于俄国喀山省特铁什县,自幼年就开始学习《古兰经》和阿拉伯文。1914 年返乌鲁木齐定居。1929 年入德国柏林大学攻读政治经济学并自学突厥学。1934 年参加新疆"反帝会",被新疆军阀盛世才监禁近 7 年。1949 年 9 月以新疆省政府主席身份,与陶峙岳将军通电全国,宣布新疆接受和平解放。中华人民共和国成立后曾任新疆省人民政府主席,省政协主席、新疆大学校长等职。1952 年同中国伊斯兰教界知名人士发起筹建中国伊斯兰教协会,并被选为筹委会主任。1953 年中国伊斯兰教协会成立后,历任第一、二、三届主任,第四、五届名誉主任。曾率中国穆斯林朝觐团赴麦加朝觐。1955 年起曾任全国人大常委会民族委员会副主任、中国人民保卫世界和平委员会副主席、中国亚非团结委员会副主席、中国印尼友好协会会长、中国埃及友好协会会长、中国非洲人民友好协会副会长、中国突厥语研究会会长。曾当选为第二、三、四、五、六届全国政协副主席。除维吾尔语外，通晓哈萨克、塔塔尔等民族语言及阿拉伯、俄、德等多种语言。主要著作有《维汉俄辞典》、《新疆五十年》、《论阿古柏政权》、《再论阿古柏政权》等。

### 13. 马松亭

中国伊斯兰教阿訇、教育家、社会活动家马松亭（1895～1992），经名阿卜杜·阿希姆。回族。京师（今北京市）人。出身伊斯兰教世家。曾先后受教于达浦生等人门下。后与达浦生、哈德成、王静斋并称为"中国四大阿訇"。1921年在北京花市清真寺穿衣挂帐。曾赴麦加朝觐，回国后，历任北京西单清真寺教长，以及济南、重庆、香港等地清真寺教长和这些地方的清真寺开学阿訇。1948年任台北清真寺阿訇。对阿拉伯文、波斯文、伊斯兰教典籍有较深的造诣，对历法、诵经学以及明、清以来的汉译伊斯兰论著有独到的见解，并为培养伊斯兰教的宗教人才作出了贡献，在国际伊斯兰教界享有一定的声誉。在济南西关清真寺任教长期间，在唐柯三等穆斯林人士支持下，于1925年创办"成达师范学校"。1929年成达师范迁至北京东四清真寺后，成立"月华出版社"，出版《月华》、《成师月刊》杂志以及汉文伊斯兰教著作。又成立"伊斯兰学友会"、"中国回族青年会"等组织。1931年成达师范首届学生毕业时，经与国内外多方联系，促成选派留学生赴埃及深造，并亲自陪同留学生前往埃及。回国后，在东四清真寺创建"福德图书馆"以收藏埃及国王所赠送的441部伊斯兰教经典。1935～1936年间在北平市（今北京市）创办回民中学一所，小学20多所，1936年再赴埃及，在国外宣传中国人民的抗日斗争。抗日战争爆发后，率成达师生南迁桂林。1943年转赴重庆。1945年回北平，创办北平"回教经学院"。1947年办"月华文化服务一社"，出版《月华周报》。1948年去台北，后赴埃及。1952年经香港回国十任北京西单清真寺教长，并担任中国回民文化协进会副主任。1953年参加赴朝慰问团，慰问中国人民志愿军。1955年任中国伊斯兰教经学院副院长。1956年后，任中国伊斯兰教协会第二、四、五届副主任（1987年后改称副会长），任中国伊斯兰教经学院副院长。为全国政协第二、五、六、七届委员。

## 14. 安士伟

安士伟（1919～1998）中国伊斯兰教阿訇。河北保定人。回族。9岁起先后在保定、新城、定县、涞水、新乐和北京、沈阳等地清真寺学经，1948年7月学有所成，"穿衣挂帐"后，受聘任北京西单手帕胡同清真寺阿訇。后又任牛街礼拜寺和东四清真寺伊玛目。1956年当选为中国伊斯兰教学习委员会副主席。1979年起，当选北京市伊斯兰教协会第一、二、三届主任、会长。1980年后历任中国伊斯兰教协会第四、五届副主任、副会长、会长。他爱国爱教，并热心于民族教育事业。1986年，创建北京市伊斯兰教经学院并任该院院长；1993年后，又任中国伊斯兰教经学院院长。近年来，曾组织北京伊斯兰教界为民族教育捐资达200万元。从1988年起，先后担任中国和平统一促进会常务理事，中国海外交流协会常务理事，中外社会文化交流协会名誉理事，中国—巴基斯坦友好协会副会长，伊斯兰世界联盟亚洲协调委员会执行局委员。先后出访亚洲、非洲20多个阿拉伯、伊斯兰国家，与香港、澳门和台湾等地区的穆斯林有密切交往。并曾数次赴麦加朝觐。1950年起先后当选为北京市人大代表、常委和市政协委员、常委。1978年起历任全国政协第五、六、七、八、九届委员、常委和全国政协宗教组织副组长、宗教委员会副主任等职。

# 天主教

## 基础知识

# 第十九章 历史与传统

## 一 "天主教"名称的由来

天主教的拉丁文名称 Ecclesia Catholica Romana 在中文里直译为"罗马公教",音译为"加特力教",意译为"罗马天主教"。罗马公教与东正教、抗议宗并称为基督教三大派别。

明末,意大利人、耶稣会士利玛窦来华传教,采取尊重并吸取中国传统文化的传教新方法。利玛窦和他的同道们把基督教信奉的神译为中国的传统宗教观念中已有的"上帝"、"天"、"天主",最后由罗马教廷定名为"天主"。这就是罗马公教在中国被称为"天主教"的由来。

抗议宗传教士马礼逊于 1807 年来华,此为抗议宗传入中国之始。在中国,学术界一般称抗议宗为基督教新教,或简称新教,是相对于把罗马天主教称为旧教而言。抗议宗的中国信徒一般称其为基督教或耶稣教,表示他们信仰的是耶稣基督创立的宗教。在中国,基督教各派名称译名的混乱状况是在历史中形成的,并在教外人士中造成理解基督教各派之间的联系和区别方面的困难。实际上,基督教三大派别天主教、东正教、抗议宗都是基督教,无论哪个基督教会的信徒都是基督徒。

## 二 基督教的诞生

基督教是从犹太教脱胎而来的。因此要说明基督教的产生过程,不得不先从犹太教说起。

古代希伯来人于公元前 10 世纪建立的、由全部的 12 个支派构成的、统一的以色列王国,只经历了暂短的辉煌后,很快就分裂和没落了。先是北方的犹大王国被巴比伦王国所灭,民族精英被虏往巴比伦为奴。刚刚有些恢复,又被亚速帝国所灭。随后是在南方的由 11 个支派构成的以色列国也被异族占领。以色列人世代居住的巴勒斯坦地区被先后兴起的波斯王国、埃及王国、希腊王国、叙利亚王国、罗马帝国轮番统制和奴役,以色列人的王国早已是名存实亡了。在承受国破家亡、流离失所而又无力抗争、复国无望的长期痛苦的同时,以色列人寄希望于他们的民族神雅赫威,推崇他为创造世界和主宰世界的唯一真神,认为雅赫威拣选了以色列人为自己唯一的选民,必将保佑以色列人,必将派来一位救世主即弥赛亚,由他带领以色列人战胜异族统治者和恢复统一的以色列国,雅赫威还会让以色列人和雅赫威一同统治他的光荣的、永恒的国家。眼前仍在受苦是因为以色列人背弃了他们的神雅赫威,毁掉了与雅赫威立的约定即忠于对雅赫威的信仰和良心的败坏,因而受他的惩罚和考验。从公元前 8 世纪到公元前 2 世纪,以色列人中的所谓"先知"们撰写了大量的宗教著作,阐述以色列人的信仰。其中得到公认的优秀著作集合成书,形成犹太教的经典,即犹太古经。

罗马帝国在公元 1 世纪彻底取消了以色列王国的名义,将它变成罗马帝国的一个省。在罗马统治下的犹太人分为不同的社会阶层。其中,撒都该人是上流社会的大司祭、贵族、官吏和富商。他们依附罗马统治者,以便保护自己的生命、财产。法利塞人是社会的中坚,主要由社会中层的司祭、经师和中产阶层构成。他们把严守犹太教的律法主义当做抵御异族统治、维系犹太民族生存的主要手段，所以敌视任何违背传统的异端。主张武力反抗罗马统治的激进派称作奋锐党，由下层劳动者和奴隶组成，他们掀起的多次武装起义都以失败告终。还有一个社会阶层被称作艾塞尼派，他们主要由下层劳动者组成，他们仇视罗马统治者，但以精神上的律己和自省为主要生活方式。据19世纪末、20世纪初的考古发现，艾塞尼派中的一些人过着财产共有的团体生活。

公元1世纪30年代，在巴勒斯坦的犹太人中间，据考证就是在与艾塞尼派类似的宗派中，出现了一个新的宗派。这些犹太人在坚持犹太教的基本信仰的同时，认为犹太人世世代代盼望的救世主弥赛亚已经降生，他是创造和统治世上万物最高神上帝的道成肉身，是上帝通过圣灵使玛利亚无玷受孕，他是上帝圣父的圣子，他就是生活在他们中间的一位在拿匝勒地方的名叫耶稣的人。他们宣扬犹太人追求的上帝的国已经临近，他们打破了犹太教的律法主义传统，开始向犹太人以外的民族传播上述"好消息"即"福音"，宣传只要信奉上帝和跟从耶稣就可获救。这个新宗派逐渐从犹太教中分离出来。希伯来文的弥赛亚在罗马帝国的希腊语中被译成基督，这些追随基督的人自称基督徒。基督徒们的新主张在罗马统治者和撒都该人看来是造反，在法利塞人看来是异端，因此基督徒们受到来自两方面的双重迫害。耶稣被以当时最常见的钉十字架的方式处死，许多基督徒被处死或监禁，对基督徒的迫害长达几个世纪。但基督徒们以地下活动的方式秘密传播他们的主张，最终形成基督教。

## 三 基督教的传播

基督徒们在遭受长期迫害和镇压的过程中，宣扬的主张逐渐不再那样富有棱角，使他们免除了造反的嫌疑，经过几代神学家和哲学家的加工，基督徒们宣扬的教义更精致和富有哲理了。在有了广泛的社会基础后，基督徒们开始注意向上层社会和皇室传教。于是，罗马统治者逐渐认识到基督教对帝国的统治无害，甚至对于能为疆域广阔的帝国提供一个统一的精神信仰这一点来说，是有用的。公元313年，罗马帝国皇帝君士坦丁发表"米兰敕令"，承认基督教具有合法地位。进而，在公元4世纪末，罗马皇立基督教为国教。于是，基督教在罗马帝国全境得以在统治者的扶持下存在和发展，并随着帝国的扩张而扩张，逐渐使教会团体遍布欧洲、西亚和北非。

15世纪以后，由于航海术的发展、地理大发现、帝国主义殖民事业的发展、东西方贸易的发展以及各民族之间文化和经济等各个方面交流的增长，再加之基督教大力推行的传教事业的发展，使基督教逐渐扩展到全世界，最终成为一个国际性的宗教。

## 四　教　阶　制

在早期教会中，教会团体的组织结构很简单，只有少数几位直接被耶稣招收为弟子因而被称为宗徒的人云游四方，在各城市传教、发展教徒、建立小社团并组织教徒集会和祈祷。随着教徒人数的增多和教会团体的发展壮大，需要有固定人员专职在每个社团里负责领导教会生活、处理教会事务和管理教会财产，于是在教徒中享有声望的人被推举担任此职。这些早期教会的社团领导人称为执事或长老。后来随着教会组织的发展，各个分散的社团开始趋向联合，并在信徒和执事、长老之中推举德高望重的人士担任比社团更高级别的联合机构的专职领导人。这位领导人不仅负责领导和组织教会生活、管理教会财产，还要解答信徒有关信仰问题的问询和对各社团之间出现的纠纷作出仲裁，于是出现了主教的职务和称谓。从此，各地的教会都由主教领导,即教会中包括组织权、神权、财权等一切权力,都归主教执掌,主教制开始出现。大约在公元2、3世纪,在罗马天主教会内完成了这个形成统一的教会和建立系统的教阶制的历史过程。

在后来教会发展的历史过程中,天主教会的教阶制不断演化和完备,逐渐出现堂区和堂区神父、教区和教区主教、教省即大教区和大主教。在主教制的基础上,又形成全罗马天主教会最高领导人罗马教宗的职位。教宗将一些主要助手册封为枢机衔(俗称"红衣主教")。他们或担任教区主教,或担任大教区的大主教,或担任教廷圣部的部长等重要职务,被世人视为"教会的亲王"。

由于罗马教区的主教任职于罗马帝国首都,所以在罗马法和罗马帝国皇帝形象的影响下,自公元1世纪起罗马主教就在教会中享有特权地位。"教宗"一词源自希腊文"pappas",本是称呼父亲的小儿用语,被天主教会采用作为所有教会主教的通用称谓,但逐渐演变成罗马主教的专有称号。最早出现的关于罗马教宗享有首席权的信仰理论可追溯至公元5世纪的教宗利奥一世。由于对抗拜占庭帝国的需要和神圣罗马帝国的建立,特别是因为教宗国的建立,使罗马教宗成为享有世俗权力的君主等历史和政治的原因,教宗首席权的信仰理论不断得到强化。在16世纪中叶为抵制新教派的宗教改革而召开的特兰托公会议上,教宗首席权受到特别的强调。最后,在1870年举行的第一届梵蒂冈大公会议上,在主张教宗全权主义的教宗庇护九世主持下,正式制订了"教宗首席权"和"教宗永无谬误"的信条。

## 五 主教的任命

罗马天主教会一个教区的主教的任命问题涉及三个方面,即罗马教宗、一个国家、这个国家内的一个教区。主教任命事关三者的利益，于是教区、国家、罗马教宗三个方面都参与过或一直在参与主教的任命，只是参与的程度不同，形式各异，早晚有别而已。

首先，最早出现的形式是教徒直接选举主教。从公元 1 世纪起，教会团体的长老或执事等领导人，都是由教徒选举产生的，并由在场的宗徒们行覆手礼为其祝圣。主教出现后，主教也是经选举产生，并由老主教为新主教行覆手礼。

其次，随后出现的形式是神职人员选举主教。公元 325 年的尼西亚大公会议规定，主教由同一教省内的主教们选举产生，然后由教省的首席主教认可。教会缩小选举团的范围，是为了摆脱王公贵族对选任主教和教会事务的干预。这种产生主教的方式历时最久，甚至在近现代仍可看到它的痕迹。

再次，后来还出现了皇室选主教的形式。罗马帝国灭亡后，形成封建割据的政治局面，罗马天主教会相比之下成为社会中最强大的团体力量。于是封建王朝吸收受过高深教育的主教们参与政府部门的行政工作，使主教们成为既有"神权"又有"世俗权"的双重管理人员，同时也成为皇室的封臣。由皇室赐给他们权杖和权戒，表示封臣授爵。同时，皇室借任命主教之权，力图控制教会事务。而那些未能得到皇室封臣的主教们，为抵制皇权对教会事务的干预，也加强了对教会的管理和制订严格的选举主教章程。教宗则不断争取在主教们选举失败的情况下，由教宗任命新主教。教会和皇室在教会事务和世俗事务上的互相渗透，变成愈演愈烈的在"主教叙任权"上的"皇权"与"教权"之争。这种选任主教的各种形式并存、交替的混乱局面一直持续到 11 世纪。从 1059 年开始，教宗才改由枢机团选举。教会又经过一个多世纪的斗争，直到 1122 年签订"沃尔姆斯协定"，才从皇室手中夺回选举主教的权力。但主教们需在皇帝面前进行新主教的选举，选出的新主教仍由皇帝授予象征世俗权力的权杖，对其封臣授爵。然后，由教宗向新主教授权戒,表示授予其"神权"。

最后,才正式形成了教宗任命主教的形式。公元13世纪,罗马天主教会的势力达到巅峰,教宗的权力也极度膨胀,主教们选举主教的制度日趋没落。这时,教宗英诺森三世主张教宗全权主义,把11世纪出现的、只有在主教们选举失败的情况下才由教宗任命新主教的特例以及保留于教宗的否决当选主教的特权制度化。于是,最终形成了教宗任命主教的形式。主教权杖和主教权戒都由教宗授予。但是,由于权倾一时的罗马天主教会迅速走向没落,不得不与强大的天主教国家葡萄牙、西班牙、法国等签订双边协议,授予这些国家的皇室"保教权",使皇帝们拥有在本土以及在传教区选任他们所要的主教的权力。而在新教国家,天主教会的主教则由主教座堂的议会推选。在美国这个奉行"政教分离"原则的新移民国家,立国的早期仍由神父们选举主教。因此事实上,直到19世纪初,教宗在教宗国以外只任命过极少数的几位主教而已。

19世纪初,由于法兰西皇帝拿破仑有强烈的反教权主义主张,在他挥军横扫欧洲时,所到之处大力没收教产、强迫神职人员还俗,造成大批主教职位空缺。在拿破仑失势被囚后,教宗开始大量任命各地教区的主教。这种做法开始形成惯例和新传统。19世纪下半叶因意大利统一引起的社会动荡,又出现对主教的急需,这时教宗又任命了许多主教。至此,教宗任命主教的做法才真正确立,并在后来由教会法典以成文法的形式固定下来。算起来,在教会2000年的历史中,真正由教宗任命主教的历史还不足200年。

尽管罗马教廷1917年颁布的天主教教会法典规定,"主教由教宗自由任命之",但在具体行事时,历来采取各种形式的做法,以便体现各个方面的参与权。在有的国家,是按达成的默契或历史上形成的惯例行事的。有时,罗马教廷与有关国家签订政教协议。政府与教会签订政教协议这种形式古已有之,产生于公元5世纪。还有的时候，由国家内的天主教会与政府签订政教协议。这些政教协议都规定了主教产生的具体办法。有的规定教宗任命主教之前，必须与政府商量。有的甚至规定政府享有"建议权"，即提出候选人名单。另外，由主教座堂的议会即教士委员会的成员们选举主教的做法，在有的教区仍延用。

1983年罗马教廷颁布了新的教会法典。法典第377条第1款规定："教宗得自由任命主教，或确认经合法选举之主教。"这项条款反映出一个事实，即并非只有教宗任命主教这一种形式，还有先由主教们按法定程序选举新主教人选、后由教宗认可的形式。实际上在教会历史中，一直有在紧急需要的情况下，主教们先行选举新主教，后报教宗确认的传统。

## 六 教宗国的产生

基督教取得国教地位后，在日常生活中的地位和作用越来越重要，权力越来越大，即使在罗马帝国于公元476年被入侵的所谓"蛮族"灭亡后，作为罗马帝国国教的基督教并未随之灭亡，因为异族统治者也要靠认同它来取得罗马人对其统治的认同。地处首都的罗马教会的主教逐渐成为西派教会的领袖。公元8世纪初，出于"君权神授"的观念需要，统治罗马帝国的法兰克国王与罗马教会的主教达成一项交易，即罗马主教给法兰克国王加冕，承认其统治者的身份，法兰克国王则托词说罗马皇帝君士坦丁曾把位于意大利中部的土地馈赠给了罗马主教，帮助他建立了世俗国家，使他取得了世俗君主的地位。所以罗马主教被称为教宗（在中文里亦称教皇），他的国被称为教宗国（在中文里亦称教皇国）。罗马教廷作为全世界罗马天主教会的领导机构逐渐发展完备。罗马教宗与罗马教廷构成罗马天主教会的最高权力中枢——圣座。教宗国的成立使罗马天主教会的最高领导机构成为享有完全的世俗权力的、政教合一的实体。

## 七　东西教会大分裂

罗马帝国历来有两个政治的、经济的和文化的中心，即西部的罗马和东部的君士坦丁堡。历史上一度曾有两位罗马帝国皇帝共同执政的局面。西罗马帝国灭亡后，罗马帝国的政治中心东移，东罗马帝国成为罗马帝国的继承者。因此，早期教会出现后，也相应地分别以两个首都为中心形成两个派别，即以罗马教会为代表的西派教会和以君士坦丁教会为代表的东派教会。两派教会都是基督教会，因此在主要的信仰方面大同小异，但是由于所处地域之间文化和习俗等的不同，两派之间形成一些差异。如在神学教义方面，东派教会主张"圣灵由圣父流出"，而西派教会主张"圣灵由圣父和圣子流出"；东派教会不主张"炼狱说"，但西派教会坚信此说。在礼仪方面，东派教会逐渐形成多样化的拜占庭礼仪和斯拉夫礼仪等，仪式中用希腊语、斯拉夫语等地方语，礼仪和教堂装饰多用圣像也更为华丽。而西派教会形成的拉丁礼仪仅限用拉丁语，仪式和教堂装饰较为简单等。本来在早期教会之间形成了平等的、互不隶属的关系，但两派教会成为两个中心后，一直为争夺全教会的正宗而争吵不休。公元 1054 年，在一次双方代表的谈判破裂后，两派教会都宣布对对方施行"绝罚"。自此，虽然两派教会都是基督教会，但成为两个不同的教会并断绝往来。西派教会自称有"普世性"，是"至公"的和"至一"的教会，成为罗马公教会。东派教会自称有"正统性"，是"正统教会"，成为东正教会，亦称希腊东正教会。

## 八　宗教改革

在漫长的中世纪，罗马教会征收"什一税"和大量田地的赋税、出卖"赎罪券"、收取信徒的"奉献",成为欧洲各个民族国家和处于原始积累阶段的新兴资产阶级的沉重的经济负担。在政治上,罗马公教会干预国家政治,权力的触角伸到社会生活的各个领域,教权与皇权抗衡,引发的战争不断,使许多国家人民的生命财产遭受重大损失。教会内部的上层神职人员生活奢侈,引起信徒的严重不满。教会造成的诸如此类的社会弊病举不胜举。于是,当1517年德国神父马丁·路德在维登堡教堂贴出抨击上述种种教会弊端的《95条论纲》时,教会内的广大下层神职人员和教徒立即一呼百应,迅速形成宗教改革运动,涌现出各种不同的派别。他们提出的限制教皇和教会权力、恢复早期教会的清贫传统、建立廉简教会和国家教会的要求符合国家的利益,所以得到世俗君主的支持。他们中的加尔文派的神学主张"前定论",因为能满足新兴资产阶级的心理需要,所以得到特别的欢迎。教宗和罗马教会的争取重新团结这些新宗派的各种努力都失败了。1529年,神圣罗马帝国在德国境内的斯拜尔召开帝国会议,形成支持罗马公教会压制新教派的决议。对此,参加会议的支持新教派的诸侯们提出正式抗议。从此,这些主张宗教改革的新教派被统称为"抗议宗"或"抗罗宗",以区别于罗马公教会。不同的利益集团之间进行了长期的政治斗争,最后,在结束1618～1648年的席卷几乎全欧洲的错综复杂的30年战争时,交战各国签订了《威斯特伐利亚和约》,规定抗议宗与罗马公教会平等。从此,基督教分为三个教会,即罗马公教会、正教会和被统称为抗议宗的各个新宗派。

## 九 梵蒂冈城国

1870年意大利王国的军队进军罗马,消灭了教宗国,剥夺了罗马教廷的世俗权力,统一了意大利。罗马教廷与意大利政府为此长期冲突，史称"罗马问题"。罗马教宗为表示抗议而自闭于罗马的梵蒂冈宫内从不外出，人称"罗马的囚徒"或"梵蒂冈的囚徒"。

1929年意大利政府与罗马教廷签订《拉特兰条约》，将罗马城西北角名为梵蒂冈的小山丘上圣伯多禄教堂及其周围共0.44平方公里的一小片土地划归罗马天主教会的最高领导中枢——圣座，建立正式名称为"梵蒂冈城国"的国家。

梵蒂冈城国是一个具有政教合一的双重性质的、特殊形态的国家。它具备世俗国家的地位，但它的实质是圣座，即以罗马教宗和罗马教廷为象征的权力机构。故"梵蒂冈"一词被人们用作圣座或罗马教廷的代称，而非指梵蒂冈城国。换言之，圣座是梵蒂冈的本质性的政治实体，梵蒂冈城国是为适于圣座的社会存在而提供的一个世俗国家形态。梵蒂冈城国并不具备国家的全部职能，它没有国防，不设军队，由意大利援引相关的国际法保障它的主权、中立和不受侵犯。梵蒂冈城国有自己的银行、货币、邮政局、科学院等等机构。

## 十　教会法典

天主教的《教会法典》是罗马天主教会的教会基本法规和纪律用书，具有权威性，用以规范教会生活和活动的各个方面。《教会法典》的成书经历了漫长的孕育过程。自从教会诞生的初期就有制订和颁布法律条文的惯例，以便教会全体成员尤其是神职人员了解、应用和遵守。教会法规条文主要有3个来源，即公会议、罗马教宗和其他法律的摘录。一般情况下，教会法规条文由罗马教宗和公会议共同制订和颁布。在教会历史的最初10个世纪中，有无数个教会法律集要在各处教会中流传，它们大都为私人所编辑。12世纪中叶，意大利波洛尼亚城的天主教伦理学家、教会法专家、隐修士格拉齐亚诺（Graziano）以其私人名义，将这些繁杂的、有时甚至是互相矛盾的法律集要汇集在一起，经过对各项条文内容的协调，集成一册教会法律巨著。此书被后世称为《格拉齐亚诺法令》。随后的几任罗马教宗在此书的基础上，又陆续增补了被称为《一般散辑》的、未经教会官方收集的多位教宗制订和颁布的法律条文，在两个世纪之后形成《教会法律大全》，即后世所称的罗马天主教会的《古典法》。

此后，天主教会又制订和颁布过许多法律，但均未再收集成册，致使散见于《教会法律大全》之外的法律、法规堆积如山、紊乱庞杂。其中有的内容重复多余，有的内容空白缺少，使教会人士无所适从。有鉴于此，第一届梵蒂冈大公会议决定制订和颁布新的、统一的教会法律全集。

1917年5月，罗马教宗本笃十五世将教会法律集成正式颁布于世。这是第一部真正意义上的《教会法典》。

半个世纪之后，由于时代的进步和教会内部局势的剧烈变化，这部法典已显然不适应需求。于是20世纪60年代初召开第二届梵蒂冈大公会议宣布了修订《教会法典》的计划。1983年1月，罗马教宗若望-保禄二世宣布公布新《教会法典》。这是第一部现代的天主教《教会法典》。与旧法典相比，新的《教会法典》更符合第二届梵蒂冈大公会议新的教会论，并贯彻了开放教会、分权给地方教会、发挥神父和平信徒作用等革新精神。

## 十一 公 会 议

亦称大公会议（Concilium Oecumenicum），词源自希腊文，意为普世性会议，是基督教世界性主教会议，是解决教义、教规、典制和礼仪等有关信仰和传统的教务会议。历史上曾有基督教全体主教会议和某一个教区全体主教会议之分，但近代以来更多地专指罗马天主教会全球主教会议。

从2世纪起,基督教会的一些教区主教开始召集教区全体主教会议,讨论和解决教区内的教务问题。由于当时基督教尚处于非法地位,缺乏形成全教会统一的教规和体制的条件,公会议的决议只在一定地区发生影响。从4世纪开始,基督教取得合法地位后,由罗马帝国皇帝前后召开7次公会议。以后的公会议均由罗马教宗召开,事实上成为罗马天主教会一派的教务会议。至今在基督教历史上共计召开过21次公会议。按照习惯,各届公会议均以会议召开地的地名命名。11世纪东西教会大分裂后,东正教会只承认前7次由罗马帝国皇帝召开的公会议。16世纪宗教改革后诞生的基督新教只承认前4次公会议。

## 十二　第二届梵蒂冈大公会议

1962年10月至1965年12月,罗马天主教会召开的第二届梵蒂冈大公会议（下文简称梵二会议）是整个基督教历史中规模最大、参加人数最多、发表文件最多和涉及内容最广泛的一次会议,特别是做出许多重大改变从而掀起罗马天主教在当代世界的革新运动的会议。

梵二会议第一次向全教会和全世界宣布,罗马天主教会为适应时代,决定对教会实行革新,教会向全世界开放,教会要与所有一切有良好愿望的人对话。这个适应时代、改革开放和开展对话的新精神是梵二会议的宗旨。

梵二会议破天荒第一次宣布的对话政策,一改近两千年来唯我独尊的态度,愿意与其他的基督徒对话,以便争取基督徒的统一,以及愿意与其他宗教和解,以便互相理解。梵二会议在许多世纪的敌对之后第一次郑重宣布,其他基督教会和其他宗教都反映了真理之光。这是最令世人瞩目的变化之一。

梵二会议宣布罗马天主教会的对话对象也包括无神论唯物主义者，即马克思主义者、共产主义者。罗马天主教会在历史上一贯反对共产主义，梵二会议也坚持这个传统的反共立场。但是，梵二会议表示要用意识形态领域的斗争来代替过去政治上的敌对行动，变对抗为对话，这是前所未有的新策略。

此外，梵二会议还宣布要对教会实行"共同管理"，要给予地方教会一定的自主权，要实行教会内各阶层的平等，信徒可以阅读圣经并可以领两种形式的圣体。梵二会议决定拉丁语不再是弥撒的唯一用语，可用地方语举行弥撒。天主教会要奉行"政教分离"和"宗教自由"的原则。梵二会议十分突出地强调教会要"关心世俗事务"，要"积极参加尘世的建设"等等。上述种种新精神十分醒目，引起教会内外的普遍关注。

革新与对话成为梵二会议之后几十年来罗马天主教会生活的中心内容。梵二会议的革新从许多方面改变了罗马天主教会，使它以一个现代化宗教的面貌，呈现在世界面前。

梵二会议的改革是教会内改革派在经历了与反改革派几个世纪的斗争后取得的来之不易成果，梵二会议的改革符合时代前进的潮流，是教会内进步力量的胜利，是属于普世天主教会的事业。因此，梵二会议的改革精神同样受到中国天主教会的欢迎，在改革开放后的中国天主教界产生了广泛的影响。

# 第二十章 信仰和神学

## 一 圣 经

《圣经》是所有信奉耶稣基督为救主的人们的宗教经典。基督教各派教会采用的《圣经》大同小异。天主教会采用的《圣经》全称为《新旧约全书》，共包括经书73卷，分《旧约》和《新约》两个部分，即《旧约》46卷，《新约》27卷。

《圣经》是在漫长的历史发展进程中逐步形成的。《旧约圣经》大多出自以色列先知和其他先哲之手，《新约圣经》则出自耶稣宗徒和宗徒弟子的口述。它们都是在漫长的历史进程中逐渐形成，其真正作者和确切的写作时间、地点实难考证，众说纷纭。

《圣经》是教会神学、教义、信理、教规、伦理及制度的源泉和基础，是信仰的总纲，是处世的规范，是教内神职人员和信徒的精神食粮，是讲道和神修的必备用书。教会认为，因为天主把圣经委托给教会保管，因此只有教会有解释圣经的特权。

天主教会通常把"圣经新旧约全书"不同经卷按内容分为历史书、智慧书（或训诲书）和先知书三大类。历史书一般包括从宗教和神学观点讲述古代以色列民族、以色列国和犹大国兴衰演变过程的经卷。智慧书一般指那些教导、训诲以色列人民过道德生活、无论何时何地都要诚心诚意信赖和依靠天主、遵守天主所规定的法律的经卷。先知书一般指那些由先知撰写的或记载先知行传、事迹、教诲和预言的经卷。有些称为大先知书，有些称为小先知书。

在圣经经卷的分类上，基督教会和天主教会有差别。基督新教会只相信以希伯来文为原文写成的经书为圣经，所以他们采用的圣经只有66卷，即《旧约》39卷，《新约》27卷。而天主教会一向采用的是希腊文《七十子译本》，其中的7卷的原文为希腊文，而不是希伯来文，所以不被基督教会所接受。另外，由于种种原因，目前天主教会和基督新教会使用的中文《圣经》各卷的名称、专有名词如人名、地名和术语的翻译也有很大差异。

《圣经》不仅是信奉耶稣基督的人们的一部宗教经典，也是世界文化和知识宝库中的一部杰作，是迄今为止在全世界印数最多、流行最广、翻译语种最多的一部书。圣经对世界文化产生过巨大影响。《圣经》各卷的体裁和风格大不相同，有散文、诗歌，有历史，也有传奇、寓言和训诲。《圣经》叙述了古代犹太民族的神话、传说、历史变迁、风俗习惯、法律、伦理、社会组织制度，及其与古代地中海地区其他民族之间的关系，还讲述了很多奇妙动人的故事和做人的道理，收录了许多富有智慧的至理名言，是人们认识和了解古代小亚细亚和北非一带各民族的途径之一。它是欧洲中世纪和现代西方许多文学艺术作品创作灵感之源泉。

## 二 传 统

一般说来，传统是指某种知识、典制、习俗或实践的体系，以及它从一个人到另一个人的全部传递。在基督教会分裂为三大派别后，各个派别的基督教会在保持历史形成的一些基本特点之外，还有各自的特色。罗马公教会的特色在于它更多地保留了上述历史中形成的基督教西部教会的基本特点并继续有所发展，使其一以贯之地成为罗马公教会的传统，所以，罗马天主教的信仰主要有两个来源和依据，即圣经和传统（中国天主教徒称之为圣传）。圣经是规范天主教的信仰道理的经典。同样的，在长期历史中形成的天主教传统，体现在经典、神学教义和信条、教阶制、教规、教会法典以及公会议制度和教宗的首席权等各个方面，也规范天主教的信仰道理以及天主教会的宗教生活，使其具有区别于其他基督教会的基本特色。

天主教会通常将传统区分为两个方面：先知的传统和主教的传统。教会认为，先知的传统在整个教会内传递，无论是个人，是神职人员或是平信徒，都可以在这种传统中见证圣神在所有教会内的作为。主教传统并不是一种新的传统，而是传统的公开的，具体的表述，一般说来，表述传统由宗徒的继位者担当。他们有责任保护圣言的宝库。这就是现代神学家称之为教会训导权的东西。

对于传统与圣经的关系，天主教认为，所有的启示真理包括圣经，都经由活在教会内的传统向人们传递。简而言之，圣经并不独立于传统，除非藉某种活的传统，否则人们无法辨别哪本书是受天主默启写成的。圣经的书面语言必须结合进传统的活的话语中。由此出发，历史上天主教对个人对圣经的自由阅读持批评的态度，认为圣经只有在教会的传统中才凸现出真实的意义。天主教的这一态度在第二届梵蒂冈大公会议后已有所改变。

## 三 三位一体

基督教教义之要义是，天主只有一个，在天主内存在着三个具有实际区别的位格，即圣父，圣子，圣神，这三个位格统一于唯一的本性或者说本质上。

三位一体信仰在基督教关于天主的信义中处于核心地位，

这一信仰使基督教的神论与其他宗教相比具有独特性。

三位一体这一表达是后圣经时代的用语，但基督教认为新约圣经清楚明白地向人们启示了圣父，圣子，圣神的存在（参路一，35；三，21；若十四，16，26；玛二十八，19；伯后一，1~2）。

按照基督教的神论，天主的三个位格就其神圣本性论并无任何区别，每一位都拥有共同的、唯一的神圣本性，唯一的神圣本性是不可分割的。位格之间的区别的唯一基础在于他们彼此的关系，他们是通过这些关系而拥有神圣本性的。这些关系是：圣父是圣子和圣神的原则；永恒地生于圣父的圣子是圣神的原则；圣神由圣父和圣子作为唯一的一个原则而共同生发。这些关系导致位格之间的区别。同时，位格之间以一种最完全的方式彼此渗透，在区别中存在统一，在统一中存区别。

## 四 天　主

天主是基督教信仰的创造和主宰物质世界的最高存在的中文称谓之一。亦译作"神"、"主"、"上帝"等，均为中国传统思想中已有称谓的借用。在中国，天主教因偏重于称其信奉的独一真神为"天主"，故此得名。

基督教继承了以色列人的一神信仰。旧约中记载的天主对以色列人的讲话表达了一神信仰："以色列，你听着：上主我们的天主是唯一的天主，你当全心，全灵，全力爱上主你的天主。"以色列人的天主起初被当成一个民族神来崇拜，但公元前8世纪后的先知们开始认为：雅赫威（天主）不仅是以色列人的天主，而且是全部历史和所有民族的审判者。基督教的天主同样是"亚巴郎的天主，依撒格的天主，雅各伯的天主"。在《旧约》的记述中，天主逐渐地把自身的奥秘向以色列人展示出来，他用不同的名字向选民们启示自己，其中最重要的，当推天主在回答梅瑟时所说出的名字。梅瑟向天主说："要是以色列人问我天主叫什么名字,我怎么回答?",天主对他说:"我的名字叫'自有者',永远如此称呼,万世万代都要这样记住我的名号。"从信仰的角度来理解,"自有者"在两方面揭示了天主的奥秘。一方面,天主不依赖于除他自身以外的任何实在。天主作为终极的、不受限制的而却限制一切的实在而存在着。他的存在是无限丰富完满的,他就是他所是者。另一方面,《旧约》说明天主是永恒的,无始无终。

《旧约》创世纪告诉人们,天主的创造是从虚无创造,召唤并使得宇宙进入存在状态。"从虚无创造"同时表明,受造的世界在存在上也继续依赖天主。

《圣经》上说,人是天主的肖像,它的意义应该是,人与天主是可以沟通的,沟通的场所就是位格(精神、灵魂)。为此,基督徒才向天主祈祷,赞美、请求、悔罪、求恕等等。

天主被信徒认为是至圣的,即承认他是一切价值的源泉和终向。称天主为至圣者就意味着人重新从自幻、自立之域中走出,服膺天主的至高权威,朝拜天主于万有之上,从而使自己回归于天主。

天主教认为天主是爱,爱是天主最合适的称谓之一。在耶稣基督的十字架上,这种爱被体现得淋漓尽致。天主是爱,这爱并不是尘世意义的欲爱(eros),而是超越尘世的挚爱(agape),是一种无条件的、给予性的爱。此外,描述天主的谓词还有许多,如无所不在、全知、全能、慈悲、公义、忠信等。但无论如何,教会认为这些都算不上是对天主的定义,因为人们不但不能支配天主,反而受到天主的支配。

## 五 耶稣基督

耶稣基督是天主教信仰和崇拜的对象,天主教信仰的天主圣三中的第二位。"耶稣"是犹太人名,"基督"是基督教给予耶稣的称号，是希腊文 Christos 的音译，亦译"基利斯督"，源于希伯来文"默西亚"弥赛亚，意为"救世主"。基督教认为这表明了他肩负的使命将是把人类从罪恶和罪恶的势力中解救出来。人之所以需要拯救，是因为人生活在罪恶之中。罪恶由亚当对抗天主而带入世界。罪恶的最高表现是死亡，死亡不仅导致身体与灵魂的分离，更严重的是，它使人们与生命之源的天主分离。因此，人的生存方向必须得到扭转，但是身陷罪恶中的人类本身无法拯救自己，救主须来自人类之外，他就是耶稣基督。而基督的使命是使全人类摆脱罪恶，在人的心灵中建立自己的王国。天主教认为若望从根本上完满地表达了耶稣与天主圣父的全部内在关系，即耶稣具有唯一子性，圣言（Verbum）成了肉身（若一，14）、耶稣基督在十字架上得以完成他的赎世大业。

天主教认为天主第二位圣子因天主圣神的德能，经由童贞女玛利亚出生，以人的姿态来到人世间。这就是说，耶稣基督是真天主也是真人，神圣的现实和人性的现实完满地结合在耶稣基督身上。与此同时，耶稣基督的两种本性，即神性与人性并不互相分离，它们在基督的神圣位格，即圣言内合二为一。

基督教把耶稣基督的复活视为基督信仰的最高真理，并认为这个真理是最早的教会团体和生活的中心，是教会传统传递下来的基本信理。根据教会的信仰，耶稣的复活是信仰的奥迹，一切居于自然层面的解释都与此大相径庭。耶稣复活表明，死亡被彻底战胜了。在基督教看来，死人的复活在自然的意义上是荒谬的，但是在天主那里却是可能的。

## 六　圣　神

圣神亦称"圣灵"，基督教信仰的天主圣三中的第三位。天主的神在希伯来语是 rouach，与希腊语 pneuma 和拉丁语的 spiritus 一样，都有吹拂的意思。在《旧约》中，圣神被描写为鼓动先知、赋予他们天主之名来讲话的力量以及通过人来实现天主业绩的力量。在创世纪的叙述中，圣神贴近浑沌之表，使之形成有序世界，而圣言则是万有之根源（创一，2）。在厄则克耳先知书中，圣神与圣言有着相同的联系（厄三十七）。

但是在《旧约》中，甚至有时恶神也占用"天主之神"这个称谓（参见撒上十八，10）。但用圣神来意指天主在人内的临在，这种意义则是比较明确的。到了《新约》，圣神首先被认为是耶稣由童贞女玛利亚诞生的原由（玛一，18；路一，35）。洗者若翰宣称，在他之后，圣神要用"神和火"来施洗（玛三，16）。在耶稣受洗的时候，圣神如同鸽子那样可见地落在耶稣肩上，同时圣父从天上传下声音（玛三，16，若一，32）。而引领耶稣走向荒野，与魔鬼展开斗争的，也正是圣神（玛四，1）。耶稣表明自己的使命是，通过圣神来驱除恶神（玛十二，28 以下），并宣称，只有违反圣神的罪是不可赦免之罪。耶稣告诉他的使徒，当他们去面对人的敌意、勇敢见证基督的时候，圣神将启迪他们（玛十，20）。耶稣在与使徒们的最后一次交谈中说，他们应该高兴，因为他离世之后，天主圣父将派遣圣神来到他们中间（若十六，7）。圣神在他们中间如同一位辩护人，时常保护和劝慰他们（若十四，16～26）。按照基督教对《新约》的理解，圣神的到来意味着教会的成立，并使人们勇敢地去见证基督的复活。圣保禄指出，圣神最根本的恩典以及其他一切恩典的目的是仁爱（参见格前十二，十三），圣神最具体的恩典是通过教会流入信徒心灵的"天主的挚爱"（罗五，5）。

东方教会与西方教会曾就圣神的发生有过一场激烈的争论，即"和子句"之争。东方指责西方在信经中增加"和子"（filioque）字样不妥，因为这与若望福音（十五，26）有关圣神"生于圣父"不符，使圣神的位格作用受损。在中世纪，西方的神学家们想方设法消除东方教会的疑虑,他们解释说,圣神由圣父和圣子共发,如同出自唯一的原则(tamqam ab uno principio)。

## 七 圣母玛利亚

据《圣经·新约全书》记载,玛利亚是达味的后裔,出生在拿撒勒,许配木匠若瑟,尚未过门,童贞女玛利亚由"圣神感孕"而生耶稣,后积极支持耶稣的宣教活动,因而被天主教和东正教尊为"童贞圣母",或称"圣母玛利亚"。

在天主教会中,人们对圣母玛利亚的敬礼特别的隆重,对她的祈求特别的热切,圣母玛利亚在信徒的心目中是一位"天上的母亲"。从《圣经》上看,与基督的救世事业发生密切联系的,除了宗徒之外,便是玛利亚了。由于玛利亚这层关系,救赎便具有了某种属于女性的视角。教会关于圣母玛利亚的教义与教会关于基督、关于救赎的教义密切相关,在神学上形成玛利亚学。玛利亚作为天主之母的奥秘既是玛利亚学的中心,同时也是基督学的一个基本点。教会对圣母的其他认识,如无染原罪受孕、终生不犯本罪、卒世童贞、荣升天堂等等都源自圣母玛利亚是天主之母这个信念。教会认为必须承认,玛利亚的童贞是信仰之奥秘,超出人们的理解力。

在教会初期,对圣母玛利亚无染原罪的认识只是一种苗头。后来,人们在祈祷中称"完全圣洁的玛利亚"。到了8世纪,出现了庆祝圣母受孕的节日。1854年,教皇庇护九世(Pius IX)正式宣布玛利亚无染原罪为信理。

根据《新约》的记载,教会认为玛利亚在基督的救世事业中所起的独一无二的配合作用,使圣母能够成为恩宠的中保,也就是说,惟有通过玛利亚,人们才能分享天主的恩宠,这正如通过圣子才能到达圣父那样,惟有经过他的母亲,人们才能到达圣子。另外，教会关于圣母玛利亚的重要教导还有圣母肉身灵魂同时荣升天国，这是1950年教宗庇护十二世（Pius XII）在一份宗座宪章中宣布的。每年的8月15日，天主教会都要隆重庆祝圣母升天。

## 八　原　罪

基督教教义之一，认为人处于有罪状态是与生俱来的，原因是人类始祖亚当在诱惑下违背天主命令、偷吃禁果而犯下罪，此罪传给后世子孙，绵延不绝，故称"原罪"。

关于原罪的记述，见诸《旧约圣经》创世纪第三章：天主曾告知亚当，除了知善恶树上的果实外，所有伊甸园中的果实均可以食用，但亚当受撒旦的诱惑，偷吃了禁果，结果犯了对抗天主的罪，并被赶出了乐园。亚当的罪错，扭转了人原先的生命状态，使人类进入一种受奴役的处境中。

根据基督教信仰，世界是造物主天主的造物，是神圣的业绩，因此是好的，然而人类始祖亚当由于犯罪而丧失了地上乐园，丧失了天主在当初创造人时便赐给人的超自然的恩典。为此，教会认为，原祖的罪通过遗传而成为全人类的罪。正因为人人都负有罪性，所以便存在着对救赎的吁求。世界因亚当的罪而堕落，却因新亚当（耶稣基督）的救赎而与天主和解。

保禄在罗马书上说："通过原祖，罪进入了世界，通过罪死亡进入了世界，所有的人都将死去，因为所有的人都有罪"（罗马书五，12）。这表明，原罪的最直接的后果便是死亡。天主创造人的目的是使人的身体与精神成为一完整生命，但罪却恶意地将它们分离了。教会关于原罪的教义强调两个方面，首先，原罪使人丧失了天主赐给他的超自然生命，人凭自己的力量不可能达到超自然的目标。原罪因此意味着人凭自己的力量永不能修复的丧失。其次，尽管人有原罪，但人的本性就其自身来看是好的，但原罪并不是人性的全然断裂，人能够接受并通过天主的恩宠恢复已失去的超自然的善。关于原罪的这种理解，奠定了基督教关于成义的教义的基础。

## 九 救 赎

源自拉丁语的 redimere，指对奴隶的赎买。圣经用这一表达来指天主对他的子民所实施的拯救行动，同时以此阐明基督被钉十字架的意义。

《旧约》中记载，天主作为救赎者首次出现在犹太人被从埃及人那里解救出来的事件中，犹太人的逾越节所纪念的正是这件事。依撒意亚先知书第 53 章描写了一位无辜仆人为他有罪的子民而受苦，教会认为这使人自然想到耶稣在十字架的受苦与人类的得救之间的联系。基督教神学通常把牺牲与救赎这两种观念结合起来。

《新约》的作者们常常用奴役的解除来说明十字架的意义，通过圣子，天主与被解除了奴役状态的人达成和解。基督为人们赎去的奴役是罪的奴役（罗六，18；八，2）、死亡的奴役（罗八，21；格后一，10）、黑暗势力的奴役（哥一，23）、法律诅咒的奴役（迦三，13；四，5）、即将到来之义怒的奴役（得前一，10）。保禄除了运用救赎这个专名之外，还经常使用诸如赢获，自由，释放，拯救。《新约》强调的是天主的慷慨，这慷慨充分地体现在基督的十字架中。保禄认为，十字架无与伦比地彰显天主之爱，这爱清除了挡在人们与天主之间的障碍物。若望福音亦言，天主对世界是如此之爱，以至他献出了独生子，以拯救那些信他的人。

基督教认为耶稣基督为了救赎人类而死在十字架上，耶稣在十字架上的惨死和第三日的复活是人们得救的基础。由于原祖亚当和夏娃犯的原罪,使人在超性生命上是已死的。因此,要恢复超性生命,必须在死中实现。所以,人而天主的基督才舍身致命,为信徒恢复了曾经拥有但又丧失了的生命。

尽管梵蒂冈第二次公会议认为,在教会之外并不排除救恩,但仍然断定,教会对于得救是至关要紧的。因为按照天主教的信仰,教会是耶稣基督救世事业的延续,教会是人与天主在耶稣基督内亲密结合的圣事。耶稣亲自制订的圣事是分施救恩的有效途径,圣事对于得救是必要的。耶稣将超自然的启示传给了教会,使它成为信仰的宝库,将得救的途径交给了教会,使它能够圣化人的灵魂。

## 十 天主十诫

天主十诫(Decalogue 或 Ten Commandaments)是天主教徒伦理生活的基本准则。天主的十条诫命为:

(1)钦崇天主万有之主。
(2)毋呼天主圣名以发虚誓。
(3)守瞻礼之日。
(4)孝敬父母。
(5)毋杀人。
(6)毋行邪淫。
(7)毋偷盗。
(8)毋妄证。
(9)毋愿他人妻。
(10)毋贪他人财物。

"十诫"这一专名并不见于《圣经》。《圣经》以"十句话"来指天主十诫。详尽地记述十诫内容的是《出谷纪》二十章2~17节和《申命纪》五章6~21节。

天主十诫是天主与以色列人所缔结的盟约的组成部分，因此十诫也称："约版"，是"天主用手指所写的石版"。十诫的颁布是以色列人逃出埃及之后。这表明，天主十诫的目的是要指出以色列人从罪恶中解救出来以后在生活中要遵守的条件。在《新约》中，耶稣重新肯定了天主十诫。他声言，他的到来不是为了废除法律，而是为了成全法律。但同时他也指出，爱是法律的满全。

从天主十诫的内容来看，除了前三诫关于天主的内容外，后七诫关于人的内容并无奇特之处，因为天主十诫只是自然道德律的一种表达。按照天主教的信仰，天主在创世之初便把自然道德铭刻在人的心中，这就是良知的来源。但是后来亚当犯了罪，人的本性受到了败坏。天主颁布十诫，就是使人们更全面更明确地认识自然道德律，并使它上升到一种新的境界。

## 十一 宗徒信经

宗徒信经的内容如下：

"我信全能的天主父，天地万物的创造者。我信父的唯一子，我们的主耶稣基督。我信他因圣神降孕，由童贞玛利亚诞生。我信他在比拉多执政时蒙难，被钉在十字架上，死而安葬。我信他下降阴府，第三日从死者中复活。我信他升了天，坐在全能天主父的右边。我信他要从天降来，审判生者死者。我信圣神。我信圣而公教会，诸圣的相遇。我信罪过的赦免。我信肉身的复活。我信永恒的生命。阿们。"

宗徒信经是天主教徒表白信仰时诵念的最常见的经文。追溯历史，2世纪末的一段礼仪文可视为此信经的前身。这篇礼仪文宣认三位一体的信仰。宗徒信经的现今形式在10世纪时已被所有的西方教会所采用。圣安布罗斯（Ambrose）为这篇信经取名为"宗徒信经"。

## 十二　尼西亚君士坦丁堡信经

尼西亚君士坦丁堡信经的内容如下：

"我信唯一的天主。全能的圣父，天地万物，无论有形无形，都是他所创造的。我信唯一的主，耶稣基督，天主的独生子。他在万世之前，由圣父所生。他是出自天主的天主，出自光明的光明，出自真天主的真天主。他是圣父所生，而非圣父所造，与圣父同性同体，万物是藉着他而造成的。他为了我们人类，并为了我们的得救，从天降下。他因圣神由童贞玛利亚取得肉躯，而成为人。他在般雀比拉多执政时，为我们被钉在十字架上，受难而被埋葬。他正如圣经所载，第三日复活了。他升了天，坐在圣父的右边。他还要光荣地降来，审判生者死者，他在神国万世无疆。我信圣神，他是主及赋予生命者，由圣父圣子所共发。他和圣父圣子，同受钦崇，同享光荣，他曾藉先知们发言。我信唯一、至圣、至公、从宗徒传下来的教会。我承认赦罪的圣洗，只有一个。我期待死人的复活，及来世的生命。阿们。"

在天主教会中，尼西亚君士坦丁堡信经受到重视的程度仅次于宗徒信经，在今天的中文弥撒礼仪中，也诵念这条信经。至于这条信经的来龙去脉，已不甚清楚。尼西亚君士坦丁堡信经并非如字面那样由君士坦丁堡公会议的教父们在尼西亚信经的基础上增补而成，而是利用业已存在于某一东方教会的信经。在他们看来，这一信经十分适宜于重新表达"尼西亚信仰"。与先前的信经相比，这条信经的第三条将圣神称为"主"，并宣认他是生命及恩宠的源泉，是"赋与生命者"。尼西亚君士坦丁堡信经在东方首先被作为洗礼信经，5世纪以后又出现在东方的礼仪中，到了9世纪和11世纪，则分别被纳入法兰克教会和罗马教会的礼仪。

## 十三　神　学

　　神学一词源自希腊文 Theologia，意为论述或研究神的学问。神学是关于神圣事物的知识。基督教神学是以天主为核心、《圣经》为依据、信仰为前提、以基督充分体现的天主与人类之间的关系为重点、以哲学分析和逻辑推理为手段、对基督教信仰内容作系统研究和理论阐述的宗教性学科。用最简单的话来概括，基督教神学就是基督教信仰的表述。

　　在教会初创时期，神学首先是一种颂歌（hymn），人们用以表示对天主的赞美，因为人们认为天主更应被人歌颂而不是解释。到了教父时代，这种认识依然十分流行。广泛借引希腊哲学观念的奥利金（Origen）和卡帕多西昂派（Cappadocians）的大神学家们，首先利用神学来排除由于理性的误用而导致的错误。一般而言，在拉丁世界中世纪之前，特别是在修道院中，神学被看作是一门专门谈论神圣事物的知识，一种对奥秘的沉思。只有在为了从神学中排除错误的解释、进行低于神学的反思时，神学才诉诸理性。到了 12 世纪，阿伯拉尔（Abelard）主张神学完全理性化，以圣伯尔纳德（Bernard）为首的神学家予以坚决反对，而另一些神学家则系统地用概念的理性批判和信仰道理的理性化来建构某种有条理的体系。13 世纪，经过卓越的神学家托马斯·阿奎那的工作，神学开始被信徒理解为一门神圣的科学，所有的信仰理论被纳入到一种理性的综合之中。但是，如果承认信仰的真理本身是超自然的真理，并承认它仅仅来源于启示，那么与之相反的观点，即认为仅仅通过理性即可通达真理的观点，必定使真理与天主发生冲突。从天主教的立场看，托马斯非常有说服力地对信仰与理性、自然与超自然的关系作出了历史性的解释，这或许就是托马斯神学思想中最突出的成果。

托马斯坚决认为，作为科学的神学同时也是信仰的科学，因此，神学探索须在信仰之光中进行，而这点恰恰被他的许多后继者忽略了。这一事实造成经院神学在中世纪末衰落了。

神学结论指的是神学通过理性从启示资料中推导出的真理。按托马斯的看法，神学的最初目的并不是尽可能多地增加新的结论，而是解释直接源自启示本身的真理。在当代，第二届梵蒂冈大公会议认为信仰的真理只有一个，是永恒的真理，而作为信仰的真理的表述的神学是对信仰真理的追求，是可以依据时代的需求而发展变化的，而且神学应融入当地文化。这种立场是导致神学在当代的多元化的诸多因素之一。

## 十四 教 会 论

亦称教会学，即关于作为信仰的团体的教会的神学。"教会"这个名词来自希腊语的 ekklesia，有"召集"、"集会"的意思，一般指具有宗教性质的集会。

在希腊文本的旧约圣经中，这个名词是指选民在天主面前的集会，尤其是指以色列人在西乃山脚下领受天主颁布的法律，被选定为天主子民时的那一次全民集会。

在基督教的传统中，教会这个名词至少有三个含义，分别指"礼仪的聚会团体"，"地方性的信友团体"，以及"普世信友团体"。在新约圣经中，以教会是天主的子民这样一个观念为基础。教会拥有多种形象，如基督的满全，基督的身体，基督的宗徒，基督的净配以及信众之母等。

根据教会的信仰，教会是耶稣基督亲自创立的，它的使命是耶稣基督在世使命的延续，教会拥有来自基督的权柄、恩宠和圣神。教会拥有四个互相关联、不可分离的属性，即至一，至圣，至公，从宗徒传下。

根据教会学，教会是基督救世事业的继承者。教会是天主启示的宝库，拥有对圣经的公开解释权。教会在整体上是不会错的。当教皇处于和主教们完满的共融之中并以他在信仰和道德上的至高权威提出某些至关重要的决议时，他拥有这种不错性。教会是一个具有圣统制的社会。基督将针对所有教会的至上法权传了圣伯多禄，并传给了伯多禄在罗马主教位上的继承者。主教拥有对本教区的普通治理权。教会是那些通过洗礼而与基督结合一体的人的社会。教会保有圣事的管理权。加入教会对于得救是必要的。成为教会成员的条件有：洗礼、宣认真正的信仰、服从教会的领导。并不排除由于不可克服的原因而对教会无知者被救赎的可能性，只要他明确地有参加教会的愿望。

从教会的存在上来说，教会具有彼此联系的两方面的性质，即不可见的神圣性质和可见的社会性质。它既存在于历史中、以有形结构为体，又超越历史，以无形精神为本。作为教会的神圣性质的保证，圣神以他的德能时时临在于教会，进行默默的引导和训诲。作为基督的身体，它充满着由基督的救赎之功而带来的恩宠，并被赋予了行圣事以圣化人的灵魂的神权。同时，教会也是由罪人组成的、具有一定结构的社会组织。它的组织原则，管理模式不可避免地具有世俗性质。梵蒂冈第二次公会议对于教会提出了一种新的观念，即认为教会是圣事。这表明，教会是全体天主子民的团体，是圣化心灵的场所，教会是全体人类团结一致的标记，是人类面对天主的未来。

## 十五 末世论

基督教的重要教义之一，该词源自希腊语 eschatos，意指终结。末世论是关于终极现实的认识。在今天，人们也常常用末世论这个词语来指称终极现实本身。

犹太教的经书中就已涉及末世论。到《新约》时代，若望的《默示录》对人类的末世景象作了最著名的描述，于是"默示录"（Apocalisse）一词便成了末世的同义词。当代教会认为，关于末世论的最常见的错误有两种。第一种错误被称为已实现的末世论。第二种错误存在于完全放弃了末世论的许诺在未来实现的可能性。

　　要确定哪些是在末世论的希望中已到来的，哪些是依然在期待的，这并非易事。对此教会可以这样说，在耶稣的尘世生活期间，未来与现世同时存在于他结合了人类共同人性的神圣位格中，而在耶稣升天之后，未来将现世吸收在他复活了的天上存在中。在作为基督的身体的教会内，未来已实际地临在于现世的种种表象内。而当耶稣再临时，人们将回到人们所从出的状态中。但是天主国到底是怎样的，这是信仰的内容，属于深刻的奥秘。人们可以确知的是，罪和死亡在天主国内没有位置。但人们无法知道它什么时候到来，怎样到来。基督在圣经中告诉人们，对这些问题切勿企求清楚明白的答案，对于某些基督徒来说，这样一个观点或许成为他们看轻现世的理由。但这种理解完全错了，因为圣经明确地说过，永恒的审判是根据人们每日行的圣爱来进行的（玛二十五）。为此，末世论的观点使基督徒在每刻都感到一种巨大的压力。信徒能够做的是，他们必须把每分每秒都当作决定性的最后时刻来过，即在时时刻刻警醒的等待之中，谨慎自己的一言一行。

# 第二十一章　礼仪、圣事、瞻礼

## 一　礼　仪

礼仪源自希腊词 leitourgia，本义指某种公共事业，尤其指个人献给团体的公共服务。在东方，这个词首先被用来指圣体的圣事庆典，至今仍与弥撒一词同义。在现代的西方，礼仪被用来指与圣事庆典同时举行的所有的公共祈祷。1974 年 11 月，罗马教廷颁布了《天主中保》（Mediator Dei）通谕，将礼仪定义为："我们的救主作为教会的元首向天主圣父献上的公共敬礼；同时也是信徒团体向它的元首（耶稣基督），并通过他向永恒的天主圣父献上的敬礼，简言之，礼仪是耶稣基督的奥体，即头与肢体的完整敬礼。"

由此可见，由于圣体圣事的纽带作用，圣事在礼仪中产生了一种组织的效力。圣体圣事则是所有敬礼活动的中心。因此，礼仪既传达圣言，亦藉圣事的施行赋予恩宠。

按照圣经中所说的，耶稣基督要藉教会的礼仪来显示、表现和分赐他的救恩，他以一种新的、特殊的方式临在于教会，在教会中并和教会一同活动。这就是教会所称的"圣事式的救世计划"，即藉教会的礼仪活动分赐基督的逾越奥迹的救世功效。

根据天主教教义，除了耶稣基督之外，天主圣父与圣神同样在礼仪中发挥各自的作用，因为礼仪是天主圣三的工程。教会的礼仪，基本上是教会对天主圣父的祝福在信德和爱德上所作出的回应。至于圣神，则在礼仪使基督的奥迹重演并实现在人面前，使人准备迎接基督、记忆基督、与基督结合为一体。

由于地域文化的差异，天主教的礼仪模式呈现多元化。在教会的现存礼仪传统中有拉丁礼仪、拜占庭礼仪、科普特礼仪、叙利亚礼仪、亚美尼亚礼仪、马龙礼仪及卡尔代奥礼仪等。对于这种现象，梵二公会议的礼仪宪章申明"教会无意强加严格一致的格式；反之，教会培养发展各民族的优良精神和天赋"。梵二公会议倡导礼仪改革，希望礼仪的表现符合不同民族的特点和文化，以便使基督的奥迹能够在不同的文化中得以宣扬和实践。

## 二 圣 事

圣事是基督教的主要宗教仪式。根据教义，圣事是基督订立的，是圣神圣化人们灵魂的工作，领受者可获得天主的恩宠因而成义。天主教会确认存在着七件圣事：洗礼、坚振、告解、圣体、神品、婚配、终傅。

在圣经的初期拉丁译本中，"圣事"（Sacramentum）一词被用来翻译希腊词汇"奥秘"（mysterion）。在古老教会的拉丁文献中，这个词不但被用来指所有的礼仪，而且也被用来指所有具有神圣性质的事物。奥古斯丁将圣事定义为神圣的标志。逐渐地，人们用圣事这个词仅仅指由基督制定的神圣标志，这些标志就其本身是恩宠的源泉，从而使之与诸如祈祷之类的行为区别开来。在这种意义上来看，只有上述七件圣事。教会认为，应该将圣事视为某种与教会生活不可分离的恩宠机制。这种机制赋予教会以组织原则，使教会获得深刻的统一。

这种统一在圣体圣事中达到顶峰。在托马斯看来，圣体圣事是所有圣事的根源，救世主本身临在于圣体圣事中。

天主教关于圣事的教义经常强调两点。第一，由基督制定的圣事标志由教会所保存，因为这些标志是救主耶稣藉之传达恩宠的标志。第二是圣事的有效模式。圣事是基督有效行动的标志，圣事在具备基督规定的模式和合法的意向时，即赋予领受者恩宠。圣事赋予恩宠与施行者因祈祷而获得的价值无关，亦与领受者的道义无关，它仅由基督的能力使然。在满足圣事的标志并具有合法意向的情况下，圣事即为有效施行。洗礼、坚振、神品这三件圣事赋予领受者以不灭的神印。

## 三 天 主 经

天主经又称主祷文，是天主教徒在很多场合和很多情形中最常诵念的经文之一。根据新约圣经的记载，基督徒认为它是耶稣应宗徒们的请求"主，请教给我们祈祷"而亲自传授下来的。因此，对于基督徒来说，它充分表明，它既是耶稣本人对天父的祈祷，也是基督徒向天主的祈祷，也就是说，基督徒的祈祷是"因耶稣基督之名"，并"在耶稣基督内"进行的。

在新约圣经中，天主经有短式和长式两种。短式只有五端祈求，是在《路迦福音》中记述的，内容为："父啊！愿你的名被尊为圣！愿你的国来临！我们的日用粮，求你天天赐给我们！宽免我们的罪过，因为我们自己也宽免所有亏负我们的人；不要让我们陷入诱惑。"（路十一，2～4）。而长式则有七项祈求，是在《玛窦福音》中记述的，内容为："我们在天的父，愿你的名被尊为圣，愿你的国来临，愿你的旨意承行于地，如同在天上一样！我们的日用粮，求你今天赐给我们；宽免我们的罪债，犹如我们也宽免得罪我们的人；不要让我们陷入诱惑，但救我们免于凶恶。"（玛六，9～13）。

中文日课的天主经采用一种半文言体的表述："在天我等父者，我等愿尔名见圣；尔国临格；尔旨承行于地，如于天焉。我等望尔，今日与我，我日用粮；尔免我债，如我亦免负我债者。又不许我陷于诱惑，乃救我于凶恶。亚孟。"

## 四　讲　道

讲道一词源于希腊文 keryx，指的是负责传达官方消息的传令官。在对观福音、宗徒大事录、保禄书信中，讲道被用来指对天主国的宣讲（玛四，23），对天主国所要求的悔改的宣讲（玛四，17），对耶稣默西亚身份的宣讲（宗八，5），最后，对十字架奥秘的宣讲（格前一，23）。因此，基督教认为，讲道是由教会担当的对拯救讯息的宣讲，它是教会的一项根本性功能。自认为继承宗徒的教会，必须履行耶稣分派给宗徒们的使命：传讲圣经上的得救喜讯（参玛二十八，18～20）。由此也可以知道，教会认为讲道的最合宜人选是主教，以及作为主教助手的神父。

根据基督教信仰，讲道的"道"指天主的圣言，讲道亦即宣讲天主圣言。讲道在中国天主教徒中间又被惯称为"讲道理"。但是这里所讲的"道理"从根本上说并不是由世俗智慧提供的一套做人行事的道理，即人情世故，而是由天主圣言开启的使人获得拯救的真理，亦即成义的知识和相关的实践。因此，讲道紧紧围绕着天主圣言，以天主圣言为中心。它不以人的俗态和时尚为依据，而以圣经的话语为理由。

讲道一般在教堂内进行。在梵蒂冈第二次公会议礼仪改革之前，讲道通常在拉丁文弥撒之前进行。改革后的弥撒礼仪恢复了初期教会的圣言礼，讲道很自然被安排在读经之后。讲道的题材一般都取自当天弥撒所读的圣经段落。

## 五　祝　圣

祝圣是天主教会内施行的一种礼仪行为，藉着这一行为，某个人或某种物件最终服务于天主或被用于对天主的敬礼。

在天主教传统中，弥撒中的成圣体，即对圣体的祝圣是祝圣中的最高典范。天主教会正是根据弥撒中的圣体祝圣而认为，所有的祝圣都是天主的行为，藉着这种行为，祝圣不仅克服世界因受造物之罪而导致的魔幻化，而且成为天主临在的一种标志，成为天主救赎行动的一个工具。因此，所有祝圣的原则，尤其是圣体祝圣的原则存在于天主藉以明确他的某种计划的圣言中。在圣体礼仪的传统中，构成祝圣经文核心的正是耶稣基督的圣言。但这对于祝圣礼仪的完成并不够，还需要某种教会的祈祷，在这种祈祷中，教会宣认它对圣言的信赖，表明它对圣言实现于普世的期待。在有效的祝圣中，教会的祈求与基督的圣言是相互依存的，是同时必需的。

在所有教会实行的祝圣礼仪中，通常可以看到某种对天主的祈求，求他允诺，并期待这些允诺在现在或即将到来的某时刻获得实现。

关于对某些发愿服务于天主的人的祝圣，托马斯认为，尽管这种宣誓仪式并不是一件圣事，但是宣誓者仍可以从天主那里获得一种精神性的祝圣。

## 六　大　赦

大赦是教会当局根据天主教信仰和天主教传统，认为自身拥有对信徒的开释权，从而施行的对罪之暂罚的赦免。大赦有两种，全大赦赦免全部暂罚，有限大赦赦免部分暂罚。

天主教会认为，犯罪可招致两种后果。大罪使人丧失与天主的共融,从而不能进入永生,这是罪的永罚;小罪虽不使人丧失与天主的共融,却造成对受造物的不良依恋,并在世上忍受各种痛苦。通过告解圣事,罪与永罚获得了赦免,但罪的暂罚却留存下来。要清除罪的暂罚,犯罪者必须在世上做补赎,如行哀矜、多祈祷、多克苦等。除此之外,就是教会施行的大赦了。

按照教规,教徒要获得大赦,通常要具备某些条件,如祈祷以及完成由施行大赦的教会当局规定的某些善行。

大赦建立在诸圣相通功的信仰上,根据这种信仰,所有处于与天主共融的人,即处于天主宠爱状态中的人,都可以获得整个教会,特别是圣人圣女们的功劳和祈祷。天主教认为,教会是这些祈祷和功劳的宝库,它积累着耶稣因救赎而带来的无限功劳和历代圣人们的祈祷和善功,凡处于天主宠爱状态的人,以及在炼狱中为暂罚做补赎的人,都可从"教会宝库"中获得相应于他的一份。

大赦的引入传统是出于教会一种对信徒宽容和仁慈的考虑。古老教会曾规定过某些严厉的惩罚,以补赎罪过,如守斋、做各种各样的克苦等等。但是在中世纪出现了滥行大赦的现象,马丁·路德对赎罪卷的抨击便是在这一背景下发生的。为了杜绝这种现象,教会逐渐将施行大赦的权力限制在主教和高级教长的手内。与此同时,教会还废除了用金钱购买大赦特权的规定。但是,将自己获得的大赦转让给他人,特别是已亡故的死者,这一做法在现在依然可行。

## 七 十 字 架

十字架原是历史上罗马帝国处罪犯死刑的一种刑具。由于耶稣基督在罗马总督般雀·比拉多在犹太国为官时被钉在十字架上死去,从而最终完成他降生为人救赎世人的大业,因此被信仰耶稣基督的人视为得救的标志。

在基督徒看来，作为得救标志的十字架既是苦难的象征，也是光荣的预示，因为耶稣基督正是通过十字架，战胜了由罪恶带来的死亡并打开通向复活的道路。在圣经上，效法基督，度基督徒的生活被形容为背十字架。它表明，基督徒必须在世上担负因有限性而带来的种种重负和苦难，并在世界内"死"去，才能够最终走向光荣的复活，分享超性的生命。

天主教会对十字架的敬礼十分古老，在教会初期即已出现。在每年的圣周五，即耶稣受难日，教会都要隆重举行纪念耶稣受难的仪式，其中便包括对十字架的朝拜。对此，几乎所有的天主教神学家都一致认为，对十字架的朝拜只是一种相对朝拜，因为教徒朝拜的并不是作为物质的十字架本身，而是朝拜被钉在十字架上的耶稣基督，十字架只不过是一种让人追忆救赎之爱的物质形象。但托马斯对这种看法则有所保留。他明确地指出，对十字架的朝拜也是一种最高敬礼。托马斯的观点遭到了以贝拉尔芒（Bellarmin）为首的一批神学家的反对。其实，托马斯的思想与他的反对者的思想是十分接近的，因为他们都承认，给予十字架的赞誉实际上针对的是基督本身。正是在这种意义下，对十字架的朝拜才被提高到只以天主为对象的最高敬礼上。

在历史上，十字架的形状曾出现过多种。拉丁十字为纵长十字，这是罗马天主教通用的十字形状。希腊十字为正十字，现有东正教用的正是这种十字。此外还有洛林双十字、马耳他燕尾十字、圣安德烈斜十字、圣安东丁形十字等。作为基督信仰的标志，十字架可树立于教堂上、挂于礼拜场所内，亦可悬于家中。教徒也可以将小十字架挂在胸前，以表示自己的基督徒身份，而在胸前佩戴的大十字架，则是主教职权的象征。

## 八　圣　像

圣像即基督教的崇拜对象和圣人的艺术形象，包括画像、塑像等形式。礼仪中的圣像主要是描绘基督的，但圣母玛利亚以及为数众多的圣人、圣女也常常成为圣像的题材，之所以能如此，按照教会的看法，乃是因为他们的身上彰显着基督的荣耀光彩，他们是《希伯来书》上所说的："众多如云的证人"。

圣像在天主教徒的生活中，既没有在东正教里那样的重要地位，也没有在基督新教里那样的遭受反感，而是介于两者之间。

公元725～842年，基督教历史上曾发生过一场旷日持久的围绕圣像的大争论。主张废除圣像敬礼的人认为，可朽坏的物质并不能与永恒的天主发生任何关联，对圣像的敬礼纯属偶像崇拜，因此必须从教堂或礼拜场所中清除。这种做法受到维护圣像者的坚决反对，因此引发了这场争论。第二次尼西亚公会议对这场争论作出了最终结论，从此使圣像敬礼确定下来。

第二次尼西亚公会议认为，圣像既可以是对道成肉身的一种见证，也可以是一种标志，通过对基督及圣徒的礼仪形象的朝拜，信徒得以表达对救主及其恩典的钦崇之情。经过大争论之后，教会的圣像学开始成熟并走向系统化。它认为，圣像是一种预演末世的象征性表现，在这种预演中，所有的事物都涌现在神圣荣光的背景中。在圣像学的影响下，一种有关圣像的独特的艺术风格出现了。尽管它像世俗艺术那样，在不同的时代和不同的地域有不同的形式，但除了在罗马帝国末期之外，教会一直谨慎地保持圣像的象征性质，即远离现实性的表现方法。通过各种各样的手法，圣像的目的总是引发人去想象世界的末世性变化，从而给信徒的现实生活注入新的活力，去克服世俗带来的各种诱惑。但随着自然主义和印象主义在哥特艺术中获得了统治地位,西方宗教艺术的非神圣化的努力便开始了。这种倾向延至文艺复兴,终于导致了宗教主题的世俗化。巴洛克艺术一度曾欲恢复宗教绘画表达神圣荣光的动机。但在大多数情况下,由于它将圣徒和基督的荣光作异教性神化的理解,也就只能加速基督教题材绘画的世俗化倾向。

教会对圣像的态度是一贯的。教会认为,透过圣像,教徒们将体会到保禄所说的:"现世的苦楚比不上将来的荣耀"。从信仰的角度来说,在教徒的心目中,挂在教堂或住宅内的圣像并不是一种装饰品,而是一种圣洁的写照。在对圣像的注目中,教徒们进入了一种对救恩史的追忆,并进而产生一种末世性的期待,最终使他们对现实的处境,特别是作为罪人的处境有一种清醒的认识,从而萌发悔改之心和修德之意。

## 九　瞻　礼

为纪念天主教历史上和圣经里记载发生的各种重要事件和死难的重要人物,天主教会设有许多节日,教内通常称它们为瞻礼。

天主教的不少节日是为纪念去世后被教会当局加封的"真福"和"圣人"而设的,大多仅为一天。有些节日相对而言比较重要,则要持续若干天。教内重要的节庆活动,信徒基本上都是要参加的。天主教会印刷发行的"瞻礼单"、日历和挂历上,通常都明确注明节日的内容和日期,供神职人员和信徒群众使用时参考。

天主教的节日不是一成不变的,而是教会在长期的历史过程中逐渐形成和固定下来的。有的天主教节日也是基督新教的节日,如耶稣复活节和圣诞节。天主教的节庆活动往往有基本固定的形式,举行节庆的目的是通过追忆、讲道、读经和唱经等活动,重温天主的教诲、圣人的芳表及教会的训导,激励教徒反省自己的过失和过错，履行自己对教会、教友和其他人的职责和义务，做有信德、爱德及望德的教友和爱国守法的公民。

天主教的主要节日有4大瞻礼说，有8大瞻礼说。4大瞻礼指耶稣复活瞻礼、圣神降临瞻礼、圣母升天瞻礼和耶稣圣诞瞻礼。8大瞻礼是指在以上4个瞻礼外再加诸圣瞻礼、圣母无染原罪瞻礼、大圣若瑟瞻礼和耶稣升天瞻礼。

节庆日的时间顺序，4大瞻礼如下。

耶稣复活瞻礼，即平常人们所说的复活节，是纪念耶稣被钉十字架死后第三日复活奥迹的节日，每年春分第一个月圆后的第一个星期日为耶稣复活瞻礼主日。庆祝活动一般持续7天，而且瞻礼前还有隆重的庆祝仪式和活动。

圣神降临瞻礼，也称圣神降临节，是纪念圣神降临的节日，在耶稣复活瞻礼后第50天即耶稣升天瞻礼后第10天庆祝。因此圣神降临瞻礼又称"五旬节"。据新约圣经记载，耶稣复活后第40日升天，第50日天主圣神降临人间，宗徒领受了圣神后开始向世界各地传教。

圣母升天瞻礼，纪念圣母玛利亚肉身和灵魂一同荣召升天的节日，也称圣母升天节，日期为8月15日。敬礼圣母玛利亚一直是天主教的传统。1854年"圣母始胎无玷"被教宗庇护九世定为信条。1950年11月1日教宗庇护十二世颁布通谕，将圣母玛利亚"灵魂连同肉身升天"定为信理，进一步提高了圣母玛利亚在天主教会和信徒灵修生活中的地位。

耶稣圣诞瞻礼，纪念耶稣诞生的节日，也称耶稣圣诞节，日期为12月25日。耶稣诞生的确切时间和日期，圣经并无记载。公元336年罗马的教会开始在12月25日纪念耶稣诞生。5世纪中叶以后，耶稣圣诞瞻礼作为天主教的一个重要节日成为教会的传统。教徒一般都会参加12月24日午夜12时即25日零点在教堂举行的子时弥撒。

以下是另外4个瞻礼日。

大圣若瑟瞻礼，纪念和敬礼耶稣之"养父"、玛利亚的丈夫若瑟的节日，日期为3月19日。据圣经福音书记载，若瑟是一位善良的木匠，玛利亚与他定亲后从圣神受孕。若瑟原想退婚，因遵从天主之意而娶她为妻。东方教会于8世纪始有敬礼若瑟的活动。西方教会到11世纪才开始纪念若瑟。1621年教宗额我略（亦译格列高利）十五世把这一瞻礼推广开来。1870年教宗庇护九世宣布圣若瑟为普世教会的保护者和主保。1955年教宗庇护十二世钦定5月1日为圣若瑟劳工节。

耶稣升天瞻礼，纪念耶稣升天的节日，在耶稣复活瞻礼后第40日举行。根据新约圣经的记载，耶稣是在复活后第40日升天的。这一瞻礼始于公元5世纪，在较早的时候是与耶稣复活瞻礼、圣神降临瞻礼一起庆祝的。

诸圣瞻礼，也称诸圣节、万圣节，纪念"所有在天享荣福的得救诸圣"的节日，日期为11月1日。据称教会早期历史时期，在这一节日只纪念著名的殉道者，而且东西方教会举行纪念活动的日期也不同。如东方的叙利亚教会将它定在耶稣复活瞻礼后的星期五，拜占庭教会则将它定为圣神降临后的第一个星期日。公元5、6世纪西方教会才逐渐接受东方教会的这一节日。公元835年天主教会才规定11月1日为诸圣瞻礼，并一直延续至今。

圣母无染原罪瞻礼，纪念圣母"始胎无玷"的节日，日期为12月8日。天主教教义认为，人人都有"原罪"，唯有圣母玛利亚因天主所赐特别的恩宠而未染"原罪"。东方教会在公元8世纪已有圣母受孕节，西方教会开始过圣母受孕节要晚一个世纪。欧洲中世纪时，天主教一些修会竭力推崇圣母独享"始胎无玷"的特恩。1854年12月8日教宗庇护九世钦定圣母"始胎无玷"为天主教信理，并决定这一天为"始胎无原罪圣母瞻礼"。

# 第二十二章 中国天主教

## 一 天主教在华传教简史

据史料记载，基督教首次传入中国是在唐太宗贞观九年（公元635年），基督教的聂斯托利派教士叙利亚人阿罗本从波斯来到长安译经传教。聂斯托利派传入中国，被称为"景教"，曾盛极一时。会昌五年（公元845年）唐武宗下令废佛，景教也受到牵连，在中国内地消失了400多年。明熹宗天启三年（1623）在西安附近发掘出土《大秦景教流行中国碑》，成为这段史实的物证。

13世纪下半叶，蒙古族统一全国建立元朝，原来流行于蒙古、中亚一带的聂斯托利派在中国内地恢复活动。罗马教廷也派遣传教士方济各会士柏朗嘉宾、孟高维诺先后东来，把罗马天主教带到中国。当时人们把在华的基督教各派统称为"也里可温教"。大德十一年（1307）教廷任命孟高维诺为汗八里（今北京）总主教，并继续派方济各会士来华。当时天主教在今福建泉州、内蒙古五原、新疆霍城、江苏扬州和浙江杭州等地均有活动，信徒约6万人。由于信徒大多是蒙古人和迁居内地的中亚人，在内地居民中没有根基，所以随着元朝政权的倾覆，天主教在中国内地消失。

16世纪，随着新航路的开辟和西方国家殖民事业的开展，天主教的海外传教事业发展起来。嘉靖三十六年（1557）葡萄牙占有澳门,从此澳门成为耶稣会对中国内地传教的基地。天启六年(1626)至崇祯十五年(1642)间,西班牙人入侵中国台湾北部,建立了教会。

从明中叶起,天主教的耶稣会、多明我会、方济各会、巴黎外方传教会相继来华。万历十年(1582)耶稣会士利玛窦来华,逐步深入内地,打开传教局面,使天主教在中国扎下根。他以传播科学知识为媒介,以天主教教义与儒家伦理观念相融合为传教方针进行传教,并撰写了《天主实义》一书。利玛窦成功地发展了徐光启、李之藻等人为第一批中国天主教徒。利玛窦的传教方针为天主教在中国的广泛传播奠定了基础。继利玛窦来华的耶稣会士还有汤若望、南怀仁等人,他们得到朝廷的信任,并参与修订历法,掌管钦天监。宫廷贵族中领洗入教者多达500余人。至明末,全国约有教徒15万余人。明清之际,耶稣会传教士致力于译介西欧经院哲学、神学和圣经以及古希腊哲学家亚里士多德的哲学。

清朝初期,以耶稣会为主体的来华传教士基本上继承了利玛窦的传教方针。汤若望、南怀仁都受到清朝统治者的尊重,先后掌管钦天监。有的传教士被任用为译员、教习等职。还有的传教士主持测量绘制全国地图工作,绘成《皇舆全览图》。传教士们得到康熙帝的信任。当时,传教士除部分人在宫廷供职,大部分人赴各地传教。自康熙三十一年至四十六年(1692~1707)间,天主教在中国有较大的发展。据康熙四十年(1701)的统计,全国13行省共有传教士117人,传教士住院114处,大小教堂250处,教徒人数多达30万。

顺治十五年(1658)罗马教廷在中国推行宗座代牧制,在中国逐渐形成了几个不同的传教权力机构,分别管理各代牧区。由于天主教与中国政治文化的矛盾和冲突,再加上西方殖民主义国家对传教区领导权和势力范围的争夺,酿成长达百年之久的"中国礼仪之争"。康熙帝认为教廷与传教士干预中国内政,在康熙五十九年（1720）禁教。雍正元年（1723）末，礼部奏请在全国禁止天主教获准，除在京为宫廷服务的传教士照旧供职，允许进行宗教活动以外，其余皆勒令回国。禁教命令颁布以后，天主教失去了在中国合法传教的政治条件，使天主教在中国的传播一度受挫。传教士开始秘密潜入内地传教。乾隆十二年（1747）后，清政府多次搜捕进入内地的传教士。据嘉庆十五年（1810）统计，全国天主教徒下降到21.5万人。教会的教务主要由80名国籍教士主持，基层教堂均由上层教徒管理，秘密进入内地的外国传教士仅30名。

鸦片战争以后，中国沦为半封建半殖民地国家，在不平等条约钳制下，清廷被迫取消教禁。中法于1844年签订《黄埔条约》，准许法国人可以在5个通商口岸建造教堂，中国地方官有义务加以保护。外国传教士首次得以凭借不平等条约的支持，在中国传播天主教。清政府在法国的压力下，又于1846年（道光二十六年）宣布天主教解禁，并发还康熙年间所建的天主堂。此后，保护传教士和发还教产问题成为中法交涉的主要问题。1858年（咸丰八年）清政府分别与英、法签订《天津条约》，其中允许基督教传播和信仰自由。1860年中法《北京条约》中，列有赔还教产问题的条款。充当翻译的法国传教士还私自在条约中文文本上添加"并任法国传教士在各省租买田地，建造自便"一句。这两个条约标志着法国在中国取得全面保护天主教的政治特权。来华的天主教传教士全部领取法国护照。1890年（光绪十六年）德国在山东也获得对德国天主教传教士的保护权。

自19世纪60年代起，大批传教士纷纷涌入中国传教，天主教势力在中国迅速发展。到19世纪末，全国已经有代牧区37个，教徒74万。外籍教士有886人，国籍教士有470人。由于历史的原因，使基督教在近代中国的传播烙上帝国主义侵略的深刻印记。据不完全统计，自鸦片战争到清朝灭亡，中国人民反对帝国主义侵略的教案多达 1700 余起。帝国主义列强利用教案进一步侵占中国领土，如 1897 年德国利用山东巨野教案侵占了胶州湾。清政府迫于外国列强的压力，采取扶教抑民政策。1899 年（光绪二十五年）清政府颁布《地方官接待教士章程》，承认主教相当于督抚，副主教、会长相当于司道，一般传教士相当于州县的地位。在民族危机进一步加深的情况下，各地民众反对外国侵略势力和教会的斗争更加高涨，终于发展成 1900 年的义和团运动。清朝灭亡后，中国天主教徒的爱国主义觉悟进一步提高。1916 年天津天主教界爱国人士，为反对法国借口保护天主教堂把老西开地区划进法租界，起而斗争。天主教会在反帝运动中受到严重的打击，一些传教士改变了原来的传教方式，利用在中国取得的巨额赔款兴学、行医、开办慈善事业来扩大社会影响。到 1918 年，全国天主教徒已经达到 196 万人。在五四运动中，津、沪等地区的爱国神父、教徒和教会学校学生提出了改变中国天主教会殖民地体制的要求。马相伯等人主张应由中国主教主持教区教务，反对在修院教育中轻视中国文化的倾向。五四运动以后，中国人民的民族主义情绪日益高涨，罗马教廷为了应付这种局面，采取将天主教"中国化"的措施，于 1922 年派遣刚恒毅宗座驻华代表。并于 1924 年在上海召开全国主教会议，到会的 48 名代牧、监牧中仅有 2 名国籍监牧。会议制定了《中国天主教现行法则》801 条，决定设立全国教务委员会，直属驻华宗座代表公署。1926 年教廷首次任命 6 名中国籍主教。1946 年教廷宣布在中国建立圣统制，全国设立 137 个教区，分属 20 个总主教区，天主教徒 300 余万人。1947 年天主教教务协进会在上海成立，取代了全国教务委员会，由梵蒂冈首任驻华公使黎培里领导，美国玛利诺会主教华理柱任秘书长。

中华人民共和国建立以后，党和政府制定了保护公民宗教信仰自由的政策。1950 年以天主教神父王良佐为首的 500 名教徒发表宣言，倡议中国天主教会割断与帝国主义者的联系，建立自治、自养、自传的新教会。全国掀起"三自爱国运动"。1957年正式成立中国天主教神长和教友的爱国群众团体——中国天主教爱国会。

## 二　中国礼仪之争

中国礼仪之争是中国天主教历史上的重大事件之一。17～18世纪在华传教士在如何对待中国礼仪的问题上发生争论，这场争论反映了基督教教义与中国传统礼仪习俗的矛盾冲突以及各殖民国家对在华传教领导权的争夺。

以利玛窦为代表的耶稣会一直坚持适应中国国情的传教方针，引用儒家经典中关于天、上帝的观念，论证基督教至上神的存在，并允许保留祭祖祀孔等传统礼仪和社会习俗，使传教获得成功。但是在万历三十八年（1610）利玛窦去世后，继任全国耶稣会会长的龙华民首先挑起礼仪之争，使耶稣会士内部产生两派，一派追随利玛窦，一派追随龙华民。他们的主要分歧是：第一，关于天、上帝、天主等译名问题。利玛窦一派认为，这三个名称可以并用，因为古代中国人曾将此解释为天地主宰。龙华民一派认为天是"义理"，或指物质的天，而上帝容易同中国宗教中的神混同，不能代表创造万物的主宰，主张以译音"陡斯"来代表天地主宰。第二，关于祭祖祀孔等中国礼仪问题。利玛窦一派认为儒学只是一种道德伦理学说，因此祭祖祀孔等礼仪并没有宗教意味，基督教徒可以参加。龙华民一派认为祭祖祀孔等中国礼仪与佛道二教崇拜偶像一样，应该禁止基督教徒参加，否则就会违背教规。

1632年起，西班牙控制下的、来自马尼拉的多明我会、方济各会传教士先后到福建传教，打破了葡萄牙控制下耶稣会对中国的垄断。他们对于利玛窦迁就中国礼仪的作法提出异议，认为必须禁止。1645年9月12日由教皇英诺森十世发布通谕,禁止中国教徒参加祭孔和祭祖礼仪。1656年教皇亚历山大七世裁定,准许耶稣会照他们的意见去做。多明我会士闵明我回欧洲后,于1676年在马德里发表了《中华帝国的历史、政治、伦理和宗教》,攻击耶稣会的传教方针,使礼仪之争进一步波及欧洲。对于1645年和1656年两个互相抵触的通谕,教皇克雷芒九世1669年宣布:两个通谕均有效,必须绝对执行。这样,两派抓住通谕中有利自己的方面,各行其是,传教士进一步分化。

教廷传信部于1663年在巴黎成立巴黎外方传教会,从此法国介入海外传教势力的争夺。1680年巴黎外方传教会负责人始任福建宗座代牧。1693年的福建宗座代牧也反对利玛窦的传教方式,向其代牧区的教徒发出七点指示,严禁中国教徒祭祖、祭孔。礼仪之争更加激化。

1700年在华耶稣会士上疏康熙帝,就"祭祖祀孔不具备宗教性质"的立场,寻求支持。他们的观点得到康熙帝的赞赏。1704年11月20日教皇克雷芒十一世发表祭祖祀孔的禁令,次年派遣多罗为教皇特使携带此禁令来华。1706年多罗透露来华禁止中国教徒祭祖祀孔的使命,康熙帝认为,这是中国内部事务,坚持在祭祖祀孔问题上必须遵守利玛窦成规,还颁旨说,凡遵守中国法度的西方传教士可以领内务府准予传教的印票,在中国合法居住,拒绝领票的传教士将被驱逐。同时派耶稣会士艾若瑟等人赴罗马协商。为了阻止传教士领票,多罗南下南京发表公函,要求中国教会无条件执行1704年禁令,否则将被革除教籍。1710年9月25日克雷芒十一世又发布通谕,再次肯定1704年禁令与多罗公函定夺诸事,必须绝对服从。1715年3月19日教皇又发布"自登极之日"通谕,重申1704年禁令。鉴于教廷坚持执行禁令,康熙帝决定禁止天主教在华传教。1742年,教皇本笃十四世又颁布通谕重申克雷芒十一世的禁令,清廷则针锋相对,严禁传教,直至1844年解除禁教令。中国礼仪之争使天主教在华传教事业受到一定损失。1939年，罗马教廷才撤销1742年的禁令。

## 三　百年禁教

清中叶禁教期，从康熙五十六年（1717）下禁教令起，历雍正、乾隆、嘉庆诸朝，至道光二十六年（1846）解除禁教令止，计129年；如果以咸丰八年（1858）准许自由传教为止，则141年。在中国天主教历史上这一时期被称为百年禁教。禁教的原因主要是中国统治阶级认为天主教教义与中国传统伦理道德相冲突。五朝皇帝虽然都下令禁教，但是对天主教的态度和反教的轻重缓急，却有显著的区别。

雍正帝严厉推行禁教命令。各省官员得到禁教命令后，纷纷迎合上意，大肆排斥传教士。西方来华传教士50余人被驱逐，教堂充公，改为庙宇、公廨、书院或仓库。被留在宫廷供职的传教士不过20余名，主要为修订历法，不得再行传教。雍正帝在位期间，曾多次发生排教仇教的教案。

乾隆帝登极后大赦天下，幸存的因入教而被流放的宗室子孙也蒙赦，恢复了宗室地位。乾隆十分喜欢西方传教士的技艺和美术。他在宫中留用了一大批传教士为他服务，对传教士表现得比较友好。但是对于各省禁教问题，乾隆帝出于政治上的考虑，始终没有废除禁令。各地对于天主教的禁绝和镇压愈演愈烈，发生了几起大教案。

乾隆帝采纳官员的建议，命礼部下令禁止八旗信奉天主教，否则处以重刑。乾隆还发布上谕，命令地方官员严加查办秘密传教的天主教士。引起全国对于天主教教士的缉拿，许多主教、传教士和教徒被捕和受到惩处。各省镇压天主教之后，表面上渐趋平静，官方也放松了对教会的镇压，教会又慢慢活动起来。

嘉庆帝继承了前朝诸帝的禁教政策。嘉庆十年（1805），发现了北京和内地各省都有许多传教士在进行秘密传教活动。这使嘉庆帝十分震惊，并感到问题极为严重，遂发动了全国性的搜查和镇压天主教的运动。被查获的天主教经卷以及传教书籍都被销毁。后来嘉庆帝连续发布上谕，重申禁教命令。

道光帝即位后，对于天主教的政策因袭了前朝诸帝的禁教政策，他没有严酷打击天主教。但他在位期间，也出现过几次地区性的镇压天主教事件。1846年，道光帝解除了禁教令。

这段禁教时期被教会史学家称为"中国天主教史上最悲惨的时代"。天主教在中国的传播遭到挫折和打击，变得奄奄一息了。

## 四 鸦片战争后的中国天主教

鸦片战争以后，以1842年（道光二十二年）清政府与英国签订《南京条约》为始，中国被迫与帝国主义列强签订了一系列不平等条约，中国闭关锁国的局面被打破了，中国终于被迫与外界交通。这一局面为天主教在中国的传播创造了有利的条件。

《南京条约》规定清政府须对传教活动予以保护。1843年（道光二十三年）罗马教廷任命法国遣使会传教士孟振生为北京教区主教，从此"保教权"由鸦片战争以前的葡萄牙转入法国殖民势力手中。

美国和法国于1844年（道光二十四年）与清政府分别签订中美《望厦条约》、中法《黄埔条约》，其中包括准许在通商口岸建立教堂一款。1846年（道光二十六年）道光帝颁布谕旨弛禁天主教，并且下令给还教会财产。但是根据此上谕，传教士的活动只限于通商口岸。1858年（咸丰八年）英法联军北上，清政府分别与俄、美、英、法缔结《天津条约》，规定对传教不得禁阻，还应加以保护。1860年（咸丰十年）中法《北京条约》更规定任由传教士在各地传教。其中,"并任法国传教士在各省租买田地,建造自便"一句,在法文文本中是没有的,参加签约的法国巴黎外方传教会传教士艾美擅自把它添加到中文文本中,使天主教会在内地广置产业有了条约根据。上述两个条约还把中国天主教的传教权交给了法国。

鸦片战争后各项不平等条约的签订,使宗教传教受到这些国际条约的保护,传教士不仅可以以合法的身份进入内地传教,租买田地,建堂造屋,而且收回了以前被没收的教会财产。天主教在被查禁一百多年以后终于借助不平等条约重新开始传播。1846年(道光二十六年)正式划分教区,在澳门、北京、南京设立3个主教区;在陕西、山西、山东、湖广、江西、云南、香港等地设立代牧主教区。各教区收回旧堂或建立新堂,成立修道院及各种辅助传教机构。众多的男女修会相继来华设立会院及成立本地修会。到19世纪末,天主教主要修会或外方传教会先后来华的有:耶稣会、奥斯定会、多明我会、方济各会、巴黎外方传教会、遣使会、圣母圣心会、米兰外方传教会、圣言会、圣伯多禄圣保禄修会、圣母小昆仲会;主要女修会有:仁爱会、沙德圣保禄女修会、加诺萨女修会、拯亡会、圣衣会、方济各圣母传教会、多明我女修会等等。到20世纪30年代来华传教的修会近80个,其中男修会达30余个,女修会40余个。这些来华修会传教地点较为固定。来华修会除传教外,还创办医院、学校、孤儿院、留养院。他们办的学校,不仅有培养神职人员的神学院,还有各级普通学校,使非教徒的子弟也可以进入教会学校。

1856年(咸丰六年)在原有的3个主教区和8个代牧区的基础上,又增划了一些新的教区。1865年(同治四年)有22个教区,1936年已经增加到129个教区。关于外籍和国籍传教士的数字也不断增长。1800年(嘉庆五年)有2位主教,4位外籍传教士,16位国籍教士。从19世纪40年代起,外籍传教士和国籍教士也不断增加，到1936年外籍传教士1717人，国籍教士1835人。教徒人数亦日益增长，1800年（嘉庆五年）全国教徒人数20万，1850年（道光三十年）增加到32万，1937年增加到300万。

## 五　教　案

教案就是与基督教和天主教传教有关的案件。明末的南京教案、清初的历狱，以及百年禁教时期的一系列教案属于早期教案。其起因主要是由于天主教教义与中国传统文化存在矛盾与冲突，中国的统治阶级认为会冲击中国固有的伦理道德，对于统治秩序会产生破坏。鸦片战争以后发生教案的原因主要是由于帝国主义国家利用传教活动进行侵略，传教士利用不平等条约进行传教活动，从而激起中国人民对于帝国主义和与之相连的传教活动的反抗。鸦片战争后，帝国主义与清政府签订了一系列不平等条约，其中也写进了保护传教的条款。无论是天主教还是新教传教士，都把中国被迫敞开大门看作是扩展"上帝之王国"的机会，无不支持条约中保护传教的条款，而且常常逼迫本国政府坚持这些特权，在实际活动中还要超越规定。有些传教士，常常违约干预中国内政，侵犯中国主权。他们片面地追求教徒人数，吸引民众信教，这样的教徒往往素质很差，常无端滋事。传教士干预地方政治和司法权力，袒护教民，加深了教徒和平民之间的隔阂与怨恨，常常成为教案引发的原因。此外，传教士借1860年（咸丰十年）中法《北京条约》关于"还堂"规定，在各地妄指庙宇、会馆和民宅为旧置教堂，逼令归还。同时利用擅自添加"在各省租买田地，建造自便"的条文，霸占公产，强买民田，硬立契约，由此引发很多教案。

其次，传统的反教思想在新的历史条件下进一步强化，盲目排外思想常常成为教案引发的原因。有些人不但认为基督教反对祭祖祀孔，违反中国儒家伦理；甚至传说教会男女淫乱，父母子女、兄弟姐妹乱伦，挖眼剖心以制药，等等，并对此深信不疑。这些传说往往成为教案发生的导火索。还有，教会在华开办的育婴事业常常引起教案发生。天主教会办育婴堂，其中一个目的是为了追求付洗入教的人数。有时为了扩大婴儿数字获取国外募款，还勾结中国拐徒收买婴儿。因此，很多育婴堂对所收留婴儿不注意营养和医疗，极为不负责任，婴儿死亡率相当高。民众指责教会残害婴儿，有些人认为教会杀害幼儿，是为了制药等等，有些教案就是由此而引发。

自1856年（咸丰六年）广西西林发生地方当局处死非法潜入的法国传教士马神父案（西林教案）始，至1899年（光绪二十五年）山东肥城教案止，历时40余年，共发生大小教案1500余起，几乎年年、处处都有教案。按其发展过程，大致可以分为三个阶段。

第一阶段从1856年（咸丰六年）西林教案起到1870年（同治九年）天津教案止。中美《望厦条约》和中法《黄埔条约》规定，外国人可以在各个通商口岸建立教堂。但是不准进入内地传教。传教士往往违反条约规定，潜入内地传教。于是，在广西西林、江苏青浦、松江、浙江定海、湖南衡州等地都发生了教案。其中以西林教案影响最大。法国政府以此为借口，与英国联合挑起第二次鸦片战争。结果清政府于1858年（咸丰八年）和1860年（咸丰十年）被迫签订了《天津条约》和《北京条约》。其中规定：外国传教士可以自由深入内地传教；归还教产；传教士可以"在各省租买田地，建造自便"。西林教案开创了列强以武力保护传教以及攫取中国其他权益的先例。此后，传教士纷纷涌向内地，其中一些人凭借保护传教的条款，有恃无恐，横行无忌，进一步激起中国人民的反抗。这一阶段的反教斗争主要是由清朝地方官吏和士绅领导和指挥的，主要矛头针对法国天主教势力。清政府在处理这些案件时，不得不屈服列强的外交压力和武力恫吓，对教案采取高压政策予以镇压，以"惩凶"、赔款结案。

第二阶段从1870年（同治九年）天津教案到1891年（光绪十一年）长江中下游的反教斗争。1870年（同治九年）的天津教案反映出中国人民自发的反帝爱国精神，打击了帝国主义列强的嚣张气焰。清政府认识到教案问题的严重性。为此总理衙门提出《传教节略》，并拟订《传教章程》，于1871年（同治十年）2月递交各国驻京公使征求意见，企图对各国传教士加以约制。列强公使纷纷对"章程"表示反对，英、美措辞较为和缓，法国公使拒绝全部条文，且用词强横，称"章程"为挑衅行为。此后，封建统治阶级的地方官绅开始退出反教斗争，但是城市手工业者和城乡贫苦群众越来越多地投入反教斗争，其中仍有中、小士绅参加、领导反教斗争。全国各地由士绅倡导的反教斗争此起彼伏，接连不断。广东、广西、贵州、云南、台湾、浙江及黑龙江等地都有教案发生。

这一阶段的反教斗争区域不断扩大，教案起因多是由天主教育婴堂收养婴孩和新教在内地买地建堂、扩大据点而引起。斗争对象已由法国天主教更多地转向英、美各派新教。民教冲突比较激烈，参加反教者有士绅、民团。中法战争后，大量下层民众投入反教运动，民间会党成为反教斗争的核心力量。斗争形式从焚堂闹教发展成为大规模的暴动，甚至武装起义。清政府也被迫成为替帝国主义镇压中国人民的凶手。

第三阶段的反教斗争从长江中下游反教斗争到1900年（光绪二十六年）山东义和团运动爆发为止。日益增多的教案使清政府感到问题严重，一方面加强镇压，屡出告示，严禁会党活动和散发匿名揭帖；一方面设法约束教士和教民。薛福成、李鸿章等人上书提出方法制约传教士和教民。如李鸿章于1892年（光绪十八年）提出的《论变通教务》和《酌拟教堂禁约十条》，其内容是：禁教士诋毁儒教；教堂听华官按季查看一次并抚视所收婴孩；教民诉讼，教士不得包庇；教堂只收 12 岁以下幼童；教堂照约由地方官税契，并登记所在地，报明地方存案，停止滥收莠民、拐骗者；教士须约束教民；由教宗派遣大主教驻北直隶与地方官直接商办教务事宜，无须法国照料。但是当时帝国主义列强正致力于瓜分中国，清政府无暇他顾，所以"教堂禁约"无法实施。在民族危机空前严重时，各地反教斗争日益强烈、增多。1894 年（光绪二十年）中日甲午战争以后，中国的战败和清政府的屈辱投降，在全国引起强烈反响。马关条约于 1895（光绪二十一年）年 4 月签订后，5 月在成都街头出现揭贴，对英、法、美帮助日本侵略中国表示愤慨。由对帝国主义的愤怒而引发对传教的愤慨，是教案引发的原因之一。

这一阶段的反教斗争特点是，由于中法战争、中日战争中国战败，中国人民爱国热情进一步高涨，参加反教斗争的人数越来越多，民间秘密会党，如长江流域的哥老会、闽赣的斋会、山东的大刀会、义和拳等等，成为反教斗争的主体，出现了由会党领导的有组织、有计划的武装起义。反教斗争日趋激烈，传教士多有被杀者。清政府则进一步屈服帝国主义列强的压力，与帝国主义妥协。帝国主义利用"会审"大量杀害中国人民。1898 年（光绪二十四年）清政府发布了 3 道上谕保护教会，次年又拟订地方官接待主教与教士事宜 5 条，准许天主教主教的地位与督抚同等，得以平等地位互访与通讯；副主教、会长与司道同等，一般教士与府县同等。由于清政府的软弱妥协，民教矛盾和教案非但没有缓和，反而愈演愈烈。1900 年（光绪二十六年）终于爆发了最大规模的"教案"——义和团运动。

## 六 义和团运动与天主教

义和团运动是 1900 年（光绪二十六年）爆发的以农民为主体的中国人民自发的反帝爱国运动，其中亦掺杂着在官员、士绅和民众中广泛蔓延的盲目排外的不良情绪,以及清廷的诱导和利用。在这场运动中,天主教会遭到重创。

中日甲午战争以后,帝国主义加紧侵夺中国沿海港湾、深入内地掠夺路矿资源,并不断策划瓜分中国。当时朝野民族思想日益高涨,一致反对帝国主义,维护国家独立。但是在如何达到这一目标的途径上,大致分为两派。一派由洋务派和维新派组成,他们共同的主体思想是如何通过变革使中国富强,以抗击帝国主义的侵略。一派是守旧派,他们表现了一种盲目排外的思想,在憎恨帝国主义入侵的同时憎恨随之而来的西方文明,只知攘夷排外,而不思自强。这一派在朝野上下占了大多数。1898 年清政府中的守旧派镇压了救亡图存的戊戌变法运动,并试图以民间秘密结社义和拳的力量抗击帝国主义的侵略。

义和拳是义和团的前身之一,18 世纪下半叶开始活动于山东、直隶等省的民间秘密结社,以练习拳棒为主要活动形式,有的并持符念咒,相信降神附体。19 世纪中叶以后,与属于八卦教系统的大刀会互相渗透,其他民间秘密结社如梅花拳也相继改称义和拳。1899~1900 年(光绪二十五至二十六年),多数民间秘密结社先后采用"义和拳"或"义和团"的旗号,由地区群众性反教会斗争逐渐汇成大规模的义和团运动。1899 年(光绪二十五年)下半年,义和拳等组织逐渐改称义和团。义和团参加者主要是农民、手工业者和其他劳动群众、无业游民。义和团缺乏统一的组织,其基本单位是坛口、坛场和拳厂,以某一城镇或自然村为基点,各自形成独立的拳团单位。各坛之间,互不统属,有事临时相商,以传帖等方式联合行动。义和团等民间秘密结社具有较为严重的盲目排外思想和落后的迷信思想。它们影响了反对帝国主义列强侵略正义斗争的拓展,制约了运动的整体水平。由于西方文明向中国传播是在帝国主义侵略的背景下传播的,所以义和团在憎恨帝国主义侵略的同时,憎恨随之而来的洋教、洋货以及铁路、采矿、轮船、电线等。

他们把天灾人祸和社会危机归之于西方宗教和外国人对中国事物的介入，认为只有扫平洋人，才有风调雨顺和天下太平。他们用以抵抗外来侵略的除了长矛、大刀以外，还有神秘主义的思想、仪式等斗争方式。他们相信"念咒念符"、"烧香磕头，求神附体"，以获得超自然的神力，成为"神拳"并会"刀枪不入"。

山东义和团首先提出"扶清灭洋"的口号，为各地义和团所接受，吸引了更多的群众参加反帝爱国运动。在山东，义和团得到两任山东巡抚李秉衡、毓贤的支持，有较大的发展。北京的许多权贵们认为义和拳为义民，且有神技妙术，不畏枪炮，可以利用义和团抗击帝国主义。王公大臣如端王载漪、庄亲王载勋、刚毅、徐桐、崇绮、英年、启秀等人都很赞同。慈禧太后则犹豫不决。

1900年（光绪二十六年）春，由于山东巡抚袁世凯对于义和团运动的镇压，山东的义和团运动一度陷入低潮。但是在清政府支持下，义和团在华北、东北各省获得迅速发展，京、津一带声势尤其浩大，仅北京城内设坛就多达800余所。各地义和团人数达数十万。他们痛斥帝国主义侵略中国，到处劝人习拳，宣传扶清灭洋思想，散布传教士挖眼剖心，迷拐小孩的传言等等。义和团的活动，引起帝国主义的恐慌，当年4月，英、德、美、法等国公使联合照会清政府，限令在短期内将义和团"剿除净尽"，否则将出兵代剿。5月下旬各国政府进而以"保护使馆"为名，陆续派军队进入京、津。全国局势顿时紧张起来。6月10日，英、法、日、俄、德、美、意、奥八国联军，由天津出发进犯北京，受到义和团的阻击。大沽炮台失陷后，天津义和团和清军开始保卫天津的战斗。清政府经过数次御前会议的激烈争议，慈禧太后支持载漪、刚毅等人利用义和团的主张。清政府下诏对各国宣战，并下令鼓励义和团"御外侮"。这份宣战的上谕一颁布，义和团运动如火上浇油，从北京、天津漫延到辽宁、黑龙江、云南、贵州、河北、山西、四川、湖南、江西各省。

在"扶清灭洋"、"保清灭洋"、"杀洋灭教"等口号下，各地义和团开始焚毁教堂，以及附设的学校、医院和育婴堂均被殃及，全国各地许多主教、神父、教民被屠杀。各处洋教士闻讯之后，纷纷乔装改扮，仓皇出逃。许多教民也外出躲避。在有些地方，教民在传教士的带领下，纷纷聚集起来，组成教堂武装，掘壕筑垒，对义和团进行武装抵抗。在武装冲突中，双方各有死伤。

清政府与各国宣战后，两江总督刘坤一、两湖总督张之洞、两广总督李鸿章都不执行，并派代表与各国领事订立《东南保护约款》，互不侵犯，使东南各省未遭大规模动乱。但是在局部地区还是发生了焚毁教堂、抢掠、杀害教徒的反教事件。

义和团运动使在华的教会势力受到了沉重的打击，京师一带的教会几乎被全部铲平，直隶、山西、山东的教会势力受到致命的打击，蒙古、奉天、吉林、黑龙江、河南的教会势力受到程度不等的打击。全国基督教势力被削弱1/3。据德礼贤《中国天主教传教史》统计，在义和团运动中，天主教被杀的主教5人、外籍教士29人、外籍修女9人，教徒则有2、3万人。

由于八国联军的武装干涉，及清政府的腐败、军事装备的落后和指挥的无能以及对待义和团先纵容、利用后镇压，义和团运动归于失败。无数义和团成员和无辜百姓成为清政府对帝国主义列强屈辱求和的牺牲品。1901年（光绪二十七年）9月7日，清政府在帝国主义列强的逼迫下签订了屈辱的《辛丑条约》，赔款白银4.5亿两。

## 七　中国与罗马教廷的交往史

罗马教廷与中国的交往开始于13世纪初。当时，蒙古族崛起和大力扩张其领土，成吉思汗武功卓著，攻城略地势头迅猛，挥军席卷欧亚大陆。罗马教廷和欧洲的君王们大为震惊，感到深受蒙古人威胁。罗马教宗英诺森四世（1243～1245年在位）为扼止蒙古军队的进攻势头，决定派遣教廷专使东来，与蒙古人修好和传播天主教。

柏朗嘉宾（Giovanni da Piano di Carpine，1182～1252）等3名天主教方济各会士受命出使蒙古汗国。柏朗嘉宾一行于1245年4月由法国里昂出发，历经千难万险，于翌年7月抵达蒙古汗国首都和林。不久他得以觐见定宗贵由并呈递教宗书信。同年11月，柏朗嘉宾携带蒙古大汗给教宗的复信启程返回欧洲。1247年7月，柏朗嘉宾回到里昂向教宗汇报。后来，柏朗嘉宾用拉丁文撰写了《蒙古史》。此次和随后的几次求和之行均收效甚微。

元朝建立后，教宗尼古拉四世于1289年派遣方济各会士孟高维诺（Giovanni da Monte Corvino，1247～1328）向元帝呈送教宗书信和向中国传播天主教。孟高维诺于1294年抵达元大都（今北京），向元帝呈送教宗书信，受到朝廷的礼遇并获准在大都居留和传教。在随后的几年中，他成功地发展了教徒，修建了教堂。教宗克莱门特五世于1307年任命他为首任汗八里总主教和东方宗主教，并增派7位方济各会主教来华协助工作，其中3位成功抵达。后来孟高维诺又成功地在福建泉州设立教区和兴建教堂。

1336年元顺帝派人遣使欧洲，致书罗马教宗，请求教宗派新主教接替已于1328年去世的孟高维诺。元朝使团于1338年抵达教宗驻地法国的阿维尼翁，受到教宗本笃十二世（1334～1342年在位）的接待，并派遣佛罗伦萨人方济各会士马黎诺里（Giovanni da Marignolli）作为教宗专使来华。马黎诺里于1342年率领庞大的使团抵达汗八里，向元顺帝呈交教宗书信和良马等礼物，并视察中国教务。1346年元顺帝赠厚礼遣归使团。马黎诺里于1353年回到阿维尼翁向教宗复命，后撰写《波希米亚史》记述出使东方的经历。

　　元朝末年，横跨欧亚大陆的元帝国纷乱迭起，东西方交通的"丝绸之路"被阻断，罗马教廷与元朝的联系中断，天主教在中国中原地区也随之消失了。

　　葡萄牙人发现印度新航线后，罗马天主教会各传教组织开始尝试从海路派遣传教士来东方传教。由于西班牙和葡萄牙最早开始航海远征和海外扩张，成为海上霸主。1515年罗马教宗利奥十世（1513～1521年在位）批准葡萄牙垄断东方传教权。1534年教宗保禄三世（1534～1549年在位）再次下令允许葡萄牙国王享有在东方的"保教权"。于是试图来华传教的天主教传教士均以葡萄牙控制的澳门为进入中国的门户。耶稣会士罗明坚于1580年进入肇庆。其他修会如方济各会、多明我会、奥斯定会也有传教士进入浙江、福建和广州等地，但都因中国官方所禁，不能久居。只有耶稣会士利玛窦于1582年抵澳门学习汉语后转赴肇庆，后北上，经南京抵北京并获准定居和开始传教。从此，天主教得以真正在中国传播。

　　1644年明朝灭亡后，在湖广一带建立的南明永历政权中，受洗入教的皇太后、皇后和皇太子希望通过外援恢复明朝江山，在华的耶稣会传教士则认为挽救明朝即可保住在华的传教成果并最终使中国归奉天主教，于是耶稣会士卜弥格（Michael Boym，1612～1659）作为南明皇太后的特使于1650年出使欧洲求援。他抵达罗马后向教宗亚历山大七世呈交了皇太后的信函并得到教宗的回信，在归途中于1659年在广西和安南的交界处去世。

　　清朝初年，在华的传教士之间爆发了旷日持久的"中国礼仪"之争。由于对立的两派都多次要求罗马教宗和清朝皇帝表态，使历任教宗和康熙、雍正等皇帝都介入争论，甚至在教宗和皇帝之间发生了间接的冲突，并导致天主教在华被屡次"禁教"。鸦片战争后,天主教的"保教权"从葡萄牙转入法国手中。而传教士们在到达中国后从事传教活动时,又分别受到各自国家政府依照领事裁判权的保护。在各种不平等条约的保护下,天主教得以公开、迅速地恢复传教。一些品行恶劣的传教士和教徒藉着殖民主义的特权,强买强占土地、包揽诉讼、横行乡里,在各地与官绅士民发生冲突,激起多次"教案"。由于天主教在华传教事业的初创时期是漫长的和充满曲折、反复的,天主教徒人数始终只占中国人口的极小比例,加之上述种种矛盾冲突,以及法国政府的从中作梗,所以罗马教廷与中国政府建立外交关系的问题一直未被提到议事日程上来。

19世纪末,教廷和清廷开始作建立外交关系的尝试,双方的共同目标是破除法国对所有外国传教会的保教权。1881年,米兰外方传教会的安西满(Volonteri)主教通过教廷传信部上书教宗利奥十三世,建议教廷直接与清廷建立外交关系。此意见虽被采纳,但因法国政府的反对而未能实现。1885年,教宗利奥十三世派遣私人特使瑞良(Abbe Giulianelli)自罗马来到中国向清廷呈递国书,表达教宗对光绪帝的敬意并提请保护传教士。1886年李鸿章代表清廷向罗马教廷建议互派使节,教宗欣然接纳此建议并委任阿里亚莱里(Agliareli)总主教为外交使节,但由于法国政府的强烈反对而被迫搁置。1895年,安西满主教再次上书教宗,希望在中国的天主教组织能直接依赖教宗委派的宗座代表,而不是依靠法国的保护。1898年教宗利奥十三世试图向中国派遣宗座特使,又受到法国阻挠。

民国时期,中国外长陆徵祥于1918年曾与罗马教廷接触,双方同意建立外交关系,梵蒂冈还正式向外界宣布了这一消息。然而这次努力仍因同样原因而失败。直至1922年,在时任驻瑞士公使陆徵祥的积极配合下,教廷终于得以派遣宗座特使刚恒毅(Celso Costantini,1876~1958)来到中国。但宗座特使的来华受到多方面的反对,其中除老反对派外,还包含中国人民反对殖民主义的呼声。

1928年8月1日，教宗庇护十一世发表"八一通电"，承认成立不久的国民党南京政府。1929年1月22日，刚恒毅前往南京祝贺，受到蒋介石接见。1933年刚恒毅因病辞职回国，意大利人蔡宁（Mario Zanin）继任驻华宗座代表，1934年3月到任。

正当罗马教廷与中国的关系稳步发展之际，日本帝国主义扶植的伪满洲国于1934年得到罗马教廷的实际承认，罗马教廷还把被日本侵占的东北从中国传教区中划出，成立单独的东北传教区，同时任命吉林教区主教、巴黎外方传教会的高德惠（Augustin Gaspais）为驻"满洲国"的宗座代表。日本侵华战争全面爆发后，1938年9月10日，庇护十一世在梵蒂冈接见伪满洲国特使。

庇护十二世于1939年3月13日接见专程前来参加前一天的加冕典礼的中国政府特使顾维钧时，没有按照中国特使以及广大中国教徒所希望的那样，明确谴责日本的侵华暴行。次日，即1939年3月14日，第二任驻华宗座代表蔡宁主教发布牧函，要求中国天主教人士面对日本侵略者保持超然态度，"不偏右，不偏左"。罗马教廷和教宗代表对日本侵华的暧昧态度激起国民政府和中国教会内外爱国人士的不满。中国官方和民间一直致力于促使罗马教廷与中国建交以便孤立日本，但都未奏效。1942年3月，罗马教廷不顾同盟国的规劝和反对，与日本建立了外交关系。此后于同年，梵蒂冈罗马教廷与中华民国政府才终于建立了正式的外交关系。1943年7月，国民党政府任命谢寿康为中国驻教廷第一任公使。但罗马教廷并未同时派遣教廷驻华公使，蔡宁主教继续作为宗座代表留任，并未被教廷任命为驻华公使，致使教廷公使一职长期空缺。直至抗日战争胜利后的1946年年初，田耕莘主教在罗马接受枢机任命和祝圣后回国任职，教廷将中国传教区改为中国主教区，天主教圣统制在中国建立。7月，宗座代表蔡宁辞职回国。同年底，第一任教廷驻华公使摩纳哥籍意大利人黎培里（Antonio Riberi，1897~1967）总主教来华就任。至此，中国和梵蒂冈教廷之间总算建立了完全的外交关系。

1946年谢寿康离任。由天主教徒学者吴经熊接任中国驻教廷公使并于1947年初到任。1949年6月第二任中国驻梵蒂冈公使吴经熊离任赴美，继任者为曾留学和驻节意大利及教廷的朱英，其职衔为驻教廷"公使馆代办"。

1949年新中国成立后，罗马教廷拒不承认中国新政府。黎培里虽滞留中国大陆，但无意与中国政府联系，相反地却操纵中国天主教会反对新政权。1950年，中国天主教界掀起了反帝爱国运动，天主教界爱国人士强烈要求政府驱逐帝国主义分子黎培里。1951年9月黎培里被中国政府以"摩纳哥侨民"的身份驱逐出境。1952年，梵蒂冈与台湾当局接续上"外交关系"，黎培里从滞留地香港赴台湾就任。从此，梵蒂冈与中国大陆互相隔绝，同时与中国之一省的台湾当局保持着所谓"外交关系"。

## 八　天主教典籍的汉译

天主教在明末传入中国时，遇到的第一个困难便是语言问题。中文和拉丁文之间的差异非常之大，无论西方传教士学习中文还是中国人学习拉丁文，都是十分困难和需要假以时日之事。但是为开展传教工作，迫切需要尽快将天主教典籍和信仰、礼仪用书介绍给中国人。以利玛窦为代表的耶稣会传教士从一开始就十分重视天主教典籍的中文翻译事业，并开展了卓有成效的工作。于是，教宗保禄五世在1615年批准在中国采用中文举行全部礼仪。

但是尽管教宗给予特许，中文礼仪书并没有立即出现。原因是在西方传教士来到中国后不久，在不同的传教组织和传教修会的传教士之间就爆发了如何对待中国尊孔祭祖的传统和采用何种传教方法的争论，并很快把教宗、传教修会首脑和中国皇帝、朝廷官员、士大夫也卷入其中。这场争论史称"中国礼仪之争"。教廷对中国礼仪之争的态度和立场，起初十分暧昧，未有定论，后长期反复无常，引起思想混乱，使得在华传教士无所适从。因此，中国礼仪之争使得中国教会使用中文礼仪的进程起步维艰。

迟至1670年，在中国的耶稣会士利类思把1570年订立的《罗马弥撒经书》全部翻译为中文，即《中文弥撒经书》，在北京出版，不久之后停用。这是因为受中国礼仪之争的影响，也是因为大部分传教士不愿意多用时间学习中文和中国修士已逐渐掌握了拉丁文之故。但利类思的心血并没有白费，其中大部分经文都收集在中国教会民间用的祈祷书中，如《圣教祷文》、《圣教日课》、《周年瞻礼经》等等。1674年出版了中文的《司铎课典》（日课）。1675年出版了《圣事礼典》。直到1939年12月才由教宗庇护十二世宣布解除对中国礼仪的禁令。

中国改革开放之初，刚刚恢复活动的中国教会依然沿用拉丁礼仪。随着改革开放的深化，20世纪60年代召开的第二届梵蒂冈大公会议（简称"梵二会议"）关于对天主教会实行改革开放的精神也传到中国教会，于是礼仪改革被提到中国教会议事日程上来。但是礼仪改革在中国教会中经历了一个漫长的摸索过程。

起初，国内一些地方的天主教会先后开始采用中文举行弥撒和施行圣事。至于礼仪本身，中国教会则仍遵循1570年教宗庇护五世在特兰托大公会议上制订的礼仪程序。直至1989年，上海佘山修院开始在修院设置礼仪课程，系统地培训修生们了解和掌握普世天主教会普遍采用的梵二会议后的礼仪。从此，中国教会开始有了用中文举行梵二会议后革新了的礼仪。在后来的几年中，其他地方的少数教堂也开始不同程度地采用革新礼仪。1992年，第五届中国天主教代表会议通过决议，允许各教区可以视情况推行中文礼仪。以这一年为转折点，革新的礼仪迅速地遍及各地教会。但是为满足一些信徒群众的需要，很多教堂仍保留拉丁文礼仪，新旧礼仪交替的时代将持续很长时间。

中国教会痛感推行中文礼仪的最大困难是中文天主教典籍和礼仪用书的匮乏。于是中国教会于1992年委托上海教区着手编辑和出版中文弥撒经书，并由佘山修院负责具体实施。在这本中文礼仪用书的编撰过程中，北京、河北、山东、福建等教区都有神职人员参与其事。编写人员不仅对比1975年拉丁文版的罗马弥撒经书，还参考了海外华人教会出版的多种中文天主教礼仪用书和中文弥撒录像带，其中包括由台、港、澳教会礼仪委员会共同审定的、香港教会礼仪委员会于1992年出版的中文《现代弥撒图解》。

尽管天主教自16世纪末传入中国至今已有400多年的历史，但是天主教会使用的中文圣经全译本的出版却是本世纪的事情。早在明朝末年，传教士阳玛诺曾将新约《四福音书》中的许多经文译成中文，并于1636年编纂刻印了《圣经直解》。1642年他又在北京刻印刊行《天主圣教十诫真诠》。此后又有一些传教士如白日昇、贺清泰等人编译或摘译的圣经主要部分或新约部分出版发行。20世纪上半叶，一些中国天主教徒和神职人员也做过圣经的翻译工作，如1949年出版过吴经熊翻译的《新经全书》。经过多年努力，天主教思高圣经学会于1958年出齐白话文圣经《旧约》，至1961年出齐圣经《新约》。思高圣经学会后来又于1968年出版《圣经新旧约全书》，它是由长期在香港工作的意大利籍传教士阿莱格拉（Allegra）和一些华人学者合作完成的。国内教会信徒读者是最近一些年才接触到圣经全译本的，他们过去大多是根据《要理问答》、《古经大略》和《新经》等书籍了解和认识圣经的。现在中国天主教会一般采用的中文《圣经》，是经中国天主教主教团核准于1992年印刷出版的天主教思高圣经学会翻译的1968年版中文《圣经》。

## 九 中国天主教神职人员的本地化

神职人员的本地化是天主教本地化的重要方面，而主教的本地化则是神职人员本地化的关键。总的来说，天主教从明朝万历年间传入我国以来至本世纪50年代初，一直为外国传教士所控制，我国的神长教友长期处于无权地位。清初中国籍神父仍屈指可数，直到鸦片战争后，情况才有所改变。

第一位担任主教的中国人是福建省福安人罗文藻。罗文藻16岁入教，顺治十一年（1654）被任命为神父，1674年由罗马教廷任命为主教。但是由于多明我会菲律宾传教省会长嘉德郎（Antonius Calderon）的百般阻挠和激烈反对，多明我会一直拒绝为罗文藻举行祝圣仪式。直至11年后的1685年，罗文藻才由意大利方济各会主教伊大任祝圣，成为第一位中国籍主教，也是1926年之前近350年的天主教在华传教历史中唯一的一位中国籍主教。

据美国基督教学者赖德烈和中国天主教学者徐宗泽统计，1885年在中国从事传教活动的外国主教是35人，外国神父是453人，中国神父只有273人。1919～1920年外籍教士为1417人，中国教士已经达到963人。但却没有一位中国主教。

20世纪20年代，中国民族主义高涨之际，在罗马教廷的鼓励和驻华宗座代表刚恒毅的直接推动下，又出现了任命中国籍主教的契机。1926年10月，庇护十一世在罗马亲自为刚恒毅陪同前来的6名中国新主教举行祝圣礼。从此中国天主教会才开始不间断地有了中国籍主教。1936年中国籍教士发展到1835人，外籍教士为2717人。1946年虽然罗马教廷在中国建立了天主教圣统制，但中国天主教会仍隶属教廷传信部管辖。是年，中国划分为20个教省,由20位总主教主持。他们之中17位为外籍教士,仅有3位中国籍总主教。当时所设立的主教区共有137个,其中110多个主教区的主教为外籍教士。1948年中国有主教区139个,而中国籍主教仅有14人。显而易见,中国的天主教会依然控制在外国传教士手中。1949年新中国成立后,外籍传教士或主动撤离大陆,或因从事反对新中国的活动被中国政府驱逐出境,一些中国籍主教也离开大陆,造成近140个教区中,大部分教区出现主教空缺的局面。

1949~1955年,罗马教廷陆续委任了18位中国籍主教,使国籍主教总人数达到30余位,但实际留在国内的只有约20位主教,全国大部分教区没有了主教。直到1958年中国天主教会开始自选自圣主教填补主教职位空缺,才真正由中国籍主教领导中国天主教会各教区的教务。至"文化大革命"前,中国天主教会自选自圣了50余位主教。

1979年12月21日,傅铁山在北京宣武门南堂被祝圣为北京教区主教。从此,中国天主教会又恢复自选自圣主教。改革开放以来至今,自选自圣的主教约有40位。从1958年开始自选自圣至今,自选自圣的主教共有90余位。

## 十 中国天主教的反帝爱国运动

19世纪中叶鸦片战争后,西方传教士依靠不平等条约的保护卷土重来,开始迅速传教。从此,西方天主教在华的传教事业就带上了浓重的殖民主义色彩。外籍教士把持中国天主教会的各种权力,教会内中国籍的神职人员长期处于无权的地位。一些品行不端、信仰不纯正的外国传教士和教徒依仗治外法权以及教会的势力,欺压官绅士民、横行乡里,多次激发冲突和酿成教案。在中国人民的革命斗争进程中,罗马教廷始终站在对立的立场上,承认伪满洲国,禁止中国天主教徒抵抗日本侵略者,支持蒋介石政府打内战,反对中国人民的解放事业。1949年解放后,教会当局继续站在反动立场上,采取各种手段反对中国新政权。在反动的教会当局的操纵下,中国天主教会不仅依然保持着半封建状态和旧时代的"洋教"面貌,而且又有了蜕变成新社会中的一支反动的政治势力的危险。在事关中国教会生死存亡的危急关头,中国天主教会中的有识之士掀起了反帝爱国运动,努力清除中国教会内的帝国主义势力,把中国教会从背离纯正信仰的歧途引回到真正符合宗教精神的正确道路上。

1950年11月29日,四川省广元县王良佐神父率先发表《三自爱国革新宣言》,主张与帝国主义割断各方面的关系,建立自治、自养、自传的教会。三自革新主张得到天主教界人士的广泛响应,天主教反帝爱国运动迅速扩展到全国各地。

与此同时,企图继续操纵中国天主教会反对新政权的罗马教廷及其在华的代理人黎培里(Antonio Riberi)等人不仅反对教友与政府合作,更反对教会的三自爱国运动。1951年9月8日,中华人民共和国政府将黎培里作为"摩纳哥侨民"永远驱逐出境。

针对中国政局的重大变化和中国教会的新处境,1952年1月18日,教宗庇护十二世发表公函《开端,我们切愿声明》(即《勖勉中国被难教胞》),把中国的状况比作早期教会的教难,谴责中国政府驱逐外国传教士。1954年10月7日,庇护十二世颁布《致中华人民》通谕,谴责中国政府干涉信仰自由,鼓励与政府对立的教徒,继续谴责三自革新运动和以革除教籍威胁参加反帝爱国运动的教徒。国内少数顽固坚持反动立场的神职人员和教徒在教宗庇护十二世通谕的鼓励下,继续以各种手段与新政府对抗。但散布各地的披着天主教团体外衣的各种反动组织很快陆续瓦解。

1953年,唐山、广州、郑州、南京等城市开始成立天主教爱国团体。至1956年年初，全国各地的天主教爱国团体已多达200个左右。1957年6月17日至8月2日，中国天主教友第一次代表会议在北京举行。会议决定正式成立中国天主教友爱国会（1962年改名为中国天主教爱国会），同时通过了《中国天主教友爱国会章程》。关于和梵蒂冈教廷的关系，会议通过的《中国天主教友代表会议决议》声明："为了祖国的利益，为了教会的前途，中国天主教会必须彻底改变旧中国时代帝国主义带给我们教会的殖民地半殖民地状态，实行独立自主，由中国神长教友自己来办，在不违反祖国利益和独立尊严的前提下同梵蒂冈教廷保持纯宗教的关系，在当信当行的教义教规上服从教宗。但必须彻底割断政治上、经济上和梵蒂冈教廷的关系，坚决反对梵蒂冈教廷利用宗教干涉我国内政、侵犯我国主权、破坏我们正义的反帝爱国运动的任何阴谋活动"。中国天主教友爱国会的成立和独立自主、自办教会方针的确立，对中国天主教会的存在与发展具有深远的意义和重大的影响。

在大多数教区出现主教空缺的情况下，为满足信徒宗教生活的需要和社会的稳定，以新主教填补空缺成为当务之急。

1957年12月16日，成都教区李熙亭神父被选为主教。这是国内自选主教的先声。1958年3月，汉口和武昌两个教区分别选举董光清、袁文华神父为主教候选人，并发电报呈报罗马教廷请求批准。教廷传信部很快分别复电，不批准两位候选人为主教，声明主教必须由教宗自由任命，否则"祝圣者及受祝圣者双方均受到极端保留于圣座的自科开除教籍之罚"。为了我国教会的生存与发展，中国天主教会不得不选择自选自圣主教的道路。1958年4月13日，董光清、袁文华在汉口天主教总堂祝圣为主教。同年6月29日，教宗庇护十二世颁布《宗徒之长》（即《致中国教会》）通谕，谴责中国政府的宗教政策和中国天主教爱国会，声明任命主教的权力归教宗所有，不合法的祝圣者和受祝圣者均受极端保留于宗座的自科开除教籍之罚。

但是中国天主教会为了自身建设的需要，坚持独立自主自办教会的原则，继续自选自圣主教。至60年代中期，中国大陆境内大部分教区都有了自己的主教。

中国天主教人士开展的反帝爱国运动，使中国天主教会避免了被罗马教廷和一些反共的外籍传教士以及中国神职人员中的反动分子拖入反革命泥潭从而蒙受教难的命运，及时地挽救了中国教会。中国天主教会从此走上了爱国爱教、独立自主、自办教会、自选自圣主教的道路。

在造成十年浩劫的所谓"文化大革命"当中，包括中国天主教在内的所有中国宗教都被迫停止了宗教活动。中国天主教的神职人员和教徒与全国人民一样，经受了很多磨难。

改革开放以来，宪法中宗教信仰自由的原则开始得到落实，中国天主教会独立自办的路线无论在理论层面还是在实践层面都有了新的发展。目前，中国天主教会的绝大多数主教都已经得到罗马教宗的承认，这一事实无疑大大增强了中国天主教会在天主教法理层面上的国际和国内威望。中国天主教爱国会和中国天主教主教团对独立自办路线作出了权威性的理论阐述："独立自办教会是指在政治、经济、教会事务和管理方面而言，决不是指当信当行的教规教义。中国天主教会在信仰上同世界各国天主教会是一致的，同属一个信仰，同行一个洗礼，都忠于至一、至圣、至公、从宗徒传下来的圣而公教会。中国的主教、神父、教友群众与世界各国的主教、神父、教友们一样，天天在弥撒和祈祷中为教宗祈祷"（《中国天主教独立自主自办教会教育教材》，第135~136页，中国天主教爱国会、中国天主教主教团编，北京，宗教文化出版社，2002）。

# 基督教
## 基础知识

# 第二十三章 基督新教的产生及其发展

## 一 "基督教"的界说

"基督教"一词在大陆中国学术界使用上有广义和狭义之分。从广义上说，基督教即英语中的Christianity，该词包括信奉耶稣基督为救主的所有各教派，主要由三大宗派组成，即正教（Orthodoxy）、罗马公教（Catholicism）和新教（Protestantism）；从狭义上说则专指新教。

Protestant原意为抗议者，此词用在新教中原意为"抗罗宗"，即指对罗马教廷持抗逆信仰的基督徒群体。由于历史上的原因，长期以来华人都习惯将新教称为基督教或耶稣教，很少有人称新教，特别是信徒从来不称自己的教派为新教。而罗马公教则习惯称为天主教，正教称东正教。

今天港台学者为了解决这种称谓上的问题，将广义基督教改称"基督宗教"，"基督教"一词则成了新教的专称，这种区分在大陆学者中尚未达成共识。本书中所用的"基督教"一词虽总体上是指新教而言，但在具体使用时并不严格，尤其在论及1054年以前的基督教时更是如此。

广义基督教，或者说基督宗教的三大宗派是逐渐形成的。在1054年之前没有教派区分，只有地域的区分，原属东罗马帝国区域内受希腊文化传统影响的教会，称为东部教会；原属西罗马帝国区域的受拉丁文化传统影响的教会则称西部教会。东部教会是以东罗马帝国的首都君士坦丁堡（现今土耳其的伊斯坦布尔）为中心；西部教会是以罗马为中心。东、西两教会长期以来因政治、文化等方面原因在神学思想等各方面产生了越来越大的分歧，特别是罗马主教与君士坦丁堡牧首双方经常为争夺教会最高权力而剑拔弩张，最终导致双方于1054年的决裂。他们都将对方开除教籍。东部教会认为自己才是最正统的，因此自称为"正教"。西部教会则认为自己才是真正具有普世性，因此自称"公教"。至于基督新教的形成就更晚了，它是16世纪马丁·路德宗教改革之后的产物。

　　基督宗教三大宗派虽然有许多不同之点，但由于"本是同根生"，因此也有许多共性，如都信奉耶稣基督为救主，都相信三位一体的上帝等教义，只是对某些教义的解释和理解上不尽相同。三大宗派都以《旧约》和《新约》所组成的《圣经》为其经典，只是在《旧约圣经》的卷目、章节上有些差异。基督新教在进行宗教改革时将东正教和天主教收入的某些属于"次经"的部分删除。在圣礼方面基督新教继承了传统的两大圣礼，即洗礼和圣餐，而删除了天主教和东正教至今仍保留的其他五项圣礼，即坚振、告解、终傅、神品和婚配。在教制方面三派差别较大：东正教是牧首制；天主教是教皇制；基督新教则是多元体制，常见的有长老制、公理制和主教制。此外这三派还有其他方面的异同，如对神职人员独身的要求各派并不相同，天主教的神父不能结婚，基督新教的牧师则可以结婚，而东正教的情况较为复杂，其主教不能结婚，而神父则视情况而定，教区神父可以结婚，修会神父则不能结婚等。不管这三派有多大的差别，它们之间都有着千丝万缕的联系，其根源完全相同。

## 二 宗教改革的历史背景

要谈基督新教,就必须首先谈宗教改革运动,因为基督新教最早是从16世纪马丁·路德发起的宗教改革运动中形成的。宗教改革运动是指16、17世纪在西欧国家中以宗教改革为旗帜的教会革新运动。中世纪的西欧,罗马天主教一统天下,而宗教改革运动打破了这种局面,其目标直指以教皇为首的罗马天主教会(旧教)。这一运动的意义远超过宗教本身,实际上已发展成一场深刻的社会意识形态的变革运动,在某种程度上具有欧洲资产阶级反封建制度的性质,可以视为资产阶级革命的先声。

宗教改革运动之所以会发生在16世纪的欧洲,与当时西欧的政治、经济、文化状况有着密切关系。

欧洲从14世纪开始商品经济发展,这主要得益于在此之前进行的近二百年十字军东征(1096~1291)。虽然十字军东征以失败告终,并给参战的西欧各国人民及东方国家带来了深重的灾难,但对欧洲封建主义的解体无疑有着重要作用。到16世纪时,意大利北部的城市和阿尔卑斯山、莱茵河沿岸的一些重要商道的城市空前繁荣。随着欧洲商品经济的发展,新兴市民阶级的力量兴起,他们要求有统一的国内市场和强大的政府作为自己对外贸易竞争时的坚强后盾,由此民族意识、国家主义日益觉醒。在他们的支持下一些国家的王权得到空前的巩固和发展,英国、法国和西班牙都在这一阶段发展成中央集权的君主国家,他们强化了对本国天主教会的控制,使之国教化。与此同时,罗马教廷日益衰败。这不仅表现在罗马教廷被法国王室控制长达70年(1305~1377)、天主教会经历了40年的大分裂(1378~1417)时期,也表现在文艺复兴时期教宗们的腐败达到了教会史上之最的程度。这些都引起了新兴市民阶层的强烈不满，为人们要求摆脱罗马教廷的控制奠定了基础。

与此同时，14世纪开始的文艺复兴运动对教会构成了巨大的冲击。文艺复兴最大的特点是高举了人本主义思想。人本主义者在"复兴古代文化"的旗帜下，强调人的智慧和力量，主张恢复人的自然本性，推崇人的尊严，提出"人为万物的尺度"，这些都对中世纪教会所宣传的蒙昧主义、神本主义、禁欲主义、封建等级等构成了巨大的冲击。不仅如此，不少人文主义者对教会的腐败进行了无情的鞭挞，要求世俗政权抵制教权的干预，并清除教会的各种弊端，提倡追求真理和怀疑精神，这些都对宗教改革提供了思想武器。

宗教改革运动虽然一般以1517年马丁·路德贴出《九十五条论纲》为起始点，但宗教改革的渊源则可追溯到更早的年代。实际上，基督教从创立以来，教会内部始终有不同的声音，尤其是教会上层腐败时，就会自下而上地形成各种抵制运动。这些运动大体上可分为两类：一是建立新的修会。一些洁身自好的修士为抵制教会腐败，在修院实施各种较为温和的改革，如提倡禁欲、托钵行乞、严格修院会规等，这种改革对教皇的统治并不构成威胁，实际上还是助力，中世纪的本笃会、克吕尼派、多明我会、方济各会等的兴起都属这种性质。二是平信徒或中下层神职人员发起的较为激进的反教会腐败运动。此类运动往往矛头直指教会上层，常被教会定为异端而受镇压，如12、13世纪出现在法国的韦尔多派和阿尔比派。他们都猛烈抨击教会的腐败，否定教皇的至高权威，为此受到教会的镇压。这类运动可以视为宗教改革运动的先声。

对16世纪的宗教改革有着直接影响的两位先驱人物是英国的威克里夫和捷克的胡斯。

威克里夫是14世纪英国牛津大学神学教授，也是位神职人员。他一贯支持英王有任命英国主教之权，反对罗马教廷插手英国的教会事务及向英国征收赋税；为反对教会的腐败，提出教会不得收取什一税，神职人员不得拥有财产，肯定世俗政权剥夺神职人员财产的合法性；主张简化宗教仪式，提倡用母语（英语）取代拉丁语礼仪；反对偶像及圣物等的崇拜，反对神职人员有赦罪权等。威克里夫特别强调《圣经》有最高的权威，从而组织并参加将拉丁语圣经译为英语的工作。他的主张得到英王和许多市民百姓的支持。一批中下层神职人员也都追随他。他们组成了"劳拉派"，以使徒式的贫困为榜样，反对教会拥有财产，被人们称为"穷神父"。其中有些人进一步发展了威克里夫的思想，要求社会平等和财产平等，甚至为此而积极投身于农民战争。1381年英国农民起义失败，劳拉派受镇压，威克里夫也被禁止公开活动，直到1384年去世。威克里夫一生中多次遭到教皇和坎特伯雷大主教的谴责，被他们视为异端，只是由于英王和伦敦市民和牛津大学师生的保护才幸免于难。但在他死后30多年，即1428年，却被康斯坦茨宗教会议定为异端，遭到挖坟焚尸的处罚。尽管如此，他的思想却在欧洲大陆得到了传播和发扬。

威克里夫的思想于15世纪传入欧洲大陆。波希米亚（捷克）布拉格大学校长胡斯深受其影响。胡斯也主张《圣经》有最高的权威，认为神职人员无任何特权，教会应属于全体信徒，而不只属于教士，由此他提出平信徒与神职人员应享有同等的权利。中世纪罗马天主教会领圣体（即圣餐）时，只准神职人员有权同时领饼和酒（饼代表耶稣的体，酒代表耶稣的血），而普通信徒只能领饼，而无权领酒。胡斯反对这样的做法，认为这反映了神职人员享有特权，由此他提出平信徒应与神职人员有同样的"饼酒同领"之权。他还提倡教会内使用民族语言，建立捷克人自己的教会，并将《圣经》译成捷克文。当教廷在捷克出售赎罪券时，遭到胡斯的坚决反对，认为此举在《圣经》中找不到根据。

胡斯的主张得到广大市民和中小贵族的支持，但却遭到教皇及教会上层的反对。1410年他被教廷革除教籍,以后又被迫离开布拉格。1414年,胡斯被诱骗出席康斯坦茨会议而被捕。翌年,他被定为异端处以火刑。胡斯的去世,引起了波西米亚人民对罗马教廷的反抗,由此爆发了胡斯战争(1419~1434),但起义因内部分裂而最终失败,其中的温和派——圣杯派与教皇妥协,较为激进的另一派——塔波尔派被镇压。但胡斯的思想却对整个欧洲产生了深刻的影响,为宗教改革奠定了基础。

## 三 宗教改革的基本内容

16世纪的宗教改革首先从德国发起,其导火线是教皇强制发行赎罪券,遭到德国教士马丁·路德的质疑。为此教廷对路德进行制裁,迫使路德与教廷决裂并提出了一套宗教改革思想。路德的行动和思想得到德国人民的支持,很快形成了一场轰轰烈烈的宗教改革运动,不久这一运动席卷西欧各国。

宗教改革运动在西欧各国的表现不完全相同,如德国有路德式的、闵采尔式的,瑞士有慈温利式的、加尔文式的,英国有亨利八世式的等。但不管哪种形式,就总体而言,宗教改革最基本的方面是:①高举《圣经》的绝对权威反对罗马教皇、教廷和教会的权威。中世纪教皇的权威一度曾达到登峰造极的地步,随着文艺复兴运动的兴起和发展,这种情况虽有所改观,但教皇的权威仍然十分显赫。罗马天主教一贯强调圣传,也就是天主教教会的传统,包括各种公会议决议和教皇的通谕等。而宗教改革家只突出《圣经》的绝对权威;②反对天主教强调属灵等级(神职人员)高于属世等级(平信徒),强调人人为祭司,每个信徒都有权直接与上帝交通并领受其恩典,无须神职人员为中介,从而强调平信徒与神职人员的平等地位,认为每个信徒都有读经和解经的权利,反对天主教会一贯主张的惟有神职人员才有权读经和解经;③提倡建立民族教会。宗教改革反映了新兴市民阶级的利益,从商业经济利益出发,市民阶级本能地支持本国政府,希望用王权来抑止教权,建立国家教会,即宗教置于世俗政权的管辖下。这种情况在路德宗和英国国教会中较为明显;④要求简化礼仪,建立廉价教会,将原来天主教的七件圣事改为两件。罗马天主教会的七件圣事是洗礼、圣体(圣餐)、坚振、告解、婚配、神品、终傅。在宗教改革家看来,只有洗礼和圣餐有《圣经》依据,其他五项均无《圣经》根据,不能视为圣事。对圣徒及圣物的崇拜也无《圣经》依据,属偶像崇拜之列,应予以清除。宗教改革家还对罗马天主教会众多的宗教节日加以清除,只保留少数几个,其中最为重要的宗教节日是圣诞节和复活节;⑤反对神职人员独身制。罗马天主教要求神职人员独身,这与教会提倡禁欲主义等有关。宗教改革家认为要求神职人员独身在《圣经》中完全找不到根据,而且早期教会也是允许神职人员结婚的;⑥宗教改革家普遍强调"因信称义"和"预定论"神学。对这两条的理解与罗马天主教会有较大的差别。

在宗教改革期间,各不同地区和国家的改革的激烈程度和内容也有所不相同。比较而言,英国国教会是各改革派中变革最少的。亨利八世的改革只是用国王的地位取代了教皇的地位而已。在他之后因清教徒的影响,虽然国教会也有相应的改革,但仍比不上其他改革派。宗教改革较为彻底的是加尔文系统的改革宗各派。路德宗则介于两者之间。当时还有一些小教派,如再洗礼派,其改革的实施常伴有暴力,甚至还与农民起义相结合,可谓相当激进,因此他们受到统治阶级的镇压。

## 四 马丁·路德的宗教改革

### 1. 路德的宗教改革

16世纪欧洲的宗教改革运动首先发生在德国。这与德国当时的政治经济状况有着密切的关系。15世纪中叶以后，英、法、西班牙等国商品经济有很大的发展，民族国家意识增强，逐渐形成了强大的中央集权国家。但德国却与之相反。德国名义上为神圣罗马帝国，长期以来卷入皇权与教权之争。在这场斗争中，德意志皇帝的力量大为削弱，无力统一德国，因此直到16世纪，德国仍处于诸侯割据的四分五裂状态，严重地影响了国内统一市场的形成和工商业的发展，因此德国经济远落后于其他主要国家。全国人口中农民占80%，而且大多数是依附农甚至是农奴，生活十分贫困。由于德意志皇帝实际权力很弱，教廷利用德国人民的虔诚性，巧立名目，每年从德国榨取大量钱财，使德国成了"教皇的奶牛"，这进一步加深了德国人民的苦难。15世纪末，由于连续13年的灾荒，农民走投无路，陆续揭竿而起，但因力量悬殊，均以失败告终。在现世找不到出路的人们只能将希望寄托于来生，德国人民怀着深沉的负罪感，认为这正显明神的审判将临，因此对宗教十分虔诚。德国上下充斥着巫术和神秘主义等强烈的宗教气氛。但罗马教会许多做法不仅没有满足德国人民的灵性需求，还因教会的腐败而加剧了德国的社会危机和矛盾。这种危机在马丁·路德发起宗教改革之时已处于一触即发的地步。

马丁·路德（1483~1546）出身于由农民转成的小铁矿主家庭，父母均是虔诚的天主教徒。在家庭影响下，路德从小便对宗教十分虔诚。在经历了好友去世以及本人险被雷电击死等事件后，他进入奥斯定会当修士，1507年被授予神职，此后又入大学深造，接触到一批人文主义者。路德在其修院院长的影响下，对奥古斯丁深有研究，对《圣经·罗马书》中保罗提到的"因信称义"尤有独到的解释。他认为，人得救不在于善功，而在于信心，惟有信靠基督，坚信他代人受过，担当了人的罪，并将他的义归于有罪的人身上，人因信基督而得救。1512年路德取得了神学博士学位，此后便在维登堡大学教授圣经，其神学思想日趋成熟。

1517年，罗马教廷以修缮圣彼得大教堂为名，派人到德国兜售赎罪券，鼓吹只要买了此券，人的灵魂就能直接上天堂。对此路德很不赞同，于是写了《九十五条论纲》，并于11月1日张贴在维登堡教堂的大门上，驳斥赎罪券的效能。他指出，赎罪券完全没有圣经依据，人悔罪是发自内心的，决不在于外在的形式；只要人悔罪信主其罪就得赦免，完全不需要赎罪券。由于德国当时备受教廷盘剥，民怨颇深，路德的"论纲"道出了德国人民的心声，于是不胫而走，两个星期内传遍整个德国，一个月内传遍欧洲，并被译成多国文字。

路德的这一行动沉重地打击了罗马教廷赎罪券的销路，为此教皇十分恼怒，指使下属给这位惹是生非的教士一些教训。路德被迫出席各类针对他的辩论会，并最终公开表明了对胡斯的支持，反对公会议对胡斯的迫害。教皇以此为由，于1520年6月定路德为异端。此举并没有使路德退缩，相反更坚定了他要求改革的决心。1520年8~10月间他先后写了著名的宗教改革三大论著：《致德意志贵族公开信》、《论教会的巴比伦之囚》、《论基督徒的自由》，系统地阐述了他的神学思想。在《致德意志贵族公开信》中，他高举《圣经》的绝对权威反对教皇的权威，提出了人人皆可为祭司的思想，由此推倒了罗马教廷所设置的三堵护墙：属灵等级（神职人员）高于世俗等级（普通信徒），惟有教皇有权解释《圣经》，除教皇外，任何人都无权召开教会的公会议。路德指出神职人员与信徒只有分工的不同，没有等级的差别，反对罗马教会神职人员高居信徒之上，自认为是上帝与人的中介从而垄断圣经的解释权和召开宗教会议的种种特权；他倡导王权高于教权，建立国家教会，进而提出了一系列的改革措施，包括神职的任命，要求废除教会法规定的各种苛繁刑罚，德国教会应由德国总主教管辖，提出废除神职人员独身制，允许教士结婚；减少宗教节日，禁止包括托钵修会在内的乞讨行为，封闭妓院，改革大学神学教育等。《论教会的巴比伦之囚》一文讨论的是有关教会的圣事，指出罗马教会通过圣事活动篡夺了"中保"和"施恩者"的地位。在他看来，圣事的惟一价值在于为上帝的应许作见证，圣事使信仰坚定。他认为以圣经为标准，圣事只有两件，即洗礼和圣餐，而不是罗马教会所规定的七件。在他看来其他五件（坚振、告解、婚配、神品、终傅）在圣经里均不具有圣事地位。在《论基督徒的自由》中，他提出了惟"因信称义"的主张，认为基督徒因着信与基督建立了新的个人关系，从而使人与上帝有了正当的关系，基督徒凭信心和爱心就能获得自由，福音的本质是凭借信仰而达到罪得赦免。正是由于"因信称义"，基督徒是自由的，不再受善功律的支配，由此反对罗马教会对信徒的种种束缚及善功得救论；这些论述为其后的整个宗教改革奠定了思想基础。

教皇强烈谴责路德的这些论著，接二连三地发布"斥马丁·路德谕"，将路德定为异端。路德均一一进行了回击，并写了《敌基督的谕令应予反击》，针锋相对地指责教皇是异端分子，教廷已沦为敌基督的中心。1520年12月路德当众焚烧了教皇斥责他的通谕，正式与之决裂。此后教皇宣布革除其教籍。1521年教皇指使德皇查理五世在沃尔姆斯召开帝国会议，反对宗教改革，并传讯路德到会。路德在撒克逊选侯腓特烈等诸侯支持下，在会上坚持己见，拒不让步。会议一结束，德皇下令逮捕路德，但在选侯的保护下，路德被安全地转移至瓦德堡隐居。在此期间，他整理了一批著作，为其后的路德宗神学思想奠定了基础。与此同时，他还积极从事《新约圣经》的德文翻译工作。该德文版《圣经》译本"大体上确定了标志着未来德国文学特点的语言形态"，对德国语言的统一和德国民族宗教生活的发展都有着极其重要的贡献。

1522年维登堡出现了一批思想激进的宗教改革家，特别是有一批受到神父托马斯·闵采尔影响的再洗礼派的"先知",声称直接领受圣灵的感召,反对婴儿受洗,预言人人平等的千年王国即将来到。在他们的影响下,加之随后的圣像破坏运动,使该地的宗教改革运动逐渐走向极端,为此路德重返故里,连续讲道八天,反对使用暴力进行改革,最终清除了再洗礼派在维登堡的势力。

再洗礼派最重要的观点是否认婴儿受洗的有效性,主张为具有自由意志的成人再次施洗。德国再洗礼派重要领导人托马斯·闵采尔神父最初是受路德思想影响而投身于宗教改革运动的,但不久便提出了与路德不同的主张。他认为《圣经》并非是惟一的启示,每个人都可以通过圣灵直接领受上帝的道,神的国不只是在彼岸世界,在现实世界也可实现,基督徒的使命是在现世建立财产公有、完全平等的上帝之国。这种思想对促进1524~1525年的德国农民战争的爆发有十分重大的影响。这场战争最终以农民失败而告终,闵采尔本人被捕,遭严刑拷打后被处死。对这次农民起义,路德自始至终持反对态度。最初,他劝说起义农民放弃暴力,而后他便直接呼吁诸侯对他们严加镇压。通过这场战争,路德不再将宗教改革的希望寄予广大民众,而是完全依靠世俗诸侯了。

## 2. 路德宗(信义宗)的确立和传播

路德宗(又称信义宗,因提倡惟因信称义而得名)在德国的确立经过了几次反复。在农民战争的影响下,德国诸侯对宗教改革分化为两种态度:一些人害怕宗教改革影响其统治地位,由此反对改革,坚持罗马教会的立场;另一些人则为了限制教皇和德皇的控制,支持宗教改革。在1529年帝国会议上,因坚持旧教(天主教)的诸侯占统治地位,于是重申沃尔姆斯会议的禁止改教令,并将路德改革定为异端,为此支持路德的诸侯们对帝国会议提出抗议,这些人被称为"抗议宗"或

"抗罗宗"（Protestants），此称谓以后便成为基督新教的代名词。

　　1530年德皇查理五世为尽快解决国内争端，以对付再洗礼派的叛乱和土耳其人的威胁，在奥格斯堡召开了帝国会议。会上，路德派诸侯递交了由路德及其密友梅兰西顿起草的《奥格斯堡信纲》，重申了路德的"因信称义"思想，并指出必须对罗马教会的种种弊端实施改革，但遭到了教廷强硬派和德皇的拒绝，双方斗争再次激化。此后路德派诸侯结成施马尔卡登联盟；天主教诸侯结成了士瓦本联盟。在其后的斗争中新教诸侯势力日盛。1550年查理五世颁布了《血腥诏令》，对新教进行镇压，恢复了天主教的神权统治。皇帝的权势引起了诸侯们的普遍不安，一些原支持天主教的诸侯倒戈。1552年，新教诸侯在法国的帮助下打败了查理五世。1555年，双方缔结了《奥格斯堡和约》。根据这一和约，德皇承认了路德派的合法地位，并确定了"教随国定"的原则，即根据诸侯们的信仰决定其封地臣民的信仰。从此新教路德宗在德国得到了确立。新旧教在德国的势力基本上旗鼓相当，7名选侯中有3人是路德宗的，其他是天主教徒。新教势力主要分布在德国的北部和东北部；天主教势力主要集中在南部和西南部。这种格局影响至今。

　　路德宗在北欧各国也得到了发展。丹麦、瑞典、挪威三国早在1397年成立卡尔马联盟以来，名义上都属丹麦国王的统治。宗教改革运动开始时，开明的丹麦国王克里斯蒂安二世为限制罗马教会在本国的权力，便支持路德的宗教改革，但因强大的保守势力的反对，被迫于1523年退位。继位的腓特烈一世内心也支持路德的宗教改革。1524年路德派传教士汉斯·陶生去丹麦传教，得到了国王的保护。腓特烈一世设法于1527年通过立法，宣布允许路德派自由传教。1530年哥本哈根国民议会宣布路德派新教在丹麦获得胜利，并制定了路德派信条《哥本哈根四十三条》。1533年腓特烈一世去世，新旧教贵族为王位继承人问题斗争激烈。1536年支持改革的腓特烈之子克里斯丁三世终于继位，为巩固王权、打击罗马教会的势力，他正式接受路德宗为国教，国王为该教会最高首领。由于挪威和冰岛当时均属丹麦管辖，因此也以路德宗为国教。瑞典虽于1523年便摆脱了丹麦统治成为独立国家，但其国王古斯塔夫也接受并推行路德的宗教改革，1527年古斯塔夫要求议会通过决议，由国王任命主教，其后又进一步推行一系列的改革。在瑞典的带动下，当时属于瑞典王国一部分的芬兰也进行了路德宗的改革。1560年古斯塔夫去世后，瑞典局势有反复，罗马教会势力一度恢复，直到1593年，路德宗在瑞典的国教地位才真正确立，正式采纳《奥格斯堡信纲》为瑞典教会的《信经》。

## 五 加尔文的宗教改革

### 1. 慈温利和瑞士的宗教改革

16世纪初，瑞士由13个州组成松散的联邦。苏黎世、日内瓦、巴塞尔等地均处交通要道，商业和手工业相当发达，市议会、市政厅及各行业公会均由上层市民控制。这些地区的人们都深受人文主义的影响，尤其是巴塞尔是该国人文主义基地，对梵蒂冈教权均持批判态度，强烈反对教皇干预瑞士事务，抨击教会腐化，否认教皇有赦罪权，抵制修道院占有大片土地。这种环境使百姓较容易接受宗教改革思想影响。慈温利正是在这种人文主义环境中成长的一位神职人员。

慈温利出身于农民家庭，曾在巴塞尔、维也纳求学，深受人文主义影响。1516年任神父，要求净化教会。1518年他积极响应路德的号召，抵制赎罪券，在苏黎世议会的支持下，迫使教皇召回在瑞士兜售赎罪券的修士。慈温利的爱国主义思想和博学多才深受苏黎世人民的爱戴，被选为苏黎世大教堂的"民众教士"。

1520年慈温利进而带领苏黎世民众反对修道院制度、教士独身制、什一税制度，并提议禁止外国政府包括教皇向瑞士招募雇佣兵。1523年慈温利发表了系统阐述其宗教改革主张的《六十七条》，强调圣经的权威，否定教皇和教会的特权，提出惟有基督才是教会的元首；肯定世俗政府的权力，主张基督徒应服从政府。他还否认炼狱，提倡神职人员结婚，强调廉洁教会，简化礼仪，较之路德更突出理性，更带有人文主义色彩。他认为上帝的选召是救恩先于信仰，由此提出"预定论"思想，强调信仰不是一种理论，而是内心与上帝的合一，是个人心灵完善的一种途径，由此他反对罗马教会对信徒的种种束缚，并否定善功得救、圣徒代祷、弥撒的献祭性、炼狱说，强调得救全凭信心。对圣餐的解释，他也是从人文主义立场出发，强调圣餐的纪念意义，即纪念耶稣为人类受难，由此联合全体信徒共同表达对上帝的忠诚。

慈温利的主张得到了苏黎世市民和议会的支持，并由他领导瑞士东北各州进行改革，群众焚烧教堂内的圣像，捣毁了修道院，大批修士修女还俗。苏黎世议会没收了教产，削减了不少宗教节日，只保留其中的四个。而后又成立了政教合一的枢密院，慈温利成为其实际领导。1525年全州停止了弥撒礼，改为圣餐礼，废除了主教制，规定罗马天主教徒不得任公职。这场改革很快扩展至伯尔尼、巴塞尔、圣加伦等地。

慈温利的改革并未能与路德联合起来，主要是两人因对圣餐的看法有严重分歧，最终导致分道扬镳。他在瑞士的改革也未能完全推行，遭到五个罗马教会势力强大的保守州的顽强抵制。这些州组成了五州反异端联盟。1531年慈温利在抗击五州联军的战斗中壮烈牺牲。从此瑞士的宗教改革重心转移到日内瓦。

## 2. 加尔文其人和日内瓦的宗教改革

继承并发扬路德和慈温利宗教改革精神最杰出的宗教改革家是法国的加尔文。

让·加尔文出身于法国一个律师家庭,青年时在巴黎学习法律,而后在法兰西斯学院学习希腊语和希伯来语,结识了一批人文主义学者。1530 年前后,加尔文深受宗教改革派的影响,并于 1532~1534 年间经历了一次"突如其来的转变",感到上帝通过圣经对他讲话,上帝的意志必须服从。由于法国当时旧教势力占优势,加尔文也因此而遭受迫害,为此于 1535 年逃往当时新教势力占优势的巴塞尔。1536 年发表了他的宗教改革名著《基督教原理》,系统阐述了他的神学思想。此书后经多次修改,最后的版本于 1559 年出版,内容已增加为初版的五倍。从这些修改中可以看出加尔文的神学思想日趋成熟,但他的基本思想已于 1536 年形成。

加尔文有许多观点与路德类同,也主张《圣经》的绝对权威,反对教皇的权威,提倡因信称义,简化礼仪等,但他比路德更强调律法是基督徒生活的指导准则。路德往往只注重福音的重要性,而不大强调律法,有时甚至将福音与律法相对立。而加尔文则不同,在他看来,律法虽不是得救的途径,但却是上帝的启示,是社会秩序和法律的基础。他还特别发展了慈温利的"预定论"思想,认为人得救与否完全由上帝决定。上帝在万世之前已决定谁是"选民",谁是"弃民",惟有选民才能得救。只是慈温利从人文主义出发相信上帝有绝对的自由,他也可能拣选教会外的人成为其选民;而加尔文则认为"教会外无救恩",惟有教会内的人才有可能成为选民。加尔文认为,虽然人们无法得知谁是上帝的选民,因为这是奥秘,但如果一个人一贯地恪守道德、勤奋劳动、事业有成,那就是上帝选民的标志。加尔文反对中世纪教会将贫困视为美德的做法,认为财富并非罪恶，一个人通过勤奋劳动获得的财富是蒙上帝之恩的标志。这种思想为个人奋斗、资本主义原始积累和扩大再生产提供了神学依据。正因如此，韦伯在《新教伦理与资本主义精神》中认为资本主义的发展与新教，尤其是加尔文宗的新教伦理有直接的关系。

加尔文于1536年应法国宗教改革家法雷尔的邀请来到日内瓦，帮助建立新教教会，但一度受挫，于1538年遭驱逐。1541年他再度应邀来日内瓦，在此后的23年中，他在该地成功地实现了他的改革理想，废除了主教制，设立了长老制，将日内瓦建成了在道德规范上十分严厉的政教合一的神权共和国。加尔文认为基督是教会惟一的元首，下有长老、牧师、教师、执事等各司其职。长老在加尔文教会体制中占重要的地位，是由平信徒民主选举产生的。长老们组成长老会，其职责是关注人们的道德纪律，维持社会秩序；牧师负责信徒的牧导工作，讲解圣经，每周召开一次堂会讨论教会事务及审定牧师候选人等。各堂区的牧师组成中央牧师团。教会最高的权力机构是长老会。长老会和牧师团共同组成长老法庭。

加尔文在日内瓦十分重视宗教教育，教师是各学校的首领，同时负责日内瓦市民的宗教训练。执事则是负责协助牧师和长老工作的，从事救济和医药等慈善事业。

为了使日内瓦成为模范城市，加尔文对市民的衣着、跳舞等都有严格限制。那些"违背了基督教道德"的人面临的不是当众认罪，便是受到拘留。加尔文还运用长老法庭来严禁天主教和再洗礼派这类"异端"活动。异端分子一经发现，便会或遭驱逐，或被处死。西班牙著名生理学家塞尔维特因反对三位一体说等受罗马教会追捕，在逃经日内瓦时却被加尔文定罪，并于1553年10月被长老法庭处以火刑，给新教历史留下了污点。

在加尔文掌管日内瓦宗教改革的23年间，日内瓦成为欧洲宗教改革的中心。大批新教徒来到日内瓦，有些是因在本国受迫害逃来的，有些则为取经专程而来。当他们离开时，都将加尔文的思想带回各地。1559 年，加尔文创办了日内瓦学院，用重金聘请西欧著名学者前往讲学，使日内瓦成为培养加尔文宗传道人员的中心。加尔文还派出大批毕业生前往法国、尼德兰、苏格兰、英格兰、德国、意大利等国积极宣传加尔文思想。当时的日内瓦真的成了"新教的罗马"。

### 3. 加尔文宗对欧洲的影响

有人称加尔文为"惟一的国际改革家"，这话很有道理。加尔文的宗教改革对欧洲的影响在某种程度上超过了路德。这可以从国家和地区的分布来看：苏格兰长老会、尼德兰的改革宗、法国的胡格诺派、英国的清教徒均属于加尔文宗或受加尔文宗教思想影响而形成的派别。实际上后来从清教徒中产生的公理会和浸礼会等一些教派的神学思想都不同程度地继承了加尔文的思想传统。

苏格兰宗教改革的结果是确立了长老会为国教，这直接来自加尔文的影响。苏格兰的宗教改革经历了多次反复。最有名的宗教改革家是约翰·诺克斯，因遭受迫害于 1554 年逃往日内瓦，在那里受到热烈欢迎。他热心追随加尔文，致力于《圣经》的英译工作。他的日内瓦译本得到苏格兰清教徒的高度重视。1555 年，诺克斯一度返回苏格兰从事宗教改革活动，因时机未成熟，数月后又回日内瓦在英国难民中任牧师。1559 年 2 月，诺克斯重返苏格兰。1560 年苏格兰改革派控制了国会，采纳了由诺克斯起草的加尔文主义的《苏格兰信仰纲要》作为王国的信经。不久，国会废除了教皇的管辖权，禁止举行弥撒礼。1560 年 12 月召开了苏格兰长老宗第一届总会。次年 1 月国会通过《教会管理法》，试图推行加尔文制定的长老制。1564 年总会批准了诺克斯的《公用仪式书》。新教长老宗最终牢固地在苏格兰确立。

加尔文思想对法国的影响也极大，法国的宗教改革派胡格诺派（又译雨格诺派）就是加尔文宗。宗教改革之初，法王对改革的态度摇摆不定。1534年改革派在一些城市墙上贴满了攻击天主教的海报。同年10月这类海报甚至贴到国王寝宫的大门上，国王认为这对自己的统治构成了威胁，于是下令镇压改革派。国王的镇压并没能阻止宗教改革运动的发展，加尔文逃往瑞士后仍不断派人进入法国，宣传其主张，特别是他的《基督教原理》一书深受法国宗教改革派的欢迎。在法国南部贵族的支持下，法国宗教改革派发展迅速。1560年以后，这些人被称为胡格诺派（意为"结盟者"）。1562年一位天主教贵族的武装人员在瓦西镇袭击了正在礼拜的新教徒，造成瓦西惨案，此后30多年（1562~1598）新、旧教双方发生了一系列战争，有大小战役10次。其中尤以1572年8月24日圣巴托罗缪节的惨案最有名。那夜胡格诺派遭偷袭，被杀死2000多人，史称"圣巴托罗缪惨案"。1598年支持改革派的亨利四世成为法国国王，为争取巴黎等地区天主教信徒的支持，颁布了《南特敕令》，规定天主教为法国国教，允许新教徒信仰自由、在政治上享有平等权利，由此结束了战争。1610年亨利四世被一位狂热的天主教徒刺杀。《南特敕令》遭到教皇和天主教会的反对。1685年法王路易十四废除此令，新教徒遭受迫害，许多人逃往北美、尼德兰、英国等地，加强了那里的新教加尔文宗力量。

尼德兰宗教改革最终确立的也是加尔文派的改革宗。宗教改革在欧洲发起不久，路德、慈温利、加尔文的思想就传入尼德兰。由于加尔文的思想最能代表新兴资产阶级利益，因此最受尼德兰北方几个商业发达的行省新兴资产阶级和新贵族的欢迎。1534~1535年，尼德兰再洗礼派在闵斯特爆发起义，遭到查理五世的残酷镇压。1536年，该派在门诺的改造下，成为和平主义教团。1540年，西班牙的查理五世及其继承者腓力二世强化专制统治，加强对尼德兰的控制，并加剧了对新教徒的迫害。1550年查理五世发布血腥诏令，对异端分子，包括其同情者在内，进行镇压。1555年腓力二世继承王位后对异端的镇压更是变本加厉。在这种高压下，许多新教徒高举加尔文宗的旗帜，进行反抗。1564年腓力二世再次命令尼德兰总督镇压异端，致使大批新教徒外逃，尼德兰工商业一片萧条。1565年尼德兰新教贵族组成了"贵族同盟"，要求废除"血腥诏令"，停止宗教裁判所的活动，撤退西班牙驻军，召开三级会议。大批加尔文派信徒投入了反西班牙侵略者的斗争中。1566年8月在尼德兰中部弗兰德斯爆发了加尔文派领导的大规模的圣像破坏运动，运动席卷了12省。1567年腓力二世派西班牙军队前来镇压，从此尼德兰开始了为时40年的资产阶级革命。北方几省的加尔文派信徒在奥兰治亲王威廉的领导下进行了浴血战斗，最终赶走了侵略者。1581年尼德兰北方各省正式成立了联省共和国。1609年，西班牙国王不得不与之缔结休战协定，事实上承认了尼德兰共和国的地位（荷兰的前身）。这是欧洲建立的第一个资产阶级共和国，以加尔文宗（改革宗）为其国教。

英国的宗教改革中所形成的清教徒也是加尔文宗信徒。这些人在英国受迫害后于17世纪大批移民美国，将加尔文宗思想带到了美国。美国的立国精神就是加尔文宗的清教精神，并影响至今。

回顾历史，可以看出加尔文对欧洲及北美的影响之巨大。

## 六　英国的宗教改革

### 1. 亨利八世及其宗教改革

英国的宗教改革运动完全由君主一手发起和操纵。英国虽然在14世纪时就有威克里夫等宗教改革的先驱出现，但以后随着王权力量的强大，英王对教会有着很强的控制力，英国的教会在宗教改革时期实际上已成为国家教会，罗马教廷的影响力不大。正因如此，马丁·路德发起宗教改革时，当时的英王亨利八世完全以罗马教会的卫道士面貌出现，对受路德影响而要求改革的人士加以迫害，不少新教徒只能逃往国外。

促使亨利八世实施改革的直接导火线是其婚姻问题。1527年亨利八世为了达到与宫廷女官安尼·博林结婚的目的，要与其原配凯瑟琳解除婚约，要求教皇准许。凯瑟琳是西班牙国王的姑妈，教皇不敢得罪西班牙，因此不准。亨利八世便利用国内民众反对教廷控制英国的民族情绪，决心与教皇决裂。1529年，亨利八世将罗马教廷驻英特使沃尔西担任的约克主教之职免去，其后又借故对英国天主教神职人员罚以巨款，并规定不经英王许可，英国神职人员不得向罗马教廷交纳第一年的俸金，并取消了教会的司法权。1533年亨利委任亲信克兰默为坎特伯雷大主教。克氏为他解除了与凯瑟琳的婚约，批准了与安尼的婚姻。教皇为此十分恼火，扬言要开除亨利的教籍。1534年英国国会通过了《至尊法案》，正式承认英王为"英国教会在世惟一最高元首"，国王有权召开宗教会议，将原上交教皇的贡金均上交国王，英国国教会由此正式诞生。

由于英国宗教改革完全是自上而下动作的，因此很不彻底，除了教会最高领袖由教皇换成了英王外，其余基本不变，连教会的体制也仍然保留罗马教会的主教制形式，礼仪及教义也没有多少变动。此后，亨利八世又承认了"因信称义"，否定天主教的炼狱说。1536年，在亨利八世的授意下，国会通过法案没收修道院财产。为此教皇宣布绝罚亨利，但这对亨利毫无影响。

## 2. 英国国教会（圣公宗或安立甘宗）的最后确立

1547年，亨利八世去世，年仅9岁的爱德华六世继位。摄政的是其同情新教徒的舅父萨墨塞特公爵。在他摄政期间大量流亡海外的新教徒返回英格兰。1548年英国国教会吸收了部分路德宗思想,编写了《公祷书》,而后又作了修改,去除了不少天主教礼仪。1553年爱德华批准了《四十二条信纲》作为国教会的基本信条。不久爱德华去世,继位的是玛丽女王。她支持恢复天主教,对新教徒进行迫害。在她治下,被处以火刑的新教徒达300人之多,在狱中瘐毙者更是不计其数。

1558年,这位"血腥的玛丽"去世,伊利莎白一世继位。她继承其父亨利八世的做法,切断了与罗马教皇的关系,并于1559年恢复了英国国教会,由她亲任国教会首领。为了争取国内众多的天主教徒支持,她设法调和新教徒与天主教徒的关系,自称是国教会的"最高管理者",不再使用引起天主教徒反感的"最高元首"一词。在她授意下坎特伯雷大主教根据路德的《奥格斯堡信纲》精神,并注意保留天主教的一些礼仪,修订了《公祷书》。此书成为英国国教会(也称圣公会,或安立甘宗)祈祷时的法定经文。1567年,国教会吸收了路德的"因信称义"及加尔文的"预定论"思想,将《四十二条信纲》修定为《三十九条信纲》。此信纲沿用至今,成为英国国教会官方教义。它的出现也标志着英国国教会安立甘宗的最后确立。

伊利莎白一世的改革遭到教皇的敌视,1570年教皇将其开除教籍,解除臣民对她的效忠,但这一切为时太晚。此后教皇又派人密谋暗杀女王,但未遂。不久,他又鼓动西班牙,派无敌舰队大举进攻英国。1588年英国击败西班牙,彻底粉碎了教廷对英国的颠覆活动。伊利莎白在强化英国国教会的同时,还积极支持苏格兰的宗教改革,帮助加尔文宗改革派战胜了前来镇压他们的法国军队,保证了苏格兰长老会最终成为苏格兰的国教。

### 3. 清教徒、公理会和浸礼会的产生

16世纪下半叶,英国资产阶级力量日益强大,对王权控制

教会的局面愈来愈不满。从16世纪60年代起，英国出现了一批否定国教会原则的"不从国教者"。他们积极宣传加尔文的"预定论"，自认为是上帝的选民，提出要"纯洁"教会，认为英国国教会中从教会体制到礼仪、教义各方面保留的天主教成分太多，改革太不彻底，为此他们提出要清除一切不符合《圣经》的天主教礼仪，包括废除主教制，并用加尔文的思想和道德标准来规范国教会，反对奢侈享受，提倡克勤克俭。由此在英国发起了一场新的改革运动，称为清教运动。推进这一运动的信徒被称为清教徒。

在如何对待国教会的问题上，清教徒内部并不统一。其中的温和派不主张与国教会分离，他们希望在国教会内部实施改革，如在堂区采用长老制体制等。而一些较为激进的清教徒对国教会失去信心，他们从一开始便主张与国教会分离，另建一个真正以《圣经》为基础的教会，这些人被称为分离派或独立派。

16世纪七八十年代，当时的坎特伯雷大主教格林德尔是位清教徒的同情者，在他的支持下，清教徒人数大增。大多数伦敦新教徒市民及下议院的议员们都成了清教徒，英格兰南部及东部的国教会出现了一批类似"长老会"的教区。这些事情引起了女王伊利莎白的担忧，于是她解除了格林德尔的职务，并禁止清教徒集会和出版有关书籍。这种做法引起了清教徒的反感，认为国教会违背了上帝的意志，促使一批清教徒温和派也加入了分离派的行列。其中公理会创始人罗伯特·勃朗正是这样的清教徒。

勃朗最初是温和的长老派清教徒，16世纪70年代接受了分离派的主张，为此多次入狱。1581年，他在诺里奇建立了第一个不从国教者的独立教堂，因受迫害，于1582年逃往荷兰避难。在那里他的思想得到了进一步的发展，认为真正的教会应是以基督为直接首领，信徒志愿结合组成。成员与基督之间是通过志愿契约关系相结合。各地方教会独立自主，实行自治，按《新约》的规定，由一名牧师、一位教师、数名长老与执事组成，他们都要按照基督所立的律法来管理教会，各独立教会间可以互相联合，由此创建了公理会。1584年勃朗本人放弃了自己的主张，向国教会妥协，回国任国教会主教，但他所创立的公理会组织形式及思想已深入人心，为许多独立派清教徒所继承和发展。

17世纪初，公理会中又分出了一支独立的浸礼宗。该宗创始人为原英国国教会会长约翰·斯密。1602年他接受了分离派原则，不久便在盖恩斯巴勒建立了公理派教会，并发展了不少信徒。在他的影响下，在斯克罗比又出现了第二所这样的教堂。由于两处教堂都备受迫害，斯密带领了一批信徒逃往阿姆斯特丹。斯克罗比的信徒也于1609年在约翰·罗宾逊牧师带领下逃往莱顿。约翰·斯密在阿姆斯特丹深受再洗礼派的一支——门诺派的影响，否认婴儿受洗的有效性，主张成人受洗，认为接受洗礼是表达信徒对基督的信仰和向上帝忏悔。约在1609年，斯密用淋水方式为自己和信徒再次施洗。斯密又接受了阿明尼乌派观点，反对加尔文的预定论，强调人有自由意志，会拒绝上帝的恩典，使恩典失落。他还相信耶稣基督不是为选民而死，而是为整个人类而死，由此提倡宗教宽容。约1611年，部分信徒返回英国建立起第一个永久性浸礼会，被称为"普救派"浸礼会。

另一批逃往莱顿的公理会成员，于17世纪30年代有部分人接受了成人受洗的原则，但他们坚持加尔文的绝对预定论，认为基督只为选民而死，被称为"特选派"浸礼会。1641年，他们在受洗时采用浸水礼，认为全身入水才能表明与基督同死，而从水中出来则意味着与基督一起死而复活，获得重生。这种浸水礼为以后所有浸礼会采用。

第一批登上北美洲大陆的清教徒就是这批莱顿的公理会成员。以后公理会和浸礼会在美国都得到了长足的发展。

### 4. 贵格会（公谊会或教友会）的形成和发展

17世纪四五十年代正是英国资产阶级革命的时期，也是英国历史上最动乱的时期。在这种背景下，社会上产生了许多新兴小教派。其中有些属于神秘主义派别，最重要的一支是贵格会，它对近代基督教思想的发展有着深刻的影响。"贵格"是英语Quaker的音译，意为颤抖，因该派聚会时有些信徒全身颤抖而得名。贵格会又称为公谊会或教友会。

贵格会的创始人是乔治·福克斯。他出身于工人家庭。1646年其内心得到一种宗教体验，深信每个人都能从上帝那里得到一份亮光，称"内心之光"，它能引领人得到生命之光和宗教真理。由此他既反对神职人员的中介作用，也反对将《圣经》视为惟一的权威，认为《圣经》虽是上帝的道，但上帝的启示并不仅仅在《圣经》中，它像光那样直接照耀信徒，上帝之灵直接通过信徒的话语来表达。他反对一切外在的圣礼，包括圣餐、洗礼等，也反对进教堂及遵守表面上的教义教规、宗教节日，认为人与上帝之间没有建立任何外在仪式的必要，真正的圣礼是人们内心灵性的实存之物，虔诚地侍奉上帝，就能得上帝的恩宠。他强调人人平等，人与人之间要真诚，相互尊重，不必发誓或有任何语言上和行为上的谦卑，由此反对奴隶制，反对一切战争和死刑。1647年，他开始传道，得到了一批信徒。1652年在英格兰北部的普雷斯顿·帕特里克建立了第一个贵格会社团，以后又向国外传教，其中有一批信徒到北美，在新泽西等地有所发展。1681年，英王为偿还贵格会成员威廉·佩恩的债务，将宾夕法尼亚给了他。佩恩便将该地建成贵格会大本营，使该派在美国得到较大的发展。

贵格会创立之初，由于福克斯强调上帝之灵对每个人的直接作用，使信徒缺乏严密的组织纪律性，又由于该派反对进教堂和一切外在的礼仪，常常去冲击其他教会的活动，加之他们的一些信仰与其他教派出入较大，因此常被视为异端而受镇压。1666年，福克斯为严肃纪律，制定了贵格会惩治大纲，并规范了组织建制，成立了年会、季会和月会三级组织。月会是基层组织，几个月会组成以郡为单位的季会，由数个季会组建成大地区性或全国性的年会，形成一套自上而下的领导体系，监督信徒的生活和行为，此后贵格会便走上了正轨。

该派信徒不赌博、不喝酒、不拿武器、不向任何人脱帽致敬，也不宣誓。信徒聚集过宗教生活之地不称教堂，而称"聚会处"。各聚会处无牧师，由信徒选举的长老或监督负责。聚会时信徒们作长时间的深思默想，以期达到与上帝的直接沟通。

该派十分注重办教育及其他社会服务工作。在美国南北战争的反蓄奴斗争中以及对战时或平时世界难民的救助工作中该派都有着突出的贡献。

## 七　近现代基督教

宗教改革运动的直接后果是基督新教从天主教中分离出来，形成了不同的宗派，其中最大的是路德宗、加尔文宗和圣公宗。17世纪上半叶，欧洲出现了天主教与新教之间长达30年的战争（1618～1648），这场战争以宗教矛盾开始，而后转化为政治斗争。1648年，双方最终签订了《威斯特伐利亚和约》，确立了"教随国定"的原则，大体划定了各教各宗在欧洲的势力范围。至此，宗教改革运动宣告结束。

从17世纪中叶起基督教便进入了近现代时期。一般认为17世纪中叶至20世纪初属近代，在此之后便属现代。近代的基督教发展是伴随着自由资本主义的发展和西方列强的扩张而扩展到亚非拉等广大地区，使基督教真正成为全世界性的宗教。进入现代，基督教与世界各地本土文化相结合，使之更为丰富多彩。随着全球化时代的到来，在现代福音的推动下，基督教近二三十年来在广大的第三世界得到了更为迅猛的发展。

### 1. 敬虔福音运动与卫斯理宗的形成

宗教改革运动结束后，新教各派陷入了僵化的、教条的、繁琐的教义之争中，被人称为"新教经院哲学时期"。这一时期的宗教生活十分沉闷，毫无生气，平信徒完全处于被动地接受牧师所宣讲的所谓正统教义。为打破这种经院哲学式的倾向，一些基督徒强调自身的宗教经验，即用信心而不只是凭理智来获得个人属灵的经验，显示了平信徒在振兴基督徒生活方面的主动性，并强调将这种经验体现在道德实践中，对现世采取严格的禁欲主义态度，由此形成了敬虔运动。

该运动的核心人物是德国的斯彭内尔。他曾对路德的神学思想有过认真的研究，也深受加尔文宗清教著述家的强烈影响，1666年，斯彭内尔任法兰克福的主任牧师，深感必须整饬教会道德纪律。1670年，他在家召集了一小批志同道合者从事读经、祈祷、讨论主日的讲道文等一切以深化个人灵性生活为目的的事工，这一团体被人称为敬虔团，敬虔主义由此而得名。在他的推动下，敬虔运动在德国的一些医院、学校等都有所发展。1694年他创办了哈雷大学，该校成为这一运动的中心。他的继承人弗兰克又将此运动推到了顶峰。而后又传到北欧诸国。这一运动虽然受到正统路德宗的排斥，但它对德国的影响深远，培养了一种敬虔生活，大大改善了牧师的灵性品质，提高了基督教灵性教育的质量，增加了平信徒参与教会生活的热情，使更多人熟习了圣经。

敬虔主义最值得注意的结果之一是奥地利的亲岑道夫伯爵对莫拉维亚兄弟会的改组。该兄弟会的基本成员是原波希米亚的胡斯派。在30年战争时期，他们来到萨克森避难，亲岑道夫收容了他们。不久，亲岑道夫在德国敬虔派感召下，决心组建信奉"心的宗教"，他按照斯彭内尔模式建立敬虔团，莫拉维亚兄弟会首先成为该敬虔团的成员。该团体以后成为沟通德国敬虔派与英国循道宗的桥梁。

18世纪初，英国正处于工业革命的前期，工人劳动条件非常恶劣，生活极端贫困，社会动荡，道德败坏，人们的宗教感情普遍淡漠，整个社会的宗教生活处于死气沉沉的状况。面对这种状况，不少人有深重的负罪感。时代呼唤内心灵性的觉醒，宗教奋兴运动（福音运动）正是在这种状况下自发地在英语国家中形成。这场运动最早出现于18世纪初的苏格兰，但真正发展壮大则是在约翰·卫斯理和查理·卫斯理两兄弟以及怀特菲尔德三大领袖领导之后。

卫斯理兄弟出身于林肯郡的埃普沃思，自幼家庭贫寒，同情穷人。1720年约翰·卫斯理进入牛津大学基督学院，目睹了国教会的腐败。1725年，他担任圣公会会吏，翌年因成绩优异当选为牛津大学林肯学院研究员，后被按立为会长。在牛津期间，他与其弟查理·卫斯理等人组织了"圣社"。社员们实行禁食，以学习研讨《圣经》和道德伦理问题为宗旨，并常去监狱探视犯人。这些人常被当时牛津的学生嘲笑为"循道会"，意指其循规蹈矩。

1735年初，怀特菲尔德参加了圣社。此人对日后卫斯理宗在北美的传播和发展起了举足轻重的作用。1735～1738年卫斯理兄弟前往北美佐治亚传教，收效甚微。与此同时，他们结识了莫拉维亚兄弟会成员，深受敬虔主义的影响。为此他们还专程前往德国，拜访了亲岑道夫，由此更提高了他们的传教热情。1738年9月，他们返回伦敦，利用一切机会，到街头、煤矿等各处进行露天巡回布道，有时还到监狱中向犯人传教。不久，他们在英伦三岛取得了巨大的成功。

卫斯理的循道会原本是英国国教会中的一个会社，约翰·卫斯理本人也无意脱离国教会。1739年，他在布累斯特创建第一个循道会的"会社"，并建起第一所小教堂。以后随着信徒的增加，他不断地完善其组织建制，这一行动引起了国教会的不满。18 世纪 80 年代国教会拒绝为他们的成员按立牧职，这迫使卫斯理和同工们于 1784 年开始自行按立礼，使其在组织上进一步脱离国教会。1795 年该派通过《和平计划》，正式宣布脱离国教会，从此卫斯理宗以完全独立的宗派出现。卫斯理宗在英国称为循道会，在美国则有监理会、美以美会、美普会、卫理公会等多种称谓。

该宗派在神学思想上并没有多大创新。他们相信《圣经》的绝对权威和因信称义的教义。只是卫斯理更相信人不违背神的诫命，在今世就可以成圣，因此该派也属成圣派。对加尔文宗的预定论，该派内有不同的看法。卫斯理本人是反对预定论的，他强调人的自由意志，但怀特菲尔德是坚定的加尔文预定论的信奉者，为此双方达成妥协，在这问题上不强求一致。该派在行为上奉行清教徒原则，不喝酒、不吸烟，提倡过俭朴生活，守诫命、讲道德、关心穷人。

卫斯理宗一开始在美国的传播并不成功，特别是在独立战争期间，由于卫斯理派没有脱离英国国教会，美国的爱国者对它拒斥。但在它成为独立教派以后，凭借其传教热情和独特传教方式很快在美国取得巨大的成功，不仅在白人中，尤其是在黑人中吸收了不少信徒。因此，从 19 世纪起直到 20 世纪 70 年代该派一直是美国新教各派中人数最多的宗派。

### 2. 基督教在美国的传播和发展

1492 年哥伦布发现新大陆之后，西班牙的天主教传教士首先登上美洲大陆。基督新教传入北美则是 17 世纪的事。1607 年，英国在弗吉尼亚建立了第一个永久性的殖民地，由此将英国国教会带到了那里，并于 1624 年建起了第一个圣公会教堂。此后国教会成为该地区的官方宗教。但由于教牧人员严重不足，加之离英国本土太远，官方教会力量较薄弱，无法有效控制不从国教者各派的发展。

第一批抵达北美的清教徒是从英国逃往莱顿的非分离派公理会信徒。他们在长老威廉·布鲁斯特带领下乘坐"五月花号"船于 1620 年抵达位于今天美国东北部地区的新英格兰的普利茅斯。1629 年英国国内加大了对清教徒的迫害，致使大批清教徒为了追求宗教自由而逃往新英格兰，由此 17 世纪 30 年代，该地清教徒人数大增。新英格兰六州（包括麻省、缅因、佛蒙特、新罕布什尔、康涅狄格、罗得岛）成为清教徒的领地，并先后建起了清教徒的教会。抵达新英格兰的清教徒大抵属于非分离派公理会信徒，不赞成脱离国教会，但又认为公理制这种组织形式最符合圣经教导，由此在新英格兰最终确立了隶属于国家法律之下的公理制教会为惟一合法的官方教会。最初他们对其他信仰的人采取不宽容态度，浸礼会和贵格会信徒都受过他们的迫害，但随着非官方教会信徒的增多，他们的态度也有所变化。

新英格兰六州中宗教信仰最自由的地区是罗杰·威廉斯于 1636 年在罗得岛创建的殖民地。威廉斯本人是浸礼会信徒，因受到麻省当局的驱逐而来此定居。他坚决主张政教分离，反对设立官方教会，提倡宗教自由，使该岛成为受宗教迫害人的避难所。1681 年后由贵格会成员小威廉·佩恩控制的宾州是实施宗教宽容最好的州。该州是贵格会的基地，但对其他宗派宽容，为此大批受迫害的浸礼会、门诺派成员来此定居，其后德国和北欧的路德宗信徒也移民此处。

1706 年美国第一个长老宗教会在费城建立，信徒均是苏格兰—爱尔兰移民。随着该地区移民在美国各地的增多，长老会也遍及各州，成为美国主要教派。美国中部几个州，由于没有确立官方教会或者官方教会势力较弱，因此该地的各种基督教派别都十分活跃，成为北美殖民地中教派最多、最繁杂的地区。

美国从 18 世纪 30 年代至 20 世纪初共形成了三次自下而上

的宗教复兴运动（又称大觉醒运动或奋兴运动）。第一次约18世纪30~60年代；第二次是从18世纪末至19世纪三四十年代；第三次是从南北战争（1864~1867）开始至第一次世界大战（1914~1917）结束。这些宗教复兴运动不仅促进了人们的宗教信仰，提高了道德水准，而且推动了全社会改革。当然也引起教派的纷争和分裂，并产生了不少新兴教派。推进第一、二次奋兴运动最著名的奋兴布道家有坦南特父子、乔纳森·爱德华兹、怀德菲尔德、芬尼等人。第三次最有名的是慕迪和穆德。慕迪于1886年组织了学生志愿海外宣教运动，向海外传教。当时的口号是"在这一代使世界福音化"，许多青年满怀激情到亚非等非基督教国家传教。另一名重要的奋兴布道家是曾任学生志愿海外宣教运动主席的穆德。他于1895年创立了"世界基督教学生同盟"，任总干事和主席达30多年，并多次来华布道。在这次奋兴运动中，基督教新教各派越来越认识到妇女在海外布道中所起的作用，美国公理会、圣公会、美以美会、北长老会都设立了妇女海外传道部。一些教派还按立妇女为牧师。

### 3. 19世纪以来美国产生的几个较为重要的新兴教派

在第二、三次奋兴运动中，美国产生了许多新兴教派。这些教派中有些为传统的基督教新教各派所接受，有些则并不为他们所承认，将他们视为异端。其中较为重要的有摩门教、一位论—普救会、坎布尔派（基督会）、基督教科学派、基督复临安息日会、五旬节派、耶和华见证会等。

摩门教正式名称为耶稣基督后期圣徒教会，由约瑟夫·史密斯于1830年创建于纽约州的费耶特。1840年该派在伊利诺伊州瑙武市建立了基地。1843年史密斯声称得到上帝的启示，由一夫一妻制改为一夫多妻制。次年史密斯遭反对者杀害。摩门教信徒在杨伯翰带领下迁往犹他州盐湖城，将那里建设成繁荣的社会。19世纪90年代，在政府压力下，摩门教放弃一夫多妻制,之后逐渐融入美国社会,并向海外传教。摩门教的神学体系是以三种启示为来源:《圣经》、《摩门经》、《教义与圣约》,不承认三位一体的上帝,认为基督是上帝的爱子,他与上帝是相互独立的。信徒禁用烟酒、咖啡、茶叶等食物。

基督教科学派的创始人玛丽·贝克·艾娣自幼多病,家庭不幸,1862年开始接受信仰疗法。1866年艾娣遇意外事故,脊柱受损伤,无法活动,但靠着信仰的力量战胜了疾病,由此坚信基督教是科学,只要真正信奉上帝无所不能,就能通过信仰治疗任何疾病。1879年艾娣带领她在林恩的一小组学生正式建立基督教科学派。基督教科学派的神学思想与传统的基督教有很大区别,反对三位一体说,也没有传统基督教会所具有的圣礼(圣餐和洗礼),特别强调上帝的全爱性,反对加尔文宗的预定论,认为每个人都是上帝的孩子,最终都能得救。该派颇有女权色彩,相信上帝是宇宙的母亲和父亲。其成员有病从不上医院,也不吃药。一旦生病就请他们的信仰疗法的"医生"——实践师向上帝祈祷。该派以《圣经》为其经典,但艾娣的《科学与健康及圣经之关键》一书成为信徒理解圣经的钥匙。

19世纪三四十年代在美国形成了各种复临派。当时有一批长老会、浸礼会、公理会、卫斯理宗信徒相信世界末日即将来临,基督很快复临。其中有一位新英格兰的浸礼会牧师威廉·米勒对世界末日的预言最危言耸听。他根据《圣经·但以理书》推算出世界末日将发生在1843年或1844年的某一天。他的预言失败后,丧失了大部分信众。但也有少数人对此仍坚信不疑,只是对此作了不同的解释,爱伦夫人便是其中的一个。

基督复临安息日会的创始人爱伦·怀特夫人,早在1842年就追随米勒,在米勒预言失败后,她认为米勒预言的时间并没有错,只是他把地点搞错了,1844年的某天是耶稣进入天上圣所的日子,而不是降临地球的时间。从那时起耶稣基督就在为复临作准备。她坚信基督将很快复临尘世，一切恶人将被杀死，义人与基督一起升天，共享千年国度。在这之后，基督与义人重返地球，恶人复活，接受最后审判，最终义人得永生，恶人则永死。1860年该派正式定名为基督复临安息日会。该派与其他基督教派别最大的不同是特别强调遵守圣经十诫中的第四诫，即严守安息日（星期六）。每周聚会在星期六，而不像其他基督教会过主日（星期日）。此外，他们也十分重视《旧约圣经》中有关的食物禁忌，不吃猪肉等"不洁净"食物，提倡素食，严禁烟酒。安息日会基本上属于和平主义教派，他们根据"十诫"中的第六诫"不可杀人"这一条，规定信徒在战时也不准拿武器，但可参加救护及其他工作。历史上安息日会反对美国政府的规定星期日为礼拜的"兰法"，一贯主张政教分离。

美国出现的另一个较重要的新兴派别是耶和华见证会，由宾州阿勒格尼原公理会信徒查尔斯·T. 拉塞尔在新的千禧年运动基础上建立的。19世纪下半叶，拉塞尔对圣经进行了研究，发展了他自己独特的千禧年主义。他坚信，根据圣经，1874年是千禧年的"黎明"，耶稣的灵体返回天上。1914年耶稣开始在天国行使统治，相信千禧年马上来临，那时一切与魔鬼统治有关的，包括各教派、世界各国，也包括一切政治和宗教领袖都全部灭绝，惟有持有他们信仰的人存活。他反对三位一体说，把耶和华上帝与耶稣基督视为完全不同的两者。1870年他在匹茨堡组织圣经学习小组。1872年开始以国际圣经学生协会的名义组织信徒，宣传他的千禧年主义。1881年他出版了《时代的计划》一书，系统地阐明他的观点。1884年他首次成立了独立组织，他的信徒被称为拉塞尔派或千禧年黎明人等。1916年拉塞尔去世，由约瑟夫·F. 拉瑟福德接替。拉氏修正了某些教义，对基督复临的时间作了更精确的表述，认为在1914年那年出生或已在世的人尚未死绝，还留存千余人时，基督就复临了。由于基督很快要复临，为了拯救更多的人，他发展出一套挨户敲门传教的方法,并建立起一套较完善的传教体制。1931年,该组织正式定名为耶和华见证会,意思是为耶和华(《旧约圣经》中对上帝的称谓)作见证。该派把一切现世的政府都视为邪恶的,是代表魔鬼的统治,声称如果政府的法律违背神律时,只服从神律,因此拒绝向国旗致敬、服兵役和参加政府工作。不仅如此,他们还把由此而受政府迫害作为基督很快复临的标志。与此同时,他们把所有其他教会都视为撒旦的同盟,惟有他们才是真正的使徒的教会,也只有加入他们的教派才能得救。该派在任何情况下都拒绝输血,认为这才符合《圣经》的教导。他们也不过圣诞节,认为这在《圣经》上找不到依据。圣餐仅一年领一次(根据犹太历换算,每年都不同),而且还是一些自认为配领的人才去领。该派的聚会处不称教堂,而称"王国会堂",各地方教会称为"会众",因为他们认为教堂或教会都是撒旦的。

20世纪初,美国出现了圣灵降临派,或称五旬节派。该派发起于1906年洛杉矶Azusa街的一个黑人聚会处,据说信徒领受了圣灵的洗礼后情不自禁地发出了谁也听不懂的喊叫声。几天后,《洛杉矶时报》对他们作了采访和报导,于是他们名声大噪,很快传遍加州和全美国,许多人前来参观学习,接受了他们的灵洗和灵疗,不久在美国便形成了一场五旬节派运动。这场运动最初的参加者绝大多数是美国西部、中西部、南部地区的黑人,最初投入这场运动的较大的教会是在阿巴拉契亚山南部黑人卫斯理成圣派中的一些教会,此后一些非卫斯理成圣派信徒也参加到这一运动中。1914年由几个以白人为主的非卫斯理小教派合并而成神召会,不久它发展成五旬节派中最大的一派。

五旬节派最大的特点是礼拜仪式十分狂热,强调完全的福音需要个人皈依,"说方言"(一种谁也听不懂的喊叫)是灵洗的见证,他们也相信通过圣灵的赠礼能使某些人具有替人治病的能力，宣称耶稣就是通过这种力量治疗病人的。早期的五旬节派成员相信基督很快复临，而且属于和平主义派别，但随着不同宗教背景的人参加，尤其是不同种族、不同阶层的人的加入，五旬节派中的神学思想日趋复杂，如今已不再是和平主义派别，而且也不强调基督很快复临和灵疗了。尤其是20世纪60年代以后，一些主流派教派，如天主教和圣公会内部也出现了五旬节派，这就使该运动的参加者更为广泛，神学思想更加多元。

**4. 现代派、基要派、福音派的形成及其主要神学思想**

19世纪下半叶达尔文进化论风靡欧美，地质学的突破和新技术的发展，使人们用一种全新的眼光看待世界。进化论极大地动摇了《圣经》的权威，受理性主义影响的许多人用新的史学观、社会学和新科学重新对《圣经》作批判性研究。在这种背景下，基督教自由派，或称现代派产生了。基督教自由派的目的是为了使基督教能在现代社会的种种批判中得以生存，为此对信仰作了调整，强调信奉基督教道德，尤其是耶稣基督爱人如己的教导。在神—人关系上他们一反过去加尔文所设定的审判官与被审者的关系，代之以亲近的父子关系，并强调人与人之间的兄弟之情。他们还认为宗教是一种不受理性支配的感情，这就避开了与科学的矛盾。对《圣经》的看法也与传统基督教不同，认为《圣经》是部记录希伯来人宗教经验的书，通过此书揭示了上帝如何在历史中、在人类中工作的，而不再把它视为字字是真理的百科全书，由此他们不怕别人评断《圣经》。他们还把自然选择说成是上帝所选择的一种方法，由此保存了上帝是创造者的形象。在社会问题上，自由派对资本主义持批判态度，提倡社会福音，改善工人劳动条件，给穷人受教育的机会等等。总之，自由派设法使宗教与科学及现代西方文化相调和，对资本主义社会进行改良。

自由派的现代主义思潮遭到了教会内保守派的顽强抵制，由此发起了保守的福音运动。在保守派看来现代派是从内部来瓦解基督教。为对抗现代派和达尔文进化论，坚决捍卫《圣经》的绝对权威，19世纪末一批保守的新教徒成立了圣经研讨会。20世纪初，保守派以宣扬前千禧年主义的神定时代论派为核心组成了联盟。他们通过各种发预言的会议、福音运动、圣经学校和1909年出版的斯科贵尔德参考本圣经（*Scofield Reference Bible*）等扩大影响。1910～1915年间，他们出版了由英美各类保守人士撰写的捍卫基本信条的《基本要道》小册子共12卷，在社会上产生较大的影响，并由此形成更广泛的联盟。1920年，保守派浸礼会报纸《守望者——检察员报》编辑库里斯·L. 劳斯撰文，描述了那些正在"为忠于基本要道而战"的人们。不久"基要派"一词就成为决意与现代派作斗争的那些保守人士的称谓。这些人坚决反对现代派神学，并反对现代派为之欢欣鼓舞的文化上的变化。对现代派所提倡的社会福音也持批判态度，认为要改变社会必须改变个人，使每个人的心都经受圣灵的洗礼，真正皈依上帝，在生活上每件事都要顺服上帝，以上帝的戒律约束自己，包括不抽烟、不喝酒、不玩牌、不跳舞等，过圣洁的生活等。

基要派组成的联盟包括各教派中的保守人士，特别是长老会和浸礼会的参加者为最多。这是因为基要派较多地继承了这两派的传统。长老会的加尔文预定论传统使不少保守信徒接受神定时代论，相信人类的命运早由上帝决定，并坚信千禧年前论。与此同时他们信守加尔文宗的严守上帝的诫命、坚持《圣经》字字是真理的传统。浸礼会中许多人也是严格的加尔文宗信徒，也易成为基要派。而浸礼会的公理制组织形式对基要派的发展十分有利，因为这种形式使每个教堂自成体系，不会受到自上而下的组织体制的约束。

在与现代派的斗争中，各基要派联盟都提出要坚决捍卫"基本要道",而"要道"的内容则不尽相同,但大体可归纳为"五要点",即坚信《圣经》无谬误、童女生子、基督替人受过、基督肉身复活、基督将亲自复临。实际上这五点内容早在1895年某些保守派人士参加的尼亚加拉城的圣经研讨会上就已提出,但那时是小范围的。而到20年代,一些当时为基要派人士所控制的教派,如美国北方长老会总会正式通过了"基要主义五要点"。此后这"五要点"就成为区分基要派与基督教其他教派的重要分界线。

1918～1925年是基要派顶峰时期。第一次世界大战给人类造成的巨大灾难打破了自由派（现代派）所勾画的人类社会将随着科学进步而不断前进的美好前景。一些人在经历了战争磨难后很容易接受基要派所宣扬的神定时代论思想,把这次战争视为人为的"哈米吉多顿"（《圣经》中所描写的世界末日来临时天使与魔鬼的最后决战）,而对自由派观点产生了怀疑,由此转向了基督教保守派。但基要派极端的不宽容,不仅把现代派视为敌人,甚至把凡与现代派有来往的教派也都视为敌人,加上它对《圣经》的僵化解释,使它愈来愈失去人心,因此在经历了若干年繁荣后便从顶峰开始走向了低谷。

从20世纪40年代起基要派内部发生分裂。以慕迪圣经学院、达拉斯神学院、惠顿学院、戈顿学院的知识分子为核心的温和基要派看到,随着社会的发展和科技的进步,基要主义如不调整和变革将无出路。他们批判顽固派拒绝现代文化、反理性主义、完全按表面字义解释《圣经》的主张,也反对顽固派把自己与社会相隔离的做法,而是主张积极参与社会,从保守主义的立场去关心社会、政治和经济等,谋求恢复18、19世纪大觉醒运动的精神。他们坚信惟有《圣经》是绝对的权威,但反对把某一人或某一派的宗教经验或某一次宗教会议一些"人为的科学"作为基督教信仰。他们坚信预定论,认为《圣经》教义完全符合逻辑,是基督教信仰的根本。这些人在1942年建立了向其他教派开放的"全国福音派协会"。"二战"后,在这一派中涌现了一批首次自称"新福音派"的新一代温和基要派领袖，其中不少人是由创立于 1947 年的富勒神学院培养的。他们的思想较老基要派开放。在他们领导下基要派建立了较广泛的联盟，并积极推动全国福音派协会朝向更温和开放的路线发展。他们不仅谴责老基要派的分离主义，而且放弃了神定时代论，敦促新福音派信徒要学习高深的文化知识，要关心整个文明的发展。这种开放态度使新福音派吸引不少人参加，特别是他们争取到当时著名的基要派布道家葛培理的参加。葛培理在 40 年代末就是位世界名人，新福音派十分注意与他建立联盟。1957 年葛培理接受全国福音协会的赞助，在纽约发起新福音派运动。这宣告了新福音派与基要派的正式分离。新福音派在"二战"后，特别是 50 年代得到迅速发展，这一方面与其自身组织上的开放性、注重教育、培养人才、采用灵活多样的布道形式争取群众有关，也与当时的政治经济有利于新福音派的发展有关。

20 世纪 60 年代以来，美国社会更为多元化，参加新福音派的人士中有许多是非基要派背景的人。他们给当代福音运动带来了多种思想和形式。正因如此，从 60 年代以后，当代福音运动不再称为新福音运动，而是泛称为福音运动。

从 20 世纪 70 年代末开始，美国的福音派中产生了一批新基要派——新基督教右翼势力，他们与老基要派最大的不同点是一改过去对政治的冷漠态度，组成了各种有强烈政治倾向的组织，在全社会发起了道德复兴运动，要求恢复基督教的美国，提出"亲生命"（反对堕胎）、"亲传统家庭"（反对单亲家庭和同性恋家庭）、"亲道德"（反对色情和吸毒等）、"亲美国"（主张实行强权政治）的主张。在他们的影响下，美国政府近十年来不少政策均向右转，特别是"9·11"之后，这种倾向更明显。

## 5. 基督教合一运动

19 世纪西方资本主义进一步发展，由此引起了许多新的社会问题和矛盾。在这种新形势下西方教会也发生了各种新变化，新教产生了一批名目繁多的新教派，使基督教更为分化。与此同时，随着资本主义世界向海外扩张，基督教海外的传教事业也迅速发展。但由于基督教教派林立，在向亚非拉地区进行传教的过程中常为本宗派利益争夺信徒，致使基督教内部纷争迭起，严重地影响了福音传播的发展。凡此种种使基督教会内一些有识之士认识到，基督教要发展必须走联合之路，因此从19世纪开始，基督教内便产生了多种形式的联合，促成了20世纪现代普世教会运动的发展。

进入20世纪后，随着社会的世俗化，西方国家教会更认识到联合的重要性，一些国家纷纷成立了跨教派的全国性组织。与此同时，20世纪初在亚非拉地区传教的差会组织愈来愈认识到，教派分歧给传教事业带来的众多危害，尤其是面对这些地区民族主义的觉醒，热切希望加强各教派间的相互合作，一些跨教派传教组织，如基督教学生同盟在这阶段异常活跃，不仅向海外派遣了许多传教士，而且为普世教会运动培养了一批骨干。正是在这些组织和活动的促进下，普世教会运动发展到一个新阶段。

1910年第八次世界宣教大会于爱丁堡召开，第一次专题讨论了全球传教合作问题，为会后进一步协调各差会的活动奠定了基础。该次大会一般视为现代普世教会运动的起点。会议还成立了"续行委办会"，1921年，又在此基础上成立了"国际宣教协会"，以推动传教事业的发展。

继爱丁堡会议之后另一次推动普世教会运动的会议——1925年于斯德哥尔摩召开的"普世基督教生活与工作大会"。该会议尽量回避各教派在教义和体制上的分歧，谋求在实际工作中的合一，并对世界作了客观的审视，向基督徒的良心发出呼吁，指出了前进的方向。

在普世教会运动中最困难的是教义与体制问题，1927年8

月在洛桑举行第一届普世信仰与体制大会，许多不同教派都参加了会议。与会者在热烈的讨论中惊奇地发现彼此神学教义上的相同之点远远大于相异之处。1937年又在爱丁堡召开了第二届信仰与体制大会，通过了"合一声明"，认为因"我们主耶稣基督的恩典"，"各教会没有理由继续分裂"。

生活与工作运动最初与信仰和体制运动之间并无多少联系，一个侧重于具体工作上的合一，另一个侧重于神学体制上的合一。提倡普世教会运动的人都主张将这两个运动合并，建立世界基督教联合会。此建议得到了这两个会议的赞同，并着手进行工作。1938年，在乌得勒支召开建立基督教联合会的筹备会议，选举当时任圣公会约克大主教的坦普尔为临时委员会主席，并制定了一份临时性章程，总纲是"基督教联合会是一个承认我主耶稣基督为上帝和救世主的各教会组成的联谊会"。但这项工作因第二次世界大战的爆发而受阻。"二战"后这项工作又提上了日程，1948年来自47个国家的147名代表在阿姆斯特丹正式成立了世界基督教联合会，其成员有新教各大宗派以及君士坦丁堡等一些东正教会。联合会肯定了乌得勒支会议的总纲，通过了章程，明确规定联合会的任务是为教会服务，对各成员教会团体不具有组织上的权威性，即本身不是超教会的上层组织，而只是一个各教会的联谊会；也肯定了凡是承认耶稣为上帝和救主的教会都可以加入。1950年联合会又针对某些教派，特别是东正教对世基联权限的担忧，于多伦多召开会议，发表多伦多声明，从教会论神学上重申联合会不是各教会的权力决策机构，而是促进教会合一的联谊会，由此该会的性质更为明确。

1961年世基联在新德里召开的第三届大会是普世教会运动的又一个里程碑。首先它更改了原阿姆斯特丹会议的总纲，提出：世界基督教联合会是"按照圣经承认主耶稣基督为上帝和救主，并因此而一起致力于实现他们的共同使命，荣耀惟一的上帝——圣父、圣子和圣灵的各个教会的联谊会"。修改后的总纲,对世基联的性质作了三方面的补充,一是增加了"按照圣经"四个字,使总纲更体现了以《圣经》为基础,也就更增加了它的权威性;二是扩大了基督教联合会的信仰基础,不仅以基督论为基础,并强调了三位一体的信仰,这一更改排除了东正教加入世基联的神学障碍,有利于争取东正教;三是增加了"共同使命"的提法,以利于各派求大同存小异,在对耶稣基督的共同信仰中实现"共同使命",并达到合一。

这次会议还接纳了一批组织成为世基联的新成员。如国际宣教协会正式并入世基联中。苏联东欧的东正教也全部正式加入世基联。

新德里会议后,世基联向着真正具有世界性的教会组织过渡,在不少方面有很大的变化。主要有五个方面。

(1) 进一步吸收了各种不同背景的基督教会加入世基联,实际上在新德里会上就有两个五旬节派教会加入,此后加入的教派不断增多。1961年新德里会议时参加的教会是197个,到1998年底在津巴布韦首都哈拉雷召开的第8次大会教会已达340个(一说332个),代表了4亿多信徒。所增加的教会中大多是新教教派,此外,东仪天主教会和老公会也参加了。罗马天主教会虽然至今没有加入世基联,但自梵二会议以后,也增加了对合一运动的参与,并成为世基联中信仰与教制委员会的成员,这种发展趋势使世基联愈来愈具有较为广泛的代表性。

(2) 加强了与各教派的世界性组织和一些跨教派组织的联系,包括世界基督教男女青年会、基督教学生同盟和各宗派的世界性联盟,如世界信义宗联盟、世界改革宗联盟、圣公宗兰伯斯大会、浸礼宗世界联盟、普世循道宗大会、国际公理宗联合会等等,并与各国的基督教联合会保持密切联系。世基联召开会议时都邀请这些组织派代表参加,并就全球或基督教会共同关心的各种问题进行广泛的讨论和磋商。

（3）第三世界的成员增多使世基联逐渐摆脱了浓重的西方色彩，例如1948年第三世界教会成员在世基联中所占比例是25％，而到1983年已达到44％。与此同时，西方国家所占的比例则由1948年的68％降至1983年的41％。90年代，第三世界所占的比例就更大了。1991年中国代表重返于1950年中止关系的世基联。

（4）积极与其他宗教开展对话与合作。世基联在加强基督教内部各派联合的同时，也对世界其他宗教更持宽容态度。尤其是60年代以来，世基联加强与其他宗教的对话与合作，包括与犹太教、伊斯兰教、佛教、印度教等的对话与合作。以谋求解决共同关心的问题。

（5）世基联从20世纪60年代以来变得更关注社会，重视受压迫者的利益和第三世界所关心的问题，如贫困问题、经济正义、种族歧视、妇女权利、文化教育、社会服务等与社会正义有关的问题。世基联在六七十年代较为激进，曾支持非洲一些国家的民族解放运动及反种族主义等活动。这遭到西方教会的反对，特别是美国对世基联的资助也因此而急剧减少。这些情况迫使世基联领导人于80年代逐渐改变激进的态度，较强调对世界和平、环境、正义等问题的整体关注。90年代以来更加重视将环境问题与经济正义、妇女权益、和平等密切结合，"9·11"以来，维护世界和平成为最为突出的事情。在关注这些问题的同时，世基联特别注意加强与各国政府、非政府组织、其他信仰者及联合国的联系。

基督教合一运动并非一帆风顺，常有各种阻力和困难。但新教各主流派教会对其方向仍持肯定态度。

### 6. 当代基督教的发展变化

近几十年来，世界基督教有较大的变化，主要反映在如下几个方面。

（1）世俗化。从20世纪的基督教发展看来，基督教的世俗化似乎大有势不可挡的趋势。所谓世俗化就是非神圣化，这里有两方面的含义：一是指社会愈来愈理性化，宗教对它的影响日益缩小，宗教成为个人的私事。二是指宗教本身为适应现代社会而做的各种调整，淡化了它的神圣性，突出了它的现世性。这两方面在基督教的发展中都有很明显的表现。

首先，基督教对整个社会的影响有所削弱，我们可从信徒人数与世界总人口的比例有所降低看出：20世纪初之比为34.4%，而到90年代中期降为33.1%，而且在这些信徒中不参加教堂活动的基督徒人数大大增加。当今政教分离是现代基督教国家的普遍趋势。即使没有明确表明实施政教分离的国家，教会的作用也比以往减弱了很多。如英国圣公会如今虽仍是英国的国教，但对人们的影响，特别是对政治、法律等方面影响都明显减弱。这种总趋势在未来的世界各国也许仍会占主导地位。

再从基督教本身看，无论是组织、礼仪，还是神学思想的变化也都有世俗化趋势。从组织上看，各种适应时代的电子教会应运而生。随着电脑的普及，今后电脑传教方式将成为重要形式。宗教礼仪也将会愈来愈简化和世俗化。如今一些教会连洗礼这一形式都免除了，认为只要心灵受洗即可，不必拘泥外在的水洗形式。许多教会为吸引信徒采用了流行音乐或小品、电影等等多种形式。教会所关心的问题也不再是天堂、地狱等来世，而着重在现世。许多教会提出上帝之国就在此世，就连十分保守的美国基督教右派，都将原来的热切盼望世界末日来临的前千禧年思想开始转向后千禧年思想。从这点出发，近些年来基督教各派突出伦理道德，并通过耶稣的人格力量和道德来对世界施加影响。一些自由派教会则更突出社会服务。如世基联组织加大了对世界各地的服务工作，包括各类人道主义援助、办学扫盲、提供医疗、食品等等。这也反映了神学的世俗化，如过程神学、妇女神学、黑人神学、世俗神学、生态神学等等都与世俗世界现代化过程产生的问题密切相连。教会中讨论的问题，如同性恋的权利、妇女堕胎权等等在过去都被视为禁区，而今却成为教会争论的热点问题。正是由于基督教作了各种顺应时代要求的调整，基督教在社会上又取得了新的活力，因此在未来的世纪中基督教仍将有相当的力量，而且在有些国家和地区还会有新的发展。根据国际传教研究会公报的预测到2025年基督教徒占总人口的比例将会达到33.7%，较之90年代中期33.1%的比例有回升趋势。

（2）多元化。第三世界的崛起，打破了以往的基督教欧美中心论，形成了多元文化的基督教。它反映在各个方面。首先是基督教各教派都提倡与各民族的文化相结合，即所谓本色化或处境化，由此形成形态各异、甚至价值观有很大差别的基督教。例如今天非洲的基督教与欧美的基督教差别就很大，他们都密切地与非洲土著文化相结合，有人认为教会的未来以"文化多元主义"为标记。多元化还表现为基督教对其他宗教的认同。过去基督教一向自誉为惟一掌握真理的宗教。而今则不排斥其他宗教也掌握部分真理，由此不仅开展基督教内部各派间的对话，还开展基督教与犹太教、基督教与伊斯兰教，甚至基督与佛教等不同层面对话。今后这种对话只会增多，决不会减少。

多元化还反映在教会组织繁多。20世纪50年代以来，各种新兴宗教迭起，其中有相当一部分新兴宗教是以基督教传统为基础的，如统一教会等。它们的出现无疑增加了基督教的多元性。此外从50年代开始，70年代得到进一步发展的宗教复兴运动，加大了基督教内部自由派和保守派的分化，使基督教的组织更加繁杂。如今，基督教真正成为一个庞大的宗教市场，各种不同政见、不同阶层、对礼仪有不同喜好的人都可以在不同派别和教会中找到自己合适的位置。这种趋势在今后还会有所加强。

（3）基督教各派都突出基督教伦理道德，而不是以宣传自己独特的教义神学为重点。伦理道德包括社会方面和个人方面。以往基督教自由派较强调社会道德，关心社会问题，而保守派较关心个人道德。但从 70 年代起双方都十分关注社会道德，只是强调的方面完全相反，由此得出的结论也完全不同。所关注的问题有战争与和平、核扩散与军备竞赛、生态环境、男女平等、种族平等、妇女与儿童的权益、经济与发展、消除贫困与社会不公，此外还有生命伦理学和家庭伦理学方面的问题，特别是堕胎、安乐死、克隆人、同性恋的权利等等。其中不少问题已成为各教会争论的热点，而且斗争十分尖锐。当今基督教各派的信徒主要不是以神学教义划线，而是以思想观点划线。同一个宗派的信徒往往会因对社会问题的不同看法而势不两立，而不同教派间的信徒也会因对社会问题看法一致而结盟。正由于突出伦理道德，尤其是社会伦理道德，使基督教更积极地参与社会（不管是以保守立场，还是以开放立场），这点在美国基督教会中表现十分明显。

（4）基督教发展重点正由欧美逐渐转移至第三世界，也可以说由北向南转移。这不仅反映在教徒人数的增长率上，也反映在教会的活力上。有资料认为，1990～1995 年，基督徒总体上是呈上升趋势，由占世界人口的 33.3% 增至 33.7%，增长率五年间是 0.5%，而亚洲和非洲的增长率则远超过这一比例，它们分别为 1.28% 和 1.3%。由于新教福音派近 20 多年来向全世界，特别是向亚非拉地区大力进行以传教为目的的福音运动，使信徒人数在总体上呈上升趋势，其中尤以亚、非许多国家更为突出。由于第三世界的年轻教会都十分活跃，他们结合本民族文化形成了许多形式各异的丰富多彩的基督教本色神学和礼仪，给基督教注入了新的思想和活力，也使基督教更为多元化。这种趋势将在未来的 21 世纪有所发展，所以有人预言，基督教今后的希望是在第三世界。

（5）妇女在教会中的作用较过去得到更充分的发挥。20世纪70年代教会中一批女性运动的发起者，对传统基督教会歧视妇女的现象作了深刻的批判。在这一运动的推动下，许多教会无论在解经或其他方面都更加考虑到妇女的权益，妇女的地位有所提高，这从近几十年来新教各派中妇女授任牧师的人数大大增加这点就可以看出。过去不允许妇女担任神职的教会今天也开始解冻了，如英国圣公会在90年代允许妇女任牧师（会长），而美国圣公会则更进了一步，不仅允许妇女任牧师，而且还允许任主教。今后这种情况也许会变得更为普遍。

（6）基督教合一运动尽管有反复，但仍有所进展。从世基联创建50周年于1998年在哈拉雷召开的第八次世基联大会看，合一运动确实并非一帆风顺，当今东正教与世基联的关系就出现了新问题。但大会认为今天合一中存在的危机"主要是机构性的，而不是合一运动本身的。合一运动从总的方面看，还是比较健康的"。世基联总干事康拉德·赖泽尔也指出："世基联今天已在全世界拥有330多个教会成员。1948年在阿姆斯特丹时，还只有147个成员。其中三分之二属于欧洲和北美。今天，三分之二的成员已属于世界其他地区。在这一背景下，今后的力量就必须既放在神学方面，也放在文化方面。这对于已进入第四代的合一运动来说，无疑是个新天地。"今后如何走这条路，如何能使不同文化、不同背景的基督教各教派，包括天主教、东正教、福音派都团结在这一运动中将是今后重点考虑的问题。

# 第二十四章　中国基督教史

## 一　马礼逊及早期基督教在华的传播
## （1807～1860）

基督教自公元635年（唐贞观九年）传入中国至19世纪前后共四次，但前三次传入中国的基督教都不是基督教新教，惟有第四次，即19世纪初，基督新教才真正传入中国。

确切而言，基督新教传教士早在17世纪二三十年代随着台湾被荷兰人占领而进入该地，其传教对象主要是高山族，一度还相当成功，到17世纪下半叶台南及台中60%的高山族人均皈依了基督新教。1662年郑成功收复了台湾，将荷兰人赶了出去，传教士也遭驱逐，加之其后的清政府实施禁教政策，基督新教在台湾的传播也告终了。由于17世纪新教的传播仅限于台湾，加之时间较短，因此对中国大陆没有产生多少影响。

在中国大陆开创新教来华传教之先河的，一般认为是英国传教士马礼逊。他于1807年由伦敦会派遣踏上了中国领土。因清政府禁教并禁止外国人随意居留，马礼逊不得不隐藏在美英商行的货仓地下室学习中文，为取得合法居留广州的身份，1809年他受聘于英商东印度公司，充当中文译员。此后他从事大量的基督教文字布道工作，是把基督教《圣经》译为中文的第一人，也是华英字典第一个编纂者。他还创办了中国基督教教育和出版事业。

继他之后，至1842年第一次鸦片战争之前，陆续来华的欧美传教士共计约50多人，均因清政府禁教政策，传教士至多只能在广州进行一些极其有限的活动。又因澳门属于信奉天主教的葡萄牙政府统治，对基督新教传教士并不欢迎，因此早期新教传教士只能在离中国较近的马六甲、新加坡、南洋等地落脚，将那里作为主要对华传教的活动场所，而真正在中国本土传教的仅20人，其中只有8人长期在澳门和广州两地轮流居住。因环境所限，这一时期他们吸收到的中国信徒不仅屈指可数，而且都是些下层群众。

第一次鸦片战争中国以失败告终，被迫于1842年签订了第一个丧权辱国的不平等条约——中英《南京条约》，中国除割让香港外，还允许英人在开放的五个通商口岸传教，建教堂，由此打开了清帝国禁教令的缺口。此后的中美《望厦条约》、中法《黄浦条约》等，进一步扫清了传教士在华传教的障碍。尤其是1858年与英、美、法、俄四国签订的《天津条约》及1860年与英法俄三国签订的《北京条约》，规定了传教士不仅在中国沿海，而且在内地也享有购土地、置教堂的权利，中国的门户便彻底被打开，西方传教士蜂拥而至。对西方列强用武力打开中国大门的做法，不少传教士是持欢迎态度的，认为这是上帝的意旨。在鸦片战争期间有些传教士还为本国政府充当译员，个别人参与了不平等条约的签订。1842年之后传教士将传教活动中心移至中国本土上海等地。1842～1860年间不仅信徒人数较1842年前成倍增长，而且还吸收到一些新型知识分子。

一种宗教要为异民族所接受，首先必须要让所在地的居民听懂、看懂，并要想方设法博得当地居民的好感，因此语言文字上的沟通与交流，慈善事业的开展实属必要。早期来华的一批传教士，主要从事的正是这类工作，包括译经、出版、办学校、设医院、编字典等。世界上第一部华英字典就是由马礼逊编纂的。除此之外,他们还为中国开创了几个第一:1822年由在印度传教的马士曼和拉沙完成的第一本完整的《圣经》中文译本面世;1815年由英国传教士米怜在马六甲出版了第一份中文月刊——《察世俗每月统纪传》;1843年底英国传教士麦都思将原设在巴达维亚的印刷所迁至上海,即其后的"墨海书馆",是中国第一所用铅活字印刷的印书馆;1815年由马礼逊和米怜在马六甲创立、1843年迁至香港的第一所向华人提供西式教育的学校——英华书院;中国本土最早开办的教会学校——由美国传教士裨治文于1830年创建于广州的贝满学校;19世纪二三十年代在澳门和广州开办了中国最早的西医医院。

传教士所做的这些工作一方面为以后的来华传教士铺路,另一方面尽量扩大其在华的影响,以吸引中国人入教。中国最早的几位重要信徒,如蔡高、梁发、屈高等人都是印刷工人出身,在帮助传教士印发圣经和传教书籍的过程中渐渐接受了基督教。

这些早期的基督徒中,梁发较为突出。他原是广东一名雕版工人,曾助马礼逊和米怜印制《圣经》和其他传教书刊。1816年,米怜在马六甲为他施洗,成为继蔡高之后中国第二位基督徒。1823年底,马礼逊在广州按立他为伦敦会宣教师,成为中国第一位华人传道人。梁发一生传道著作颇多,其中最有名的是《劝世良言》。

早期传教士在华传教所取得的成果最明显的体现是太平天国革命。这是中国历史上第一次采用基督教形式的农民起义。虽然这种基督教形式在随后的发展过程中变了味,以致被不少西方传教士视为异端,但洪秀全初创"拜上帝会"时,确实是受基督教的影响,特别是梁发编写的《劝世良言》的影响,我们可以将该组织视为最早建立中国本色基督教会的一种尝试,尽管最终并不成功。

## 二 19世纪下半叶基督教在华活动

　　由于基督教（包括天主教）在华传教事业主要是靠不平等条约取得了所谓"保教权"，与佛、道、伊斯兰教相比在中国地位十分特殊，不受清政府管辖；一些传教士还倚仗列强的势力，不尊重中国的法度，私自深入到条约上不包括的地方传教，中国的官员无权处置他们；有些传教士抱着西方文化沙文主义的态度，不尊重中国文化，将中国文化视为异教文化，要用基督教文化全面改造中国文化，这些做法不能不遭到中国百姓，特别是士绅阶级的强烈抵制与反对。正由于传教多伴随枪炮而进入中国，又加上传教士对中国文化的傲慢态度，这就很难为普通中国人所接受。为此传教士只能用提供免费上学，免费医疗等方法拉人入教，所拉到的人中有不少是抱着占小便宜得好处的心态入教，因此教会中吸收了不少"吃教者"。有些"吃教者"依仗传教士之势欺压同胞，在中国百姓中造成极坏的影响。加上入教后，教徒不参加祭祖礼仪，也拒绝给当地社区捐钱盖庙等活动，这在那时都视为大逆不道的事，违背了祖上的规矩，简直就不是中国人了。同时在社会上受到孤立的信徒则反过来又增加了对传教士的依赖，加深了与非信徒同胞之间的隔阂。基督教在中国人心目中自然是"洋教"，而基督徒也就是"假洋鬼子"了。每当中国备受列强欺凌，中国人的民族自尊心受到严重伤害时，人们就增加了对洋教士和洋教的痛恨和强烈反对。在这种民族抗外心理下，特别容易轻信社会上的一些传言，如谣传某些教会育婴堂拐骗孩童，"剜眼剖心"，做迷魂药等。凡此种种，造成了在19世纪下半叶教案不断的局面。1900年震惊中外的义和团运动可以视为最大的教案。

　　尽管这一时期教案不断，但信徒还是有相当的增长。尤其是在19世纪最后的10年间。据《中华归主》中有关材料统计，

1889年中国的受餐信徒人数是37287人，1900年增至85000人，增加了一倍多。这与当时传教士数量的增加、传教手段的多样化以及中国政局的变化等都有关系。

19世纪下半叶，在不平等条约的保护下，西方教会来华的差会和传教士增长较快，例如，1842年来华新教传教士只有24人，而到19世纪末已达1500人左右，教会团体增至61个，新教各派，包括信义宗、长老宗、圣公宗、公理宗、浸礼宗、卫斯理宗等都已传入中国并发展了一批中国信徒。其中尤以戴德生在华创立的跨教派组织——中华内地会发展的信徒最多。

戴德生于1853年9月受英国的中华传道会派遣来华，翌年3月抵上海，在上海和宁波等地行医、传教数年后，于1857年脱离了中华传道会，而独立传教。1865~1866年，他在英国创建了跨教派的中华内地会，并带领20多名传教士来华传教。此后内地会又吸收了不少其他西方国家的传教士深入到中国内地从事传教活动，取得了不少成果。

内地会采取了入乡随俗的传教方法，规定传教士穿中国服装，吃中国当地百姓的饭菜，以消除中国百姓对他们的隔阂感。为了吸引中国底层民众，内地会常免费为人看病，并用浅显的福音书中的故事去打动人心，宣传祈祷能解决一切问题。

内地会不主张利用不平等条约索取特权，即使在发生扬州教案后，也不赞成求助于本国的政府向清政府索赔。在他们看来有危险情况发生应向当地政府而不是向传教士所在国政府上诉，如不成功就应该依靠神的力量，否则既不合《圣经》，又会引起中国人对传教士的反感。

内地会尽可能起用中国人为教牧人员，其中最有名的是山西的席胜魔，他于1886年由戴德生按立为牧师。

如果说戴德生是在华传教士中保守派的代表，坚持的是直接传教路线，其对象是中国的下层民众，那么李提摩太则是代表基督教自由派以文化传教为主的间接传教路线，以此来争取中国的知识分子。

李提摩太是英国浸礼会的牧师，于 1859 年由英国浸礼会海外传教差会的派遣来华从事传教活动，先在山东一带传教，曾一度在山东、山西等地从事赈灾工作。自 1891 起，他担任同文书会（后改名为广学会）督办（后称总干事）长达 25 年之久。在他主持下，该机构出版了大量介绍西方的自然和人文科学书籍，有力地推动了维新运动的发展。特别是广学会发行的《万国公报》（前身为《教会新报》）在 1889～1898 年戊戌变法时发表鼓吹变法的各类文章多达数百篇，使该报成为"一个影响中国领袖人物思想的最成功的媒介"。

不仅如此，一些思想较为开放的传教士热衷于教育传道，通过办教育扩大基督教在华影响，为此创办了教会学校，其中有些办得很成功，如狄考文办的登州文会馆，林乐知创办的中西书院（1881）和中西女塾（1890），施约翰创办而由卜舫济长期任校长的圣约翰书院（1879）等等。这些学校有些以后发展成教会大学，在 20 世纪前半叶为中国培养了大批人才，对中国社会产生了一定的影响。

19 世纪来华传教士最能博得中国人好感的传教手段是慈善事业，从施医施药发展到开办医院，在病人及其家属中扩大基督教的影响，这套传教方法也获得了一定的成效。除此之外，赈灾济贫工作最能争取人心。19 世纪 70 年代，特别是 1876～1879 年间华北五省（山东、直隶、山西、陕西、河南）发生了历史上罕见的特大旱灾，饿死者达一千万，大批饥民逃荒，不少地区出现易子而食的惨况，而腐败的清政府对此无能为力。当时基督教各差会先后派往灾区了解情况的传教士有 30 多人。1878 年由传教士为主体，加上一些外交官员和外国商人共同组成了西方第一个在华的救济机构——"中国赈灾委员会"。许多传教士投入了赈灾工作。通过赈灾活动，不少地区的百姓改变了对基督教的印象，由此发展了一批信徒。许多传教士也由此与灾区的地方政府建立了良好的关系。以李提摩太为例,他初时在山东救灾,一年之内,便发展了2000名信徒,并由此结识了山东省不少官吏,推动了山东基督教的发展。

19世纪下半叶,以倪维思为代表的少数传教士已认识到,要使基督教在中国扎根,最主要的是必须及早实行自立自养自传的中国本色化教会。其中努力培养华人教牧人员和实行教会经济独立是达到自传和自立的最重要的两条。倪维思是美国北长老会的牧师,1853年来华,在宁波、杭州等地传教数年后于1861年到山东登州,1871年移居烟台。在传教过程中,他看到了基督教中国化的重要性。为使中国教会尽快自养,他提倡教堂建筑因陋就简,不主张雇用有固定薪金的专职中国传道人,大力提倡信徒兼职、义务传道,认为这样才能培养信徒的责任感,杜绝"吃教的"混迹其中。他还创造了一套适合中国农村的培养传道人员方法,并取得一定的成效。但他这套主张最终由于教会内一些保守人士的反对,未能在中国得到推广。后来他到朝鲜去,却取得了成功。

在这一时期,已有一些颇具民族气节的中国信徒提出了自立自养自传的要求。其中较著名的有广东的陈梦南先生。1872年,他在本地教徒及华侨资助下,自赁屋宣教。1873年他组织了"粤东广肇华人宣道会",成为华人自办教会的首创者。山西的席胜魔,原名子直,初时是位反基督教的士绅,后在传教士李修善的影响下皈依基督教,戒除了吸食多年的鸦片,此后改名胜魔。1881年他在山西邓村开创了自立自养自传的福音堂。1886年他成为内地会牧师后更积极带领山西洪洞、平阳、大宁一带的信徒建立本色教会,不仅使教会自立自养自传,自编赞美诗等,还在直隶、河南等省设立戒烟所,使一万多人戒烟,其中一千余人入教。

尽管这一时期建立了一些自立的本色教会,但从整体上看真正能达到经济自立的教堂为数仍很少。例如1876年全国有

312 处教会，实行完全自养的只有 18 处；1889 年全国共有教会 522 处，完全自养的教会只有 94 处；到 1897 年完全自养的约 100 多处。直到 20 世纪初由中国信徒发起自立运动之后，中国基督教自立教会的数量才有相当的增加。

## 三 中国教会的自立运动

1900 年爆发的义和团运动可以视为中国最大的反洋教教案，最终被八国联军镇压下去。在这场运动中，不管是信徒还是拳民，牺牲是巨大的。据统计，被义和团杀死的天主教主教 5 人，教士 48 人，天主教徒 18000 人；基督新教教士 188 人，信徒 5000 人。而被八国联军屠杀的拳民更是"为数实倍蓰于遇害的教民"。事后中国的庚子赔款 4.5 亿两白银，加上利息高达 9.8 亿多两，使中国人民不堪重负。

尽管如此，这场运动使传教士看到中国人民的反抗精神，由此调整了传教策略，不再直接干政，并转为以文化教育为主的传教路线。这一运动也促使中国基督徒民族意识的觉醒，要求摆脱西方教会的控制。在这种情况下，西方基督教各差会更意识到该让位于中国人自办教会了。正是在这种背景下，20 世纪初，中国信徒发起了自立运动。

早期自立运动的重要领袖有俞国桢、高凤池、谢洪赉等人。他们于 1902 年 10 月在上海慕尔堂成立了中国基督徒会。

俞国桢原在宁波、杭州等地传教，1894 年任上海虹口长老会堂牧师，后该堂迁往闸北，故名闸北长老会堂。初时该堂由传教士把持，对俞牧很不尊重，伤害了俞牧的民族感情；庚子赔款使作为中国信徒的俞国桢深感蒙受了"奇耻大辱"，遂决心摆脱外国差会的控制，成为中国基督徒会的发起人之一。1903 年俞国桢将其所在的闸北长老会堂改为闸北自立长老会堂，实行经济自立，摆脱外国差会的控制。1905 年他倡导建立自立会，并于 1906 年正式创建了"中国耶稣教自立会",到 1916 年该会在全国 16 个省及南洋均有其信徒,1924 年已发展到 2 万多人。

中国教会自立运动基本可分为四大类。

第一类是强调脱离西教会,力求成为"中国人的教会",力主"有志信徒,图谋自立、自养、自传……绝对不受西教会管辖"。这类教会主要在华东地区发展。中国耶稣教自立会就属于这类教会。

第二类是华北的中华基督教会模式,以联合与自立相结合,在组织上脱离西教会,联合不同教派的中国信徒,但仍与各差会保持良好关系。

第三类是在教派内发展自立自养,与差会保持合作关系,这类教会模式主要在华南。如闽南厦门、漳州、金井等地教会均如此。

第四类是中国土生土长的新兴基督教社团。这类教派大多属灵恩派教会,有些则以财产公有为其特点。如 1917 年在北京和天津建立的真耶稣会,1921 年在山东马庄建立的耶稣家庭及同年由倪柝声创建于福州的教会聚会处等。

自立运动之所以在 20 世纪初期形成有多方面的原因。一是义和团运动及教案使中国信徒从中吸取了教训,深感中国教会不自立,不脱去洋教帽子,就难以使中国人接受,教案便会不断,由此从中国教会的前途考虑必须自立。二是作为爱国的中国信徒无法忍受列强们对中国的欺压,尤其是向中国索取的巨额赔款,给中国人带来的耻辱,由此也希望摆脱西教会的控制。三是中国教会在此时出现了一批较为成熟的领袖,如俞国桢、诚静怡、袁曰俊、许声炎等人。他们不仅有较强的民族意识,也有很强的组织能力,足以带领信徒走自立之路。四是中国信徒日趋成熟,形成了一批热心于自立的信众,山东的刘寿山和隋熙麟为中国教会的自立不惜"损银万两",福建金井那样的穷乡僻壤,信徒不管自身生计无着,坚持教会自立。五是自立教会得到地方政府的支持,例如山东得到督办周自齐的支持,拨给自立的中国教会20亩地,另建教堂,还永免地租。六是义和团运动后中国社会的变革,尤其在1911年中国爆发了辛亥革命,推翻了腐朽的清朝统治后,儒家正统地位受到冲击,中国人对西方文化持较为开放的态度。国民政府吸收了西方的宗教自由和政教分离思想,基督教与其他宗教一样对待,多少消除了中国人对它的仇视心理,中国基督徒的民族认同感也得以增强,这些都推动了中国教会的自立。

不仅如此,中国教会的自立运动得以发展也得益于世界基督教合一运动的发展。1910年爱丁堡举行的第八次世界宣教大会,鼓励一些年轻教会,特别是印度、中国等一些亚非国家的教会发展本国的基督教联合会,提倡传教人员本国化。这些也促使在华西差会中一些传教士的态度有所改变。

自立运动在1927年大革命时期达到高潮,当时全国共有自立会达600多处。而后因种种原因,该运动进入低潮,到1935年,真正自立、自养、自传的自立会教堂仅剩200余处。

## 四 本色化运动

1916年中国一批先进知识分子发起了新文化运动,他们从科学与民主思想出发反对宗教,认为宗教是非理性的,是反科学的;宗教(特别是基督教)是反道德、反人性的;基督教对异教的不宽容性;基督教与中国传统文化和民族性不相容。这些主题在1922年的非基运动中得到了进一步的阐述,对基督教进行了更加猛烈的攻击。

20世纪开初的20年间是中国基督教迅速发展时期,"各地开辟教堂,设立学校以及布道事工,均欣欣向荣"。1913年美国布道家穆德与艾迪来华在14个城市布道,听众达137579人。与此同时,在穆德推动下,在1913年的全国基督教会议上组成了体现合一精神的中华续行委办会,开始对中国基督教的各项事业进行全面调查。经过9年的工作,中华续行委办会于1921年完成此项大规模的调查工作。并于1922年出版了经编辑整理后的大型调查资料集成——《中华归主》(英文为 The Christian Occupation of China,直译则是"基督教占领中国")。此书一出,在社会上引起了很大的反响,尤其是受五四新文化运动影响的一些中国知识分子原本对宗教就无好感,如今更对基督教产生了极大的反感,因为这些调查材料不仅显示了基督教在华发展势力之迅猛(由20世纪初的8万人到20世纪20年代初已发展到36万),而且还表明了基督教最终的野心是要"占领全中国"。恰逢此时,世界基督教学生同盟第十一届大会将于1922年4月在北京清华园举行,一些反基督教人士便以反对此次会议在中国举行为由成立了非基督教联盟,并发起了第一次非基督教运动。

非基运动首先在基督教力量较强大的上海发起,参加者主要是受共产主义思想影响的青年学生。他们于1922年2月26日开会,筹备建立"非基督教学生同盟"。3月9日发布了"非基督教学生同盟宣言",指责基督教代表了资本主义势力,在中国充当了经济侵略的先锋队,青年会是培养资本家的走狗,耶稣"原来是一个刻薄的资本家赞美者"等等。与此同时,他们向北京清华及全国各校发出通电,宣传其主张。在他们的影响下,3月11日北京大学一批学生首先宣布成立"非宗教大同盟"。在北京非宗教同盟的影响下,全国许多城市的学校相继成立了反基督教或反宗教团体,出版刊物或宣传品,召开演讲会及举行示威游行等活动,形成了自义和团运动之后又一次反基督教高潮。

非基运动经五卅惨案的激化到1927年大革命时期达到顶峰。基督教普遍被革命者视为帝国主义的走狗。严峻的现实迫使一些中国基督徒进行了认真的反思,促进了基督教的本色化运动。

1922年5月2~11日，中国基督教界在上海召开全国基督教大会，第一次明确提出中国教会的本色化，要求中国教会逐步做到自养、自治、自传，并对教会礼仪，教会组织体系，以及教会布道及推广的方法进行变革，使之成为中国本色的教会。会议还通过了《中华基督教协进会宪章》，着手成立由各大宗派组成的联合体——中华基督教协进会。

从1922年到1928年初的这场非基运动，主要从以下几个方面促进了中国基督教的本色化。

（1）提高了中国基督徒对帝国主义的认识。五卅惨案后，中国基督徒与全国人民一起，对帝国主义列强的血腥屠杀表示极大的愤慨，由于当时多数在华传教士偏袒其本国政府，使不少信徒对他们深感失望，由此一些信徒也认同了"基督教是帝国主义的先锋"等观念，并提出"基督教是基督教，基督教不能完全代表基督，宣教师尤不能代表基督教"，这种区分为信徒反对帝国主义所控制的教会提供了依据，这也是五卅惨案后中国基督徒的新认识。北伐期间，教会受到种种冲击，迫使信徒进一步提高了对帝国主义的认识，提出要改造基督教，使之适合中国国情，切断与帝国主义的联系，包括支持收回教育权等。中国的教会必须以华人为主干，一切管理和支配权必须由华人负责。

（2）非基运动直接推动了中国教会本色化的讨论，尤其是1925年五卅运动至1927年底或1928年初，是中国基督教会对本色化进行探讨最热烈的时期。许多教会杂志都参与了这一讨论，其内容相当广泛，大体上围绕着基督教如何更好地与中国文化、社会、习俗等相融合。其中最重要的探讨本色化的杂志是中国著名神学家赵紫宸任社长的《文社月刊》。虽然它存在的时间较短（1925年7月至1928年初），但发表了不少理论水平较高的有关本色化的文章。

（3）非基运动促进了中国教会的自立运动的发展。在爱国主义情感的驱使下，特别是受到外国差会和传教士压抑的刺激下，不少信徒，特别是原属英国差会的信徒纷纷要求自立，如上海、开封等地的内地会均如此。这一自立运动在大革命期间达到高潮。教会的革新自立运动不仅在黄河以南革命军所到之处，就是在黄河以北，革命军没有直接到达的地区的基督教会也纷纷发布自立宣言。当时成立的自立教会，均冠以"中华基督教会"之名。就连各公会也不再冠以"大美国……会"或"大英国……会"，而一律改称"中华基督教……会"。

（4）在收回教育权运动的影响下，这一时期也促进了教会学校的中国化，对宗教课程或宗教教育的设置采取了较为灵活的态度。有些学校甚至对一切宗教活动，包括早晚祈祷、主日学、教堂礼拜、圣经班等都由学生自由参加，校方不加任何干涉。这就完全实现了教育部不设宗教课程的规定。在校政方面也都改由华人任校长或副校长，董事会中中国董事占多数，并竭力使华人在教职员会上有更多的发言权。例如吴雷川就担任了多年的燕京大学副校长（1926～1929）和校长（1929～1934）之职。

（5）这次运动还直接推动了教会内要求废除不平等条约运动（即废约运动），教会许多报刊纷纷发表有关文章，提出废约一事亟待解决，不可再拖延。一些地方教会和有关教会团体纷纷表示要求废约。一些宣言还将废除不平等条约直接与中国教会的自立和本色化相连，表明一些信徒已充分认识到废除不平等条约与中国教会本色化的密切关系。

（6）非基运动还促进了中国教会的合一运动。尤其是经历了大革命考验的中国基督徒深刻认识到差会间的纷争为中国教会带来的危害。在危难的局势下，中国基督徒必须团结起来，摆脱差会的控制，走自立之路。许多地区的中国基督徒都建立起不分教派的合一组织，其中最大的联合是于1927年10月在上海正式成立的中华基督教会总会。该会"约占全国信徒1/3,占地20行省,融化16个宗派"。总会领袖人物中,华人占绝对优势,总会首任会长由原任中华全国基督教协进会会长的诚静怡牧师担任。诚静怡曾留学英国。1910年出席爱丁堡世界宣教大会,会上的七分钟发言获得了与会者的一致称道,此后成为中国著名的教会领袖之一。先后担任过中华续行委办会干事、全国基督教协进会总干事、会长及中华基督教总会首任会长等职,并多次参加重要的国际宣教会议。他在促进中国基督教的自立、本色化及合一运动中起着重要作用。

## 五 五年运动和"到民间去"运动

非基运动给中国教会带来了正负两方面的影响。非基运动的负面影响,尤其是北伐时期,一些地方教会工作无法开展,完全处于停顿状态,不少基督徒产生了消极情绪。针对这种状况,1929年春,在华东、华南、华西、华北及辽宁中华基督教五个分区会议及中华基督教总会在杭州召开的全国大会上,经过会议代表的反复讨论和商议,提出"五年奋进布道运动"办法,简称"五年运动",或"五运"。这一运动特别强调要从提高信徒的灵性做起,其口号是"求主奋兴你的教会先奋兴我"。具体而言"两个目标,极其明显:一是对内谋灵性的奋兴,对外作布道的进展",这两件事互为表里,相辅相成。这一运动正式启动时间为1930年1月1日。

有人把这一运动概括为中国基督徒的自传运动,认为中国教会不能自立自养的原因,就是不知道自传。如果教会内人人能自传,怎么就不能自立自养呢?该运动提出的工作大纲共六项:改进宗教教育;提倡基督化家庭;推行识字运动;扩展布道事业,注重受托主义和青年事业。从以上六方面看,这是教会考虑到中国社会和中国文化特点而提出来的,它不仅要求中国信徒能自传，而且也要求教会达到自治和自养的目的。

为配合这一运动，教会不少刊物都发表了一系列的文章从各方面论述"五运"，包括结合当时中国社会现实，提出了中国基督教会应该如何进行变革的论述等。

与此同时，一些爱国的教内外有识之士发起了"到乡村去"、"到民间去"的运动，教会吸取了他们中的一些经验，使之融入五年运动中，取得了一些成效。

中国基督徒多数在农村，1922年中国基督教全国大会时便对农村问题较为重视。"九·一八"事变后中国民族危机的加深，使一批爱国知识分子，包括基督徒知识分子，深感再不注意农村问题，中国就有亡国灭种的危险，要救中国必须从农村做起，由此提出"到民间去"、"到乡村去"的口号，其中不少人因此而在农村扎根，有些还做出了相当的成绩，如晏阳初在河北定县办的平民教育。此后教会中徐宝谦等人又在江西黎川等地办了实验区。这一运动在局部地区，为推动中国农村教育、提高农民文化、改善农村卫生、推广农业技术等方面多少起了些作用。

上述这两个运动虽然取得了一些成绩，但总体而言，属于虎头蛇尾，就全国而言，影响不大，究其根本原因当然是受当时政治体制的限制，使这类改良运动不可能取得成功。到1937年抗战全面爆发后，该运动被迫中止。

## 六 抗日战争及解放战争时期的中国基督教

"九·一八"事变后，基督徒也像全国人民一样，对日本侵略者的强盗行径极为愤怒，对祖国和东三省同胞遭受的不幸深感痛心，一致谴责日本，并组织各种救国团体。但在如何对付侵略者的问题上则有不同看法。全国基督徒对国难的态度可分为三种：第一，抵抗派，该派又可分为两派：武力主义派及非武力主义派；第二，不抵抗派；第三，稳健派。其中主张非武力抵抗派的人数为最多，他们的势力也最大。但他们中不少人在日寇对中国人民所犯下的种种惨无人道的残暴行径事实面前，通过亲身参加抗日救亡运动，在与广大民众和爱国官兵和其他人士的接触过程中，逐渐改变了非武力抵抗的思想，与全国人民一起同仇敌忾，融入抗日战争的洪流中。吴耀宗先生即是其中之一。他于1918年加入基督教会，多年来一直信奉唯爱主义，提倡采用甘地的不合作非暴力抵抗，但日帝对华侵略的暴行使他改变了立场，积极支持武力抗击日本侵略者。

抗战期间，许多爱国的中国基督徒做出了很大贡献。总括起来有如下几个方面。①救济难民；②军人服务；③基督徒的各种救国运动："九·一八"事变以后，不少基督徒成立了各类救国会；④国外宣传与联络工作，将中国抗战的实情向国际社会作宣传；⑤边疆服务工作：抗战开始不久，中华基督教会全国总会在成都建立了边疆服务部，分别于1939年和1940年在川西之理番和西康之西昌各地设立服务区，从事教育、医药、宣教和其他服务性工作。

不少爱国信徒在抗战开始不久便为国捐躯，其中最有名的是沪江大学校长刘湛恩，他因拒绝充任日本帝国主义操纵的伪教育部部长一职，于1938年被敌伪特务杀害。太平洋战争爆发之后，更多的教会学校师生被捕，其中也有支持中国抗日的西方传教士，如燕京大学的司徒雷登及一批中国基督徒教授，包括宗教学院院长赵紫宸先生等人。赵紫宸先生在狱中表现出了高贵的民族气节和爱国情怀，出狱后写下了著名的《系狱记》。

基督徒的种种爱国行为，赢得了中国人民的好感，由此不少人改变了对基督教的看法，愿意与基督徒接近。因此抗战期间，慕道教友约增30%。

抗战胜利后的教会，在某种程度上较之抗战时期问题更多。教会中原受过神学训练的有相当经验的牧师、传道因各种原因已离开教会从事其他工作，而一些能力低下的原本在教会内混饭吃的人，利用教会教职人员奇缺，又设法回来占了教会位置。另一方面，太平洋战争后撤退的西教士，又大批返回。有人认为当时的"中国教会是患了'贫血症'，往者已矣，目前又无杰出的人才和领袖，又乏新进的有学识热心青年教友，无怪基督教阵容散漫，难有活泼魄力和生气"。① 正是在这种情况下，教会提出了"三年奋进运动"。试图通过这一运动振兴教会，并能发展一批信徒。

三年奋进运动是中华全国基督教协进会于1946年12月召开的年会上提出来的。大会号召与会代表要克服悲观情绪，带领全国信徒用三年时间达到以下目标："1. 增加信徒人数；2. 加强教会的力量，使教会富有生命和能力；3. 再度促使教会合一和合作；4. 提高社区和国民的精神生活。"② 三年奋进运动所采用的方法，类似五年运动，概括起来，"可以分为对内对外两大纲：对内为奋兴与充实信徒灵性，加强教会组织与活动，其方法有整理名册，重新登记；开办查经班研究圣经要道；举行祈祷会，培养虔诚；召开奋兴会，培灵会，振作更醒灵性力量；注意儿童宗教教育；组训青年，实施基督化家庭计划；讲授受托主义，促进自养自理……对外则为见证，开办布道聚会，利用文字图画，广播，音影，甚或电传术，解明福音真道，引人归向基督"。③

在这次奋进运动中，一些思想开放的教牧人员力图打破这种传统的传教方法。如陈泽民对医院中推行奋兴布道运动提出了自己的看法，主张传教要通过传道人身体力行、为人服务、

---

① 见方觊予《基督教的复兴和前进运动》，载《思友》复刊第2期，1947年4月，第3期。
② 转引自顾卫民《基督教与近代中国》，上海人民出版社，1996，第533页。
③ 郑新民：《教会奋进运动的另一条路线》，《天风》总117号，1948年4月17日，第4页。

办实事，从而去感化人，而不是空洞的说教。一些人提出传道人应该到最艰苦的环境中去，与民众打成一片。

在三年奋兴运动推动下，教会又开始推行乡村实验区计划，但因解放战争开始，基督教的乡村工作大受影响，因此该工作也是不了了之。尽管如此，三年奋进运动还是发展了不少信徒，到1949年中国基督徒人数已由1936年的53.6万人发展到83.5万人。

1949年4月，解放军突破长江天堑，国民党的失败已成定局。在这变化的局势中，许多中国基督徒显然对国民党的腐败及民不聊生的状况十分不满，但由于听信了各种谣言及西方传教士对共产主义的贬斥，对共产党也不信任，认为共产党是无神论，基督徒在共产党统治下，将没有宗教信仰自由，由此不少人在司徒雷登、毕范宇等人的影响下寻求第三条路线。

但当时也有一小批基督徒已经认识到教会应该站在代表新生力量的共产党一边了。在这些进步人士中，吴耀宗最为突出。他不仅对维护资本主义制度的基督教会提出了尖锐的批评，而且对共产主义满怀热情地备加称赞。与此同时，他还对唯物论持积极欢迎态度，设法在基督教与唯物论之间找到结合点。正是教会中存在的这一小部分像吴耀宗这样的思想先进分子，中华人民共和国成立后，在他们的带领下，中国基督教会较为迅速地发生转变，很快便适应了新社会。

## 七　中华人民共和国成立后中国教会的三自运动

中华人民共和国成立之初，百废待兴。在革命时期，不少地区，尤其是一些乡村，人们对基督教采取较为过激的做法，有些教堂被迫关闭，传道人不得不脱离教会，使一些基督徒产生悲观失望的情绪，一些基要派顽固分子则更是对共产党政权抱敌视态度。针对这种情况，思想进步的基督徒深感基督教会要渡过这一难关，必须实行改革。

对基督教界影响较大的是1949年9月召开的政治协商会议，政府邀请了基督教界5位代表，吴耀宗、赵紫宸、邓裕志、刘良模、张雪岩参加。这次会议通过的《共同纲领》明确规定，公民有信仰宗教的自由，给宗教界以极大的鼓舞。

1950年，周总理三次接见以吴耀宗为首的基督教代表团，指出基督教的最大问题是与帝国主义的关系，基督教必须肃清其内部的帝国主义影响与力量，提高民族自觉，恢复宗教团体的本来面目。他还赞扬了中国基督徒提出的自立、自养、自传的原则，并重申宗教信仰自由政策，指出唯物论与唯心论在政治上可以合作共存，应该互相尊重等。这些谈话不仅使中国基督徒看到了希望，并给他们指出了今后的方向，在中国基督教会中引起了很大的震动。教会中的有识之士认清了基督教要想在中国立足，第一步就是必须与帝国主义切断一切联系，走自治、自养、自传的三自之路。正是在这种情况下，吴耀宗等40名教会领袖于1950年7月底向全国基督徒发起了《中国基督教在新中国建设中努力的途径》（简称《三自宣言》），提出了教会革新的总任务，基本方针和具体办法。该《宣言》得到了广大基督徒的拥护，由此展开了一场轰轰烈烈的基督教三自爱国运动。

1950年抗美援朝运动爆发，当年世界基督教协进会召开会议，赵紫宸作为该会的六副主席之一（1948年当选了）参加此次会议，但当他看到该次会议完全站在美帝的立场后，便毅然决然地退出了会议，并严正声明辞职，又一次表明了他的爱国精神。

同年12月美国冻结在美的中国财产，试图迫使中国教会屈服，这一行径激起了广大中国基督徒的愤怒，由此更积极地投入三自爱国运动。中国人民政府为帮助基督教会自养，于1951年4月召开了"处理接受美国津贴的基督教团体会议"，宣布免收城市中教会的房地产税，以帮助教会渡过难关。这就更坚定了基督徒走三自道路的决心。会议通过了《中国基督教各团体代表联合宣言》，号召基督徒永远割断与西方差会的联系，实现三自，热烈拥护抗美援朝运动等等，并组建了"中国基督教抗美援朝三自革新运动委员会（筹备委员会）"。吴耀宗为主席。1954年7月，由于形势的发展，中国基督教会召开了全国会议，在会上正式成立了中国基督教三自爱国运动委员会，取代了三自革新运动委员会（筹备委员会）。

三自爱国运动是新形势下的教会自立运动，也是信徒的爱国运动。以吴耀宗为首的中国基督教会领袖在注意政治层面上使教会与社会主义社会相适应的同时，也注意在神学层面上的适应。1956年前后一场群众性的自发的神学大讨论展开了。经过这次神学群众运动，使中国神学如何走与社会主义社会相认同的道路取得了不少宝贵经验，并使基督徒在思想感情上进一步摆脱西方基要主义的影响，对中国基督教进一步摆脱洋教的面貌十分有利。与此同时，经过这一运动，进一步消除了中国教会中的宗派意识。在爱国爱教的"三自"基础上，中国教会于1958年实现了大联合，提前进入了"后宗派时期"。

从1957年反右斗争开始，中国受到"左倾"思潮的干扰，而在"文化大革命"中达到了顶峰：一切宗教，包括基督教都遭到毁灭性的打击。中国基督徒也与全国人民一样遭受了许多磨难。这一情况直到1979年才基本结束。

1980年中国基督教协会（简称全国基协）成立。它与全国三自爱国会密切合作，共同为办好我国自治、自养、自传的教会而努力。八九十年代中国教会在丁光训主教（政协副主席）的领导下，从神学思想、组织建制和关心社会（包括伦理道德）三个方面沿着"治好、养好、传好"这"三好"方向发展。1998年以来，丁光训又在此基础上提出加强神学思想建设，进一步为中国教会的发展作好理论建设。

# 第二十五章 经典、基本教义神学

## 一 基督教的《圣经》及其中文版本

**1. 基督教的《圣经》**

基督教的经典是《圣经》,又称《新旧约全书》,是由《旧约》和《新约》两部分组成。《旧约》原是犹太教的经典,基督教(广义)从犹太教中分离出来后仍继承了这一经典。《新约》则是基督教本身发展出来的经典。

基督新教与天主教在《旧约圣经》中所收的卷数不同,天主教的《旧约》有46卷,而基督新教只有39卷。两者的卷数之所以有出入,其原因是所取的原始版本不同。《旧约圣经》的卷目有两个版本来源:《希伯来圣经》及其《希腊文七十子译本》。《希伯来圣经》是现存《旧约圣经》的最古老的权威版本,全部由希伯来文写成,共39卷,是犹太教的经典,也是基督宗教《旧约圣经》的正典。而天主教所用的《旧约圣经》是根据《希伯来圣经》的《希腊文七十子译本》,该译本除正典39卷外,还包括7卷次经,所以共有46卷。宗教改革时,基督教新教各派则只接受《旧约》"正典",即39卷,而对于"次经",虽也承认是有益的作品,应该受到尊重,但认为不应列入正式的经典。

至于《新约圣经》，基督新教与天主教则完全相同，共27卷，都是根据希腊文母本翻译而来的。

目前国内通用的《圣经》汉语译本有两种，天主教采用的是"思高译本"，基督教采用的是"和合译本"，这两个译本对书中专有名词的译法有很大的不同，读者往往容易将同一人物或事件因不同译名而误以为是两个人物或两件事。为避免读者搞混，现将两教有关新旧约各卷名称对照列表如下（括号内为该卷书名简称）：

《旧约圣经》

| 基督教新教"和合译本" | 天主教"思高译本" |
| --- | --- |
| 《创世记》（创） | 《创世纪》（创） |
| 《出埃及记》（出） | 《出谷纪》（出） |
| 《利未记》（利） | 《肋未纪》（肋） |
| 《民数记》（民） | 《户籍纪》（户） |
| 《申命记》（申） | 《申命记》（申） |
| 《约书亚记》（书） | 《若苏厄书》（苏） |
| 《士师记》（士） | 《民长纪》（民） |
| 《路得记》（得） | 《卢德纪》（卢） |
| 《撒母耳记上》（撒上） | 《撒慕尔纪上》（撒上） |
| 《撒母耳记下》（撒下） | 《撒慕尔纪下》（撒下） |
| 《列王纪上》（王上） | 《列王纪上》（列上） |
| 《列王纪下》（王下） | 《列王纪下》（列下） |
| 《历代志上》（代上） | 《编年纪上》（编上） |
| 《历代志下》（代下） | 《编年纪下》（编下） |
| 《以斯拉记》（拉） | 《厄斯德拉上》（厄上） |
| 《尼希米记》（尼） | 《厄斯德拉下》（厄下） |
|  | 《多俾亚传》（多） |
|  | 《友弟德传》（友） |

《以斯贴记》（斯） 　　　　　《艾斯德尔传》（艾）
　　　　　　　　　　　　　　《玛加伯上》（加上）
　　　　　　　　　　　　　　《玛加伯下》（加下）

《约伯记》（伯）　　　　　　《约伯传》（约）
《诗篇》（诗）　　　　　　　《圣咏集》（咏）
《箴言》（箴）　　　　　　　《箴言》（箴）
《传道书》（传）　　　　　　《训道篇》（训）
《雅歌》（歌）　　　　　　　《雅歌》（歌）
　　　　　　　　　　　　　　《智慧篇》（智）
　　　　　　　　　　　　　　《德训篇》（德）

《以赛亚书》（赛）　　　　　《依撒意亚》（依）
《耶利米书》（耶）　　　　　《耶肋米亚》（耶）
《耶利米哀歌》（哀）　　　　《哀歌》（哀）
　　　　　　　　　　　　　　《巴路克》（巴）
《以西结书》（结）　　　　　《厄则克耳》（则）
《但以理书》（但）　　　　　《达尼尔》（达）
《何西阿书》（何）　　　　　《欧瑟亚》（欧）
《约珥书》（珥）　　　　　　《岳厄尔》（岳）
《阿摩司书》（摩）　　　　　《亚毛斯》（亚）
《俄巴底亚书》（俄）　　　　《亚北底亚》（北）
《约拿书》（拿）　　　　　　《约纳》（纳）
《弥迦书》（弥）　　　　　　《米该亚》（米）
《那鸿书》（鸿）　　　　　　《纳鸿》（鸿）
《哈巴谷书》（哈）　　　　　《哈巴谷》（哈）
《西番雅书》（番）　　　　　《索福尼亚》（索）
《哈该书》（该）　　　　　　《哈盖》（盖）
《撒迦利亚书》（亚）　　　　《匝加利亚》（匝）
《玛拉基书》（玛）　　　　　《玛拉基亚》（拉）

《新约圣经》

| 基督教新教"和合译本" | 天主教"思高译本" |
| --- | --- |
| 《马太福音》（太） | 《玛窦福音》（玛） |
| 《马可福音》（可） | 《马尔谷福音》（谷） |
| 《路迦福音》（路） | 《路迦福音》（路） |
| 《约翰福音》（约） | 《若望福音》（若） |
| 《使徒行传》（徒） | 《宗徒大事录》（宗） |
| 《罗马书》（罗） | 《罗马书》（罗） |
| 《哥林多前书》（林前） | 《格林多前书》（格前） |
| 《哥林多后书》（林后） | 《格林多后书》（格后） |
| 《加拉太书》（加） | 《迦拉达书》（迦） |
| 《以弗所书》（弗） | 《厄弗所书》（弗） |
| 《腓立比书》（腓） | 《斐理伯书》（斐） |
| 《歌罗西书》（西） | 《哥罗森书》（哥） |
| 《帖撒罗尼迦前书》（帖前） | 《得撒洛尼前书》（得前） |
| 《帖撒罗尼迦后书》（帖后） | 《得撒洛尼后书》（得后） |
| 《提摩太前书》（提前） | 《弟茂德前书》（弟前） |
| 《提摩太后书》（提后） | 《弟茂德后书》（弟后） |
| 《提多书》（多） | 《弟铎书》（铎） |
| 《腓利门书》（门） | 《费肋孟书》（费） |
| 《希伯来书》（来） | 《希伯来书》（希） |
| 《雅各书》（雅） | 《雅各伯书》（雅） |
| 《彼得前书》（彼前） | 《伯多禄前书》（伯前） |
| 《彼得后书》（彼后） | 《伯多禄后书》（伯后） |
| 《约翰一书》（约一） | 《若望一书》（若一） |
| 《约翰二书》（约二） | 《若望二书》（若二） |
| 《约翰三书》（约三） | 《若望三书》（若三） |
| 《犹大书》（犹） | 《犹达书》（犹） |
| 《启示录》（启） | 《若望默示录》（默） |

基督新教的 39 卷的《旧约圣经》按内容可以分为律法书（又称摩西五经）、历史书、圣卷、先知书等四大部分，至于每一部分中所包含的卷数，除了律法书有统一的认识外，其他各部分的划分有少许出入。大体情况如下。

(1) 律法书，即《旧约》前 5 卷（从《创世记》至《申命记》），又称《摩西五经》，因为传统上人们认为是希伯来民族英雄摩西所著。

《创世记》，共 50 章，可分为两大部分。第一部分主要叙述天地万物及人类的起源；第二部分叙述亚伯拉罕蒙拣选成为上帝的"选民"——以色列民族——的始祖，全人类最终要因他的后裔获得救赎。

《出埃及记》，共 40 章。第 1~18 章叙述以色列人在埃及沦为奴隶，备受欺凌，上帝选派摩西为代表救以色列人逃出埃及。第 19~40 章是本卷的核心，记述上帝在西奈山上通过摩西与以色列人订立《西奈盟约》，其中《十诫》则是全部《旧约》的核心。

《利未记》，共 27 章。记述以色列人为向上帝应尽的义务应遵守的圣洁礼仪与法规，本卷被称为《祭祀法典》（或《祭司法典》），简称《祭典》。

《民数记》，共 36 章。记述以色列人与上帝订立《西奈盟约》后，在摩西率领下几经周折，在旷野流离了 38 年之久，最后到达迦南地东南部约但河东岸的经过。

《申命记》，共 34 章。摩西到达与迦南地隔河相望的摩押地之后，为了使那些没有经历过在埃及地所受的苦难的新生代牢记上帝的拯救，明白自己对上帝应尽的义务，先后向他们作的三次演说，内容是对以色列人在西奈旷野流浪的历史回顾。

(2) 历史书，基督新教中分法不完全一致，一般而言，包括《约书亚记》、《士师记》、《撒母耳记》（上、下）、《列王记》（上、下）（以上六卷又称前先知书）以及《历代志》（上、下)、《以斯拉记》、《尼希米记》等10卷。也有人将《路得记》和《以斯帖记》归入此类,认为历史书应该是12卷。

历史书记载的是以色列人从约书亚时期(具体年代很难确定)到玛加伯时期(公元前2世纪中叶)的民族史。应该注意,这些历史书不是严格意义上的历史书,作者(及编者)不是为记录历史而写历史,乃是从神学的视角来观察历史,总结历史,记录历史,或者说是用历史来见证神学,解释神学。

(3)"先知书",包括:四位大先知书——《以赛亚书》、《耶利米书》、《以西结书》、《但以理书》以及12位小先知书——《何西阿书》、《约珥书》、《阿摩司书》、《俄巴底亚书》、《约拿书》、《弥迦书》、《那鸿书》、《哈巴谷书》、《西番雅书》、《哈该书》、《撒迦利亚书》、《玛拉基书》,共16卷。大小先知书的区别主要指篇幅长短不同,而不是指地位或影响的大小。

古以色列人原是神权政体的民族,后虽然建立了王权统治,政教分权,但只要君王腐败,神权统治受到威胁,或民族处于危机时,就会有一些有识之士以上帝代言人的名义,奋不顾身,无情地揭露统治者的罪行,为受欺压的百姓鸣冤,宣告上帝的公义审判;为民族危机而呼号,为国破家亡而哀哭,他们被以色列人尊称为"先知"。先知们不负众望,本着对上帝的无限忠诚、忧国忧民;在宣告惩罚的同时,又报告救赎的恩许,使百姓在绝望中保持希望,在黑暗中看到曙光,从而维系住了以色列民族的团结与生存。上述16卷书,正是记述了16位先知的这些情况。当然以色列民族的先知远不止这些,还有前先知书及其卷中提及的一些人,包括一些有名先知,如摩西、撒母耳、以利亚、以利沙等均属以色列的知名先知。

(4)圣卷,上述几类书以外的其他各卷,一般认为有8卷,包括《路得记》、《以斯帖记》、《约伯记》、《诗篇》、《箴言》、《传道书》、《雅歌》、《耶利米哀歌》,其内容体裁较为复杂,亦称杂集。例如有些是故事体裁的,《路得记》、《以斯帖记》便属这类。有些是诗歌体裁，《诗篇》、《雅歌》属此类。一般而言，圣卷这类作品被视为希伯来智慧文学作品，对人生处世之道，把握人生的钥匙，待人接物的规矩，实际生活的经验，事业成功的诀窍，对大自然的知识，对创造秩序的了解，甚至把它拟人化，作为人生的导师。

《新约圣经》共27卷，分为福音书、历史书；使徒书信、先知书四类。

（1）福音书，共4卷，包括《马太福音》、《马可福音》、《路迦福音》、《约翰福音》，均记述耶稣基督的生平及言行。其中前三福音，记述的内容有许多相同或相似之处，故又称"同观福音"或"对观福音"。一般学者认为这三卷福音书均来源于最早的同一本原始福音书。这三卷福音书中内容最为丰富的是《马太福音》，从介绍耶稣的家谱和童年起直到耶稣受难与复活。

《约翰福音》与前三福音的写法不同，作者没有着重重复前三福音书所记述过的内容，而是一开头就提出了"道"及"道成肉身"的神学命题，强调生命、永生、救赎的普世性及圣灵的作用。本书专力为耶稣是基督（即救世主）作见证，包括施洗约翰、撒玛利亚妇人、被医好的瞎子、目睹拉撒路复活、门徒以及耶稣本人所作的各种见证。有人将这卷福音书说成是"'福音书'中的福音，'新约'中的至圣所，是最重要、最有影响、最有价值的一本书"。

（2）历史书，只有一卷，即《使徒行传》，可分为两个阶段：第一个阶段记述耶稣受难后福音从耶路撒冷传播到安提阿（公元30~43年），以彼得的活动为主，中间穿插了原始基督徒社团及司提反和腓利的传教活动。第二阶段记述福音从安提阿传播到罗马（公元43~63年），以保罗、巴拿巴的活动为主。本书虽是一部教会史资料，但也包含着一些重要的神学思想和教会圣礼的依据。

（3）使徒书信，共21封。一般认为其中有14封是保罗写给有关教会的书信,又称保罗书信,包括《罗马书》、《哥林多前书》、《哥林多后书》、《加拉太书》、《以弗所书》、《腓立比书》、《歌罗西书》、《帖撒罗尼迦前书》、《帖撒罗尼迦后书》、《提摩太前书》、《提摩太后书》、《提多书》、《腓利门书》、《希伯来书》。这些书信反映了初期教会面临的神学、教义、伦理、灵修等方面的问题,保罗为解决这类问题以犹太教神学为基础,吸取了希腊哲学和东方神秘宗教中一些适用于自己的理论,阐述耶稣的生活及教诲的深奥道理。它们为基督教神学奠定了基础。

其他的七封书信又称"通函书信",包括《雅各书》、《彼得前、后书》、《约翰一、二、三书》、《犹大书》。"通函"有"公开信"的意思,尽管《约翰三书》明明是一封私人信函,也被列入"通函"之中,是为了与"保罗书信"相区别。"通函书信"含有浓厚的训导意味,论述伦理道德多于论述教义,反映了公元1~2世纪教会和信徒的生活状况,遭受的迫害,遇到的挑战,以及教会当局为对付这些问题采取的相应措施等。

(4) 先知书,仅一卷,即《启示录》,作者自称"约翰",传统意见认为他就是使徒约翰,但也有人认为是长老约翰。本书是一部典型的希伯来启示文学作品,用象征、比喻、异象、数字等来表现、引申、解说本书的主题。由于含义隐晦,理解分歧,被公认是《圣经》中最难理解的一卷书。

## 2. 中文译本

基督新教的《圣经》中文译本历史上出现过多种。基督教第一部《圣经》中文译本是马士曼和拉沙在印度翻译的,《新约》成于1811年,《圣经全书》于1822年以五卷本出版,称《新旧遗诏全书》。1807年,马礼逊来广州后于1814年出版其《新约》中文译本;1819年,他与米怜共同译成《旧约》并在马六甲出版;1823年,两人译的《新旧约全书》中文版问世,称为《神天新旧遗诏全书》。由于马礼逊一直在华从事传教工作，而马士曼是在印度传教，因此马礼逊的译本虽较马士曼的稍晚出版，但在华的影响远大于马士曼，不少人都将它视为中国最早的完整的中文《圣经》译本。之后在华的传教士还陆续出版了一些新旧约译本，包括不少全部或部分《圣经》的方言译本。1929年开始有中国信徒进行了译经工作，但所有这些版本在中国教会中都不通用。当今中国大陆基督教信徒中通用的版本是1919年出版的官话和合译本的《圣经全书》，这是1890年由基督教传教大会上决定并组织出版的。此外，从1970年代开始，港台还陆续出版了一些新译本，如《现代中文译本》、《当代圣经》、《圣经新译本——向导版》。

## 二 基本教义神学

基督教与天主教本是同根生，因此两者在教义神学方面同多于异，神学体系均由上帝论（三位一体论、创造论）、基督论（道成肉身）、救赎论、教会论、圣事论、人论、末世论等构成，但在解释这些教义方面则有所不同。随着时代的发展，双方在神学上的不同点似乎越来越小了，尤其是第二次梵蒂冈大公会议之后，天主教实施了大规模的改革，许多观点更接近新教。但两者在某些方面还有所不同，如圣母论。天主教特别注重对圣母玛利亚的崇奉，圣母论也是其重要的神学内容；而基督教则无此崇拜，因此在神学上也无此论。圣事论方面，天主教有七大圣事，而基督教只有两项。尽管有这些差别，两者基本的教义神学还是密不可分的，因此在介绍基督教的教义神学时必定会与天主教的教义有相重叠之处。

（1）上帝论，主要论述上帝的存在、位格、本体、属性，包括上帝的创世、救世及三位一体等。

对上帝存在的论证，一直是基督教神学的重要内容。从古至今，神学家的论证方法各不相同，但总体而言，可归纳为四种。

一是本体论论证：以安瑟伦（约1033~1109）为代表。他认为上帝的概念就是"最完备者"，是一切完美的根源，既然如此，就必然包含着存在，否则就不完备。他的这种从上帝概念出发推论上帝存在的方法，被称为先验论证法。该论证法曾受到不少人的批判。

二是宇宙论论证：在这方面最著名的是托马斯·阿奎那关于上帝存在的"五项论证"中的前四项论证。这些论证是从结果推出原因，因此称为后验论证法。他吸收了亚里士多德在《物理学》和《形而上学》中的一些论点和理论，经过改造，成为他论证上帝存在的理论。首先他从事物的运动变化中论证，认为世界万事都在变化运动，要使一事物的潜能变为现实必定是受他物的推动，唯有上帝是不动的始动者，是事物运动的内在原因；第二从因果律论证，认为宇宙万事万物都有相互的因果关系，后因为前因之果，以至构成一系列没有穷尽的因果链，而所有这些因中唯有一个无因之因，也就是最原初的因，即第一因，那就是上帝；第三从可能性与必然性上论证，认为可能性是偶然的，其本身不具备存在，但自然界事实上却存在着万物，这些东西的存在必须有其存在的理由，那就有一种必然性，而上帝正是世界绝对必然的完全独立的存在；第四是事物不同等级的证明，认为万物有高级与低级不同层次，即使同一类事物也有优、良、中、差等不同等级，万物都不可能完满，但越接近善的事物就越接近完满，而绝对的善，就是一切不完满事物的原因，而这绝对的善就是上帝。

三是目的论论证：最著名的是托马斯·阿奎那的"五项论证"中的第五项，认为宇宙万物都是有序的，而且是和谐地合作地朝着为实现各自的任务和目标发展，这些有序的活动表明宇宙间必定有一位"创造者"和"设计者"，正按其既定目标运作，而这正是上帝的活动。

四是道德论论证：以康德为代表。康德对上面的三种论证方法进行了批判，但他认为否定以上的论证方法并不能作为否定上帝存在的反证。相反，他认为人的本性是恶的，要达到道德的至善和幸福的统一，必须以上帝存在为前提，这是人类伦理生活的要求。

当今对上帝存在的论证还借用了心理学、社会学、人类学等方法。

关于上帝的本性或属性，基督教神学对此有大量论述，看法也不尽相同，传统的看法一般认为上帝具有世界上一切最完美的属性，包括全善、全爱、全能、全知、全美、全备，上帝是公义而仁慈、智慧而信实，是绝对真理，是至高至上的，上帝是无限的、永恒的，不受时空限制的，上帝是无处不在的，既超越于万物之上，又存在于万物之内，上帝是独立自存的，是纯粹的实有，有着不可分的统一性。对这些属性有不同的分类法：有人把它们归为形而上的属性与道德的属性，其中形而上的属性包括上帝的自存性、统一性、遍在性、永恒性、不变性等；道德的属性包括其全善、全能等等。也有人把它们分为圣爱的属性和绝对的属性。当然对这些属性也有不同的看法，例如对上帝不变性的看法，有些神学，如过程神学则强调世界万物都在变化的过程中，上帝是这些变化的原始之因，也在这宇宙的演化过程之中。还有些神学家还提出了"有限上帝"观，否定了上帝的无限性。

一般来说，基督教神学在论证这些属性时采用的方法大体有两种，一是类比法，这是自然神学中通用的方法，它把上帝与人相类比，实际上认为上帝与人有其共同性，只是把上帝的属性推到最高级的程度，如至善、至高等等；二是用否定法推断，例如否定上帝的有限性来肯定上帝的无限性等。有些神学家则认为上帝的属性是无法用人的思维去论证的，它们只能通过上帝的启示，使人获得。

关于上帝的创世也是上帝论中经常论证的。上帝是世界的造物主，是一切存在的本原，但上帝并不等于万物，而是超乎于万物之上。上帝在创世后，对世界仍行使着统治和管理，并没有弃之不顾，在上帝的眼中，这个世界是好的。基督教主流派认为上帝是从虚无中创造，包括时间也是由上帝所创造，正如奥古斯丁所言，"时间存在于创造之内"，而不是"创造发生于时间之内"，而且上帝的创造并非用原来就有的质料制造。

对上帝如何创世，如今约有三种看法：一是保守的基要派，坚持《圣经》字字是真理，他们认为《圣经·创世记》所记载的上帝用六天时间创造万物和人，这是千真万确的真理，由此他们反对达尔文的进化论；二是中间派，将上帝创世与进化论设法统一起来，例如有人认为《圣经》中所说的上帝六天造万物和人，这六天实际上是指地质学上的六个阶段，因此上帝的创造过程与进化论大体符合；三是基督教自由派，认为《圣经》是本有教益的宗教经典，《创世记》只能反映古代犹太人对自然的看法，但并不是真正的自然科学著作。上帝赋予人理性，去发现自然的奥秘，进化论正是人们运用理性去发现的自然科学真理，完全应该接受。他们相信上帝的创造决不是一次性完成的，而是贯穿于宇宙演变进化过程中，实际上人类的历史发展和宇宙的进化都属于上帝创造之列。

上帝论中最大的奥秘就是三一论，即三位一体的上帝观。所谓三位一体就是指上帝有三个位格：圣父、圣子、圣灵，它们都属同一个实体的上帝。这"三位"之间有严格实在的区别，不可混淆，但又是同体，彼此无大小、尊贵之别而同属一个上帝。该信条在《圣经》中也许不能直接找到，但这三个称谓在《圣经》中则都多处出现。三位一体的专门术语是由2世纪的教父德尔图良首先提出的，4世纪的《尼西亚信经》大体接受了三位一体的概念，此后的历次教会会议都对此有所阐述。它历来被教会视为神圣的奥秘，是人的理性所无法理解的，唯有通过上帝的启示去了解。但很多神学家仍设法对此教义作出能使人理解的解释，如奥古斯丁就把三位一体中三者的关系比作"爱者、被爱者和爱本身"，另有人把它们比作"记忆、理解和意志"，甚至还有人将它们比作彼得、雅各、约翰这三位耶稣的门徒。围绕着三位一体的教义，在教会史上产生过许许多多争论，不少人由此而被定为异端，因为解释的不确切就会有沦为三神论之嫌，而这点正是基督教最为忌讳的。基督教正统派在其后一般都用"位格互渗"和"实质交流"等说法，以杜绝三神论的影响。

（2）基督论，主要论述作为道成肉身的基督所具有的二性——神性与人性，这二性间的关系以及基督作为圣子在三位一体中与圣父的关系等等。

关于基督作为圣子在三位一体中的地位及与圣父的关系，在《尼西亚信经》中已有明确的阐述，指出基督是上帝的独生子，在万世以前为（圣）父所生，出于真神而为真神，受生而非被造，与（圣）父一体，万物都是藉着他造的，并指出他为拯救世人，道成肉身，降世为人。这一信条主要表明耶稣基督是完全的神，并降世为人，于是产生了基督神性与人性的问题。这个问题成为4、5世纪亚历山大里亚派与安提阿派争论的焦点。

亚历山大里亚派以奚里耳为首，代表了东方教会的多数派，思想体系上主要是受柏拉图的影响，强调基督位格中的神性，认为基督只有具有完全彻底的神性，才能完成对人类的救赎，并把他的人性降到不具位格的地步，提出逻各斯（道）取得肉身，给自己穿上人性的衣服，这种人性的成分离开逻各斯就无核心；有些人甚至认为基督的人性实际上被他的神性所吞没。其中4世纪的叙利亚主教阿波里拿里认为耶稣不可能具备人的心灵，因为人的心灵是腐败的，因此耶稣的灵完全是逻各斯的，唯有肉身是人的。在强调基督的神性的同时，对玛利亚也备加推崇，称之为"上帝之母"。与此相反，安提阿派在哲学思想上主要受亚里士多德的影响，其代表人物为聂斯托利。该派虽然也提到基督有人、神二性，但重点在基督早期生活和人性方面。其中一些人为了使人性具有真正价值，提出基督的神、人二性是道德上的统一，而不是本质上的合一，所谓道成肉身是指逻各斯（道）完全居住在人里面，正如上帝居住在圣殿中，并认为玛利亚是人，并非神，因此，由人生的基督只能是人，人性与神性的结合就像夫妻，或者像身体与灵魂的结合。该派不强调基督的救赎，也不把玛利亚视为"上帝之母"，而只称之为"基督之母"。

上述两派的斗争旷日持久，不仅包括神学上的争论以及东西方教会间的权力之争，而且还夹杂着各种政治因素，为此有数位双方的主教或隐修院院长在这场斗争中成了牺牲品，被定为异端，其中包括聂斯托利、阿波里拿里等人。公元451年在罗马皇帝的干预下，召开了卡尔西顿公会议，会上罗马主教的代表成为制定信经委员会成员，在基督论问题上对安提阿派和亚历山大里亚派的意见采取了折衷的办法，最终制定出一则至今为东正教、天主教和多数新教各派所接受的《卡尔西顿信经》。根据此"信经"规定，耶稣基督是"神性完全、人性亦完全者；是真上帝，也是真人，具有理性灵魂和身体；按其神性，与父同体，按其人性，与我们同体，凡事上与我们一样，只是没有罪；按神性说，在万世之先，为父所生，按人性说，在晚近时日，为求拯救我们，由上帝之母、童女玛利亚所生；同一基督是子、是主、是独生的，具有二性，不混、不变、不分、不离；二性的区别不因联合而消失，各性的特点反而得以保存，会合于一个位格，一个实质之内，而并非分离成两个位格，仍是同一位子，独生的，道上帝、主耶稣基督"。

该"信经"虽然没有平息有关基督论的争吵，但却在这个非常混乱的神学领域中确立了正统教义的规范。

（3）救赎论，也可视为基督论的一部分，主要是论述耶稣基督如何救赎世人,认为由于人类始祖亚当和夏娃不听上帝的吩咐,在魔鬼的诱惑下吃了禁果,由此犯了罪,此罪世代相传,称为原罪,其代价是死,而且无法自救。仁慈的上帝为了救赎人类,派其独生子耶稣基督道成肉身,降世为人,代人受过,为此基督不惜为了人类作出巨大牺牲,被钉死在十字架上,在完成此使命后复活升天,作人类的中保。至于基督如何能救赎人类,东部教会(东正教)与西部教会(天主教和新教)的说法不一。东部教会强调基督的道成肉身能使信徒与之神秘的结合,使人性变为神性,也就是使人变为神,由此得着了永生的生命。而西部教会强调通过耶稣基督代人受过改变了人与上帝的关系,使人接近上帝。

一般来说,救赎论大致可分为客观救赎论和主观救赎论两大类。主观救赎论强调人的主观能动性,认为人们为耶稣基督舍己救人的圣爱精神所感动,由此改变对上帝的态度,虔诚地向上帝忏悔,从而得到上帝的救赎。这种救赎论也称道德感化说,主要为深受人文主义影响的基督教自由派所接受,例如阿明尼乌派、神格一位论派以及现代基督教自由派。客观救赎论在基督教历史上为多数信徒所接受,有三种说法:一是以奥古斯丁为代表的赎金说,认为耶稣基督受死是作为付给魔鬼的赎金,由此使人从罪中解脱出来,免去了死的惩罚,得到永生。二是胜魔说,最早由6世纪的教皇格列高利一世提出,现代有些神学家也接受此说,认为耶稣基督用死使魔鬼以为得到了赎价,但基督却复活战胜了魔鬼,使魔鬼既无法对犯有原罪的人行使统治,又无法得到赎金。这种说法也有人称之为欺骗魔鬼说。三是补偿说。这是西部教会,包括天主教和新教中影响最大的学说。11世纪的安瑟伦首先提出此说,经13世纪托马斯·阿奎那阐发一直是天主教的规范学说,而后其主要精神也为宗教改革派的基督新教所接受。他们认为人犯了罪,上帝为了维护其尊严和公义,必须对人类进行惩罚,否则就体现不了上帝的公义性，而上帝又是慈爱的，不愿看到人类永远受罚，但人本身有罪，无力为自己补偿罪孽，为了满足上帝的公义，必须有一个无罪的人作出牺牲，于是仁慈的上帝派了自己的独生子——无罪的基督降世为人，代人受死，满足了上帝的公义的要求，并拯救了人类。新教福音派特别强调耶稣基督代人受刑，以救赎人类。

（4）圣灵论，主要研究论述三位一体中第三位格圣灵的学说。圣灵又称上帝的灵，基督教认为它有着独特的功能，可以使人知罪、悔改、成圣，在它的感动下，信徒能在各方面表现出基督徒的种种高赏美德。现代一些神学家认为圣灵不仅激励基督徒，而且对非基督徒也进行工作，实际上世界上一切真善美都是来自上帝，通过圣灵的工作而表现出来。

基督教历史上对于圣灵的看法有一个过程，4世纪前教父们对圣灵的看法较为一致，认为它是上帝之灵或基督之灵。4世纪时随着基督论的争论，马其顿派兴起，他们主张圣灵的地位低于圣父和圣子，它不是神，而只是像天使那样，为圣父和圣子服役的，是受造。此说于公元381年的君士坦丁堡公会议被定为异端。为此在《尼西亚信经》上特别加上："我信圣灵，赐生命的主，从父出来，与父子同受敬拜，同受尊荣，它曾藉众先知说话。"此后东西部教会对圣灵的出处争论十分激烈，甚至成为1054年东、西方教会分裂的原因之一。这一分歧源起于5~6世纪的西部教会，它未经东部教会同意，擅自将"从父出来"改为"从父和子出来"，由此双方产生分歧，东部教会不承认这一提法，认为这一提法是双出说，而圣灵只能出自圣父而不出自圣子。为此公元787年在尼西亚召开的第7次公会议提出了修改，改为圣灵"从父通过子出来"，但这一表述并没有得到西部教会（天主教）的重视，他们认为此说法在本质上与西部教会的提法是一致的。此后宗教改革接受的也是西部教会的表述。

（5）人性论，论述人类本性的理论。讨论人的受造性、创造性、自由意志与上帝的形象等等。传统基督教根据《圣经·创世记》强调上帝按其本身的形象造人，并授予人类管理万物的权力，这说明人远较世界万物高明，他具有与上帝相似的理性、自由意志、良知、道德观等，只是人类始祖在伊甸园堕落犯下了原罪，使其所具有的上帝形象产生了问题。但对于原罪到底是使人完全丧失了上帝的形象，还是只有部分丧失，或没有丧失，这一问题历来是基督教神学中争论的热点。大致而言，有三种看法：一是以奥古斯丁为代表，认为人类堕落后完全丧失了上帝的形象，人性彻底败坏，已无原始的公义（原义）可言，只有行恶的自由，全然没有行善的能力，因此人得救全靠上帝的恩典。这一理论为16世纪宗教改革家路德、加尔文等人完全接受。二是以托马斯·阿奎那为代表，认为人性有两层意思，就基本的理性自然能力而言，即使在人类堕落后仍具有上帝的形象，包括判断是非、行善的能力等，但堕落后的人全然丧失了"外加的恩赐"，人们不可能通过自身的能力去认识上帝的奥秘、按上帝的旨意行事并得永生。人若要得救，必须由上帝通过教会赐予恩宠。这种观点是罗马天主教会对人性论的正统看法。三是新教自由派对人性的看法，他们既不完全同意奥古斯丁认为人性已彻底败坏的理论，又不赞成托马斯的两层人性论，而是认为始祖堕落后，人性有了严重缺损，但并没有完全丧失上帝的形象。现代的人格神学和神学人类学对人性的看法较为积极，认为人的内在本质应是反映神恩和创造，但其生存发展无法脱离各自的历史背景和信仰实践。

（6）教会论，有关教会组织建制、性质、特征和意义的各种论述。"教会"一词，其希腊文原意为"选召"，也就是蒙上帝选召的会众。对教会性质有各种不同的说法，有称"神的家"，或"基督的奥体"，或"上帝的人民"，"圣徒与信众组成的共同体"等等。不管什么称谓，教会就是信奉基督的信徒所组成的团体，他们通常定时参加礼拜活动和各种宗教仪式。

对什么是真正的教会，从2世纪起就争论不断。曾被定为异端的马西昂派割断历史，为全盘否定犹太教，将教会分为"旧约教会"和"新约教会"，认为旧约教会是在一位只注重律法的上帝治下，而新约教会是在善良和爱的上帝治下，前者只注重物质世界，而后者注重的是灵性，因此真正的教会是新约教会。另一个被定为异端的教派孟他努派也提出真正的教会是由"圣洁选民"组成的"属灵团契"，否定那些世俗化的教会是真正的教会。这些思想对以后正统教会不无影响。

在基督教会中影响最大的是有形教会（可见教会）与无形教会（不可见教会）之说。该论述源起于奥利金等人，他们根据柏拉图的理念世界和感性世界的划分，提出有形教会和无形教会之说。所谓有形教会是指在世的教会，包括其组织体制、教义神学、规章制度、礼仪等等，它是由耶稣基督和使徒们在世上创立的，目的是使世人能认识和信从耶稣基督，并因此而有得救的可能。无形教会则是指由真正的圣徒所组成的永恒在天的教会，包括一切死去的、在世的和未出生的一切得重生的信徒总体。3世纪的迦太基主教奚普里安对有形教会作了进一步阐述，强调有形正统教会必须是由主教团为首组成的统一教会，否则就是异端，并提出"教会之外无救恩"的说法。他的这些思想在奥古斯丁的神学中得到充分阐述，他强调有形教会就是普世统一的大公教会，具有能包容各种罪孽的基督之爱，这是上帝对这一教会的特殊恩赐，唯有这一教会能领受圣灵。他也强调在这一普世的教会中，参加者难免鱼龙混杂，唯有好公教徒才能得救，而坏的和异端分子必将灭亡。在他对上帝之城的阐述中，认为上帝之城的成员是由那些爱上帝，甚至连自己都看轻的人组成。而这些人如今都在有形教会中，因而有形的、按教阶制组成的教会正是在尘世间的上帝之国。这些说法为中世纪的罗马天主教的神权统治奠定了基础。16世纪的宗教改革家基本接受奥古斯丁对教会所作的有形与无形的区别，尤其是加尔文的神学中对此更为肯定。加尔文在阐明其预定论的同时，强调无形教会才是真正的教会，是由上帝预定的选民组成，并认为"教会的基础在于上帝奥秘的选召"。就总体而言，天主教较重视有形教会，强调"教会之外无救恩"，而新教则较注重教会的属灵含意。

对于教会的特性，按奚普里安的说法，正统教会应符合"只有一位上帝，一位基督，一个教会，一个由主的话而建立于盘石之上的权位（主教团）"。一般来说，基督教各派都认为教会应该符合一个（合一）、至圣（圣洁）、至公（普世），并由使徒所传承的这几个特点。这体现了基督教的合一性（都以基督为元首，各派互为肢体）、圣洁性（教会是属上帝的）、世界性、继承性（都继承使徒的传统）。

教会的任务有实施圣礼、宣讲上帝之道、在社会上为上帝作美好见证，也就是做好事。

教会的建制也是教会论的一个内容。从整个基督教会上看大体上可分为牧首制（东正教）、教皇制（天主教，有时也称主教制，因为罗马教皇也是罗马主教）、主教制（新教中的部分教派，如圣公会等）、公理制（新教中的公理会、浸礼会等）、长老制（新教中的长老会等）。

（7）圣事论，论述圣事的源起、性质、项目、各项的意义、作用等不同学说。圣事又称圣礼，是基督教会活动时必须按一定规程举行的仪式。圣事的起源被认为是耶稣基督亲自设立并命令教会按其旨意去行。教会通常将圣事视为以可见的形式表现不可见的上帝恩宠和灵性上的意义。圣事一般由教会神职人员实施，但在有些新教派别内，普通信众也有权行圣礼。

对这些圣事所包含的意义，各派也有不同的解释。东正教对圣事的解释最具神秘性，认为通过圣事，特别是圣餐，能使信徒与基督神秘地结合。天主教认为圣事可以使信徒得到上帝借基督所赐的"圣化恩宠"。圣事的功效与施行者和受礼人本身品德等无关,而全在于是否符合耶稣基督的原有的规定。新教强调圣礼是代表神恩,唯有凭信心领受才有意义。

各教派的圣礼不尽相同,一般而言,天主教和东正教共有7件,包括洗礼、圣餐、坚振、婚配、忏悔、神品、终傅。而新教通常只承认前2件。

通常洗礼是基督教的入教仪式,每个信徒一生只举行一次。洗礼有点水礼和浸礼两种,如今一般天主教和许多新教派别大都采用点水礼,而早期教会、东正教和一些新教派别,如浸礼会等则采用浸礼。洗礼被视为洗去旧有的罪恶,脱胎换骨,成为得重生的新人。圣餐有通过神恩坚强圣德之意。不同教派信徒领受圣餐的次数也不一致,天主教和东正教及一些新教教派每星期领受一次,而有些新教派别则一月领受一次或一季度一次。对圣餐中的饼和酒经祝圣后是否起了质的变化,大体有三种不同的看法。一是天主教和东正教的看法,认为饼酒经神职人员祝圣后虽然表面上没变,而实际上已发生了实体的变化,变成基督的体和血,此说称为实体转化说。二是以马丁·路德为代表的同体说,认为经祝圣后的饼酒虽然没有发生实质性的变化,但因基督最初在设立圣餐时曾说过"这是我的体和血",因此,信徒在吃圣餐时,基督的体与血就与饼酒同在。三是以16世纪瑞士宗教改革家慈温利等为代表的纪念说,认为圣餐中的饼和酒只是为了纪念耶稣基督舍身流血救赎人类的精神。

(8)恩宠论,论述上帝对世人所施恩典的性质、特点与人灵魂得救的关系等等。对上帝的恩宠,教会中有多种看法,较为全面的论述始于奥古斯丁,其恩宠论在教会内影响极深。恩宠论与人的原罪有密切关系,因为人类始祖犯罪后,人性完全败坏,全无向善的能力,罪的代价就是死和沉沦,为拯救人类,慈爱的上帝却向罪孽之人赐予人本不配得到的额外恩宠,而这种恩宠是全然不索任何回报,完全是无条件的。正是靠着神赐予人的这一恩宠,人才有能力行善拒恶,也才有得救的可能。

基督教的得救或得永生的神学含意是指人重新与上帝和好，摆脱与神、与人、与己、与自然和社会相隔离的状态。

对恩宠的理解不同教派各不相同，天主教认为通过耶稣基督的救赎上帝赐予信徒超自然的恩宠，人们可通过祈祷和圣事求得。恩宠又可分为两种，一称为恩佑，即实效恩宠，是上帝开导人的理智，感动人性以避恶行善，以得永生；一称宠爱，又称习惯恩宠，是上帝赐人之爱怜之情，使人养成行善习惯，由此灵魂变得圣洁美好，积善功于天，死后与上帝在一起，永享天堂福乐。

新教大多认为恩宠是在人称义后使人避恶扬善，不继续犯罪，并成圣。但各派在一些神学细节上又各有不同见解。马丁·路德强调因信称义，即认为人性彻底败坏，是不可能靠自己行善得救的，人得救唯有信靠上帝，求得上帝对罪的赦免，由此反对天主教将恩宠与善功相联系，而且强调人行善是上帝恩典的结果，而不是得救的条件。加尔文则发挥了奥古斯丁的预定论思想。奥古斯丁认为由于上帝的预定，恩宠是无法抗拒的，但这并不能保证人能得救。而加尔文则认为上帝有着至高的权能和意志，他在万世之前已决定谁将被选召，谁将被弃绝，上帝将恩典只赐予他所预定的选民，而不赐予其弃民。人得救与否全然与人本身的行为无关，全靠上帝的恩施。他的这一学说又称双重预定说。现代自由派神学家认为所谓上帝的恩宠就是上帝对世人的普遍之爱，耶稣基督则是这种爱的楷模，向世人启示。这种说法是基于自由派坚信人的自由意志和道德责任。

(9) 末世论，又称终极论，主要是论述人类和世界的最终结局，其中包括个人死后的情况及整个人类的最终命运，内容有天堂地狱、基督复临、死人复活、末日审判、上帝之国、千禧年等等。就个人来说，基督教相信人死后其灵魂将受审判，这又称小审判或私审判，然后恶人下地狱，善人进天堂。天主教还有炼狱说，认为人死后先要进入炼狱，将原有的罪孽炼清后方能进入天堂。但新教和东正教不承认此说。

就整个人类的最终命运而言，基督教受犹太教启示文学的影响极深，尤其是早期教会，深信世界末日很快来临，基督将很快复临，在这之前，天灾人祸不断，然后天使与魔鬼决战，魔鬼以失败告终，恶人将受永罚，基督在地上建立新天新地。随着历史的进程，基督徒所急切盼望的基督一直没有复临，于是人们对此的热忱有所下降。有些人提出末日来临前基督将统治世界一千年，称为千禧年。此后产生了千禧年前论与千禧年后论以及无千禧年论。

千禧年前论与早期基督教对末世论的认识颇为相似，只是增加了千禧年的内容，认为基督复临在千禧年来到之前发生。在基督复临前夕地球上将发生大动荡，邪恶肆行，灾难丛生，并将出现"敌基督者"，接着基督复临，战胜魔鬼，并将它捆绑，信徒复活，基督将行使统治一千年。至于基督究竟是在天上还是在地上进行统治各派说法不一，有的认为是在地上，信徒与之享有千年太平盛世。有的认为基督将带领信徒去天国，在那里生活，而地球上空无一人（因为在天使与敌基督者决战后，恶人全被消灭）。千年后，地球上一切死人复活，魔鬼被释放，世界再度混乱，然后上帝对所有的人实行最后审判，魔鬼和恶人遭永罚，信徒得永生。基督教临复派均接受这种说法，当今基督复临安息日会持这种观点。千禧年后论则认为基督复临是在千禧年之后，先有千年的盛世，在此期间魔鬼被锁，福音传遍世界，然后基督复临，实行最后审判。

基督教多数派别并不赞成对世界末日何时到来作推测，尤其是自由派，更是相信世界的进步，社会日趋完善，最终实现上帝之国。由此他们把世界末日、基督复临、最后审判、死人复活等都视为象征。新正统派既不赞成千禧年的说法，又不赞成自由派的象征性的说法，而相信复活和基督复临对人有着重要的意义。有些人认为末世论赋予历史积极意义，并将给人以希望。总之基督教不同流派对末世论有不同的解释。

# 第二十六章 礼仪、节日、教制

## 一 礼 仪

基督新教中主要的圣礼是两种：洗礼和圣餐。

**1. 洗礼**

洗礼早在犹太教中便有，有用水取洁之意。基督教继承并发展了这种做法。将此种礼仪作为每个正式入教者必须接受的最重要的仪式。传统基督教将此作为基督徒和非基督徒的重要分界线。受洗标志着悔改，有信心将自己奉献，交托给耶稣基督。这也是一种恩典之约的标志，表明罪得赦免，从此与基督和圣灵联合，获得重生。这里的罪是指原罪及施洗前所犯的本罪。

新约圣经中对这一礼仪的重要性有多处记载。例如《马可福音》第一章中提到：耶稣基督降生之前，上帝便派了使者——施洗约翰为他的到来作准备。约翰"在旷野施洗，传悔改的洗礼，使罪得赦。犹太全地和耶路撒冷的人都出去到约翰那里承认他们的罪，在约旦河受他的洗"。施洗约翰还预言耶稣基督的到来。他说："有一位在我以后来的，比我的能力更大……我是用水给你们施洗，他却要用圣灵给你们施洗。"又根据《马太福音》28：19~20，耶稣基督从死里复活后对11个门徒说："你们要去使万民作我的门徒，奉父子圣灵的名，给他们施洗。凡我所吩咐你们的,都教训他们遵守,我就常与你们同在,直到世界末了"。正是根据这些记载,基督徒坚信洗礼是耶稣基督亲自设立的,并指定在教会中举行的。只有经过洗礼,去除了原罪和本罪的人才有可能得救。

洗礼一般分注水礼、洒水礼和浸礼。注水礼是施洗者将少许圣水倾注在领洗者头上;洒水礼是施洗者将水洒在领洗者头上;浸礼是施洗者扶助受浸者向后全身浸入水中三次。不管哪种形式,施洗的牧师均要口诵"我奉父、子、圣灵的名给你施洗"。施浸礼还有一个含意:当受浸者全身浸入水中表示与耶稣同死,浸入水中三次表示耶稣受难后埋葬在墓中三天,而从水中出来则表示与基督同复活,得重生。

**2. 圣餐**

圣餐在《福音书》中有多处类似的记载,都谈到耶稣预知犹大出卖他,他将受难。在受难前夕,他与12门徒同享逾越节的晚宴。根据《马太福音》(26:26~28)和《马可福音》(14:22~24类似记载):"他们吃的时候,耶稣拿起饼来祝福,就擘开递给门徒说,你们拿着吃,这是我的身体。又拿起杯来,祝谢了,递给他们说,你们都喝这个,因为这是我立约的血,为多人流出来,使罪得赦"。《路迦福音》中还提到耶稣将饼擘开递给他们说:"是我的身体,为你们舍的,你们也应当如此行,为的是纪念我"。饭后也照样拿起杯来说:"这杯是用我血所立的新约,是为你们流出来的。"

根据《圣经》记载,基督新教认为该圣礼是由耶稣基督受难前亲自为信徒设立的。信徒经常领受圣体(经牧师或主教祝圣过的饼和酒),就能与耶稣基督的奥体联合,使罪得赦免。圣餐也是为了永远纪念耶稣为了人的罪所作的牺牲,保证他的恩惠赐给真正的信徒,使他们的灵性得到滋养增长。

领圣餐的次数,新教各派不同,有些是每周一次,有些是每月或每季一次，甚至还有些一年一次。所领的饼无酵或有酵的都可以。这点比东正教和天主教通融，天主教一律用无酵饼，而东正教一律用有酵饼。圣餐用的酒一般都是葡萄酒。有些反对饮酒的教派则用葡萄汁代替。该圣礼通常都由牧师主持。

## 二　节　日

在节日庆典方面，基督教也是从圣经出发，主要庆祝与耶稣基督关系最为密切的圣诞节和复活节。而天主教会节日繁多，不仅庆祝与耶稣基督有关的节日，还要庆祝与圣母玛利亚及不少圣徒的节日。这些节日在基督教看来都缺乏《圣经》根据。

所谓圣诞节是基督教庆祝基督诞生的节日，定于每年的12月25日。这是基督教会中最大的节日。实际上，《圣经》上对耶稣基督的出生日并无确切记载。罗马教会直到公元336年起才开始守此节，以后逐渐传到其他教会中。这日子原是罗马帝国太阳神的诞辰，又是罗马历书中的冬至，崇拜太阳神的异教徒将这天视为春天的开始，充满了希望，因为万物开始复苏。很可能出于这种考虑，罗马教会选择了这天为耶稣的诞辰。也有人认为，基督徒将耶稣视为正义和永恒的太阳，故将这天定为圣诞。由于各地教会使用的历书不同，因此圣诞节时间各地也不完全一样，一般将12月24日日落至次年的1月6日日落定为圣诞节节期。

复活节是基督教第二大节日，顾名思义，该节日是为了庆祝基督复活而设立的。据新约圣经《福音书》中记载，耶稣被犹大出卖后被捕，于犹太人逾越节开始期间，即尼散月第14日（星期五）那天被钉死在十字架上，第三日（星期日）复活。据此推算约在3~4月间。公元325年基督教第一次公会议——尼西亚会议中将复活节定为每年春分月圆后的第一个星期日（3月21日至4月25日之间）。由于东正教采用的是儒略历，而基督新教与天主教均采用格列历，所以东正教的复活节要比新教和天主教晚约两个星期。

需要指出的是由于基督新教教派林立,有少数教派并不认同这两个节日,尤其是圣诞节,他们认为在《圣经》中找不到依据,因此并不举行此类庆祝活动。

## 三　教　制

基督教与天主教的组织建制不同,它没有天主教那样的从教宗—主教—神父一整套自上而下的圣秩体系。新教是由许多不同派别组成,相互间无统一领导。世界基督教联合会也只有部分新教教派参加,而且该组织无领导功能,只是一种联谊会。

基督教新教的组织建制一般来说可归纳为三类。

第一类是主教制,教会的最高级领袖为主教,现主要保留在圣公会中。其他组织,如卫斯理宗(监理宗)以及当今的路德宗也有称之为"主教"(监理)的领袖人物,但其"主教"的权限则相对要小。基督新教的主教制组织建制,除了没有教皇外,其他类似于天主教,一般分为三级:主教——牧师(圣公会称为会长)——执事(圣公会称为会吏)。

第二类是长老制,实行这类体制的主要是加尔文宗各派,如苏格兰长老会、荷兰改革宗等。该教制内管理教会事务的骨干是长老。由长老们组成的长老会是最高权力机构。长老由平信徒民主选举产生。他们是从事世俗职业的教会领袖。牧师是由长老们代表全体信徒聘任的,并在长老委托下管理教会事务。实际上也是由长老和牧师共同管理教会。

第三类是公理制,实行这类体制的主要是公理会、浸礼会等。"公理",即公众治理之意,故该教制又称会众制,即以各独立教堂为单位,由教堂内全体会众以民主的方式直接选聘牧师管理教会。各教堂的礼仪和制度也由各堂全体会众决定,不设自上而下的各级总管理机构。

基督新教教派林立，较大的宗派有七个：圣公宗、信义宗（又称路德宗）、长老宗（又称加尔文宗或改革宗）、卫斯理宗（又称循道宗，包括监理会、卫理公会等）、浸礼宗（如今在美国最大的是南浸会）、公理宗（美国最大的团体是基督联合会，即UCC）、贵格会（又称公谊会）。此外还有许多跨宗派团体以及许多新兴小教派，包括复临派、五旬节派等。

中华人民共和国成立之前，由于教制的不同，神学的分歧以及外国差会的牵掣等原因，中国教会处于各行其是，甚至互相指摘的分裂状态；新中国诞生后，在三自爱国运动的推动下，中国各教会以顾全大局、彼此尊重、互相谅解、求同存异的精神指导下进行"有宗无派"的大联合，原有各种教制和平共处，既有利于传教事业的开展，又有利于社会的和谐。

## 四 小 结

基督新教是16世纪宗教改革的产物，从1517年马丁·路德贴出《九十五条论纲》算起至今已有近500年的历史。由于它是从罗马天主教会中分裂出来的，因此与天主教有着密切联系，两者既有不少共同之处，又有许多不同之点。这些反映在基本信仰、教义神学、经典、礼仪、组织建制、节日等各方面。由于基督新教高举《圣经》的绝对权威，反对教皇的权威，否定神职人员的特权，在组织上彻底打破了罗马天主教原有那套中央集权的自上而下的体制，突出了信徒在教会中的地位，强调人人均有读经和解经之权，简化了礼仪，充分发挥每个信徒的传教热情，这虽然造成基督新教教派林立，神学思想各异，礼仪形式多样，但也正因如此，使基督新教更容易适合各种不同人群的需要，尤其是在全球化的今天，它以其灵活多样的传教方式吸引了不少人参加，使之在全世界得到迅速发展，特别是在第三世界更是如此。

图书在版编目（CIP）数据

中国五大宗教知识读本／中国社会科学院世界宗教研究所，全国政协民族和宗教委员会，国家宗教事务局宗教研究中心主编．—北京：社会科学文献出版社，2007.5（2022.7重印）
ISBN 978－7－80230－592－2

Ⅰ.①中⋯　Ⅱ.①中⋯②全⋯③国⋯　Ⅲ.①宗教-简介-中国　Ⅳ.①B929.2

中国版本图书馆CIP数据核字（2007）第050441号

## 中国五大宗教知识读本

主　编／中国社会科学院世界宗教研究所
　　　　全国政协民族和宗教委员会
　　　　国家宗教事务局宗教研究中心

出　版　人／王利民
项目统筹／宋月华
责任编辑／周志宽
责任印制／王京美

出　　版／社会科学文献出版社·人文分社（010）59367215
　　　　　地址：北京市北三环中路甲29号院华龙大厦　邮编：100029
　　　　　网址：www.ssap.com.cn
发　　行／社会科学文献出版社（010）59367028
印　　装／三河市尚艺印装有限公司

规　　格／开本：889mm×1194mm　1/32
　　　　　印张：14.5　字数：354千字
版　　次／2007年5月第1版　2022年7月第19次印刷
书　　号／ISBN 978－7－80230－592－2/B·051
定　　价／35.00元

读者服务电话：4008918866

版权所有 翻印必究